Infrastructure as Code

코드로 인프라 관리하기 2판

| 표지 설명 |

표지 동물은 아프리카의 사헬^{Sahel} 지역(사하라 사막과 사바나를 잇는 지리적 영역)에 서식하는 루펠 독수리^{Rüppell's vulture} ($Gyps\ rueppellii$)다. 이 이름은 19세기 독일 탐험가이자 동물학자인 에드워드 루펠^{Eduard Rüppell}의 이름을 딴 것이다.

루펠 독수리는 얼룩덜룩한 갈색 깃털을 가지고 있으며 목과 머리가 황백색인 큰 새(날개 길이 7~8피트, 무게 14~20파운드)다. 이 종은 모든 독수리와 마찬가지로 육식성이며 대부분 썩은 고기를 먹는다. 그들은 날카로운 발톱과 부리를 사용하여 사체의 고기를 찢고 혀 뒤쪽에 난 가시로 뼈를 완벽하게 긁어낸다. 루펠 독수리는 평소에는 조용하지만 집단 서식지에 둥지를 틀 때나 음식을 두고 싸울 때 큰 소리를 내는 매우 사교적인 새다.

루펠 독수리는 일부일처이며 40~50년 동안 짝짓기를 할 수 있다. 번식 가능한 쌍은 풀과 잎이 늘어선 막대기로 절벽 근처에 둥지를 만든다(그리고 보통 여러 해 동안 사용한다). 매년 한 개의 알만 낳고 다음 번식기가 시작될 때쯤이면 새끼는 자립하게 된다. 이 독수리는 매우 빠르진 않지만(약 22mph) 둥지에서 최대 90마일까지 먹이를 찾아 떠날 수 있다.

루펠 독수리는 기록상 가장 높이 나는 새다. 상업용 항공기만큼 높은 해발 37,000피트를 비행한다는 증거가 있다. 이 독수리는 높은 고도에서 더 효율적으로 산소를 흡수할 수 있도록 혈액에 특별한 헤모글로빈이 있다.

이 종은 멸종 위기종으로 간주되며 개체 수가 감소하고 있다. 서식지 감소가 한 요인이지만 가장 심각한 위협은 맹독 중독이다. 농부들은 보통 사자나 하이에나와 같은 포식자에게 보복하기 위해 가축 사체에 독을 넣는데, 이를 먹은 독수리가 맹독 중독으로 죽게 된다. 독수리는 육안으로 먹잇감을 식별하고 떼로 모여들기 때문에 한 번에 수백 마리가 죽을 수 있다. 오라일리 표지에 등장하는 동물은 대부분 멸종 위기종이다. 이 동물들은 모두 소중한 존재다.

표지 그림은 『Cassell's Natural History』에 실린 흑백 판화를 바탕으로 캐런 몽고메리^{Karen Montgomery}가 그린 작품이다.

코드로 인프라 관리하기 [2판]

클라우드 시대의 코드형 인프라(IaC)와 데브옵스 완벽 가이드

초판 1쇄 발행 2017년 3월 1일
2판 1쇄 발행 2022년 8월 29일

지은이 키프 모리스 / **옮긴이** 이동규 / **펴낸이** 김태헌
펴낸곳 한빛미디어(주) / **주소** 서울시 서대문구 연희로2길 62 한빛미디어(주) IT출판부
전화 02-325-5544 / **팩스** 02-336-7124
등록 1999년 6월 24일 제25100-2017-000058호 / **ISBN** 979-11-6921-011-9 93000

총괄 전정아 / **책임편집** 박민아 / **기획** 김종찬 / **편집** 이채윤
디자인 표지 윤혜원 내지 박정우 / **전산편집** 이소연
영업 김형진, 김진불, 조유미, 김선아 / **마케팅** 박상용, 송경석, 한종진, 이행은, 고광일, 성화정 / **제작** 박성우, 김정우

이 책에 대한 의견이나 오탈자 및 잘못된 내용에 대한 수정 정보는 한빛미디어(주)의 홈페이지나 아래 이메일로 알려주십시오. 잘못된 책은 구입하신 서점에서 교환해드립니다. 책값은 뒤표지에 표시되어 있습니다.

한빛미디어 홈페이지 www.hanbit.co.kr / **이메일** ask@hanbit.co.kr

지금 하지 않으면 할 수 없는 일이 있습니다.
책으로 펴내고 싶은 아이디어나 원고를 메일(writer@hanbit.co.kr)로 보내주세요.
한빛미디어(주)는 여러분의 소중한 경험과 지식을 기다리고 있습니다.

Infrastructure as Code

코드로 인프라 관리하기 2판

O'REILLY® 한빛미디어 Hanbit Media, Inc.

코드형 인프라의 실행 방법은 서버 관리에서 전체 스택 관리로 발전했지만 새로운 기능에 따른 복잡성을 감수해야 한다. 이 책은 명령어를 넘어 모범 사례 뒤에 있는 디자인 패턴과 차세대 자동화 방법을 설명한다.

패트릭 드부아 Patrick Debois **(DevOpsDays 창업자)**

코드형 인프라는 여러 소프트웨어 엔지니어링 영역의 교차점이다. 이 책은 각 영역에서 최상의 실행 방법을 재구성하여 독자에게 인프라 자동화에 대한 속성 코스를 제공한다.

카를로스 콘데 Carlos Condé **(Sweetgreen 엔지니어링 부회장)**

원칙, 실행 방법, 패턴으로 클라우드 인프라 환경을 탐색하는 실용적인 가이드다.

에피 엘든 Effy Elden **(ThoughtWorks 기술 전문가)**

지은이·옮긴이 소개

지은이 **키프 모리스** Kief Morris

ThoughtWorks의 클라우드 엔지니어링 글로벌 이사. 더 나은 클라우드 시스템 구축을 위한 엔지니어링 실행 방법, 아키텍처 설계 방법과 딜리버리 실행 방법을 탐구하고 이를 다른 사람들과 이야기하는 것을 즐긴다.

1990년대 초 플로리다에서 자신의 첫 번째 온라인 시스템인 게시판 시스템bulletin board system(BBS)을 운영했다. 이후에는 인터넷을 쉽게 사용하기 위해 테네시 대학교의 컴퓨터과학 석사 과정에 등록했다.[1] 또한 CS 부서의 시스템 관리팀에서 일하며 유닉스 계열의 서버 수백 대를 운영한 경험이 있다. 닷컴 버블이 시작됐을 때 산업과 문화의 다양성에 이끌려 런던으로 이사했으며 여전히 그곳에서 아내, 아들, 고양이와 함께 살고 있다. ThoughtWorks 이전에 일했던 회사는 대부분 스타트업 단계에서 벗어난 안정적인 회사였고 그곳에서 소프트웨어 개발자, 시스템 관리자, 기술 부담당, R&D 관리자, 호스팅 관리자, 기술 리드, 기술 설계자, 컨설턴트, 클라우드 엔지니어링 이사로 일했다.

옮긴이 **이동규** dongq.lee@gmail.com

미국 렌슬리어 대학교에서 컴퓨터과학 학사와 석사를 마치고 네이버에서 개발자로 직장 생활을 시작했다. 처음 담당한 개발 업무가 하이퍼바이저 Xen을 사용한 사내 개발자용 가상 서버 제공 솔루션이었는데 이를 계기로 인프라에 관심을 갖게 됐다. 네이버에서 훌륭한 서버, 네트워크 엔지니어와 협업하여 여러 자동화 프로세스를 만들었으며 이후 Hewlett Packard Enterprise에서 OpenStack 전문가로 일하면서 처음으로 Ansible을 접했다. Ansible로 OpenStack 자동화 설치와 변경을 수행하면서 자동화 도구의 강점을 실감했다. 현재는 SK 텔레콤에서 여러 도메인 전문가와 함께 기존의 온프레미스 영역을 넘어 클라우드와 MEC multi-access edge computing로 확장되는 IT 영역에 효과적으로 대응하기 위한 인프라 솔루션 개발 및 자동화 구축을 담당하고 있다.

---

[1] 옮긴이_1990년 초 미국의 인터넷 속도는 전화 모뎀을 사용하여 33-64kbit/s로 매우 느렸지만 ARPANET의 영향으로 미국 거점 대학 간에는 상대적으로 빠른 인터넷 속도를 경험할 수 있었다.

이 책을 번역하는 내내 두 가지 감정이 교차했다. 하나는 저자의 넓은 도메인 지식에 대한 존경이었고, 다른 하나는 코드형 인프라를 손쉽게 도입할 수 있는 환경이었다. 국내에서는 개발자나 인프라 엔지니어가 자동화 도입을 시도하면 바로 보안, 규정, 규제 등의 벽에 부딪히게 된다. 누구의 잘못이라기보다는 아직 대부분의 사내 규정과 국가 규제가 전통적인 인프라, 즉 데이터 센터의 하드웨어 기준에 머물러 있기 때문이다.

그럼에도 번역 시점에 애자일 agile 개발론이 보편적으로 사용되고 클라우드 사용량이 증가하여 AWS, Azure, GCP와 같은 퍼블릭 public 클라우드 메이저 벤더 vender 모두 국내에 자체 데이터 센터를 구축했다. 베어메탈 bare metal 만 고집하던 보수적인 개발자조차 마이크로서비스 설계를 따르고 자발적으로 Kubernetes를 도입하는 변화가 이미 수년 전부터 일어나고 있다. 따라서 짧은 시간 안에 이런 변화를 만족시킬 수 있는 코드형 인프라는 선택이 아닌 필수가 될 것이다.

고민해야 할 또 다른 부분은 클라우드나 컨테이너 같은 인프라 리소스와 마이크로서비스 개발 및 설계가 결합되면 인프라 리소스의 수명이 짧아지고(ephemeral) 상태값을 저장하지 않는(stateless) 특성을 갖게 된다는 점이다. 이런 특징으로 인해 전통적인 데이터 센터에서 사용되던 방식(수작업과 긴 배포 간격)으로는 효율적인 운영이 어렵다. 따라서 이력 관리와 수시 리빌드를 가능하게 하는 코드형 인프라의 도입은 강제될 수밖에 없다고 생각한다.

저자가 코드형 인프라를 통해 여러분에게 전달하고 싶은 것이 다음 문단에 잘 표현되어 있다.

> 애자일 소프트웨어 개발과 코드형 인프라의 핵심은 변경에 대한 태도를 뒤집는 것이다. 변경을 두려워하거나 변경을 최소화하기보다는 자주 변경함으로써 오류를 예방할 수 있다. 변경을 더 잘하는 유일한 방법은 자주 변경하여 시스템과 프로세스를 지속적으로 개선하는 것이다.

가장 높은 수준의 데브옵스 DevOps 는 인프라 코드가 애플리케이션 코드와 결합하여 빠르고 안전하게 변경을 실행하고 언제든지 전체 시스템을 복구할 수 있는 상태라고 생각한다. 저자는 '속도를 빠르게 하여 품질을 향상시키고 품질을 향상시켜 속도를 빠르게 한다'를 강조한다. 이 책이 이러한 철학을 담은 시스템과 프로세스 구현의 밑거름이 되기를 희망한다.

그리고 많이 부족한 역자에게 좋은 책으로 귀한 기회와 도움을 주신 한빛미디어에 감사드리며, 특히 많이 배려해주시고 도와주신 김종찬, 이채윤 편집자님에게 감사드린다.

마지막으로 지난 몇 개월 간 주말마다 아빠를 책상에 양보해준 그리기를 사랑하는 첫째 다인, 항상 즐거운 둘째 서율 그리고 이 기간 동안 기꺼이 두 딸을 잘 보살펴준 아내에게 감사와 사랑을 전한다.

2022년 8월

이동규

이 책에 대하여

10년 전 필자가 글로벌 은행의 어떤 CIO에게 프라이빗private 클라우드 기술과 인프라 자동화 도구를 제안했을 때 그는 비웃으며 말했다. "스타트업에게는 좋겠지만 우리에게 적용하기에는 인프라 규모가 크고 요구사항이 복잡합니다." 몇 년 전만 해도 많은 기업에서 퍼블릭 클라우드를 사용하는 것은 불가능하다고 생각했다.

오늘날 클라우드 기술은 널리 보급되고 있으며 규모가 크고 완고한 조직에서도 '클라우드-우선cloud-first' 전략을 빠르게 채택하고 있다. 이제는 법률로 인해 퍼블릭 클라우드를 고려할 수 없는 조직까지도 데이터 센터 내부에서 동적 프로비저닝이 가능한 인프라 플랫폼을 채택한다.[2] 이러한 플랫폼 기능은 매우 빠르게 발전하고 있으므로 기술 변화에 뒤처지는 위험을 감수할 각오가 없으면 클라우드와 자동화 기술을 고려해야만 한다.

클라우드와 자동화 기술은 프로덕션production 시스템 변경의 걸림돌을 제거하지만 동시에 새로운 과제를 만들어낸다. 조직 대부분은 변경 속도를 높이고자 하지만 위험과 거버넌스governance의 필요성 역시 무시할 수 없다. 인프라를 안전하게 변경하기 위해 사용된 기존의 프로세스와 기술은 클라우드와 자동화 기술의 빠른 변화 속도에 대처할 수 있도록 설계되어 있지 않다. 이러한 방식은 작업 속도를 늦추고 안정성이 저하되는 등 클라우드 시대 기술의 이점을 저해한다.[3]

1장에서는 먼저 '구시대'와 '클라우드 시대'라는 용어를 사용하여 오류로 인해 느려지고 수정 비용이 많이 드는 물리 인프라 관리에 대해 살펴본다. 그리고 신속하게 오류를 감지하고 해결하는 데 사용되는 다양한 가상 인프라 관리 철학에 대해 설명한다.

코드형 인프라infrastructure as code (IaC) 도구는 시스템 품질 향상을 위해 변경을 자주, 빠르게, 안정적으로 실행할 수 있게 한다. 그러나 이러한 혜택은 도구 자체가 아니라 도구를 사용하는 방법에 달려있다. 비결은 이 기술을 이용하여 품질, 안정성, 규정 준수compliance 등을 변경 프로세스에 포함시키는 것이다.

---

2 예를 들어 클라우드가 없는 국가의 정부와 금융 조직은 법률에 의해 데이터나 트랜잭션을 해외에서 호스팅하는 것이 금지된다.

3 DORA(Devops Research & Assessment)가 「State of DevOps Report」(https://www.devops-research.com/research.html)에 발표한 연구 결과에 따르면 전통적인 변경 관리 프로세스는 높은 변경 실패율 및 소프트웨어의 낮은 배포 효율성과 연관이 있다.

집필 의도

초판을 쓰게 된 이유는 당시에 코드형 인프라 관리 방법을 설명하는 통합 안내서가 없었기 때문이다. 블로그, 콘퍼런스, 제품과 프로젝트 문서 등에 많은 조언이 흩어져 있었지만 실무자가 모든 자료를 찾아보고 자신만의 전략을 세울 시간이 부족했다.

초판을 쓴 경험은 놀라웠다. 여행을 하면서 필자의 경험에 대해 전 세계 사람들과 이야기할 수 있는 기회가 주어졌다. 이러한 대화는 새로운 인사이트를 얻게 해주었고 새로운 도전을 하게 만들었다. 책을 쓰고, 콘퍼런스에서 말하고, 고객과 상담하는 것이 대화를 발전시킬 수 있다는 사실을 배웠다. 우리는 여전히 현장에서 코드형 인프라를 위해 아이디어를 수집하고, 공유하고, 발전시키고 있다.

2판 에서 달라진 점

2016년 6월에 초판이 나온 이후로 상황이 달라졌다. 당시에는 인프라 자동화가 서버 구성에 초점이 맞추어져 있었다. 그 이후로 컨테이너와 클러스터가 훨씬 더 많이 사용되면서 인프라 업무는 클라우드 플랫폼의 인프라 리소스 집합(이 책에서 스택 stack 으로 불림)을 관리하는 일을 뜻하게 되었다.

결과적으로 2판은 CloudFormation과 Terraform 같은 도구의 역할인 스택 구축에 대해 더 많이 다룬다. 애플리케이션 런타임 runtime 환경을 제공하는 인프라 리소스를 구성하기 위해 스택 관리 도구를 사용한다는 관점이다. 이러한 런타임 환경은 서버, 클러스터, 서버리스 실행 환경을 포함한다.

인프라를 구축하는 팀에 주어진 과제와 요구사항을 바탕으로 필자는 상당히 달라졌다. 앞서 언급한 것과 같이 코드형 인프라의 주요 이점은 안전하고 쉬운 인프라 변경이다. 인프라를 구축한 후에 잊어도 되는 업무라고 생각한다면 이러한 이점을 과소평가하는 것이다.

정말 많은 인프라팀이 회사의 요구사항을 만족시키기 위해 고군분투한다. 하지만 빠르게 확장하지 못하고, 소프트웨어 배포 속도보다 느리며, 충분한 안정성과 보안을 제공하지 못한다. 좀 더 자세히 문제를 들여다보면 많은 팀이 현재 시스템의 업데이트, 유지보수, 개선 필요성에 대한 압박을 느끼고 있다. 그래서 이것을 이 책의 핵심 주제로 정했다.

2판에서는 코드형 인프라를 사용하여 안전하고 쉽게 변경할 수 있는 세 가지 핵심 실행 방법을 소개한다.

모든 것을 코드로 정의한다

말 그대로 인프라의 모든 부분을 코드로 정의하여 반복성과 일관성을 획득한다.

코드를 지속적으로 테스트하고 딜리버리한다

각 변경에 대한 안정성을 강화하여 더 빠르고 자신감 있게 배포한다.

시스템을 작고 간단하게 빌드한다

대규모 빌드보다 더 쉽고 안전하게 변경한다.

위의 세 가지 실행 방법은 서로를 보강한다. 코드는 변경 관리의 여러 단계에서 추적, 버저닝versioning, 배포를 용이하게 한다. 이를 통해 팀은 더 쉽게 더 작은 부분을 지속적으로 테스트할 수 있다. 각 부분에서 지속적으로 자체 테스트를 실행하는 것은 느슨하게 연결된 설계loosely coupled design가 되도록 강제하는 효과가 있다.

이러한 실행 및 적용 방법의 세부사항은 소프트웨어 개발과 매우 비슷하다. 초판에서 애자일 소프트웨어 엔지니어링과 배포 방식을 설명했다. 이번 판에서는 효과적인 설계 규칙과 실행 방법을 추가적으로 다룬다.

필자는 지난 몇 년 동안 더 크고 복잡한 인프라 시스템과 씨름하는 팀을 보았고, 반대로 소프트웨어 설계 패턴^{software design pattern}과 원칙에서 배운 지식을 적용해 혜택을 받은 팀도 보았다. 이와 관련된 내용을 여러 장에 걸쳐 담았다.

더불어 인프라 코드를 구성하고 수행하는 것은 많은 팀에게 어려운 일이기에 여러 가지 문제점과 해결 방법을 다룬다. 코드베이스^{codebase}[4]를 잘 정리하는 방법과 인프라를 위한 개발 및 테스트 예제를 제공하고, 정책 담당자를 포함한 여러 사람과의 협업을 관리하는 방법을 설명한다.

미래의 인프라 관리

필자는 인프라를 관리하는 방법이 아직 하나의 산업으로 성숙했다고 생각하지 않는다. 이 책이 최근 조직이 찾는 효율성에 대한 알맞은 식견과 우리가 더 잘 할 수 있다는 열망을 전달할 수 있기를 바란다.

앞으로 5년 안에 툴체인^{toolchain}과 접근 방식은 진화할 것이다. 라이브러리 빌드에 사용되는 더 범용적인 언어를 접할 수 있을 것이고, 콘솔이나 터미널에서 인프라 리소스의 정적인 세부사항을 정의하지 않고도 인프라를 동적으로 생성할 수 있을 것이다. 다시 강조하지만 실행 중인 인프라의 변경 관리를 더 잘해야 한다. 필자가 아는 대부분의 팀은 실행 중인 인프라 환경에 코드를 적용할 때 두려워한다(심지어 어떤 팀에서는 Terraform을 Terrorform이라 불렀고 다른 사용자 역시 비슷하게 느낀다).

이 책의 주제와 구성

이 책의 주제는 서비스 품질 향상을 목적으로 인프라 구성 도구의 다양한 사용 방법을 탐구하는 것이다. 그리고 배포 속도 및 빈도를 이용해 서비스 품질과 신뢰성을 높이고자 한다.

---

4 옮긴이_특정 소프트웨어 시스템, 응용 소프트웨어, 소프트웨어 구성 요소를 빌드하기 위해 사용되는 소스 코드의 모음이다. 일반적으로 코드베이스는 사람이 쓴 소스 코드 파일만 포함한다.

따라서 특정 도구를 설명하기보다는 도구 사용 방법에 더 초점을 맞춘다.

서버 구성과 스택(인프라 리소스) 배포 같은 도구의 일부 기능을 예제에서 언급하지만 특정 도구나 클라우드 플랫폼을 사용하는 방법에 대한 자세한 내용은 다루지 않는다. 사용하는 도구, 플랫폼과 관련이 있는 패턴, 실행 방법, 기술에 대해서만 설명한다.

업계에서 사용하는 실제 도구와 클라우드를 위한 코드 예제는 없다. 예제 코드의 정합성을 유지하기에는 도구의 변화가 너무 빠르다. 이 책은 그보다 오랜 기간 유효한 내용으로 구성되었기 때문에 도구 전반을 이해하는 데 도움이 될 것이다. 대신 개념을 설명하기 위해 Stackmaker와 같은 가상 도구의 슈도코드^{pseudocode}를 예제로 사용한다(예제 프로젝트와 코드는 웹사이트[5]에서 볼 수 있다).

이 책은 Linux 운영체제, Kubernetes 클러스터 설정, 네트워크 라우팅 방법에 대해서도 가이드하지 않는다. 대신 인프라 환경을 구성하기 위한 인프라 리소스 프로비저닝^{provisioning} 방법과 배포를 위한 코드 사용 방법을 다루며, 코드로 클러스터를 정의하고 관리하기 위한 다양한 클러스터 토폴로지 패턴과 접근 방식을 공유한다. 또한 코드를 이용한 프로비저닝, 구성과 서버 인스턴스 변경을 위한 패턴도 설명한다.

특정 운영체제, 클러스터링^{clustering} 기술, 클라우드 플랫폼과 관련해서는 여러분 스스로 해당 서비스의 세부 기술을 사용하여 이 책의 예제를 보완해야 한다. 다시 말하지만, 이 책은 특정 도구와 상관없이 관련된 도구와 기술 사용을 위한 접근 방식을 설명한다.

마지막으로 클라우드 환경에서 서비스를 지원하는 모니터링, 관찰 가능성^{observability}, 로그 집계, 인증 관리 같은 운영과 관련된 주제를 설명한다. 이 내용은 서비스에 필요한 인프라를 코드로 관리하는 데 도움이 되지만 특정 서비스의 세부 정보는 해당 서비스의 리소스에서 직접 찾아야 한다.

---

5 *https://infrastructure-as-code.com*

코드형 인프라의 역사

'코드형 인프라'라는 용어가 사용되기 전에 도구와 실행 방법이 먼저 등장했다. 오래전부터 시스템 관리자는 시스템을 관리하기 위해 스크립트를 사용했다. 마크 버지스[Mark Burgess]는 1993년에 선구적인 CFEngine 시스템을 만들었으며, 필자는 2000년대 초 *infrastructures.org*에서 서버 프로비저닝과 업데이트를 코드로 완전히 자동화하는 방법에 대해 처음 배웠다.

코드형 인프라는 데브옵스[DevOps] 움직임과 함께 성장했다. 앤드류 클레이 셰이퍼[Andrew Clay Shafer]와 패트릭 드부아[Patric Debois]는 2008년 애자일 콘퍼런스 강연으로 데브옵스 움직임을 촉발했다. 2009년 Velocity 콘퍼런스의 '애자일 인프라'라는 클레이 셰이퍼의 강연에서 처음 '코드형 인프라' 용어가 사용됐고, 존 윌리스[John Willis]가 이 강연에 대한 기사를 작성했다. Chef 공동창업자 애덤 제이콥[Adam Jacob]과 Puppet 창업자 루크 캐니스[Luke Kanies]도 이 시기부터 '코드형 인프라' 용어를 사용했다.

대상 독자

이 책의 대상 독자는 소프트웨어 배포와 실행에 필요한 인프라를 프로비저닝하고 관리하는 사람으로 팀에서 엔지니어링, 테스트, 설계, 관리자 역할을 맡은 경우다. 시스템, 인프라 또는 소프트웨어 배포와 실행 관련 배경지식이 필요하며, 인프라 자동화를 위해 코드를 사용하는 클라우드나 가상 인프라에 대한 경험이 있다고 가정한다.

이 책은 코드형 인프라를 처음 접하는 사람에게 좋은 시작점이 될 것이다. 클라우드 플랫폼 작동 방식에 익숙하고 하나 이상의 인프라 코딩 도구에 대한 기본 지식만 있으면 책 내용의 대부분을 활용할 수 있다.

인프라 코딩 도구를 사용해본 경험이 있는 사람이라면 이미 알고 있는 내용과 혼합된 새로운 콘셉트와 접근법을 발견할 것이다. 또한 이 책은 숙련된 실무자와 팀이 효율적인 방법으로 공통 언어를 만들고 인프라 자동화에 도전하는 과정에서 찾은 해결 방법을 명확하게 설명한다.

원칙, 실행 방법, 패턴

핵심 개념을 설명하기 위해 **원칙, 실행 방법, 패턴, 안티패턴**^{antipattern}이라는 용어를 사용한다. 이 러한 용어는 다음과 같은 의미로 사용된다.

원칙

잠재적 해결 방법 중에서 적절한 방법을 선택하도록 도와주는 규칙이다.

실행 방법

무언가를 구현하는 방법이다. 여기서 설명하는 방법이 유일한 방법은 아니며 심지어 특정 상황 에서 최선의 방법이 아닐 수 있다. 주어진 상황에 가장 적합한 실행 방법을 선택하려면 원칙을 사용해야 한다.

패턴

주어진 문제를 해결할 가능성이 있는 방법이다. 상황에 따라 효과적인 패턴이 다르다는 점에서 실행 방법과 매우 유사하다. 주어진 문제와 패턴의 연관성을 평가하는 데 도움이 되는 방식으 로 설명한다.

안티패턴

피해야 하는 잠재적 해결 방법이다. 대부분의 안티패턴은 좋은 해결 방법처럼 보이거나 모르는 사이에 하게 되는 행동이다.

모범 사례를 사용하지 않는 이유

IT 업계는 모범 사례에 대해 이야기하는 것을 좋아한다. 하지만 이 용어는 내용과 관계없이 문제에 대해 하나 의 해결 방법만 있다고 생각하게 만든다.

필자는 실행 방법과 패턴을 설명하고 그것이 언제 유용하며 한계가 무엇인지 밝힌다. 일부 실행 방법이 더 효율적이거나 더 적절하다고 설명하지만 다른 대안에 대해서도 열린 자세를 가지려고 노력했다. 필자가 특정 실행 방법을 그다지 효율적이지 않다고 생각하는 이유가 잘 설명되었기를 바란다.

일러두기

필자는 ShopSpinner라는 가상 회사를 사용해 이 책의 개념을 설명한다. ShopSpinner는 온라인 상점을 운영하는 회사다.

ShopSpinner는 FCS ^{Fictional Cloud Service}라는 퍼블릭 서비스형 인프라^{infrastructure as a service}(IaaS) 클라우드를 사용하며 FCS는 FSI ^{Fictional Server Image}와 FKS ^{Fictional Kubernetes Service}를 포함한다. ShopSpinner에서는 클라우드에서 인프라를 정의하고 관리하기 위한 도구인 Terraform, CloudFormation, Pulumi와 비슷한 Stackmaker라는 도구를 사용한다. 또한 Ansible, Chef, Puppet과 비슷한 Severmaker라는 도구로 서버를 설정한다.

ShopSpinner의 인프라 및 시스템 설계는 사용 목적에 따라 다를 수 있다. 마찬가지로 가상 도구의 코드 문법과 커맨드라인 인수^{command-line argument}도 상황에 따라 바뀔 수 있다.

감사의 말

초판과 마찬가지로 이 책은 혼자 만든 책이 아니다. 내가 기억하는 것보다 더 많은 사람에게 배운 지식을 최선을 다해 정리하고 통합한 결과다. 혹시 여기에 이름이 빠진 사람이 있다면 사과와 감사의 마음을 전한다.

나는 제임스 루이스 James Lewis 와 아이디어를 공유하는 것을 즐긴다. 우리가 나눈 대화, 그의 글과 강연은 이 책에 많은 영향을 주었다. 그는 이 책의 초안을 보고 많은 의견을 주었으며 소프트웨어 설계 경험과 다양한 주제에 대한 관심을 친절하게 공유해주었다. 그의 제안은 소프트웨어 엔지니어링과 코드형 인프라 사이의 연결성을 강화하는 데 많은 도움이 되었다.

마틴 파울러 Martin Fowler 는 처음부터 끝까지 아낌없이 지원해주었다. 다양한 사람의 경험에 자신의 지식과 인사이트를 적용하여 명확하고 유용한 조언을 만드는 그의 기술은 나에게 큰 영감을 주었다.

티에리 더 파우 Thierry de Pauw 는 큰 도움을 준 사려 깊은 검토자다. 그는 여러 버전의 초안을 읽은 후 새롭고 유용한 점, 자신의 경험과 일치하는 아이디어, 명확하게 전달되지 않은 부분을 설명해주었다.

애비게일 뱅저 Abigail Bangser , 존 바버 Jon Barber , 맥스 그리피스 Max Griffiths , 앤 시몬스 Anne Simmons , 클레어 워클리 Claire Walkley 의 격려와 영감에 감사드린다.

함께 일한 사람들은 책을 발전시킬 수 있는 아이디어를 주었다. 제임스 그린 James Green 은 인프라와 연관된 데이터 엔지니어링과 머신러닝 machine learning 에 대한 통찰을 공유해주었다. 팻 다우니 Pat Downey 는 자신이 인프라 확장과 축소를 위해 사용하는 방법을 설명해주었다. 빈첸초 파브리치 Vincenzo Fabrizi 는 인프라 의존성에 대한 제어 역전 inversion of control 의 가치를 알려주었다. 에피 엘든 Effy Elden 은 인프라 도구 마켓에 대한 끝없는 지식의 원천이 되어주었다. 모리츠 하이버 Mortiz Heiber 는 전적으로 동의하지는 않겠지만 이 책의 내용에 직·간접적인 영향을 주었다.

ThoughtWorks에서 워크숍, 프로젝트, 온라인 포럼으로 많은 동료, 고객과 함께 코드형 인프라 및 관련 주제에 대해 토론할 수 있는 기회를 얻었다. 이 자리에는 Ama Asare, Nilakhya

Chatterjee, Audrey Conceicao, Patrick Dale, Dhaval Doshi, Filip Fafara, Adam Fahie, John Feminella, Mario Fernandez, Louise Franklin, Heiko Gerin, Jarrad "Barry"Goodwin, Emily Gorcenski, James Gregory, Col Harris, Prince M Jain, Andrew Jones, Aiko Klostermann, Charles Korn, Vishwas Kumar, Punit Lad, Suya Liu, Tom Clement Oketch, Gerald Schmidt, Boss Supanat Pothivarakorn, Rodrigo Rech, Florian Sellmayr, Vladimir Sneblic, Isha Soni, Widyasari Stella, Paul Valla, Srikanth Venugopalan, Ankit Wal, Paul Yeoh, Jiayu Yi를 포함하여 많은 사람이 함께 했다. 그리고 Kent Spillner에게도 감사드린다.

많은 사람이 책의 초안을 검토하고 피드백을 공유했다. Artashes Arabajyan, Albert Attard, Simon Bisson, Phillip Campbell, Mario Cecchi, Carlos Conde, Bamdad Dashtban, Marc Hofer, Willem van Ketwich, Barry O'Reilly, Rob Park, Robert Quinlivan, Wasin Watthanasrisong, Rebecca Wirfs-Brock이 도움을 주었다.

이 책을 출간하기까지 길고 힘든 과정 속에서 도움을 준 편집자 버지니아 윌슨Virginia Wilson에게 깊은 감사를 드린다. 동료인 존 아말라나단John Amalanathan은 인내와 성실함으로 나의 어설픈 다이어그램을 훌륭한 예술 작품으로 바꿨다.

ThoughtWorks는 엄청난 후원자가 되어주었다. 첫째로 뛰어난 사람들에게 배울 수 있는 환경을 만들어주었고, 둘째로 동료들과 업계 아이디어를 공유하도록 장려하는 문화를 조성해주었으며, 셋째로 내가 새로운 업무 방식을 찾아 테스트하려고 할 때 동료, 고객과 함께 할 수 있도록 적극 지원해주었다. Ashok Subramanian, Ruth Harrison, Renee Hawkins, Ken Mugrage, Rebecca Parsons, Gayathri Rao 등은 내가 이 프로젝트를 개인적인 것 이상으로 만드는 데 도움을 주었다.

마지막으로 이 책에 대한 나의 강박 증상을 견뎌낸 외즐렘Ozlem과 에렐Erel에게 영원한 사랑을 전한다.

CONTENTS

PART **1** 기초

CHAPTER **1** 코드형 인프라란?

CONTENTS

PART **2** 인프라 스택으로 작업하기

CHAPTER **5** 코드로 인프라 스택 구축하기

CONTENTS

CHAPTER 8 　핵심 실행 방법 2 　코드를 지속적으로 테스트하고 딜리버리한다

CONTENTS

CHAPTER **12** **서버 변경 관리**

CONTENTS

CHAPTER **13** 코드형 서버 이미지

CHAPTER **14** **코드형 클러스터 구축**

CONTENTS

PART **5** **인프라 딜리버리**

CHAPTER **18** **인프라 코드 구조화하기**

CONTENTS

CHAPTER **19** 인프라 코드 딜리버리하기

CONTENTS

Part **1**

기초

Part 1

기초

CHAPTER 1

코드형 인프라란?

IT 인프라를 구축하고 운영하는 팀에서 일한다고 하면 클라우드와 인프라 자동화 기술을 사용하여 짧은 시간에 더 많은 가치를 제공하고 더 안정적으로 작업할 것이라 생각하지만 현실은 녹록하지 않다. 인프라 리소스의 규모, 복잡성, 다양성이 매우 빠르게 증가하기 때문이다.

클라우드 인프라 자동화 기술은 조직이 디지털화되면서 특히 더 중요해졌다. 소프트웨어는 핵심 비즈니스가 아니라던 경영 부서에서도 이제는 소프트웨어 시스템을 중요하게 생각하기 시작했다. 디지털화로 인해 IT 조직은 더 많이, 더 빠르게 일해야 하며 더 많은 서비스를 추가하고 지원해야 한다. 이 외에도 더 많은 비즈니스 활동, 더 많은 직원, 더 많은 고객과 벤더, 이해관계자로 업무의 범위가 확장되고 있다.

클라우드와 자동화 도구는 인프라의 추가 및 변경을 쉽게 한다. 그러나 아직 많은 조직에서 기존 인프라를 유지보수하기 위한 시간을 확보하는 것조차 쉽지 않은 상황이다. 클라우드나 가상 환경 같이 더 많은 리소스를 쉽게 생성하는 것만으로는 부족하다.

많은 사람이 클라우드가 가진 끝없는 혼란과 위협에 대응하고자 변경 관리 프로세스를 강화한다. 변경을 제한하여 혼란을 막으려 하기 때문에 클라우드를 엄격한 변경 관리 프로세스라는 사슬로 감싸는 것이다.

변경 프로세스를 강화하면 두 가지 문제가 생긴다. 첫 번째 문제는 클라우드 기술 사용의 장점이 사라진다는 것이다. 두 번째는 그럼에도 사용자는 클라우드의 장점을 여전히 원한다는 것이다. 결과적으로 사용자는 이런 혼란을 제한하는 프로세스를 우회한다. 최악의 경우 사용자는 위험 관리risk management를 완전히 무시하고 이러한 변경 프로세스가 새로운 클라우드 환경과 관련이 없다고 판단한다. 결국 사용자는 또 다른 문제를 불러오는 '카우보이 IT'[1]를 수용하게 된다.

이 책은 클라우드와 자동화 기술이 쉽고 안전하며 빠르고 책임감 있는 인프라 변경을 가능하게 만든다는 것을 전제로 한다. 이런 장점은 자동화 도구 및 클라우드 플랫폼의 도입만으로는 얻을 수 없으며 기술의 사용 방법에 따라 성공 여부가 결정된다.

> **데브옵스와 코드로 인프라 관리하기**
>
> 데브옵스는 소프트웨어 계획, 구축, 실행에 관련된 개발, 운영, 관리 등 여러 조직 간 마찰을 줄이기 위한 움직임이다. 기술이 가장 먼저 눈에 띄겠지만 업무 흐름과 효율성에 가장 큰 영향을 미치는 것은 문화, 사람, 프로세스다.
>
> 코드형 인프라 같은 기술과 엔지니어링 방법론은 조직 간 격차를 없애고 협업을 개선하기 위해 사용되어야 한다.

이 장에서 최신 동적 인프라는 '클라우드 시대' 사고 방식이 필요하다고 설명한다. 이 사고 방식은 정적인 클라우드 이전에 사용된 '구시대' 접근 방법과 기본적으로 다르다. 코드형 인프라를 구현하기 위한 세 가지 핵심 실행 방법은 다음과 같다.

- 모든 것을 코드로 정의한다.
- 코드를 지속적으로 테스트하고 딜리버리한다.
- 시스템을 작고 간단하게 빌드한다.

또한 이 장에서는 인프라에 대한 클라우드 시대 접근 방법과 그 이면에 있는 이유를 설명한다. 이 접근 방법은 속도와 품질의 인과관계에 대한 잘못된 이분법적 사고[2]를 배제한다. 대신 품질 향상을 위해 빠른 속도를 사용하고 빠른 배포를 위해 높은 품질을 사용한다.

---

1 '카우보이 IT'는 미래의 결과에 대한 특별한 체계나 고려 없이 IT 시스템을 구성하는 사람이다. 프로덕션 시스템을 운영해보지 않은 사람은 보안, 유지보수, 성능 등의 여러 운영 이슈를 고려하지 않고 단순히 시스템이 작동하는 가장 빠른 방법을 선택한다.
2 옮긴이_품질을 올리면 속도가 늦어진다는 믿음과 같이 속도와 품질이 역의 관계에 있다는 믿음을 의미한다.

1.1 구시대에서 클라우드 시대로

클라우드 시대 기술은 구시대 기술보다 더 빠르게 인프라를 생성하고 변경할 수 있다.

표 1-1 클라우드 시대 기술 변화

구시대	클라우드 시대
물리 하드웨어	가상 리소스
인프라 프로비저닝에 몇 주 소요	인프라 프로비저닝에 수 분 소요
수동 프로세스	자동 프로세스

그러나 이러한 기술만으로 시스템을 쉽게 관리하고 확장할 수 있는 것은 아니다. 기술 부채 technical dept[3]가 있는 시스템이 제약이 없는 클라우드로 이동하면 혼란이 가중된다. 검증된 기존 거버넌스 모델을 사용하면 새로운 기술이 가져오는 속도와 혼란을 제어할 수 있지만 과도하게 철저한 사전 계획, 엄격한 변경 검토와 책임 분담은 클라우드 시대에 감당하기 힘든 프로세스를 만든다.

불행히도 이런 모델은 변경이 느리고 비용이 많이 드는 구시대 기술에 최적화된 것이다. 변경 후에 또 다른 변경이 없기를 바라며 미리 추가 작업을 하는 것은 변경 작업이 느리고 높은 비용을 감수해야만 했던 시기에는 타당하다고 주장할 수 있다. 하지만 클라우드 환경에서는 빠르고 저렴하게 변경할 수 있기 때문에 전통적인 변경 프로세스에 대해 다시 생각해보아야 한다. 클라우드 환경의 변경 속도를 활용하여 지속적으로 시스템에 대해 배우고 개선해야 한다. 구시대의 작업은 학습과 시스템 개선에 막대한 시간과 금전적 비용이 든다.

빠르게 변화하는 클라우드 시대의 기술에 느린 구시대 프로세스를 사용하기보다는 새로운 사고 방식을 채택해야 한다. 위험 감소와 품질 향상을 위해서 더 빠르게 발전하는 기술을 활용해야 한다. 이를 위해서는 근본적인 접근 방식의 변화와 인프라 변경 및 위험에 대한 새로운 사고가 필요하다.

---

3 *https://oreil.ly/3AqHB*

표 1-2 클라우드 시대의 작업 방법

구시대	클라우드 시대
변경 비용이 높음	변경 비용이 낮음
변경은 장애 방지로 표현(변경은 반드시 '관리'하고 '제어'해야 한다)	변경은 학습과 개선으로 표현
변경 실패 위험 감소	개선 속도 극대화
배치로 배포하고 마지막에 테스트	작은 단위로 배포하고 지속적으로 테스트
긴 릴리스release 주기	짧은 릴리스 주기
모놀리식monolithic 구조(크게 움직이는 적은 수의 부품)	마이크로서비스microservice 구조(작고 더 많은 부품)
그래픽 사용자 인터페이스graphical user interface(GUI) 기반 또는 수작업으로 구성	코드로 구성

코드형 인프라는 클라우드 시대에 높은 안정성과 품질 확보를 목적으로 지속적인 변경을 수용하는 시스템 관리 방식이다.

1.2 코드형 인프라의 이점

코드형 인프라(IaC)는 소프트웨어 개발론에서 나온 실행 방법을 기반으로 하는 인프라 자동화 방법이다. 시스템과 설정을 프로비저닝하고 변경하기 위해 일관되고 반복 가능한 루틴을 강조한다. 변경 내용을 코딩하면 변경 내용이 자동으로 테스트된 후 배포된다.

이 책은 테스트 주도 개발test driven development(TDD), 지속적 통합continuous integration(CI), 지속적 배포continuous delivery(CD)와 같은 애자일 엔지니어링 사례를 사용하여 빠르고 안전하게 인프라를 변경하는 방법을 설명한다. 또한 소프트웨어 설계가 탄력적이고 잘 유지되는 인프라를 어떻게 생성하는지 설명한다. 이러한 실행 방법과 설계는 서로를 보강한다. 잘 설계된 인프라는 테스트와 배포를 더 쉽게 만들고 자동화된 테스트와 배포는 더 간단하고 깔끔한 설계를 가능하게 한다.

동적 인프라 관리를 위해 코드형 인프라를 적용한 조직은 다음과 같은 이점을 얻을 수 있다.

- IT 인프라로 신속한 배포 가능
- 인프라 변경에 따른 노력과 위험 감소

- 인프라 사용자에게 필요한 리소스 지원

- 개발, 운영, 관리 간에 공통 도구 제공

- 거버넌스, 보안, 규정 준수 제어를 시각화

- 장애 해결과 문제 분석 속도 향상

1.3 코드형 인프라를 사용한 변경 최적화

변경은 프로덕션 시스템에 가장 큰 위험이지만 지속적인 변경을 피할 수는 없다. 변경이 시스템을 향상시키는 유일한 방법임을 감안할 때 변경을 빠르고 안정적으로 수행하는 능력을 최적화하는 것이 합리적이다.[4] 『State of DevOps Report』에 발표한 Accelerate 연구는 이를 뒷받침한다. 수시로 수행하는 안정적인 변경은 조직의 성공과 연관이 있다.[5]

변경을 최적화하기 위한 자동화를 제안할 때 몇 가지 반대 의견이 있었다. 반대 의견은 자동화를 사용할 수 있는 방법과 사용해야 하는 방법에 대한 오해에서 비롯된다.

반대 1 자동화를 도입할 만큼 변경이 자주 발생하지 않는다

대부분의 사람은 시스템을 빌드하고 나면 그것으로 업무가 마무리되기를 바란다. 이런 관점에서만 보면 많은 변경이 필요하지 않은 시스템에 변경 자동화를 도입하는 것은 시간 낭비다.

하지만 현실에서는 시스템을 폐기하기 전까지 지속적인 변경 작업이 필요하다. 어떤 사람은 현재 레벨의 변경을 일시적인 것으로 생각하고, 다른 사람이 변경을 쉽게 요청하지 못하도록 불편하고 시간이 많이 걸리는 변경 요청 프로세스를 만들기도 한다. 이런 사람은 받아들이지 못하겠지만, 활발히 사용되는 시스템을 지원하는 대부분의 조직은 지속적인 변경을 처리한다.

---

4 『The Visible Ops Handbook』(IT Process Institute, 2005)에 따르면 계획되지 않은 운영 중단의 80%가 변경으로 인해 발생한다.

5 Accelerate 연구는 『State of DevOps Report』(*https://oreil.ly/ysk9n*)와 『Accelerate』(IT Revolution Press, 2018)에서 확인할 수 있다.

다음과 같은 인프라 변경의 일반적인 예를 고려해보자.

- 새로운 애플리케이션의 필수 기능을 사용하려면 새로운 데이터베이스를 추가해야 한다.
- 새로운 기능은 애플리케이션 서버 업그레이드를 요구한다.
- 사용량이 예상보다 빨리 증가한다. 더 많은 서버, 새로운 클러스터, 확장된 네트워크와 스토리지 용량이 필요하다.
- 성능 지표는 현재의 애플리케이션 배포 구조가 성능을 제한하고 있음을 보여준다. 다른 애플리케이션 서버로 재배포해야 하고 이것을 위해 클러스터링과 네트워킹 구조를 변경해야 한다.
- 사용 중인 운영체제operating system(OS) 버전용 시스템 패키지에 새로운 보안 취약점이 발견되어 수십 개의 프로덕션 서버에 보안 패치를 진행해야 한다.
- 종료되는 OS 버전과 중요 패키지를 사용하는 서버를 업데이트해야 한다.
- 웹 서버에 간헐적인 오류가 발생한다. 문제 분석을 위해 일련의 구성을 변경해야 하고 해결을 위해 모듈을 업데이트해야 한다.
- 데이터베이스 성능을 향상시키는 설정 변경을 발견했다.

클라우드 시대의 **안정성은 변경에서 비롯된다.**

패치가 되지 않은 시스템은 불안정하고 취약하다. 배포 이후에 생긴 오류를 빨리 복구하지 않거나 변경 이후에 상당한 다운타임downtime이 발생하면 시스템 안정성이 떨어진다. 마지막으로 시스템에 장애가 자주 발생한다면 역시 시스템 안정성이 떨어진다.

반대 2 구축 이후에 자동화를 도입해야 한다

코드형 인프라를 시작하는 것은 어렵고 많은 시간이 소요된다. 특히 새로운 인프라 플랫폼을 채택하는 경우 인프라 딜리버리를 자동화하는 도구, 서비스, 실행 방법을 설정하기 위해 많은 작업이 필요하다. 자동화는 서비스 구축과 배포에 사용되기 전에는 그 가치를 입증하기 어렵다. 심지어 서비스에 사용되더라도 인프라와 직접 협력하지 않는 사람은 그 가치를 알기 어렵다.

관리자는 인프라팀에 새로운 클라우드 호스팅 시스템을 신속하게 수작업으로 구축하라고 자주 압박하며 자동화는 나중에 걱정하라고 한다.

다음은 구축과 배포 이후에 자동화하는 것이 좋지 않은 이유다.

- 자동화는 배포를 더 빠르게 하고 심지어 신규 구축 속도도 더 빠르게 한다. 대부분의 작업이 완료된 뒤에 자동화하면 많은 이점을 놓치게 된다.
- 자동화는 시스템의 자동 테스트 환경을 쉽게 구성하도록 해준다. 그리고 장애가 발생했을 때 빠른 대응이 가능하고 리빌드하기 쉽다. 자동화를 빌드 프로세스의 일부가 되게 하면 더 나은 인프라를 구축할 수 있다.
- 이미 구축된 시스템을 자동화하는 것은 어렵다. 자동화는 시스템 설계와 구현의 일부분이다. 자동화가 고려되지 않은 시스템에 자동화를 추가하려면 시스템 설계와 구현에서 상당히 많은 부분을 변경해야 한다. 이것은 자동화된 테스트와 배포에도 해당된다.

자동화 없이 구축된 클라우드 인프라는 예상보다 빨리 가치를 잃는다. 수작업으로 관리하고 장애에 대응하는 것에 대한 비용이 빠르게 증가할 수 있다. 만약 비즈니스가 성공 가도를 달리고 있다면 관리자는 당연히 시스템 중단 없이 확장하고 기능을 추가하라고 압박할 것이다.

시스템을 테스트 용도로 구축할 때도 마찬가지다. 개념 증명proof of concept(POC) 시스템이 구성되고 실행되기 시작하면 관리자는 다음 단계로 넘어가서 PoC가 빨리 진행되도록 압박한다. 사실 자동화 기능도 테스트해야 할 부분이다. 만약 인프라를 관리하기 위해 자동화 사용을 계획한다면 자동화 작동 방식에 대한 이해가 필요하기 때문에 자동화 역시 PoC의 일부분이 되어야 한다.

해결책은 시스템을 점진적으로 구축하고 진행하면서 동시에 자동화를 진행하는 것이다. 꾸준하게 가치를 제공하면서 지속적으로 빌드할 수 있는 기능을 구축해야 한다.

반대 3 속도와 품질 중 하나를 선택해야 한다

품질 저하를 감수해야 빠른 구현이 가능하고 천천히 구현해야 품질을 높일 수 있는 생각은 자연스럽다. [그림 1-1]처럼 이것을 연속체continuum로 볼 수 있다.

높은 품질   빠른 속도

느린 속도   낮은 품질

그림 1-1 속도와 품질이 스펙트럼의 반대편에 있다는 생각은 잘못된 이분법적 사고다.

그러나 1.4절에서 언급한 Accelerate 연구는 그렇지 않은 경우를 보여준다.

> 이러한 결과는 성능 향상과 더 높은 수준의 안정성 및 품질이 상충관계 tradeoff 가 아니라는 것을 보여준다. 오히려 높은 성과를 내는 조직이 이러한 조치를 더 잘 수행한다. 이것이 애자일과 린 lean 운동이 기대하는 것이다. 그러나 여전히 업계에는 속도를 더 빠르게 하는 것이 다른 성능 목표를 달성하고 강화하는 것이 아니라 오히려 약화시킨다는 잘못된 가정이 만연하다.

『Accelerate』의 저자 니콜 포스그렌 Nicole Forsgren

다시 말하면 조직은 '변경을 잘 한다'와 '안정성 강화를 잘 한다' 중 하나를 선택할 수 없으며, 두 가지 모두 잘 하거나 둘 다 못하는 경향이 있다.

필자는 품질과 속도를 연속체로 표현한 것보다 [그림 1-2]와 같이 사분면으로 표현한 것을 선호한다.

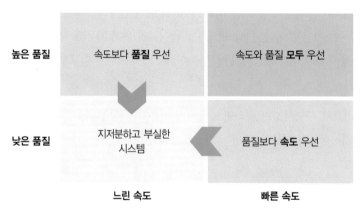

그림 1-2 사분면으로 표현된 속도와 품질

이 사분면은 속도와 품질 중 하나를 선택하는 것이 왜 두 가지 모두를 평균 이하로 만드는지 보여준다.

오른쪽 하단 사분면: 품질보다 속도 우선

이것은 'move fast and break things'[6] 철학이다. 속도를 최적화하는 대신 품질을 희생하는 팀은 지저분하고 깨지기 쉬운 fragile 시스템을 구축한다. 이런 시스템은 왼쪽 아래 사분면으로 미끄러진다. 부실한 시스템이 속도를 늦추기 때문이다. 한동안 이런 식으로 일해 온 많은 스타트업은 자신의 마력 mojo을 잃는 상황에 대해 불평한다. 시스템의 품질이 낮기 때문에 예전에는 빨리 처리하던 변경도 며칠에서 몇 주가 소요된다.

왼쪽 상단 사분면: 속도보다 품질 우선

'심각하고 중요한 업무를 하기 때문에 반드시 제대로 일해야 한다'라고 알려진 경우다. 마감일에 대한 압박은 임시방편으로 모면한다. 무거운 프로세스는 성능 향상을 가로 막는 벽을 만들고 기술 부채는 '알려진 이슈' 목록과 함께 증가한다. 이런 시스템은 왼쪽 아래 사분면으로 주저 앉게 된다. 개선하기가 너무 어려워 결국 시스템의 품질이 떨어지는 것이다. 이런 팀은 실패를 거듭할수록 더 많은 프로세스를 만든다. 이렇게 만들어진 프로세스는 개선을 더욱 어렵게 하고 취약성과 위험을 증가시켜 더 많은 실패와 더 많은 프로세스를 생산한다. 특히 위험에 민감한 산업에서 일하는 사람일수록 이런 방식으로 일하는 것이 '정상'[7]이라고 생각한다.[8]

린, 애자일, 데브옵스 같은 최신 접근 방식의 목표는 오른쪽 상단 사분면에 도달하는 것이다. 빠르게 개발하면서 높은 수준의 품질을 유지하는 것은 환상처럼 보일 수 있다. 그러나 Accelerate 연구에 따르면 많은 조직에서 이러한 목표를 달성하고 있다. 따라서 오른쪽 상단 사분면에 속하는 조직이 높은 성과를 낸다고 볼 수 있다.

1.4 네 가지 주요 지표

Accelerate 연구는 소프트웨어 딜리버리와 운영 성능에 대한 네 가지 주요 지표를 파악했다.[9] 다음 네 가지 지표는 조직의 목표 달성과 강한 상관관계를 갖는다.

---

6 Facebook(현재 사명은 Meta다)의 모토이며 오랜 시간을 소비하며 한 자리에 머무르기보다는 완벽하지 않은 제품을 출시하더라도 이를 두려워하지 않고 빠르게 발전시키고자 하는 정신을 의미한다. 품질보다 속도를 우선시하고 있음을 알 수 있다.

7 사람들이 위험을 증가시키는 방식으로 일하는 데 익숙해진다는 것을 의미하는 '비정상의 정상화(normalization of deviance)'의 예다. 다이앤 본(Diane Vaughan)은 『The Challenger Launch Decision』(University Of Chicago Press, 1997)에서 이 용어를 정의했다.

8 금융, 정부, 의료와 같은 산업 분야의 사람들이 취약한 IT 시스템과 이를 개선하는 데 방해가 되는 프로세스를 정상적이고 심지어 바람직하다고 생각하는 것은 아이러니하고 무서운 일이다.

9 현재 Google에 포함되어 있는 DORA는 Accelerate 연구를 위한 조직이다.

배포 수행 시간

프로덕션 시스템의 변경을 구현, 테스트, 배포하는 데 걸리는 시간

배포 빈도

프로덕션 시스템에 변경을 배포하는 빈도

변경 실패율

서비스 장애를 유발하거나 롤백rollback 또는 긴급 수정과 같은 즉각적인 수정이 필요한 변경 비율

평균 복구 시간mean time to restore(MTTR)

계획되지 않은 중단 또는 장애가 발생했을 때 서비스를 복구하는 데 걸리는 시간

수익, 주가, 그 밖의 기준에 관계없이 목표를 잘 달성하는 조직은 이 네 가지 지표에서 좋은 성과를 낸다. 이 책에 있는 아이디어는 조직이 이 지표와 관련된 일을 잘 수행하도록 돕기 위한 것이다. 코드형 인프라의 세 가지 핵심 실행 방법은 이것을 달성하는 데 도움이 된다.

1.5 코드형 인프라를 위한 세 가지 핵심 실행 방법

클라우드 시대 콘셉트는 최신 인프라와 애플리케이션 플랫폼의 동적 특성을 이용하여 자주 안정적으로 변경을 적용하고 이를 통해 이점을 취하는 것이다. 코드형 인프라는 높은 안정성과 품질을 위해 지속적인 변경이 가능한 인프라를 구축하는 접근 방식이다. 그렇다면 여러분의 팀은 어떻게 이것을 수행할 수 있을까?

코드형 인프라를 구현하기 위한 세 가지 핵심 실행 방법은 다음과 같다.

- 모든 것을 코드로 정의한다.
- 코드를 지속적으로 테스트하고 딜리버리한다.
- 시스템을 작고 간단하게 빌드한다.

지금은 토론을 위한 맥락을 잡기 위해 각 항목의 내용을 요약한다. 이후에 각 실행 방법을 구현하기 위한 원칙을 자세히 설명하는 데 한 장chapter을 할애할 것이다.

핵심 실행 방법 1 │ 모든 것을 코드로 정의한다

'코드로' 모든 것을 정의하는 것은 빠르고 안정적인 변경을 위한 핵심 실행 방법이다. 이것이 도움이 되는 이유는 다음과 같다.

재사용성

모든 것을 코드로 정의하면 인스턴스 단위로 빠르게 수정하고 새롭게 빌드할 수 있다. 다른 사용자 역시 이전에 만들어진 인스턴스와 동일한 인스턴스를 만들 수 있다.

일관성

코드를 사용해 빌드한 시스템은 매번 같은 방식으로 빌드할 수 있다. 이것은 시스템을 예측할 수 있게 만들고, 더 안정적으로 테스트할 수 있도록 하며, 지속적인 테스트와 배포를 가능하게 한다.

투명성

코드를 보면 시스템이 어떻게 구축되었는지 알 수 있다. 코드를 검토하고 개선을 제안할 수 있으며, 다른 코드에서 사용한 방법을 배우고 문제를 해결하기 위한 통찰을 얻을 수 있다. 그리고 규정을 준수했는지 여부를 검토하고 감사하는 것도 가능하다.

4장에서 모든 것을 코드로 정의하기 위해 필요한 개념과 구현 원칙을 자세히 설명한다.

핵심 실행 방법 2 │ 코드를 지속적으로 테스트하고 딜리버리한다

효율적인 인프라팀은 테스트에 엄격하다. 자동화를 사용하여 시스템의 각 컴포넌트를 배포하고 테스트하며 진행 중인 모든 작업을 통합한다. 모든 작업이 완료될 때까지 기다리지 않고 작업을 진행하면서 동시에 테스트한다.

아이디어는 품질을 테스트하는 것이 아니라 테스트를 통해 품질을 구축하는 것이다. 자주 간과되는 부분은 진행 중인 모든 작업을 통합하고 테스트해야 한다는 점이다. 많은 팀이 브랜치 ^branch^에서 코드 작업을 하고 그것이 완료되었을 때만 통합한다. 그러나 Accelerate 연구에 따르면 최소한 하루 단위로 작업을 통합했을 때 더 나은 결과를 얻을 수 있다. CI에는 개발 과정에서 모든 사람의 코드를 병합하고 테스트하는 작업이 포함된다. CD는 더 나아가 합쳐진 코드를 항상 프로덕션 시스템에 배포 가능한production-ready 상태로 유지한다.

8장에서 인프라 코드를 지속적으로 테스트하고 배포하는 방법에 대해 자세히 설명한다.

핵심 실행 방법 3 **시스템을 작고 간단하게 빌드한다**

조직은 시스템이 크고 긴밀하게 결합tightly-coupled되어 있을 때 힘겨워한다. 큰 시스템은 변경하기 어렵고 망가지기도 쉽다.

높은 성과를 내는 팀의 코드베이스를 보면 다른 점을 발견할 수 있다. 시스템이 작고 간단하게 구성되어 있으며, 각 컴포넌트는 이해하기 쉽고 깔끔하게 정리된 인터페이스를 가지고 있다. 이 팀은 각 구성 요소의 변경을 직접 수행하고 각 컴포넌트가 분리된, 즉 서로 영향을 미치지 않는 상태로 테스트와 배포를 진행한다.

15장에서 이 핵심 실행 방법의 구현 원칙에 대해 자세히 설명한다.

1.6 마치며

클라우드와 인프라 자동화의 가치를 활용하기 위해서는 클라우드 시대 사고 방식이 필요하다. 클라우드 시대 사고 방식이란 속도를 이용하여 품질을 향상시키고 품질을 향상시켜 속도를 얻는 것을 의미한다. 인프라를 자동화하려면 많은 노력이 필요하고 작동 방식을 배울 때는 특히 더 많은 노력이 요구된다. 그러나 이러한 노력은 신규 구축뿐 아니라 변경 작업에도 큰 도움이 된다.

이번 장에서는 전통적인 인프라 시스템의 일부를 설명했다. 이것은 다른 장에서 코드형 인프라의 구현 방법을 설명하기 위한 기초다.

마지막으로 코드형 인프라를 위한 세 가지 핵심 실행 방법을 살펴봤다. ❶ 모든 것을 코드로 정의하고, ❷ 지속적으로 테스트하고 딜리버리하며, ❸ 작은 조각으로 빌드해야 한다.

CHAPTER 2

클라우드 시대 인프라의 원칙

구시대의 컴퓨팅 리소스는 하드웨어와 밀접하게 연결되어 있다. CPU, 메모리, 하드디스크를 조립해 랙에 마운트하고 케이블로 스위치와 라우터에 연결한다. 우리는 OS와 애플리케이션을 설치하고 설정하며 애플리케이션 서버의 위치를 몇 층, 몇 열, 몇 번째 랙, 몇 번째 슬롯Slot 등으로 설명할 수 있다.

클라우드 시대는 애플리케이션이 실행되는 물리적 하드웨어에서 컴퓨팅 리소스를 분리한다. 물론 하드웨어는 여전히 존재하지만 서버, 하드디스크, 라우터는 물리 리소스 위에 떠 있다. 이 것은 더 이상 물리적인 요소가 아니며 우리가 만들고, 복제하고, 변경하고, 파괴하는 가상의 구조물이다.

이런 변화는 컴퓨팅 리소스를 생각하고, 설계하고, 사용하는 방식의 변화를 가져왔다. 우리는 애플리케이션 서버의 물리적 속성이 일정하다고 확신할 수 없다. 일상적으로 시스템 인스턴스를 추가 및 제거할 수 있어야 하고 시스템이 확장하더라도 시스템의 품질과 일관성을 쉽게 유지할 수 있어야 한다.

클라우드 플랫폼에서 인프라를 설계하고 구현하기 위한 여러 원칙이 있다. 이 원칙은 세 가지 핵심 실행 방법을 사용해야 하는 이유를 잘 설명한다. 또한 동적 인프라에서 팀이 만드는 일반적인 함정 몇 가지를 나열한다.

이러한 원칙과 함정은 코드형 인프라 구현 방법의 기초가 된다.

2.1 원칙 1 시스템을 신뢰할 수 없다고 가정한다

구시대에는 시스템이 안정적인 하드웨어에서 실행된다고 가정했다. 클라우드 시대에는 시스템이 안정적이지 않은 하드웨어에서 실행된다고 가정해야 한다.[1]

퍼블릭 클라우드 규모의 인프라는 수십만 개의 장치를 사용한다. 이 규모에서는 안정성 높은 하드웨어를 사용해도 오류가 발생한다. 대부분의 클라우드 벤더는 저렴하지만 신뢰성은 떨어지는 하드웨어를 사용하여 고장이 발생하면 감지하고 교체한다.

예상하지 못한 장애가 아니더라도 시스템의 일부를 의도적으로 오프라인 상태로 만들어야 할 때가 있다. 시스템 업그레이드 또는 패치, 인프라 규모 변경, 부하 재분배, 장애 원인 분석을 해야 하는 경우다.

정적 인프라에서 이러한 작업은 시스템을 오프라인 상태로 만든다는 뜻이다. 그러나 오늘날 많은 기업에게 시스템을 오프라인 상태로 만드는 것은 비즈니스를 중단하는 것과 같은 의미다.

따라서 시스템이 실행되는 인프라를 안정적인 기반이라고 볼 수 없다. 대신 인프라 리소스가 변경될 때 시스템을 중단하지 않아도 되는 서비스를 설계해야 한다.[2]

2.2 원칙 2 모든 것은 재생산 가능하다

시스템 구성 요소를 노력하지 않고 안정적으로 언제든 다시 복구할 수 있으면 복구 가능한 recoverable 시스템이라고 정의할 수 있다.

'**노력하지 않고** effortlessly'라는 말은 어떤 것을 만드는 방법을 결정할 필요가 없다는 의미다. 설정, 소프트웨어 버전, 의존 관계를 코드로 정의하고 이후에는 단순히 '예/아니오' 결정으로 재생산한다.

재생산성 reproducibility은 시스템 복구를 쉽게 할 뿐 아니라 다음과 같은 혜택도 제공한다.

---

1 샘 존슨(Sam Johnson)의 기사 「Simplifying cloud: Reliability」(*https://oreil.ly/S3VRT*)에서 배운 아이디어다.
2 시스템이 안정적이지 않다는 가정은 카오스 엔지니어링을 만들어냈다. 카오스 엔지니어링은 서비스 안정성을 테스트하고 향상시키기 위해 인위적으로 장애를 발생시키는 것이다. 21장에서 자세히 설명한다.

- 프로덕션 환경과 일치하는 테스트 환경 구성
- 가용성 확보를 위한 리전^{region} 간 시스템 복제
- 높은 부하에 대응하기 위한 온디맨드^{on demand} 인스턴스 추가
- 고객에게 전용 인스턴스를 딜리버리하기 위한 시스템 복제

물론 시스템은 사전에 정의할 수 없는 데이터, 콘텐츠와 로그를 생성한다. 이를 구별하고 복제 전략의 일부로 유지하는 방법을 찾아야 한다. 이 작업은 데이터 백업을 수행하거나 스트리밍한 후 리빌드할 때 복원하는 것처럼 간단하다. 이런 작업을 위한 옵션은 21장에서 더 자세히 설명한다.

인프라의 어떤 부분이라도 노력 없이 빌드할 수 있는 것은 매우 강력한 능력이다. 변경의 위험과 두려움을 없애고 자신감 있게 장애에 대처할 수 있게 한다. 또한 새로운 서비스와 환경을 빠르게 프로비저닝할 수 있다.

2.3 위험 스노우플레이크 시스템

스노우플레이크^{snowflake}는 다시 빌드하기 어려운 시스템 인스턴스 또는 시스템의 일부분을 말한다. 이것은 스테이징^{staging} 환경처럼 다른 환경과 비슷해야 하지만, 팀원들이 일부 구성을 완벽하게 이해하지 못한다는 점에서 다르다.

스노우플레이크 시스템은 의도적으로 만든 것이 아니라 자연적으로 생겨난 것이다. 여러분은 새로운 도구를 사용하여 처음 무언가를 만들 때 실수를 하면서 배우게 된다. 그러나 다른 팀원이 여러분이 만든 것에 의존하고 있다면, 여러분은 배운 내용을 반영하여 다시 만들고 개선할 시간이 없을 것이다. 쉽고 안전하게 변경할 수 있는 메커니즘과 실행 방법이 없다면 구축한 내용을 개선하는 것은 특히 더 어렵다.

스노우플레이크 시스템이 발생하는 또 다른 원인은 다른 시스템에 적용하지 않는 변경 설정을 오직 한 인스턴스에만 적용하는 경우다. 하나의 시스템에만 나타나는 문제를 해결해야 한다는 압박을 받고 있거나 테스트 환경에서는 주요 업그레이드를 시작했지만 다른 환경(스테이징, 프로덕션 등)에 배포할 시간이 없었을 것이다.

시스템을 안전하게 변경하거나 업그레이드할 자신이 없을 때 시스템이 스노우플레이크 상태라는 것을 알게 된다. 불행히도 이런 스노우플레이크 시스템은 고장이 나면 고치기 어렵다. 스노우플레이크 시스템을 개선할 가치가 없다면 유지할 가치도 없다.

스노우플레이크 시스템을 교체하는 가장 좋은 방법은 시스템을 복제할 수 있는 코드를 작성하여 준비가 될 때까지 신규 시스템을 병렬로 실행하는 것이다. 자동화된 테스트와 파이프라인을 사용하면 정확한 재생산이 가능해지고 쉽게 변경할 수 있다.

2.4 원칙3 사라질 수 있는 것으로 만든다

동적 인프라에 대처할 수 있는 시스템을 구축하는 것은 레벨 1이다. 다음 레벨은 시스템 자체가 동적인 시스템을 구축하는 것으로, 시스템 구성 요소의 추가, 삭제, 시작, 정지, 변경, 이전을 안전하게 할 수 있어야 한다. 이렇게 하면 운영 유연성, 가용성, 확장성을 확보할 수 있으며 변경을 단순화하고 위험을 줄일 수 있다.

클라우드 네이티브 소프트웨어cloud native software의 주요 아이디어는 시스템 구성 요소를 변형할 수 있도록 만드는 것이다. 클라우드는 물리적인 하드웨어인 인프라 리소스(컴퓨팅, 네트워킹, 스토리지)를 추상화한다. 클라우드 네이티브 소프트웨어는 인프라에서 애플리케이션 기능을 완전히 분리한다.[3]

> **NOTE** **반려동물이 아닌 가축**
> '반려동물이 아닌 가축처럼 서버를 취급하라'는 처분 가능성disposability을 설명하는 유명한 표현이다.[4] 필자는 직접 만든 신규 서버에 재미있는 이름을 지어준 경험은 그립지만 수작업으로 서버를 변경하고 애지중지했던 일은 그립지 않다.

---

3   10장 참조

4   개빈 맥캔스(Gavin McCance)의 발표 'CERN Data Centre Evolution'(*https://oreil.ly/cDt47*)에서 처음으로 들었다. 랜디 바이어스(Randy Bias)는 빌 베이커(Bill Baker)의 발표 'Architectures for open and scalable clouds'(*https://oreil.ly/_SG96*)가 도움이 됐다고 말했다. 두 발표 모두 이런 원칙을 설명하는 훌륭한 자료다.

시스템이 동적이라면 이에 대응할 수 있는 시스템 관리 도구를 사용해야 한다. 예를 들면 모니터링은 시스템의 구성 요소를 리빌드할 때마다 알람이 발생되지 않도록 해야 한다. 그러나 자체적인 리빌딩 순환이 발생하면 경고를 해야 한다.

사라진 파일 서버 사건

사람들은 금방 사라질 수 있는ephemeral 인프라에 익숙해지는 데 시간이 걸린다. 필자와 함께 일했던 어떤 팀에서는 VMware와 Chef를 사용하여 자동화된 인프라를 구성했고 필요에 따라 가상 서버를 삭제하고 교체했다.

새로운 개발자는 팀원과 공유할 파일을 호스팅할 웹 서버가 필요해 개발 환경에서 수작업으로 HTTP 서버를 빌드한 후에 파일을 추가했다. 며칠 후 필자는 가상 서버를 리빌드했고 그의 웹 서버는 사라졌다.

개발자는 약간의 혼란스러움을 겪은 후에 왜 이런 사태가 발생했는지 이해했다. 그는 웹 서버를 Chef에 추가했고 파일은 SAN 스토리지에 보관했다. 이 팀은 이제 안정적인 파일 공유 서비스를 갖게 되었다.

2.5 원칙 4 다양성을 최소화한다

시스템이 커지면 이해하기 힘들어지고 변경과 수정도 어려워진다. 작업은 시스템 구성 요소의 수와 구성 요소 종류의 수에 따라 증가한다. 따라서 시스템을 관리 가능한 상태로 유지하는 유용한 방법은 구성 요소 종류의 수를 줄이는 것이다. 완전히 다른 종류의 서버 5대를 관리하는 것보다 같은 종류의 서버 100대를 관리하는 것이 더 쉽다.

재생산성 원칙(2.2절)은 이 원칙을 보완한다. 단순한 구조를 가진 컴포넌트를 정의하고 동일한 인스턴스를 많이 생성한다면 쉽게 이해하고 변경하고 고칠 수 있다.

이 원칙이 작동되게 하려면 변경 내용을 컴포넌트의 모든 인스턴스에 적용해야 한다. 그렇지 않으면 구성 드리프트configuration drift가 발생한다.

다음은 시스템에 있을 수 있는 몇 가지 변형이다.

- 다양한 OS, 애플리케이션 런타임, 데이터베이스, 여러 기술을 사용하면 팀원은 다양한 기술과 지식이 있어야 한다.
- OS와 데이터베이스 같은 소프트웨어에 대해 여러 버전을 운영하면 OS 운영자는 각 버전에 맞는 설정과 도구를 갖춰야 한다.

- 다양한 패키지 버전이 서버에 사용되고 일부 서버에 다른 새로운 버전의 패키지, 유틸리티, 라이브러리가 사용된다면 위험한 상황에 있는 것이다. 명령어가 일관되게 실행되지 않거나 오래된 버전인 경우 보안 취약점 또는 버그가 있을 수 있다.

> **NOTE** **가벼운 거버넌스**
>
> 현대의 IT 조직은 자율성과 중앙 집중식 제어의 균형을 맞추기 위해 가벼운 거버넌스의 가치를 배우고 있다. 이것은 애자일 조직을 위한 EDGE 모델의 핵심 요소다. 이에 대한 자세한 내용은 짐 하이스미스[Jim Highsmith], 린다 루[Linda Luu], 데이비드 로빈슨[David Robinson]의 책 『EDGE: Value-driven digital transformation』(Addison-Wesley Professsional, 2019) 또는 조니 리로이[Jonny LeRoy]의 발표 'The Goldilocks zone of lightweight architectural governance'를 참조하기 바란다.

2.5.1 구성 드리프트

구성 드리프트는 시간이 지나면서 한때 동일했던 시스템에 변화(또는 변형)가 생기는 현상을 뜻한다(그림 2-1). 수작업 변경은 구성 드리프트를 발생시킬 수 있다. 또한 일부 인스턴스에만 임시 변경을 적용하면 자동화 도구를 사용하더라도 구성 드리프트가 발생할 수 있다. 구성 드리프트는 일관된 자동화를 유지하기 어렵게 한다.

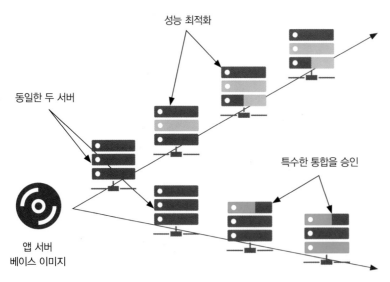

그림 2-1 구성 드리프트는 동일한 인스턴스가 시간이 지나면서 달라지는 경우를 뜻한다.

시간이 지나면서 발생하는 인프라 변화의 예로 가상의 팀인 ShopSpinner의 여정을 살펴보자.[5]

ShopSpinner는 각 상점마다 별도의 애플리케이션 인스턴스를 실행하며 각 인스턴스는 사용자 정의custom 제품 이미지와 제품 카탈로그 콘텐츠를 사용하도록 구성된다. 초기 ShopSpinner팀은 스크립트를 실행하여 신규 상점마다 새로운 애플리케이션 서버를 생성했다. 팀은 인프라를 관리하기 위해 수동 스크립트를 작성하고 이후 변경이 필요할 때마다 스크립트를 조금씩 수정했다.

Water Works[6]라는 고객사는 다른 고객보다 주문 관리 애플리케이션의 트래픽이 훨씬 더 많아서 ShopSpinner팀은 Water Works의 서버 구성을 수정했다. 다른 고객사 시스템에는 같은 변경을 적용하지 않았는데, 그 이유는 팀이 바빴고 다른 고객사 시스템에는 이러한 변경이 필요하지 않다고 판단했기 때문이다.

이후 ShopSpinner팀은 애플리케이션 서버 구성을 자동화하기 위해 ServerMaker를 도입했다.[7] 팀은 Palace Pens[8]라는 소규모 고객사의 서버로 처음 테스트한 후 다른 고객사로 확대 적용했다. 불행히도 코드에는 Water Works에 적용했던 성능 최적화 설정이 포함되어 있지 않았다. 결과적으로 Water Works의 개선사항은 삭제됐다. 팀이 실수를 발견하고 수정할 때까지 Water Works 서버는 매우 느려졌다.

ShopSpinner팀은 Servermaker 코드에 파라미터parameter를 사용해 이 문제를 극복했다. 이제 고객사마다 리소스 수준을 다르게 설정할 수 있다. 이 방식으로 팀은 모든 고객사에 동일한 코드를 적용하는 동시에 고객사별로 최적화할 수 있다. 7장에서 인스턴스마다 다른 파라미터를 사용하는 인프라 코드의 패턴과 안티패턴을 설명한다.

---

5 ShopSpinner는 고객이 온라인 스토어를 구성하고 운영할 수 있도록 하는 가상 회사다. 콘셉트와 실행 방법을 설명하기 위해 책 전반에 걸쳐 예시로 사용된다.

6 Water Works는 매달 다른 공예병에 생수를 담아 판매한다.

7 ServerMaker는 Ansible, Chef, Puppet과 비슷한 가상의 서버 구성 자동화 도구다.

8 Palace Pens는 세계 최고의 고급 필기구를 판매한다.

자동화에 대한 죽음의 소용돌이

자동화에 대한 죽음의 소용돌이|automation fear spiral|는 얼마나 많은 팀이 구성 드리프트와 기술 부채에 빠졌는지를 설명한다.

DevOpsDays 콘퍼런스의 구성 자동화|configuration automation|에 대한 오픈 스페이스 세션에서 필자는 얼마나 많은 사람이 Ansible, Chef, Puppet과 같은 자동화 도구를 사용하는지 물었다. 대부분의 사람이 손을 들었다. 다음으로 자동 스케줄에 따라 이러한 도구를 무인으로 실행하는 사람이 있는지 물었다. 대부분은 손을 들지 않았다.

많은 사람이 자동화 도구 사용 초기에 겪는 어려움을 필자 역시 경험했다. 필자는 자동화를 선택적으로 사용했다. 예를 들면 새로운 서버를 구축하거나 특정 설정을 변경할 때에만 사용했으며 수행하는 작업에 맞추어 구성을 조금씩 조정했다.

자동화 도구의 작동 방식과 결과에 대한 자신감이 부족하여 확신을 가지지 못했다. 또한 서버 간에 일관성이 없었기 때문에 자동화에 대한 확신이 없었다. 그래서 필자는 서버 자동화를 자주 그리고 일관되게 실행하지 않았다.

[그림 2-2]는 자동화에 대한 죽음의 소용돌이가 무엇인지 보여준다. 자동화를 성공적으로 사용하려면 인프라 팀은 이 소용돌이를 탈출해야 한다. 소용돌이를 탈출하는 가장 효과적인 방법은 두려움에 맞서는 것이다. 하나의 서버 그룹으로 시작하자. 인프라 코드를 서버에 적용하고 재차 적용할 수 있는지 확인한 후 지속적으로 코드를 해당 서버 그룹에 적용하는 시간 단위 데몬 프로세스를 예약한다. 그리고 다른 서버 그룹을 선택하고 이 프로세스를 반복한다. 모든 서버가 지속적으로 업데이트될 때까지 이 과정을 반복하자.

좋은 모니터링과 자동화된 테스트는 지속적으로 코드를 동기화할 수 있다는 자신감을 준다. 이것은 구성 드리프트를 빨리 발견하고 즉시 수정할 수 있게 한다.

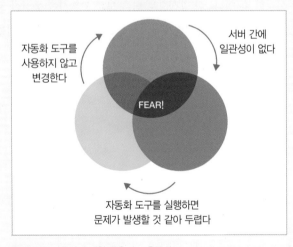

그림 2-2 자동화에 대한 죽음의 소용돌이

2.6 원칙5 어떤 프로세스라도 반복 가능한지 확인한다

재생산 원칙을 바탕으로 인프라에서 처리하는 모든 작업은 반복할 수 있어야 한다. 수동 작업보다 스크립트나 구성 관리 도구configuration management tool를 사용하면 반복 작업이 더 쉽다. 그러나 익숙하지 않다면 자동화에 많은 시간이 소요될 수 있다.

예를 들어 일회성 작업으로 하드 드라이브에 파티션을 만드는 경우, 스크립트를 작성하고 테스트하는 것은 단순히 fdisk 명령어를 실행하는 것보다 더 많은 작업을 필요로 한다. 그래서 필자는 수동으로 작업한다.

문제는 다른 팀원인 프리야Priya가 다른 디스크에서 파티션을 분할할 때 발생한다. 그녀는 필자와 같은 결론에 도달하여 스크립트를 작성하는 대신 수작업을 선택할 수 있다. 그러나 프리야는 디스크 파티션 분할에 대해 조금 다른 방법을 선택했다. 필자는 /var 디렉터리를 80GB ext3 파티션으로 구성했고 프리야는 100GB xfs 파티션으로 구성했다. 우리는 스스로 구성 드리프트를 만들고 있어 자신 있게 자동화를 하기 어려운 상황에 놓일 수 있다.

효과적인 인프라팀은 강한 스크립팅 문화를 가지고 있다. 만약 작업 프로세스를 스크립트로 작성할 수 있다면 그렇게 해야 한다.[9] 스크립트로 작성하기 어렵다면 더 노력하자. 도움이 되는 기술이나 도구가 있을 것이다. 작업을 단순화하거나 다른 방법을 사용하여 처리할 수도 있다. 작업을 스크립트로 작성할 수 있도록 조각내는 것은 작업을 더 간단하고, 깨끗하고, 안정적으로 만든다.

2.7 마치며

클라우드 시대 인프라의 원칙은 기존의 정적 인프라와 현대의 동적 인프라의 차이점을 구체화한다.

- 시스템을 신뢰할 수 없다고 가정한다.
- 모든 것은 재생산 가능하다.

---

9 동료인 플로리안 젤마이어(Florian Sellmayr)는 "문서화할 가치가 있다면 자동화할 가치가 있다"고 말했다.

- 사라질 수 있는 것으로 만든다.

- 다양성을 최소화한다.

- 어떤 프로세스라도 반복할 수 있는지 확인한다.

이러한 원칙은 클라우드 플랫폼의 특성을 활용하기 위한 핵심이다. 최소한의 노력으로 변경하는 능력을 거부하지 말고 그 능력을 활용하여 품질과 신뢰성을 확보하자.

CHAPTER 3

인프라 플랫폼

현대 클라우드 인프라와 연관된 도구는 굉장히 다양하기 때문에 어떤 기술을 선택하고 어떻게 결합해야 하는지에 대한 질문은 막연하게 들린다. 이 장에서는 플랫폼의 상위 레벨 문제, 플랫폼 딜리버리 기능과 이러한 기능을 제공하기 위해 조합할 수 있는 인프라 리소스 모델을 제시한다.

인프라 모델이 권위 있는 모델이나 아키텍처는 아니지만 이런 모델을 사용하여 시스템 구성 요소를 설명할 수 있는 여러분만의 방법을 찾을 수 있다. 그리고 이러한 방법을 찾는 것은 사용하는 도구나 기술 사이의 경계를 명확하게 구분하는 것보다 더 중요하다.

이 모델은 이 책에서 다루는 개념, 실행 방법, 접근 방식을 논의하기 위한 컨텍스트를 만드는 데 사용된다. 중요한 점은 사용하는 기술 스택, 도구, 플랫폼에 관계없이 이러한 논의가 사용자와 관련이 있는지다. 그래서 모델은 이후의 장에서 사용되는 그룹 및 용어를 정의한다. 예를 들면 여기서 사용된 그룹과 용어는 VMware 같은 가상화 플랫폼과 AWS 같은 서비스형 인프라 클라우드에서 서버를 프로비저닝하는 방법 등을 설명하기 위해 사용된다.

3.1 인프라 시스템의 구성 요소

최신 클라우드 인프라는 다양한 구성 요소를 가지고 있다. 이런 구성 요소를 세 가지 플랫폼 계층으로 그룹화하면 도움이 된다(그림 3-1).

애플리케이션

애플리케이션과 서비스는 조직과 사용자에게 기능을 제공한다. 이 모델에서 다른 모든 항목은 이 계층을 활성화하기 위해 존재한다.

애플리케이션 런타임

애플리케이션 계층에 서비스와 기능을 제공한다. 애플리케이션 런타임 플랫폼에 포함되는 서비스와 구성의 예로 컨테이너 클러스터, 서버리스^{serverless} 환경, 애플리케이션 서버, OS, 데이터베이스가 있다. 이 계층을 서비스형 플랫폼^{platform as a service}(PaaS)이라고도 한다.

인프라 플랫폼

인프라 리소스 및 인프라를 관리하는 도구와 서비스 모음이다. 클라우드와 가상화 플랫폼은 컴퓨팅, 스토리지, 네트워킹 기본 요소를 포함한 인프라 리소스를 제공한다. 이것은 IaaS라고도 불린다. 자세한 내용은 3.3절에서 다룬다.

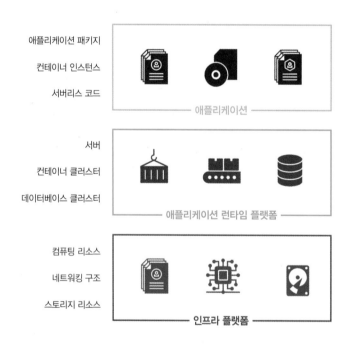

그림 3-1 시스템 구성 요소 계층

이 책은 인프라 플랫폼 계층에서 인프라 리소스를 조합하여 애플리케이션 런타임 계층을 만드는 것을 전제로 한다.

5장과 2부에서는 인프라 스택을 빌드하기 위한 코딩 방법을 설명한다. 인프라 스택은 Ansible, CloudFormation, Pulumi, Terraform 같은 도구를 사용하여 함께 정의되고 관리되는 인프라 리소스 모음이다.

10장과 3부에서는 애플리케이션 런타임을 정의하고 관리하기 위한 코딩 방법을 설명한다. 애플리케이션 런타임에는 서버, 클러스터, 서버리스 실행 환경이 포함된다.

3.2 동적 인프라 플랫폼

코드형 인프라는 동적 인프라 플랫폼이 필요하다. 동적 플랫폼은 API ^{application programming interface}를 사용하여 리소스를 온디맨드 방식으로 프로비저닝하고 변경할 수 있어야 한다. [그림 3-2]는 플랫폼 모델에서 인프라 플랫폼 계층만을 보여 준다. 이것이 클라우드의 본질적인 정의다.[1] 이 책에서 말하는 인프라 플랫폼이 동적 IaaS 타입의 플랫폼을 의미한다고 가정해도 된다.

그림 3-2 인프라 플랫폼은 플랫폼 모델의 기초 계층이다.

---

1 NIST(US National Institute of Standards and Technology)는 클라우드 컴퓨팅을 훌륭하게 정의한다(*https://oreil.ly/U8qkE*).

예전에는 인프라가 하드웨어만을 의미했다. 가상화는 운영 중인 하드웨어에서 시스템을 분리했고 클라우드는 가상 리소스를 관리하기 위해 API를 추가했다.[2] 이로써 클라우드 시대가 시작되었다.

인프라 플랫폼은 여러 유형이 있다. 예를 들면 완전한 퍼블릭 클라우드에서 프라이빗 클라우드, 상용 벤더 솔루션에서 오픈소스 플랫폼까지 다양하다. 이 장에서는 이러한 인프라 플랫폼의 다양성을 간략히 설명하고 플랫폼이 제공하는 다양한 인프라 리소스를 살펴본다. [표 3-1]은 클라우드 인프라 플랫폼 유형에 따른 벤더, 제품, 도구를 나타낸다.

표 3-1 동적 인프라 플랫폼 유형의 예

플랫폼 유형	공급사 또는 제품
퍼블릭 클라우드	AWS, Azure, Digital Ocean, GCE, Linode, Oracle Cloud, OVH, Scaleway, Vultr
프라이빗 클라우드	CloudStack, OpenStack, VMware vCloud
베어메탈bare-metal 클라우드	Cobbler, FAI, Foreman

인프라 플랫폼의 기본 레벨은 컴퓨팅, 스토리지, 네트워킹 리소스다. 인프라 플랫폼은 이런 리소스를 다양한 포맷으로 제공한다. 예를 들면 컴퓨팅은 가상 서버, 컨테이너, 서버리스 코드 실행 등의 형태로 사용된다.

> **TIP PaaS**
> 대부분의 퍼블릭 클라우드 벤더는 애플리케이션 배포와 관리를 위해 상위 레벨 서비스를 제공한다. 예를 들면 Heroku, AWS Elastic Beanstalk, Azure DevOps를 포함하는 호스티드hosted PaaS을 제공한다.[3]

각 벤더는 동일한 리소스를 다른 방식으로 패키징하거나 서비스 이름만 바꾸어 제공한다. 예를 들면 AWS Object Storage, Azure Blob Storage, GCP Cloud Storage 모두 거의 동일하

---

2 가상화 기술은 1960년대부터 존재했지만 2000년대가 되어서야 x86 서버의 주류 기술로 사용되기 시작했다.

3 필자는 Azure DevOps를 언급할 때 서비스 이름의 끔찍함을 지적하지 않을 수 없다. DevOps는 문화와 관련된 것이지 도구와 기술을 다루는 것이 아니다. DevOps 문화에 대한 존 윌리스(John Willis)의 연설과 이에 대한 맷 스켈턴(Matt Skelton)의 리뷰를 읽어보자.

다. 이 책에서는 특정 플랫폼에서 사용되는 상품명이 아닌 일반적인 이름을 사용한다. VPC와 Subnet 대신 네트워크 주소 블록^{network address block}과 VLAN을 사용한다.

멀티 클라우드

많은 조직이 하나의 클라우드 플랫폼으로 시작하지만, 결국에는 여러 플랫폼을 이용하는 멀티 클라우드 multicloud 방식을 채택하게 된다. 멀티 클라우드를 이해하기 위해서는 몇 가지 용어에 대해 알아야 한다.

- **하이브리드 클라우드**

하이브리드 클라우드^{hybrid cloud}는 프라이빗 인프라와 퍼블릭 클라우드 서비스를 함께 사용해 애플리케이션을 제공하는 방식이다. 퍼블릭 클라우드로 쉽게 이전하기 어려운 서비스(예를 들면 메인프레임^{mainframe}에서 실행되는 서비스) 때문에 하이브리드 클라우드를 선택한다. 또 다른 경우는 퍼블릭 클라우드가 조직의 필수 요구사항을 충족시키지 못하는 경우다. 예를 들어 클라우드 플랫폼 벤더의 데이터 센터가 없는 국가에서 데이터를 호스팅하기 위한 법적 요구사항이 있는 경우 등이 있다.

- **클라우드 애그노스틱**

클라우드 애그노스틱^{cloud agnostic}은 다른 퍼블릭 클라우드 플랫폼에서 실행될 수 있도록 시스템을 구축하는 것을 의미한다. 벤더에 종속되는 락인^{lock-in}을 방지하기 위해 의도적으로 멀티 클라우드가 사용된다. 실제로 락인을 피하려 사용 중인 특정 소프트웨어에 종속되는 상황이 발생한다. 이 경우 소프트웨어는 클라우드 간의 차이점을 숨기거나 특정 회사만을 위해 수정된 방대한 양의 코드 관리를 약속한다.

- **폴리 클라우드**

폴리 클라우드^{polycloud}는 둘 이상의 퍼블릭 클라우드에 여러 개의 애플리케이션과 서비스를 운영하는 방식이다. 일반적으로 각 플랫폼의 장점을 활용하기 위해 사용된다.

3.3 인프라 리소스

인프라 플랫폼에서 제공하는 세 가지 필수 리소스는 컴퓨팅, 스토리지, 네트워킹이다. 플랫폼은 이 리소스를 서로 다른 방식으로 결합하고 패키징한다. 예를 들면 플랫폼에서 가상 머신과 컨테이너 인스턴스를 프로비저닝할 수 있고 컴퓨팅, 스토리지, 네트워킹과 결합한 데이터베이스 인스턴스를 프로비저닝할 수도 있다.

이러한 기본적인 인프라 리소스를 가리킬 때 프리미티브^{premitive}라는 용어를 사용하는데, 이는 공학에서 '기초 요소'를 의미한다. 이 장에서 설명하는 컴퓨팅, 스토리지, 네트워킹 리소스는 프리미티브다. 클라우드 플랫폼은 인프라 프리미티브를 다음과 같은 복합 리소스로 결합한다.

- 서비스형 DB database as a service (DBaaS)

- 로드 밸런싱 load balancing

- DNS Domain Name System

- ID 및 액세스 권한 관리 identity management

- 비밀 정보 관리

프리미티브와 복합 리소스의 구분은 복합 인프라 리소스와 애플리케이션 런타임을 구분하는 것만큼 쉽지 않다. 프리미티브 중 하나인 오브젝트 스토리지(예를 들어 AWS S3)와 같은 기본 스토리지 서비스도 데이터를 읽고 쓰기 위해 컴퓨팅과 네트워킹 리소스를 필요로 한다. 명확히 구분하기는 어렵지만 구분 자체는 유용하며 이후에 일반적인 유형의 인프라 프리미티브를 나열할 때 사용된다. 컴퓨팅, 스토리지, 네트워킹 이 세 가지 유형이 프리미티브에 포함된다.

3.3.1 컴퓨팅 리소스

컴퓨팅 리소스는 코드를 실행한다. 컴퓨팅은 기본적으로 물리적 서버 CPU 코어의 실행 시간이다. 그러나 플랫폼은 컴퓨팅을 더 유용한 방식으로 제공한다. 일반적인 컴퓨팅 리소스는 다음과 같다.

가상 서버(가상 머신)

인프라 플랫폼은 물리 호스트 서버 풀 server pool 을 관리하고 이 물리 호스트의 하이퍼바이저 hyperviosr 에서 가상 머신 virtual machine (VM) 인스턴스를 실행한다. 서버 프로비저닝, 설정, 관리 방법은 11장에서 더 자세히 설명한다.

물리 서버

베어메탈이라고도 부른다. 플랫폼은 온디맨드 방식으로 물리 서버를 동적으로 프로비저닝할 수 있다. 11장에서 물리 서버를 베어메탈 클라우드로 자동 프로비저닝하는 방법을 설명한다.

서버 클러스터

물리 서버나 가상 서버로 구성된 서버 풀로, 인프라 플랫폼은 서버 클러스터를 그룹 단위로 프로비저닝하고 관리한다. 예를 들면 AWS Auto Scaling Group, Azure Virtual Machine Scale Set, Google Managed Instance Groups가 있다.

컨테이너

대부분의 클라우드 플랫폼은 컨테이너 인스턴스를 배포하고 운영하기 위해 서비스형 콘텐츠 container as a service (CaaS)를 제공한다. Docker와 같은 표준 포맷의 컨테이너 이미지를 빌드하면 플랫폼은 이 이미지를 사용해 컨테이너 인스턴스를 실행한다. 많은 애플리케이션 런타임 플랫폼은 컨테이너화 containerization를 지원한다. 이 내용은 10장에서 자세히 설명한다. 컨테이너를 실행하려면 호스트 서버가 필요하다. 일부 플랫폼은 호스트 설정을 자동으로 해주기도 하지만 대부분은 클러스터와 해당 호스트를 사용자가 직접 정의해야 한다.

애플리케이션 호스팅 클러스터

플랫폼에서 여러 애플리케이션을 배포하고 관리하는 서버 풀이다.[4] 예를 들어 Amazon Elastic Container Service(ECS), Amazon Elastic Container Service for Kubernetes (EKS), Azure Kubernetes Service(AKS), Google Kubernetes Engine(GKE)이 있다. 또한 인프라 플랫폼에서 애플리케이션 호스팅 패키지를 배포하고 관리할 수 있다. 이 내용은 14장에서 자세히 살펴본다.

서비스형 함수 서버리스 코드 런타임

인프라 플랫폼은 이벤트 또는 스케줄의 응답에 온디맨드 방식으로 서버리스 서비스형 함수 function as a service (FaaS) 코드를 실행하고 작업이 완료되면 종료한다. 이 내용은 14장에서 자세히 살펴본다. 인프라 플랫폼 서버리스 제품에는 AWS Lambda, Azure Functions, Google Cloud Functions가 있다.

---

4 애플리케이션 호스팅 클러스터를 PaaS와 혼동해서는 안 된다. 이 유형의 클러스터는 PaaS의 핵심 기능인 애플리케이션에 대한 컴퓨팅 리소스 프로비저닝을 관리한다. 그러나 완전한 PaaS는 컴퓨팅 이상의 다양한 서비스를 제공한다.

3.3.2 스토리지 리소스

많은 동적 시스템은 디스크 볼륨, 데이터베이스, 파일용 중앙 저장소와 같은 스토리지가 필요하다. 애플리케이션에서 스토리지를 직접 사용하지 않더라도 애플리케이션이 사용하는 많은 서비스에는 스토리지가 필요하다. 예를 들면 가상 서버 스냅샷^{snapshot}이나 컨테이너 이미지를 저장하기 위해 사용한다.

동적 플랫폼은 스토리지를 애플리케이션에게 투명하게 제공한다. 이 기능은 가상 서버와 연결되는 물리 스토리지를 명시적으로 지정하는 기존의 가상화 시스템과는 다르다.

인프라 플랫폼에서 볼 수 있는 일반적인 스토리지 리소스는 다음과 같다.

블록 스토리지(가상 디스크 볼륨)

블록 스토리지 볼륨을 로컬 디스크인 것처럼 단일 서버나 컨테이너 인스턴스에 연결할 수 있다. 클라우드 플랫폼에서 제공하는 블록 스토리지 서비스의 예로 AWS EBS, Azure Page Blob, OpenStack Cinder, GCE Persistent Disk가 있다.

오브젝트 스토리지

오브젝트 스토리지를 사용하여 여러 위치에 파일을 저장하고 액세스할 수 있다. 예를 들면 Amazon S3, Azure Block Blob, Google Cloud Storage, OpenStack Swift가 있다. 오브젝트 스토리지는 일반적으로 블록 스토리지보다 저렴하고 안정적이지만 대기 시간^{latency}이 더 길다.

네트워크 파일시스템(공유 네트워크 볼륨)

많은 클라우드 플랫폼은 NFS, AFS, SMB/CIFS[5]와 같은 표준 프로토콜을 사용하여 여러 컴퓨팅 인스턴스에 마운트할 수 있는 공유 스토리지 볼륨을 제공한다.

구조화된 데이터 스토리지

대부분의 인프라 플랫폼은 코드로 정의하고 관리하는 DBaaS를 제공한다. 이는 MySQL, Postgres, SQL Server와 같은 표준 상용 또는 오픈소스 데이터베이스 애플리케이션이거나 고객 요구에 맞추어 구조화된 데이터 저장 서비스일 수 있다. 예를 들어 키-값$^{\text{key-value}}$ 저장소, JSON, XML과 같이 형식이 정해진 문서 저장소가 있다.

비밀 정보 관리

모든 스토리지 리소스는 암호화할 수 있기 때문에 해커가 시스템과 리소스의 접근 권한을 얻기 위해 악용될 수 있는 패스워드, 키, 기타 여러 정보를 저장할 수 있다. 비밀 관리 서비스는 이러한 종류의 리소스를 관리하기 위해 특별히 설계된 기능을 제공한다. 비밀 정보와 인프라 코드를 관리하는 기술은 7장을 참고하자.

3.3.3 네트워킹 리소스

다른 종류의 인프라 리소스처럼 코드에서 온디맨드로 네트워킹을 프로비저닝하고 변경하는 동적 플랫폼의 기능은 더 큰 기회를 만든다. 이는 네트워크를 단순히 빠르게 변경하는 것보다 더 많은 기능을 제공하고 더 안전하게 네트워킹을 사용할 수 있게 한다.

안전성의 일정 부분은 프로덕션에 적용하기 전 네트워킹 구성 변경을 빠르고 정확하게 테스트하는 능력에서 비롯된다. 그 외에도 소프트웨어 정의 네트워킹$^{\text{software defined networking}}$(SDN)을 사용하면 수동으로 운영할 때보다 더 세밀한 네트워크 보안 구성을 만들 수 있다. 이는 구성 요소를 동적으로 생성하고 삭제하는 시스템에서 특히 더 효율적이다.

---

5 Network File System, Andrew File System, Server Message Block

인프라 플랫폼이 제공하는 일반적인 네트워크 구성 및 서비스는 다음과 같다.

네트워크 주소 블록

네트워크 주소 블록은 리소스를 그룹화하여 트래픽 라우팅을 제어하는 기본 구조다. AWS의 최상위 블록은 VPCvirtual private cloud다. Azure, GCP 등에서는 'virtual network'라고 불린다. 최상위 블록은 서브넷 또는 VLAN과 같은 더 작은 블록으로 쪼개진다. AWS 서브넷 같은 특정 네트워킹 구조는 가용성 관리에 사용할 수 있는 물리적 위치(예를 들어 데이터 센터)와 연결된다.

도메인 이름domain name

IP 주소와 같이 하위 레벨 네트워크 주소와 연결된다.

라우터router

주소 블록 간에 허용되는 트래픽을 구성한다.

게이트웨이 gateway

블록 안팎으로 트래픽을 전달하는 데 필요할 수 있다.

프록시 proxy

접속을 허용하고 규칙을 사용해 변경하거나 라우팅한다.

API 게이트웨이

일반적으로 API 게이트웨이는 HTTP/S 연결을 위한 프록시로, 인증과 속도 조절 rate throttling 같은 API 통신을 위한 추가적인 기능을 처리한다.

VPN virtual private network

물리적으로 떨어진 장소의 서로 다른 네트워크 블록을 연결하여 하나의 네트워크처럼 보이게 한다.

전용 연결 direct connection

클라우드 네트워크와 다른 장소 간의 전용 네트워크 구성이며, 여기서 말하는 다른 장소는 주로 데이터 센터나 오피스 네트워크가 된다.

네트워크 접근 규칙(방화벽 규칙)

네트워크 위치 간의 트래픽을 제한하거나 허용하는 규칙이다.

비동기 메시지

메시지를 보내고 받는 프로세스의 큐 queue 다.

캐시 cache

대기 시간을 개선하기 위해 여러 통신 구간에 데이터를 분산한다. 콘텐츠 전송 네트워크 content distribute network (CDN)는 정적 콘텐츠(또는 실행 가능한 코드)를 지리적으로 여러 위치에 배포할 수 있는 서비스이며, 일반적으로 HTTP/S로 제공되는 콘텐츠에 사용된다.

서비스 메시|service mesh

분산 시스템의 부분 간 연결을 동적으로 관리하는 분산 서비스 네트워크다. 서비스 메시는 네
트워킹 기능을 인프라 계층에서 애플리케이션 런타임 계층으로 이동시킨다. 애플리케이션 런
타임은 3.1절에서 설명했다.

네트워킹에 대한 더 자세한 내용은 이 책의 범위를 벗어나므로 플랫폼 공급자의 매뉴얼 문서와
크레이그 헌트 Craig Hunt 의 『TCP/IP 네트워크 관리』(한빛미디어, 2003)를 참고하자.

3.4 마치며

이 장에서 다루는 인프라 리소스와 서비스의 다양한 유형은 유용한 시스템을 구성하는 요소이
며 '코드형 인프라'의 '인프라'에 대한 설명이다.

CHAPTER 4

핵심 실행 방법 1 모든 것을 코드로 정의한다

1장에서 인프라를 빠르고 안정적으로 변경하는 세 가지 핵심 실행 방법을 설명했다. 세 가지 원칙은 다음과 같다.

- 모든 것을 코드로 정의한다.
- 코드를 지속적으로 테스트하고 딜리버리한다.
- 시스템을 작고 간단하게 빌드한다.

이 장에서는 진부한 질문을 시작으로 첫 번째 핵심 실행 방법에 대해 설명한다.

　인프라를 코드로 정의하려는 이유가 무엇인가?

　어떤 유형을 코드로 정의할 수 있고 정의해야 하는가?

언뜻 보기에 '모든 것을 코드로 정의한다'는 말은 명확해보인다. 그러나 다른 종류의 언어가 갖는 특성은 이후 장에서 설명하는 내용과 관련이 있다. 특히 5장에서 선언형 언어를 사용한 하위 레벨low-level 스택과 상위 레벨high-level 스택에 대해 설명한다. 그리고 16장에서는 선언형 declarative과 명령형imperative 코드가 재사용 가능한 코드 모듈과 라이브러리로 생성되기에 가장 적합한 시기를 살펴본다.

코드를 작성한 다음 프로비저닝 도구에 입력하는 것보다 더 간단한 방법이 있다. 플랫폼의 웹 인터페이스에서 애플리케이션 서버 클러스터를 생성하고 프롬프트에서 커맨드라인 인터페이스command-line interface(CLI)를 사용하여 튼튼한 네트워크 경계를 구축하는 것이다.

그러나 이미 1.6절에서 재사용성, 일관성, 투명성을 포함하여 코드로 시스템을 구축해야 하는 이유에 대해 설명했다.

시스템 구현과 관리를 코드로 옮기면서 빨라진 속도를 지렛대 삼아 품질을 향상시킬 수 있으며 네 가지 주요 지표로 측정한 성능을 높일 수 있다(1.5절 참고).

4.1 코드로 정의할 수 있는 것

각 인프라 도구가 사용하는 소스 코드의 이름은 다르다. 예를 들면 플레이북^{playbook}, 쿡북^{cookbook}, 매니페스트^{manifest}, 템플릿^{template}이 있다. 이것을 일반적인 의미에서 인프라 코드 또는 인프라 정의라고 부른다.

인프라 코드는 원하는 인프라 구성 요소와 구성 방법을 모두 정의한다. 그리고 나서 인프라 도구를 실행하여 인프라 인스턴스에 코드를 적용한다. 이 도구는 신규 인프라를 만들거나 코드로 작성된 정의와 일치하도록 기존의 인프라를 수정한다.

코드로 정의해야 하는 몇 가지 항목은 다음과 같다.

- **인프라 스택**: 인프라 클라우드 플랫폼에서 프로비저닝된 구성 요소 모음이다. 인프라 플랫폼에 관한 자세한 설명은 3장을, 인프라 스택의 개념은 5장을 참고하자.
- **서버 구성 요소**: 패키지, 파일, 사용자 계정, 서비스를 말한다(11장).
- **서버 역할**: 단일 서버 인스턴스에 함께 적용되는 서버 구성 요소를 뜻한다(11.3절).
- **서버 이미지 정의**: 여러 서버 인스턴스를 빌드할 수 있는 이미지를 생성한다(13.1절).
- **애플리케이션 패키지**: 컨테이너를 포함해 배포 가능한 애플리케이션 아티팩트^{artifact}의 빌드 방법을 정의한다(10장).
- **딜리버리 서비스를 위한 설정과 스크립트**: 파이프라인과 배포를 포함한다(8.4절).
- **운영 서비스의 구성**: 모니터링 등을 포함한다.
- **유효성 검사 규칙**^{validation rule}: 자동화된 테스트와 규정준수 규칙을 포함한다(8장).

4.1.1 외부 구성이 포함된 도구 선택하기

코드형 인프라 정의는 텍스트 파일에 인프라를 명시하는 것이다. 이러한 텍스트 파일은 이 파일을 시스템에 적용하는 도구와 별개로 관리되며 사용자가 원하는 도구를 사용하여 사양 specification 을 읽고, 수정하고, 분석하고, 조작할 수 있다.

코드를 사용하지 않는 인프라 자동화 도구는 인프라 정의를 직접 접근이 어려운 방식으로 저장한다. 대신 자체 도구만을 사용하여 사양 정보를 사용하고 편집할 수 있다. 이런 자체 도구는 GUI, API, CLI 등의 조합으로 구성된다.

이러한 폐쇄형 closed-box 도구의 문제는 사용할 수 있는 실행 방법과 워크플로가 제한적이라는 점이다.

- 도구에서 버전 관리 기능을 제공해야 인프라 사양의 버전을 지정할 수 있다.
- 도구에서 변경을 인지해 자동으로 작동시키는 방법이 있어야 CI를 사용할 수 있다.
- 도구에서 인프라 사양에 대한 버전 관리가 쉬운 경우에만 딜리버리 파이프라인을 생성할 수 있다.

> **NOTE** **소프트웨어 소스 코드에서 얻은 교훈**
>
> 외부 구성 패턴 externalized configuration pattern[1]은 대부분의 소프트웨어 소스 코드가 작동하는 방식을 따라한다. VBA Visual Basic for Applications 와 같이 소스 코드를 감추는 개발 환경도 있지만, 중요한 시스템의 경우 개발자는 소스 코드를 외부 파일에 보관해야 한다.[2]

폐쇄형 인프라 관리 도구와 함께 TDD, CI, CD 같은 애자일 엔지니어링을 사용하기는 어렵다.

외부 코드를 사용하는 도구는 특정 워크플로를 사용하도록 제한하지 않는다. 업계에서 널리 쓰이는 소스 제어 source control 시스템, 텍스트 편집기, CI 서버, 자동화된 테스트 프레임워크를 사용할 수 있으며, 스스로 가장 적합한 도구를 선택하여 딜리버리 파이프라인을 구축할 수 있다.

---

1 옮긴이_한국에서는 주로 '외부 구성 저장소 패턴'이라는 용어로 사용된다.

2 옮긴이_현대의 소스 코드는 별도의 파일에 작성되어야 하고 IDE와 관계없이 실행되어야 하는 것처럼 인프라 정의 파일 역시 소프트웨어 소스 코드처럼 관리되어야 한다는 설명이다.

4.1.2 코드를 버전 관리 시스템으로 관리하기

인프라를 코드로 정의하는 경우에는 코드를 버전 관리 시스템^{version control system}(VCS)에 저장해야 한다. 이 간편한 방법으로 얻는 장점은 다음과 같다.

추적 가능성 traceability

VCS는 변경 내역, 변경한 사람과 이유를 제공한다.[3] 이 기록은 문제를 디버깅할 때 매우 중요하다.

롤백 rollback

변경으로 인해 장애가 발생했을 때, 특히 여러 변경으로 인한 경우 (정상적으로 작동했던) 이전과 동일하게 복원하는 기능을 제공한다.

연관성

스크립트, 사양, 구성을 VCS에 저장하면 문제를 추적하고 수정할 때 도움이 된다. 태그와 버전 번호를 사용해 여러 부분의 관계를 파악할 수 있다.

가시성

모든 사람이 VCS에 커밋^{commit}된 변경 내역을 볼 수 있어 팀의 상황을 파악할 수 있다. 팀원은 변경에 중요한 내용이 포함되지 않았음을 알아차리거나 장애의 원인으로 추정되는 최근 커밋을 확인할 수 있다.

행동 가능성 actionability

VCS는 커밋된 변경에 대해 자동으로 작업을 트리거^{trigger}할 수 있다. 트리거는 CI 작업과 CD 파이프라인을 가능하게 한다.

소스 코드에 넣지 말아야 할 것은 패스워드와 키 같이 암호화되지 않은 비밀 정보다. 소스 코드 저장소가 비공개라도 코드 기록과 검토 내용이 쉽게 유출될 수 있다. 소스 코드에서 유출된 정보는 보안 침해의 가장 일반적인 원인이다. 비밀 정보를 관리하는 더 나은 방법은 7.4절에서 다룬다.

---

3 커밋(commit)한 이유에 대한 기록은 커밋 메시지를 작성하는 사람에게 달려있다.

4.2 인프라 언어

시스템 관리자는 스크립트를 사용하여 수십 년 동안 인프라 관리 작업을 자동화했다. Bash, Perl, PowerShell, Ruby, Python과 같은 스크립트 언어는 여전히 인프라팀에 필수적인 도구다.

CFEngine은 인프라 관리를 위한 선언형 도메인 특화 언어domain-specific language(DSL) 사용을 개척했다. Puppet과 Chef는 서버 가상화 및 IaaS 클라우드와 함께 등장했으며 Ansible, SaltStack 등이 뒤를 이었다.

Terraform, CloudFormation과 같은 스택 지향 도구는 동일한 선언형 DSL 모델을 사용하여 몇 년 후 세상에 나왔다. 선언형 언어는 인프라 정의를 구현 방법에서 분리하여 인프라 코드를 단순화했다.

최근에는 기존의 범용 프로그래밍 언어general-purpose language로 인프라를 정의하는 새로운 인프라 도구를 사용하기도 한다. Pulumi와 AWS Cloud Development Kit(CDK)는 TypeScript, Python, Java와 같은 언어를 지원한다. 이러한 도구는 선언형 언어의 몇 가지 제약을 해결하기 위해 등장했다.

선언형 코드와 명령형 코드의 혼합

명령형 코드는 이벤트를 발생시키는 방법을 명시하는 명령어 집합이다. 선언형 코드는 발생 방법을 명시하지 않고 원하는 것(최종 결과의 형상)만 명시한다.

오늘날 프로덕션 환경은 선언형 코드와 명령형 코드가 혼합된 인프라 코드로 인해 어려움을 겪는다. 하지만 이 두 가지 언어 패러다임 중 하나만을 선택하여 모든 인프라 코드에 적용해야 한다는 주장은 바람직하지 않다.

인프라 코드베이스에는 인프라 리소스 정의부터 유사한 리소스의 다른 인스턴스 구성, 상호 의존적인 여러 시스템의 프로비저닝 조정까지 다양한 문제가 포함된다. 일부는 선언형 언어를 사용하여 간단하게 표현할 수 있다. 복잡한 고려사항은 명령형 언어를 사용하는 것이 더 좋다.

많은 엔지니어가 여전히 이러한 고려사항 사이의 경계를 그리기 위해 노력하고 있다. 이런 고려사항을 섞으면 언어 패러다임을 혼합하는 코드가 만들어진다. 첫 번째 실패 유형은 YAML과 같은 선언형 구문을 확장하여 조건문과 반복문을 추가하는 것이다. 두 번째 실패 유형은 간단한 인프라 리소스 구성 데이터를 절차형 코드procedural code에 포함하여 원하는 내용과 구현 방법을 혼합하는 것이다.

이후에 다른 고려사항이 존재할 수 있는 부분과 가장 적절하다고 생각하는 언어 패러다임을 설명할 것이다. 그러나 이 분야는 여전히 진화하고 있으므로 대부분의 조언이 틀리거나 불완전할 것이다. 따라서 여러분이 이러한 질문에 대해 생각하고 가장 효과적인 방법을 찾아야 한다.

4.2.1 인프라 스크립트

클라우드 인프라를 선언형으로 프로비저닝하기 위한 표준 도구가 등장하기 전에는 범용 절차적 언어로 스크립트를 작성했다. 스크립트는 일반적으로 소프트웨어 개발 도구 모음^{software} ^{development kit}(SDK)을 사용하여 클라우드 제공 업체의 API와 상호작용했다.

[예제 4-1]은 슈도코드^{pseudocode}로 작성했으며, AWS SDK를 사용하여 Ruby로 작성한 스크립트와 비슷하다. my_application_server라는 서버를 생성한 다음 가상의 Servermaker 도구를 실행하여 구성한다.

예제 4-1 서버를 생성하는 절차적 코드

```
import 'cloud-api-library'

network_segment = CloudApi.find_network_segment('private')

app_server = CloudApi.find_server('my_application_server')
if(app_server == null) {
  app_server = CloudApi.create_server(
    name: 'my_application_server',
    image: 'base_linux',
    cpu: 2,
    ram: '2GB',
    network: network_segment
  )
  while(app_server.ready == false) {
    wait 5
  }
  if(app_server.ok != true) {
    throw ServerFailedError
  }
  app_server.provision(
    provisioner: servermaker,
    role: tomcat_server
  )
}
```

이 스크립트는 생성 내용과 생성 방법이 혼합되어 있다. 제공되는 CPU, 메모리 리소스, OS 이미지, 서버에 적용될 역할 등 서버 속성을 명시하고 로직^{logic} 또한 구현한다. my_application_ server 서버가 존재하는지 확인하여 중복 서버가 생성되지 않도록 하고 구성을 적용하기 위해 서버가 준비될 때까지 기다린다.

이 예제 코드는 서버 속성의 변경을 처리하지 않는다. RAM을 늘려야 하는 경우에는 어떻게 해야 할까? 기존 서버가 있다면 스크립트가 서버 속성을 확인하고 필요한 경우 변경하도록 스크립트를 변경할 수 있다. 또는 신규 스크립트를 작성하여 기존 서버를 찾고 변경할 수 있다.

더 현실적인 시나리오에는 다양한 유형의 여러 서버가 포함된다. 필자가 속한 팀에는 애플리케이션 서버 외에도 웹 서버와 데이터베이스 서버가 있다. 또한 각 서버의 여러 인스턴스를 의미하는 여러 환경이 있다.

함께 작업했던 팀은 이 예제와 같이 단순한 스크립트를 다목적 스크립트로 바꾸는 경우가 많았다. 이런 종류의 스크립트는 서버 유형과 환경을 지정하는 인수를 사용하며 적절한 서버 인스턴스를 만든다. 이를 다양한 서버 속성이 명시된 설정 파일을 읽는 스크립트로 발전시켰다.

HashiCorp가 Terraform의 첫 번째 버전을 출시했을 때 필자는 오픈소스 도구로 출시할 가치가 있는지 궁금해하면서 이와 같은 스크립트를 작업하고 있었다.

4.2.2 선언형 인프라 언어

Ansible, Chef, CloudFormation, Puppet, Terraform을 포함한 많은 인프라 코드 도구는 선언형 언어를 사용한다. 코드는 서버에 있어야 하는 패키지, 사용자 계정, RAM, CPU 사양과 같은 인프라를 원하는 상태^{desired state}로 정의한다. 이러한 도구는 원하는 상태를 생성하는 방법에 대한 로직을 처리한다.

예제 4-2 선언형 코드

```
virtual_machine:
  name: my_application_server
  source_image: 'base_linux'
  cpu: 2
  ram: 2GB
  network: private_network_segment
  provision:
    provisioner: servermaker
    role: tomcat_server
```

이 코드는 서버 존재 여부를 확인하거나 서버 프로비저닝 도구를 실행하기 전 기존 서버가 나타날 때까지 기다리는 로직을 포함하지 않는다. 코드가 실행되는 도구에서 이러한 로직을 대신 처리해준다. 또한 이 도구는 인프라의 현재 속성을 확인하여 선언된 내용과 비교하고 인프라를 구성하기 위해 필요한 변경을 파악한다. 따라서 이 예제에서 애플리케이션 서버의 RAM을 늘리려면 이와 같은 파일을 편집하고 도구를 다시 실행한다.

Terraform과 Chef 같은 선언형 인프라 도구는 원하는 인프라 리소스 구성 결과와 생성 방법을 분리한다. 그 결과 더 깔끔하고 직접적인 코드가 된다. 때때로 선언형 인프라 코드는 프로그래밍보다 설정에 더 가깝다.

> **NOTE 선언형 코드는 진짜 코드인가?**
>
> 어떤 사람은 선언형 언어가 '진짜' 코드가 아닌 단순 설정이라고 일축한다.
>
> 필자는 선언형 언어와 명령형 언어를 모두 지칭하기 위해 코드라는 단어를 사용한다. 두 가지를 구분해야 할 때는 별도로 선언형 또는 '프로그래밍 가능한'과 같은 단어를 사용한다.
>
> 코딩 언어가 유용하게 쓰이려면 반드시 튜링 완전성turing-complete을 가져야 하는지에 대한 논쟁은 찾지 못했다. 특정 상황에서 유용한 정규 표현식도 튜링 완전성을 갖지 않는다. 어쨌거나 '진짜' 프로그래밍의 순수성을 찾고자 하는 필자의 노력이 부족할 수 있다.

멱등성

코드를 지속적으로 적용하는 것은 인프라 코드의 일관성과 제어를 유지하기 위한 주요 실행 방법이다(20.4절). 이 방법은 구성 드리프트를 방지하기 위해 인프라에 코드를 반복적으로 다시 적용하는 것을 포함한다. 코드가 지속적으로 안전하게 적용되려면 멱등성idempotency이 있어야 한다.

멱등성을 만족하는 코드는 여러 번 다시 실행되더라도 출력이나 결과가 바뀌지 않는다. 멱등성이 없는 도구를 여러 번 실행하면 상황이 엉망이 될 수 있다.

다음은 멱등성을 만족하지 않는 셸 스크립트다.

```
echo "spock:*:1010:1010:Spock:/home/spock:/bin/bash" \ >> /etc/passwd
```

이 스크립트를 한 번 실행하면 원하는 결과를 얻는다. 사용자 spock을 /etc/passwd 파일에 추가하는 것이다. 그러나 열 번 실행하게 되면 열 개의 동일한 사용자 항목이 추가된다.

멱등성을 만족하는 인프라 도구를 사용하여 설명하면 다음과 같다.

```
user:
  name: spock
  full_name: Spock
  uid: 1010
  gid: 1010
  home: /home/spock
  shell: /bin/bash
```

이 코드로 도구를 여러 번 실행하더라도 사용자 **spock**은 **/etc/passwd** 파일에 하나의 항목으로만 존재한다.

4.2.3 프로그래밍 가능한 명령형 인프라 언어

선언형 코드는 항상 동일한 결과를 만든다. 그러나 상황에 따라 다른 결과를 원할 수도 있다. 예를 들어 다음 코드는 VLAN을 만든다. ShopSpinner팀의 클라우드 제공 업체는 국가별로 보유한 데이터 센터의 수가 다르고, 팀은 각 데이터 센터에 하나의 VLAN을 만드는 코드를 원한다. 따라서 코드는 얼마나 많은 데이터 센터가 있는지 동적으로 검색하고 각각에 VLAN을 만들어야 한다.

```
this_country = getArgument("country")
data_centers = CloudApi.find_data_centers(country: this_country)
full_ip_range = 10.2.0.0/16

vlan_number = 0
for $DATA_CENTER in data_centers {
  vlan = CloudApi.vlan.apply(
    name: "public_vlan_${DATA_CENTER.name}"
    data_center: $DATA_CENTER.id
    ip_range: Networking.subrange(
        full_ip_range,
        data_centers.howmany,
        data_centers.howmany++
    )
  )
}
```

또한 이 코드는 `Networking.subrange()`라는 가상의 방법을 사용하여 각 VLAN에 대한 IP 범위를 할당한다. 이 메서드는 `full_ip_range`에 선언된 주소 공간을 가져와서 `data_centers.howmany`값에 따라 여러 개의 작은 주소 공간으로 나누고 이 중 하나를 반환한다. 이 주소 공간은 `data_centers.howmany` 변수에 의해 인덱싱된다.

이러한 유형의 로직은 선언형 코드를 사용하여 표현할 수 없으므로 대부분의 선언형 인프라 도구는 언어를 확장하여 명령형 프로그래밍 기능을 추가한다. 예를 들어 Ansible은 YAML에 반복문과 조건을 추가했다.[4] Terraform의 하이퍼 컨버지드 인프라hyper-converged Infrastructure (HCL) 구성 언어는 자주 선언형으로 설명하지만 실제로는 세 가지 하위 언어를 결합한다.[5] 이 중 하나는 조건문과 반복문을 포함하는 표현식[6]이다.

Pulumi와 AWS CDK 같은 최신 도구는 인프라에 프로그래밍 언어를 사용하는 것으로 돌아간다. 이러한 도구는 범용 프로그래밍 언어를 지원하고 호환성이 높다는 이점이 있다. 또한 더 동적인 인프라 코드를 구현할 때도 유용하다.

선언형과 명령형 인프라 언어를 패러다임으로 보는 대신 주어진 고려사항에 어떤 유형이 적절한지를 살펴보아야 한다.

4.2.4 선언형 언어 vs. 명령형 언어

선언형 코드는 원하는 시스템의 상태를 정의하는 데 유용하며, 특히 원하는 결과에 큰 차이가 없을 때 유용하다. 높은 수준의 일관성을 유지하면서 반복적으로 생성해야 하는 인프라를 정의하는 것은 일반적이다.

예를 들어 일반적으로 릴리스 프로세스를 지원하는 모든 환경은 거의 동일해야 한다(6.1절). 따라서 선언형 코드는 재사용 가능한 환경 또는 환경의 일부를 정의하기 좋다(6.2절에서 논의한 재사용 가능한 스택 패턴을 따름). 인스턴스 설정 파라미터를 사용하여 선언형 코드로 정의된 인프라 인스턴스에 제한된 변형을 지원할 수도 있다. 이 내용은 7장에서 설명한다.

---

4   https://oreil.ly/-4wWs

5   https://oreil.ly/dFgG4

6   https://oreil.ly/qJQrd

그러나 상황에 따라 다른 결과를 생성하는 재사용 및 공유 가능한 코드를 작성하고 싶을 수 있다. 예를 들어 ShopSpinner팀은 다양한 애플리케이션 서버용 인프라를 구축하는 코드를 작성한다. 일부 서버는 외부에서 접근 가능public-facing해야 하므로 적절한 게이트웨이, 방화벽 규칙, 경로, 로깅logging이 필요하다. 다른 서버는 내부에서만 사용하므로 연결 및 보안 요구사항이 다르다. 메시징, 데이터 스토리지 등 다른 구성 요소를 사용하는 애플리케이션의 경우 인프라가 다를 수 있다.

선언형 코드는 더 복잡한 변형을 지원하므로 로직의 양이 증가한다. 어느 시점에서는 왜 YAML, JSON, XML 같은 선언형 언어로 복잡한 로직을 작성하는지 의문을 제기해야 한다.

따라서 16장의 설명처럼 프로그래밍 가능한 명령형 언어는 라이브러리와 추상화 계층을 구축하는 데 더 적합하다. 그리고 이러한 언어는 라이브러리 작성, 테스트와 관리를 더 잘 지원한다.

4.2.5 도메인 특화 인프라 언어

많은 인프라 도구는 선언형일 뿐 아니라 자체 DSL 또는 도메인 특화 언어를 사용한다.[7]

DSL은 특정 도메인을 모델링하도록 설계된 언어다. 정의된 항목과 밀접하게 연관되므로 코드를 더 쉽게 작성하고 더 쉽게 이해할 수 있다.

예를 들어 Ansible, Chef, Puppet은 서버 설정을 하는 DSL이 있다. 이 언어는 패키지, 파일, 서비스, 사용자 계정과 같은 개념에 대한 구성을 제공한다. 서버 설정 DSL의 슈도코드 예제는 다음과 같다.

```
package: jdk
package: tomcat

service: tomcat
  port: 8443
  user: tomcat
  group: tomcat

file: /var/lib/tomcat/server.conf
```

----

7 마틴 파울러(Martin Fowler)와 레베카 파슨스(Rebecca Parsons)는 저서 『DSL』(인사이트, 2012)에서 DSL을 '소프트웨어 시스템의 특정 측면에 초점을 맞춘 작은 언어'라고 정의한다.

```
owner: tomcat
group: tomcat
mode: 0644
contents: $TEMPLATE(/src/appserver/tomcat/server.conf.template)
```

이 예제는 소프트웨어 패키지인 jdk와 tomcat이 설치되었는지 확인하는 코드다. 네트워크 포트 번호와 사용자/그룹 계정 정보를 포함한 서비스를 정의한다. 마지막으로 코드는 템플릿 파일에서 서버 설정 파일 생성 방법을 정의한다.

예제 코드는 특정 도구나 언어를 모르더라도 시스템 관리 지식이 있다면 쉽게 이해할 수 있다. 서버 설정 언어를 사용하는 방법은 11장에서 소개한다.

Terraform과 CloudFormation 같은 많은 스택 관리 도구도 DSL을 사용한다. 자체 도메인, 인프라 플랫폼의 콘셉트를 노출하므로 가상 머신, 디스크 볼륨, 네트워킹 경로를 참조하는 코드를 직접 작성할 수 있다. 이러한 언어와 도구 사용에 대한 자세한 내용은 5장을 참고하자.

다른 인프라 DSL은 애플리케이션 런타임 플랫폼 개념을 모델링한다. 이러한 모델 시스템은 애플리케이션 클러스터, 서비스 메시, 애플리케이션에 적합하다. 예제는 Helm 차트와 CloudFoundry 앱 매니페스트를 포함한다.

많은 인프라 DSL은 YAML(Ansible, CloudFormation, Kubernetes와 관련된 모든 것), JSON(Packer, CloudFormation)과 같은 기존 마크업markup 언어의 확장으로 구축된다. 일부 DSL은 내부 DSL이며 이는 범용 프로그래밍 언어의 하위 집합(또는 상위 집합)으로 작성되었다. Chef는 Ruby 코드로 작성된 내부 DSL의 예다. 외부 DSL도 있으며 이는 다른 언어로 작성된 코드를 해석한다. Terraform HCL은 외부 DSL이다. 코드는 인터프리터 개발에 사용된 언어인 Go와 관련이 없다.

4.2.6 범용 언어 vs. 인프라 DSL

대부분의 인프라 DSL은 명령형 언어가 아니라 선언형 언어다. Chef와 같은 내부 DSL은 예외지만 Chef조차 주로 선언형으로 사용된다.[8]

JavaScript, Python, Ruby, TypeScript와 같은 범용 프로그래밍 언어의 가장 큰 장점은 도구 생태계가 존재한다는 것이다. 문법syntax 강조 표시, 코드 리팩터링refactoring과 같은 강력한 생산성 기능을 갖춘 통합 개발 환경 integrated development environment (IDE)은 이러한 언어를 지원한다. 테스트 지원은 프로그래밍 언어 생태계에서 특히 유용한 부분이다.

많은 인프라 테스트 도구가 있으며 일부는 9.4절과 11.4절에 나열되어 있다. 그러나 소수만이 단위 테스트 unit test를 지원하기 위해 선언형 언어와 통합된다. 8.2절에서 논의하겠지만 이는 선언형 코드를 사용함에 있어 문제가 되지 않을 수 있다. 그러나 라이브러리와 추상화 계층 같이 많은 가변적인 출력을 생성하는 코드의 경우 단위 테스트가 필수적이다.

4.3 인프라를 코드로 정의하기 위한 구현 원칙

인프라 시스템을 쉽고 안전하게 업데이트하고 발전시키려면 코드베이스를 깔끔하게 유지해야 한다. 이렇게 해야 이해하기 쉽고 테스트, 유지보수, 개선이 수월해진다. 코드 품질은 소프트웨어 엔지니어링에서 친숙한 주제다. 이제부터 설명하는 구현 원칙은 코드 품질을 높이는 코드 설계와 구성에 관한 가이드라인이다.

원칙 1 선언형 코드와 명령형 코드를 분리한다

선언형 코드와 명령형 코드가 혼합된 코드는 디자인 스멜 design smell[9]이다. 이는 코드를 요구사항별로 분리해야 한다는 것을 의미한다.

원칙 2 인프라 코드를 실제 코드처럼 다룬다

많은 인프라 코드베이스가 설정 파일과 유틸리티 스크립트에서 관리할 수 없는 지저분한 상태

---

8   Chef 레시피에서 명령형 Ruby 코드를 같이 사용할 수 있지만 이렇게 하면 지저분한 상태가 된다. Chef는 두 단계로 레시피를 해석한다. 먼저 Ruby 코드를 컴파일한 다음 코드를 실행하여 서버에 변경을 적용한다. 절차적 코드는 일반적으로 컴파일 단계에서 실행된다. 이로 인해 절차적 코드와 명령형 코드가 혼합된 Chef 코드는 이해하기 어렵다. 반면에 명령형 코드는 라이브러리 타입인 Chef::Provider를 작성할 때 유용하다. 이것은 명령형 언어는 라이브러리 코드에 적합하고 선언형 언어는 인프라 정의에 적합하다는 믿음을 갖게 한다.

9   이 용어는 코드 스멜(code smell)에서 유래했다. '스멜'은 시스템에 근본적인 문제가 있음을 나타내는 특성이다. 예제에서 보면 선언형 언어와 명령형 언어의 혼합은 스멜이다. 이 스멜은 코드가 한 번에 여러 작업을 시도하는 것을 나타낸다. 이러한 경우에는 다른 언어로 코드 조각을 분리하는 것이 더 낫다.

로 발전한다. 사람들은 인프라 코드를 '실제' 코드로 생각하지 않으며 애플리케이션 코드와 같은 수준의 엔지니어링 규칙을 적용하지 않는다. 인프라 코드베이스를 관리 가능한 수준으로 유지하려면 인프라 코드를 최우선 관심사로 여겨야 한다.

이해하고 유지하기 쉽게 인프라 코드를 설계하고 관리하자. 코드 리뷰^{code review}, 페어 프로그래밍^{pair programming}, 자동화된 테스트처럼 애플리케이션 코드와 같은 코드 품질 관행을 따라야 한다. 또한 팀은 기술 부채를 인식하고 최소화하기 위해 노력해야 한다.

15장에서는 다양한 소프트웨어 설계 원칙을 인프라에 적용하는 방법을 설명한다. 이 방법은 결속력을 높이고 커플링^{coupling}을 감소시킨다. 18장에서는 더 쉽게 작업할 수 있도록 인프라 코드베이스를 구성하고 관리하는 방법에 대해 설명한다.

문서로서의 코드

문서를 작성하고 최신 상태로 유지하는 것은 사람들을 더 많이 일하게 만든다. 어떤 면에서는 인프라 코드가 문서보다 더 유용하다. 인프라 코드는 항상 정확하고 최신 상태로 유지되는 시스템 기록이다.

- 새로운 참여자는 코드를 탐색하여 시스템에 대해 배울 수 있다.
- 팀원은 코드와 커밋을 검토하여 다른 사람의 작업을 확인할 수 있다.
- 기술 검토자^{reviewer}는 코드를 보고 개선점을 평가할 수 있다.
- 감사자^{auditor}는 코드와 버전 기록을 검토하여 시스템의 상황을 정확히 파악할 수 있다.

당연히 인프라 코드가 문서를 완전히 대체할 수는 없다. 시스템을 이해해야 하지만 기술 스택을 모르는 관리자가 있을 수 있다. 이 경우 상위 레벨 문서는 상황을 파악하고 전략을 수립하는 데 도움이 된다.

다른 유형의 문서를 코드로 관리할 수 있다. 많은 팀이 아키텍처 결정 기록^{architecture decision record}(ADR)을 마크업 언어로 작성하고 Git과 같은 소스 코드 관리 시스템을 사용하여 문서 이력을 관리한다.

코드에서 아키텍처 다이어그램과 파라미터 참조 같은 유용한 자료를 자동으로 생성할 수 있다. 코드를 변경할 때마다 필수적으로 문서를 업데이트하고 싶다면 이것을 변경 관리 파이프라인에 넣을 수 있다.

4.4 마치며

이 장에서는 시스템을 코드로 정의하는 핵심 실행 방법을 자세히 설명했다. 여기에는 코드로 정의해야 하는 이유와 코드로 정의할 수 있는 시스템 구성 요소를 살펴보는 것도 포함된다. 이 장의 핵심은 다양한 인프라 언어 패러다임에 대한 탐구다. 이것은 추상적인 주제처럼 보일 수 있다. 하지만 올바른 언어를 올바른 방식으로 사용하는 것은 효과적인 인프라를 구축하기 위한 중요한 과제이며, 업계에서도 아직 해결하지 못한 부분이다. 따라서 이 책에서는 시스템의 각기 다른 부분에서 어떤 유형의 언어를 사용할지에 대해 다룬다.

인프라 스택으로
작업하기

Part 2

인프라 스택으로 작업하기

CHAPTER 5

코드로 인프라 스택 구축하기

5장에서는 3장과 4장의 내용을 결합하여 인프라 플랫폼이 제공하는 인프라 리소스를 코드로 관리하는 방법을 설명한다.

이 주제에 대해 이야기할 때 인프라 스택^{stack}이라는 개념을 사용한다. 스택은 함께 정의되고 변경되는 인프라 리소스 모음이다. 스택의 리소스는 스택 인스턴스 생성과 함께 프로비저닝되며, 이 때 스택 관리 도구가 사용된다. 스택 코드가 변경되면 동일한 도구를 사용하여 인스턴스에 적용한다.

이 장에서는 인프라 리소스를 스택으로 그룹화하는 패턴을 설명한다.

5.1 인프라 스택이란?

인프라 스택은 하나의 단위로 정의, 프로비저닝, 업데이트되는 인프라 리소스 모음이다(그림 5-1).

먼저 스택의 구성 요소를 정의하는 소스 코드를 작성한다. 이 때 스택의 구성 요소는 인프라 플랫폼이 제공하는 리소스와 서비스를 뜻한다. 예를 들어 스택에는 가상 머신, 디스크 볼륨, 서브넷이 포함될 수 있다(3.3절 참고).

스택 소스 코드를 읽고 클라우드 플랫폼 API를 사용하여 코드에 정의된 구성 요소를 조합한 후, 스택 인스턴스를 프로비저닝하는 스택 관리 도구를 실행한다.

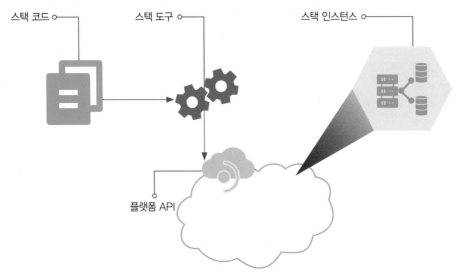

그림 5-1 인프라 스택은 그룹으로 관리되는 인프라의 구성 요소 모음이다.

다음은 스택 관리 도구의 예다.

- HashiCorp Terraform
- AWS CloudFormation
- Azure Resource Manager
- Google Cloud Deployment Manager
- OpenStack Heat
- Pulumi
- Bosh

일부 서버 구성 도구(11장 참고)에는 인프라 스택과 함께 작동하는 확장 기능이 있다. 예를 들면 Ansible Cloud Modules, Chef Provisioning(현재 지원 중단), Puppet Cloud Management, Salt Cloud가 있다.

5.1.1 스택 코드

스택은 인프라의 구성 요소를 선언하는 소스 코드로 정의된다. Terraform 코드(.tf 파일)와 CloudFormation 템플릿은 모두 인프라 스택 코드의 예다. 스택 프로젝트는 이러한 소스 코드를 포함한다.

다음 예제는 가상의 **Stackmaker** 도구에서 정의되는 스택 프로젝트의 폴더 구조를 보여준다.

예제 5-1 가상의 도구에서 사용되는 스택 프로젝트의 폴더 구조

```
stack-project/
    ├── src/
    │   ├── dns.infra
    │   ├── load_balancers.infra
    │   ├── networking.infra
    │   └── webserver.infra
    └── test/
```

5.1.2 스택 인스턴스

하나의 스택 프로젝트를 사용하여 둘 이상의 스택 인스턴스를 프로비저닝할 수 있다. 프로젝트를 위한 스택 도구를 실행하면 플랫폼 API를 사용하여 스택 인스턴스가 존재하는지 확인하고 프로젝트 코드와 일치하는지 살펴본다. 스택 인스턴스가 없으면 도구가 스택 인스턴스를 생성한다. 스택 인스턴스가 존재하지만 코드와 정확히 일치하지 않는다면 도구가 일치하도록 인스턴스를 수정한다.

필자는 이 프로세스를 '코드를 인스턴스에 적용applying'한다고 설명한다.

코드를 변경하고 도구를 다시 실행하면 변경과 일치하도록 스택 인스턴스가 수정된다. 코드를 변경하지 않고 도구를 한 번 더 실행하면 스택 인스턴스는 그대로 유지된다.

5.1.3 스택에서 서버 구성하기

완전한 컨테이너 기반 시스템 또는 서버리스 애플리케이션 아키텍처가 아닌 시스템의 인프라 코드베이스는 서버 프로비저닝과 구성을 위한 많은 코드를 포함한다. 컨테이너 기반 시스템조차 컨테이너를 실행하기 위해 호스트 서버를 구축해야 한다.

스택을 빌드하는 코드에서 서버를 빌드하는 코드를 분리해야 한다. 이렇게 하면 코드를 더 쉽게 이해하고 변경을 단순화할 수 있다. 또한 서버 코드를 재사용하고 테스트할 수 있다.

스택 코드는 일반적으로 서버 구성 도구server configuration tool를 호출하여 생성할 서버를 지정하고 실행 환경 정보를 전달한다. [예제 5-2]는 가상 도구인 Servermaker를 호출하여 서버를 구성하는 스택 정의의 예다.

예제 5-2 서버 구성 도구를 호출하는 스택 정의

```
virtual_machine:
  name: appserver-waterworks-${environment}
  source_image: shopspinner-base-appserver
  memory: 4GB
  provision:
    tool: servermaker
    parameters:
      maker_server: maker.shopspinner.xyz
      role: appserver
      environment: ${environment}
```

이 스택은 4GB RAM을 가진 shopspinner-appserver라는 서버 이미지에서 생성된 애플리케이션 서버 인스턴스를 정의한다. 예제의 정의에는 Servermaker를 실행하는 프로세스가 절clause로 표현된다. 이 코드는 Servermaker 도구에서 사용되는 여러 파라미터도 전달한다. 이러한 파라미터에는 구성 파일^{configuration file}을 호스팅하는 구성 서버(maker_server)의 주소와 Servermaker 가 서버에 적용할 구성을 결정하기 위해 사용되는 appserver도 포함된다. 그리고 구성이 서버 설정에 사용할 수 있는 환경 변수의 이름도 전달한다.

5.1.4 하위 레벨 인프라 언어

많이 사용되는 스택 관리 도구 언어는 대부분 하위 레벨 인프라 언어다. 이 언어는 사용 중인 인프라 플랫폼에서 제공하는 인프라 리소스를 직접 노출한다(리소스 타입은 3.3절 참고).

[예제 5-3]처럼 이러한 리소스와 항목을 연결하여 유용한 코드를 작성하는 것은 인프라 코더 ^{coder}의 임무다.

예제 5-3 하위 레벨 인프라 스택 코드

```
address_block:
  name: application_network_tier
  address_range: 10.1.0.0/24"
  vlans:
  - appserver_vlan_A
      address_range: 10.1.0.0/16

virtual_machine:
  name: shopspinner_appserver_A
  vlan: application_network_tier.appserver_vlan_A

gateway:
  name: public_internet_gateway
  address_block: application_network_tier

inbound_route:
  gateway: public_internet_gateway
  public_ip: 192.168.99.99
  incoming_port: 443
  destination:
    virtual_machine: shopspinner_appserver_A
    port: 8443
```

이 단순한 슈도코드는 가상 머신, 주소 블록, VLAN, 인터넷 게이트웨이를 정의한다. 그리고 가상 머신의 8443 포트로 들어오는 연결을 *https://192.168.99.99*로 라우팅하는 인바운드 연결을 정의한다.[1]

플랫폼 자체가 더 높은 추상화 계층을 제공할 수 있다. 예를 들어 애플리케이션 호스팅 클러스터를 제공할 수 있다. 플랫폼에서 제공하는 클러스터 구성 요소는 서버 인스턴스와 네트워크 라우터를 자동으로 프로비저닝할 수 있다. 그러나 하위 레벨 인프라 코드는 플랫폼 API에 의해 노출되는 리소스와 옵션에 직접 매핑된다.

5.1.5 상위 레벨 인프라 언어

상위 레벨 인프라 언어는 기본 플랫폼에서 제공하는 리소스에 직접 매핑되지 않는 항목을 정의한다. 예를 들면 [예제 5-3]의 상위 레벨 코드 버전은 [예제 5-4]에 표시된 것처럼 애플리케이션 서버의 기본사항을 선언한 것일 수 있다.

예제 5-4 상위 레벨 인프라 스택 코드

```
application_server:
  public_ip: 192.168.99.99
```

이 코드를 적용하면 이전 예제의 네트워크와 서버 리소스가 프로비저닝되거나 사용 가능한 기존 리소스를 검색한다. 이 코드가 호출하는 도구와 라이브러리는 네트워크 포트와 VLAN에 사용할 값과 가상 서버 구축 방법을 결정한다.

PaaS 또는 패키지 클러스터(14.1절 참고)와 같은 많은 애플리케이션 호스팅 솔루션은 이러한 수준의 추상화를 제공한다. 애플리케이션의 배포 디스크립터descriptor를 작성하면 플랫폼이 배포될 인프라 리소스를 할당한다.

다른 경우에는 라이브러리나 모듈을 작성하여 고유한 추상화 계층을 구축할 수 있다. 자세한 내용은 16장을 참고하자.

----

1 192.168.99.99는 당연히 실제 공인 IP주소가 아니다.

5.2 스택 구조화를 위한 패턴

인프라 설계에서 어려운 점은 스택 크기와 구조를 결정하는 것이다. 단일 스택 프로젝트를 생성하여 전체 시스템을 관리할 수 있다. 그러나 이 방법은 시스템이 커질수록 관리하기 어려워진다. 이 장에서는 인프라 스택을 구조화하기 위한 패턴과 안티패턴을 설명한다.

안티패턴 모놀리식 스택

모놀리식monolithic 스택은 매우 많은 구성 요소로 이루어진 인프라 스택으로, 유지보수가 어렵다(그림 5-2).

그림 5-2 모놀리식 스택

동기

시스템에 새로운 구성 요소를 추가하는 가장 간단한 방법은 기존 프로젝트에 추가하는 것이다. 따라서 사람들은 모놀리식 스택을 구축한다. 새로운 스택을 추가하면 더 많이 오케스트레이션orchestration하고, 통합하고, 테스트해야 한다.

단일 스택은 더 관리하기 쉽다. 보통 크기의 인프라 구성 요소 집합에는 모놀리식 스택이 적합할 수 있다. 그러나 단일 스택은 구조적으로 제어할 수 없는 경우가 더 많다.

적용성

시스템이 작고 단순한 경우 모놀리식 스택이 적합할 수 있다. 하지만 시스템이 확장되어 프로비저닝과 업데이트가 더 오래 걸리는 경우에는 적합하지 않다.

결과

큰 스택을 변경하는 것은 작은 스택을 변경하는 것보다 위험하다. 변경이 영향을 미치는 범위, 즉 폭발 반경^{blast radius}이 더 크기 때문이다. 많은 서비스와 애플리케이션이 있는 커다란 스택에서 변경에 실패할 경우 문제가 커질 수 있다. 스택이 클수록 프로비저닝과 변경에 많은 시간이 걸리기 때문에 관리하기가 더 어렵다.

모놀리식 스택의 느린 변경 속도와 변경에 따른 위험으로 인해 사람들은 변경 빈도를 줄이고 변경에 오랜 시간을 들인다. 이것은 더 높은 수준의 기술 부채로 이어진다.

> **CAUTION** 폭발 반경
>
> 폭발 반경은 변경이 적용되는 명령에 포함되는 코드 범위다.[2] 예를 들어 **terraform apply**를 실행하면 직접적인 폭발 반경에 프로젝트의 모든 코드가 포함된다. 간접 폭발 반경에는 직접 폭발 반경의 리소스에 의존하는 시스템 요소들이 포함되며, 이러한 요소들은 직접 폭발 반경의 리소스 파괴로 인해 영향을 받을 수 있다.

구현

인프라 스택 프로젝트를 만든 다음, 코드를 여러 스택으로 분할하지 않고 지속적으로 추가하여 모놀리식 스택을 빌드한다.

관련 패턴

모놀리식 스택의 반대는 마이크로 스택으로, 더 쉽게 관리하고 개선할 수 있도록 스택을 작게 유지한다. 모놀리식 스택은 제어할 수 없는 애플리케이션 그룹일 수도 있다.

---

2 차리티 메이저스(Charity Majors)는 코드형 인프라의 맥락에서 '폭발 반경'이라는 용어를 대중화했다. *https://oreil.ly/pWONA*에서 주어진 변경이 시스템에 미칠 수 있는 잠재적인 손상의 범위를 설명한다.

내 스택은 모놀리식 스택일까?

인프라 스택이 모놀리식 스택인지 아닌지 여부는 판단의 문제다. 모놀리식 스택의 속성은 다음과 같다.

- 스택 조각이 어떻게 서로 맞춰지는지 이해하기 어렵다(너무 지저분해서 이해하기 어렵거나 서로 잘 맞지 않는다).
- 신규 팀원이 스택의 코드베이스를 배우는 데 시간이 걸린다.
- 스택 관련 디버깅이 어렵다.
- 스택을 변경하면 문제가 자주 발생한다.
- 스택의 복잡성을 관리하는 시스템과 프로세스가 있고 이를 유지하는 데 많은 시간이 소요된다.

스택이 모놀리식인지 아닌지는 주어진 시간 동안 스택에 대한 변경 작업을 수행하는 사람 수에 달려있다. 일반적으로 여러 사람이 동시에 작업할수록 변경 조정에 더 많은 시간이 필요하다. 여러 팀이 동일한 스택을 변경하는 것은 더 나쁘다. 스택을 변경하거나 배포할 때 실패와 충돌이 잦다면 모놀리식 스택인지 의심해보아야 한다.

기능 브랜치feature branching는 모놀리식 스택에 대처하기 위한 전략이지만, 의견 마찰이 생기거나 오버헤드overhead가 발생할 수 있다. 스택 작업에서 습관적으로 기능 브랜치를 사용하는 것은 스택이 모놀리식이라는 것을 시사한다.

CI는 여러 사람이 단일 스택에서 더 안전하게 작업할 수 있는 방법이다. 그러나 스택이 모놀리식으로 성장하게 되면 CI 빌드 실행 시간이 길어지고 올바른 빌드 규칙을 유지하기가 더 어려워진다. 엉성한 CI는 스택이 모놀리식이라는 또 다른 신호다.

이러한 문제는 하나의 팀이 인프라 스택을 작업하는 경우와 관련이 있다. 여러 팀이 공유 스택에서 작업하면 스택을 더 관리하기 쉽게 분할하게 된다.

패턴 애플리케이션 그룹 스택

애플리케이션 그룹application group 스택에는 여러 애플리케이션과 서비스에 대한 인프라가 포함된다. 모든 애플리케이션의 인프라는 [그림 5-3]과 같이 그룹으로 프로비저닝되고 관리된다.

예를 들어 ShopSpinner의 제품 애플리케이션 스택에는 제품 브라우징, 제품 검색, 장바구니 관리를 위한 별도의 서비스가 포함된다. 이를 위한 서버와 인프라는 단일 스택 인스턴스로 결합된다.

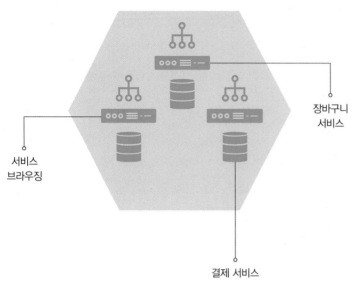

장바구니
서비스

서비스
브라우징

결제 서비스

그림 5-3 애플리케이션 그룹 스택은 스택의 단일 인스턴스에서 여러 프로세스를 호스팅한다.

동기

여러 서비스의 인프라를 동시에 정의하면 애플리케이션을 하나의 단위로 더 쉽게 관리할 수 있다.

적용성

이 패턴은 하나의 팀이 모든 애플리케이션의 인프라와 배포 권한을 소유하는 경우에 잘 작동한다. 애플리케이션 그룹 스택은 스택의 경계를 팀이 맡은 일에 맞게 조정할 수 있다.

종종 멀티 서비스 스택(애플리케이션 그룹 스택)은 모놀리식 스택에서 서비스 스택으로 발전하는 단계에서 유용하다.

결과

여러 애플리케이션의 인프라를 하나로 그룹화하면 시간, 위험, 변경 속도도 결합된다. 팀은 한 부분만 변경했을 때에도 전체 스택의 위험을 관리해야 한다. 이 패턴은 스택의 특정 부분이 다른 부분보다 자주 변경되는 경우에는 비효율적이다.

스택을 프로비저닝하고, 변경하고, 테스트하는 시간은 전체 스택 규모에 따라 다르다. 다시 말하지만, 한 번에 스택의 한 부분만 변경하는 작업이 일반적인 경우라면 리소스를 하나로 그룹화하는 것은 불필요한 오버헤드와 위험을 추가한다.

구현

애플리케이션 그룹 스택을 생성하려면 멀티 서비스를 위한 모든 인프라를 구축하는 인프라 프로젝트를 정의해야 한다. 단일 명령으로 애플리케이션의 모든 부분을 프로비저닝하고 제거할 수 있다.

관련 패턴

이 패턴은 모놀리식 스택으로 성장할 위험이 있다. 반대로 애플리케이션 그룹 스택의 각 서비스를 별도의 스택으로 분리하면 서비스 스택이 생성된다.

패턴 서비스 스택

서비스 스택 패턴은 배포 가능한 애플리케이션 컴포넌트 단위로 분리된 인프라 스택을 생성해 인프라를 관리한다(그림 5-4).

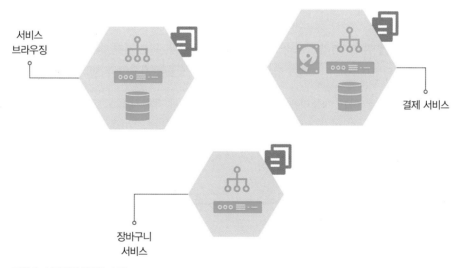

그림 5-4 분리된 서비스 스택

동기

서비스 스택은 인프라의 경계를 인프라에서 실행되는 소프트웨어에 맞춘다. 이 경계는 하나의 서비스를 변경하는 것에 대한 폭발 반경을 제한하여 변경 예약 프로세스를 단순화한다. 서비스 팀은 소프트웨어와 관련된 인프라를 소유할 수 있다.

적용성

서비스 스택은 마이크로서비스[3] 애플리케이션 아키텍처와 잘 연동된다. 또한 각 팀이 자체 인프라를 소유할 수 있도록 서비스에 대한 모든 권한을 가진 자율적인 팀이 있는 조직을 지원한다.[4]

결과

독립된 인프라 스택을 가진 여러 애플리케이션이 있는 경우 불필요한 코드 중복이 있을 수 있다. 예를 들어 각 스택에 애플리케이션 서버 프로비저닝 방법을 기술한 코드가 포함될 수 있다. 중복은 다른 OS 버전 또는 다른 네트워크 구성을 사용하는 것과 같이 일관성을 결여시킨다. 모듈을 사용하여 코드를 공유하면 이 문제를 해결할 수 있다(16장 참고).

구현

애플리케이션이나 서비스에는 별도의 인프라 코드 프로젝트가 있다. 팀은 신규 애플리케이션을 만들 때 다른 애플리케이션의 인프라 코드를 복사할 수 있다. 또는 신규 스택을 생성하기 위한 보일러플레이트 코드boilerplate code[5]가 있는 레퍼런스 프로젝트를 사용할 수 있다.

경우에 따라 각 스택은 다른 애플리케이션 스택과 인프라를 공유하지 않고 그 자체로 완전할 수 있다. 또 다른 경우에는 팀이 여러 애플리케이션 스택을 지원하는 인프라로 스택을 생성할 수 있다. 이러한 다양한 패턴은 17장에서 자세히 설명한다.

---

3 *https://oreil.ly/NRoab*
4 존 퍼거슨 스마트(John Ferguson Smart)의 「The Art of Building Autonomous Teams」참고
5 옮긴이_거의 변형되지 않고 여러 위치에서 반복되는 코드 섹션을 말한다.
6 변경 불가능한 서버를 예로 들 수 있다(12.1절 참고).

관련 패턴

서비스 스택은 단일 스택에 여러 애플리케이션이 있는 애플리케이션 그룹 스택과 여러 스택으로 이루어진 단일 애플리케이션의 인프라를 분리하는 마이크로 스택 사이에 있다.

패턴 마이크로 스택

마이크로micro 스택 패턴은 단일 서비스의 인프라를 여러 스택으로 나눈다(그림 5-5).

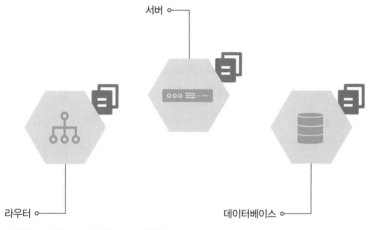

그림 5-5 마이크로 스택 서비스 브라우징

예를 들어 네트워크, 서버, 데이터베이스 각각에 대한 별도의 스택 프로젝트가 있을 수 있다.

동기

서비스 인프라의 서로 다른 부분이 각각 다른 비율로 변경될 수 있다. 또한 서비스 인프라의 각 부분은 서로 다른 특성을 갖는다. 따라서 별도로 관리하는 것이 더 쉽다. 예를 들어 서버 인스턴스 관리 방법에 자주 인스턴스를 삭제하고 리빌드하는 것이 포함된다.[6] 그러나 일부 서비스는 데이터베이스나 디스크 볼륨의 영구 데이터를 사용한다. 서버와 데이터를 서로 다른 스택에서 관리한다는 것은 서로 다른 수명주기를 가질 수 있음을 의미하며, 서버 스택은 데이터 스택보다 더 자주 리빌드된다.

결과

작은 스택 자체는 간단하지만 리빌드되는 부분이 많으면 복잡해진다. 17장에서 여러 스택의 통합을 처리하는 기술을 설명한다.

구현

새로운 마이크로 스택을 추가하려면 신규 스택 프로젝트를 생성해야 한다. 적당한 크기를 유지하고 쉽게 관리하기 위해 적절한 위치에 스택의 경계를 지정해야 한다. 관련 패턴은 이에 대한 솔루션을 포함한다. 17장에서 설명하겠지만 여러 다른 스택을 통합해야 할 수도 있다.

관련 패턴

마이크로 스택의 정반대 편에는 모놀리식 스택이 있다. 모놀리식 패턴은 단일 스택에 시스템의 모든 인프라 리소스가 포함된다.

5.3 마치며

인프라 스택은 자동화된 인프라의 기본 구성 요소다. 이 장에서 설명한 패턴은 인프라를 스택으로 구성하는 방법을 생각하는 출발점이다.

CHAPTER 6

스택으로 환경 구축하기

5장에서는 하나의 단위로 관리하는 인프라 리소스 그룹으로 인프라 스택을 설명했다. 환경 또한 인프라 리소스 그룹으로 정의된다. 그렇다면 스택은 환경과 같은 것일까? 이 장에서는 그럴 수도 있고 아닐 수도 있다고 설명할 것이다.

환경은 테스트 단계를 지원하거나 서비스를 제공하기 위해 특정 목적을 중심으로 구성된 소프트웨어 및 인프라 리소스의 모음이다. 스택 또는 스택 집합은 인프라 리소스 모음을 정의하고 관리하는 수단이다. 따라서 하나 이상의 스택을 사용하여 환경을 구현한다. 하나의 스택에 여러 환경을 만들 수도 있지만 그렇게 해서는 안 된다.

6.1 환경이란?

환경은 IT에서 필수적인 개념이다. 하지만 환경은 맥락에 따라 다른 의미를 갖는다. 이 책에서 환경은 운영과 관련된 인프라 리소스의 모음이다. 즉, 환경을 구성하는 리소스는 시스템 테스트나 실행과 같은 특정 활동을 지원한다. 대부분의 경우 여러 환경이 존재하며 각 환경은 동일한 시스템의 인스턴스를 실행한다.

동일한 시스템의 인스턴스를 여러 환경에서 실행하는 것에 대한 두 가지 일반적인 사용 사례[use case]가 있다. 하나는 딜리버리 프로세스를 지원하는 것이고 다른 하나는 시스템의 멀티 프로덕션 인스턴스를 실행하는 것이다.

6.1.1 딜리버리 환경

멀티 환경에서 가장 친숙한 사용 사례는 점진적인 소프트웨어 릴리스 프로세스를 지원하는 것이다. 이를 '프로덕션으로 가는 경로'라고도 한다. 주어진 애플리케이션 빌드는 프로덕션 환경에 최종적으로 배포될 때까지 각 환경에 차례로 배포되어 서로 다른 개발과 테스트 활동을 지원한다(그림 6-1).

그림 6-1 ShopSpinner 딜리버리 환경

여기서는 환경을 코드로 정의하는 패턴을 설명하기 위해 이러한 환경 모음을 사용한다.

6.1.2 멀티 프로덕션 환경

프로덕션에서 시스템의 완전하고 독립적인 복사본을 위해 멀티 환경을 사용할 수도 있다. 그 이유는 다음과 같다.

장애 허용fault tolerance

한 환경에서 장애가 발생하면(실패하면) 다른 환경에서 계속 서비스를 제공할 수 있다. 이를 위해 장애가 발생한 환경에서 다른 환경으로 로드load를 이동하는 장애 대응failover 프로세스가 포함된다. 또한 서버 클러스터와 마찬가지로 일부 인프라의 멀티 인스턴스를 사용하여 환경 내에서 장애를 허용할 수 있다. 추가 환경을 실행하면 모든 인프라가 중복되어 비용이 더 많이 들지만 더 높은 수준의 장애 허용이 가능해진다. 코드형 인프라를 활용하는 연속성 전략은 21.4절에서 설명한다.

확장성

멀티 환경에 워크로드^{workload}를 분산할 수 있다. 각 리전마다 독립된 환경을 사용하여 작업을 수행한다. 확장성과 장애 허용을 모두 달성하기 위해 여러 환경을 사용할 수 있다. 한 리전에 오류가 있는 경우 오류가 수정될 때까지 로드가 다른 리전의 환경으로 이동한다.

분리

서로 다른 사용자(다른 클라이언트)에 대해 애플리케이션이나 서비스의 여러 인스턴스를 실행할 수 있다. 이러한 인스턴스를 다른 환경에서 실행하면(분리하면) 독립성을 강화할 수 있다. 더 강력한 분리는 법률이나 규정 준수 요구사항을 충족하고 고객에게 더 큰 신뢰를 줄 수 있다.

ShopSpinner는 각 고객을 위해 별도의 애플리케이션 서버를 운영한다. 북미, 유럽, 아시아 태평양 리전으로 고객 지원이 확장됨에 따라 각 리전에 별도의 환경을 만들기로 결정했다(그림 6-2).

북미   유럽   아시아 태평양

그림 6-2 ShopSpinner 리전별 환경

여러 리전을 포함하는 단일 환경 대신 완전히 분리된 환경을 사용하면 ShopSpinner가 환경에 고객 데이터를 저장할 때 리전별로 다른 규정을 따를 수 있다. 또한 다운타임이 필요한 변경의 경우 각 리전은 서로 다른 시간에 변경을 실행할 수 있다. 이렇게 하면 각 리전의 다운타임을 서로 다른 시간대로 조정할 수 있다.

이후에 ShopSpinner는 The Medicine Barn이라는 제약 상점 체인과 계약을 체결한다. The Medicine Barn은 규제로 인해 다른 회사와 별도로 고객 데이터를 호스팅해야 한다. 따라서 ShopSpinner의 팀은 공유 환경보다 더 높은 비용을 들여 완전히 분리된 The Medicine Barn 전용 환경을 제공하고자 한다.

6.1.3 환경, 일관성, 구성

멀티 환경은 동일한 시스템의 인스턴스를 실행하기 위한 것이므로 각 환경의 인프라는 일관성이 있어야 한다. 환경 간 일관성 유지는 코드형 인프라를 사용하는 주요 이유다.

환경 간의 차이로 인해 일관성 없는 실행이 발생할 위험이 있다. 테스트 환경이 프로덕션 환경보다 작을 수 있고, 각 환경에서 사람마다 다른 권한을 가질 수 있으며, 각 환경에서 고객별로 다른 기능과 특성을 가질 수 있다. appserver-test, appserver-stage, appserver-prod와 같이 최소한 이름과 ID가 다를 것이다. 따라서 우리는 적어도 환경의 일부분을 직접 구성해야 한다.

환경에 대한 핵심 고려사항은 테스트와 딜리버리 전략이다. 동일한 인프라 코드를 모든 환경에 적용했을 때 한 환경에서 테스트한 것이 다른 환경에서도 정상적으로 작동할 것이라는 확신이 든다. 그러나 인스턴스마다 인프라가 크게 다를 경우 이러한 확신을 얻을 수 없다.

다른 구성값^{configuration value}을 사용하여 인프라 코드를 테스트하면 신뢰도를 높일 수 있다. 그러나 이 방법은 실용적이지 않다. 이러한 상황에서는 프로비저닝 후 테스트 또는 프로덕션 환경 모니터링과 같은 추가 유효성 검사가 필요할 수 있기 때문이다. 테스트와 딜리버리에 대한 더 자세한 설명은 8장에서 다룬다.

6.2 환경 구축을 위한 패턴

앞서 언급했듯이 환경은 인프라 구성 요소의 개념적 집합이고 스택은 인프라 구성 요소의 구체적 집합이다. 스택 프로젝트는 하나 이상의 스택 인스턴스를 만들 때 사용하는 소스 코드다. 그렇다면 스택 프로젝트와 인스턴스를 사용하여 환경을 구현하는 방법은 무엇일까?

이 절에서는 인프라 스택을 사용하여 환경을 구현하기 위한 2개의 안티패턴과 1개의 패턴을 소개한다. 각 패턴은 인프라 스택을 사용하여 멀티 환경을 정의하는 방법을 설명한다. 몇몇 시스템은 5.2절에서 설명한 것과 같이 여러 스택으로 구성된다. 멀티 환경이 어떻게 보이는지는 다음 절에서 설명한다.

---

1   차리티 메이저스는 블로그(*https://oreil.ly/pWONA*)에 멀티 환경 스택과 관련된 고통스러운 경험을 공유했다.

안티패턴 멀티 환경 스택

멀티 환경 스택은 멀티 환경의 인프라를 단일 스택 인스턴스로 정의하고 관리한다.

예를 들어 애플리케이션을 테스트하고 실행하기 위한 세 가지 환경이 있는 경우 단일 스택 프로젝트는 세 가지 환경의 코드를 모두 포함한다(그림 6-3).

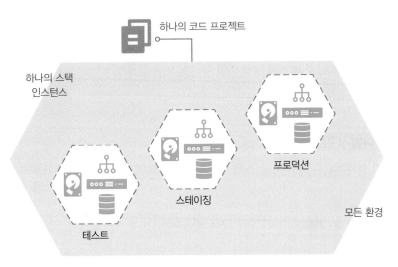

그림 6-3 멀티 환경 스택

동기

많은 사람이 새로운 스택 도구를 배울 때 이러한 유형의 구조를 만든다. 기존 프로젝트에 새로운 환경을 추가하는 것이 자연스럽기 때문이다.

결과

스택 도구로 스택 인스턴스를 업데이트할 때 잠재적 변경 범위는 모든 스택이다. 코드에 실수나 충돌이 발생하면 모든 인스턴스에 영향을 미친다.[1]

프로덕션 환경이 다른 환경과 동일한 스택 인스턴스에 있는 경우 다른 환경을 변경하면 프로덕션 환경에 문제가 발생할 위험이 있다. 테스트 환경만 변경하려고 할지라도 코딩 오류, 예기치 않은 의존성, 도구의 버그로 인해 프로덕션 환경이 중단될 수 있다.

관련 패턴

환경을 독립된 스택으로 나누어 폭발 반경을 제한할 수 있다. 이를 위한 한 가지 분명한 방법은 복사-붙여넣기 환경 패턴을 사용하는 것이다. 각 환경은 분리된 스택 프로젝트로 되어 있지만 이것은 피해야 할 패턴이다.

더 나은 방법은 재사용 가능한 스택 패턴을 사용하는 것이다. 단일 프로젝트는 환경의 일반적인 구조를 정의하는 데 사용되며, 단일 스택 프로젝트는 환경별 스택 인스턴스를 관리하는 데 사용된다. 여기서는 여전히 단일 프로젝트의 사용이 포함되지만 프로젝트는 한 번에 하나의 환경 인스턴스에만 적용된다. 따라서 변경에 대한 폭발 반경은 독립된 각 환경으로 제한된다.

안티패턴 복사-붙여넣기 환경

복사-붙여넣기 환경 안티패턴은 각 인프라 스택 인스턴스에 별도의 스택 소스 코드 프로젝트를 사용한다.

예제에는 테스트, 스테이징, 프로덕션 환경에 대해 별도의 인프라 프로젝트가 있다(그림 6-4). 한 환경에서 코드를 편집한 후에 복사하여 다른 환경을 변경한다.

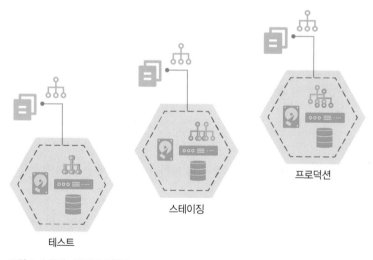

프로덕션

스테이징

테스트

그림 6-4 복사-붙여넣기 환경

동기

복사-붙여넣기 환경은 멀티 환경을 유지하는 직관적인 방법이다. 안티패턴인 멀티 환경 스택의 폭발 반경 문제를 방지하고 각각의 스택 인스턴스를 목적에 맞게 재정의하기 쉽다.

적용성

인스턴스 각각을 유지하거나 변경하고, 코드 중복과 일관성 유지에 대해 걱정하지 않고 싶다면 복사-붙여넣기 환경이 적합하다.

결과

여러 개의 복사-붙여넣기 환경을 유지하는 것은 어렵다. 코드를 변경하려면 모든 프로젝트에 복사해야 한다. 변경이 하나의 인스턴스에서는 작동하지만 다른 인스턴스에서는 작동하지 않을 수도 있으므로 모든 인스턴스에서 테스트해야 한다.

복사-붙여넣기 환경은 자주 구성 드리프트로 어려움을 겪는다(2.5절 참고). 딜리버리 환경에 복사-붙여넣기 환경을 사용하면 환경 간의 불일치로 인해 배포 프로세스의 안정성과 테스트의 유효성이 감소한다.

복사-붙여넣기 환경은 처음 설정할 때는 일관성이 있을 수 있지만 시간이 지남에 따라 변화가 생긴다.

구현

하나의 스택 인스턴스에서 신규 프로젝트로 프로젝트 코드를 복사하여 복사-붙여넣기 환경을 생성한다. 이후 코드를 편집하여 신규 인스턴스를 상황에 맞게 재정의한다. 하나의 스택을 변경할 때는 각 스택의 기존 변경 내용을 유지하면서 모든 스택 프로젝트에 복사하여 붙여넣어야 한다.

관련 패턴

환경 브랜치(19.1절 참고)는 복사-붙여넣기 환경의 한 형태로 간주된다. 각 브랜치에는 코드 사본이 있으며 병합^{merge}을 통해 브랜치 간에 코드를 복사한다. 코드를 지속적으로 적용하면(20.4절 참고) 코드가 다른 환경에서 수정되지 않도록 보장하기 때문에 복사-붙여넣기 안티패턴의 위험을 피할 수 있다. 환경 브랜치에 병합하는 과정에서 코드를 수정하면 복사-붙여넣기 안티패턴으로 이어진다.

래퍼^{wrapper} 스택 패턴(7.3절 참고)도 복사-붙여넣기 환경과 유사하다. 래퍼 스택은 구성 파라미터를 설정하기 위해 각 환경에 대해 별도의 스택 프로젝트를 사용한다. 그러나 스택의 코드는 재사용 가능한 모듈 코드와 같은 스택 컴포넌트에 구현된다. 해당 코드는 각 환경에 복사-붙여넣기되지 않고 재사용 가능한 스택처럼 쓰인다. 래퍼 스택 프로젝트에 기본 스택 인스턴스 파라미터 외에 다른 무언가를 추가하기 시작하면 복사-붙여넣기 환경 안티패턴으로 이어질 수 있다.

스택 인스턴스가 동일한 스택을 의미하는 경우 일반적으로는 재사용 가능한 스택 패턴이 더 적합하다.

패턴 재사용 가능한 스택

재사용 가능한 스택은 스택의 여러 인스턴스를 만드는 데 사용되는 인프라 소스 코드 프로젝트다(그림 6-5).

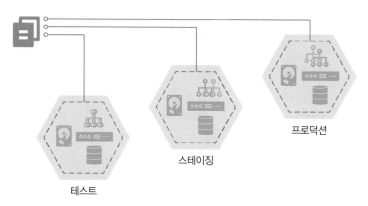

프로덕션

스테이징

테스트

그림 6-5 재사용 가능한 단일 스택 프로젝트에서 멀티 스택 인스턴스를 생성한다.

동기

재사용 가능한 스택을 생성하여 일관된 멀티 인프라 인스턴스를 유지한다. 스택 코드를 변경할 때 하나의 인스턴스에 적용하고 테스트한 후, 동일한 코드를 사용하여 신규 인스턴스를 생성하거나 기존 인스턴스를 업데이트할 수 있다. 최소한의 노력, 심지어 자동으로 스택의 신규 인스턴스를 프로비저닝할 수 있다.

예를 들어 ShopSpinner팀은 애플리케이션 서버를 사용하는 여러 스택 프로젝트에서 공통 코드를 추출했다. 팀원은 각 스택 프로젝트에서 사용하는 모듈에 공통 코드를 넣었다. 그리고 나중에 고객 애플리케이션의 스택 프로젝트가 여전히 매우 비슷하다는 것을 알게 되었다. 각 스택에는 모듈을 사용한 애플리케이션 서버 생성 외에도 데이터베이스 생성 코드, 고객 전용 로깅, 리포트 서비스가 있었다.

여러 고객 코드를 변경하고 테스트하는 것은 번거롭다. 그리고 ShopSpinner는 매달 신규 고객을 등록한다. 그래서 팀은 고객 애플리케이션 스택을 정의하는 단일 스택 프로젝트를 만들기로 결정했다. 이 프로젝트는 몇 가지 다른 애플리케이션(Jira와 GoCD)과 마찬가지로 공유 Java 애플리케이션 서버 모듈을 계속 사용한다. 그러나 프로젝트에는 기존 고객별 인프라를 설정하기 위한 코드도 있다.

이제 신규 고객 환경을 구성할 때 팀원은 공통 고객 스택 프로젝트를 사용하여 신규 인스턴스를 만든다. 프로젝트 코드베이스를 수정하면 테스트 인스턴스에 적용하여 정상적으로 작동하는지 확인한 다음 고객 인스턴스에 하나씩 배포한다.

적용성

딜리버리 환경 또는 멀티 프로덕션 환경에 재사용 가능한 스택을 사용할 수 있다. 이 패턴은 환경 간에 차이가 크지 않을 때 유용하다. 일부 환경에 특별한 구성이 많은 경우에는 적용할 수 없다.

결과

동일한 프로젝트에서 여러 스택을 프로비저닝하고 업데이트하는 기능은 확장성, 안정성, 처리량을 향상시킨다. 더 적은 노력으로 더 많은 인스턴스를 관리하고 오류 위험을 낮추면서 변경을 수행할 수 있으며, 변경을 더 많은 시스템에 더 빠르게 배포할 수 있다.

일반적으로 리소스의 이름만 변경하더라도 인스턴스마다 스택의 일부분을 다르게 구성해야 한다. 이에 대한 설명은 7장에서 다룬다. 주요 비즈니스 인프라에 변경사항을 적용하기 전에는 스택 프로젝트 코드를 테스트해야 한다. 이와 관련된 내용은 8장과 9장을 포함하여 여러 장에 걸쳐 다룬다.

재사용 가능한 스택을 인프라 스택 프로젝트로 생성한 다음 스택의 인스턴스를 생성하거나 업데이트할 때마다 스택 관리 도구를 실행한다. 스택 도구 명령어를 사용하여 생성하거나 업데이트할 인스턴스를 지정한다. 예를 들어 Terraform을 사용하면 각 인스턴스에 서로 다른 상태 파일state file이나 작업 공간을 지정할 수 있다. CloudFormation을 사용하면 각 인스턴스의 고유한 스택 ID를 전달한다.

다음 예제 명령어는 stack이라는 가상의 명령어를 사용하여 단일 프로젝트에서 두 개의 스택 인스턴스를 프로비저닝한다. 이 명령어는 고유한 인스턴스를 식별하는 파라미터 env를 사용한다.

```
> stack up env=test --source mystack/src
SUCCESS: stack 'test' created
> stack up env=staging --source mystack/src
SUCCESS: stack 'staging' created
```

일반적으로 간단한 파라미터를 사용하여 스택 인스턴스(문자열string, 숫자, 경우에 따라 리스트list) 간의 차이점을 정의한다. 또한 재사용 가능한 스택으로 생성된 인프라는 인스턴스마다 크게 다르지 않아야 한다.

관련 패턴

재사용 가능한 스택은 복사–붙여넣기 환경 안티패턴을 개선하여 여러 인스턴스의 일관성을 더 쉽게 유지할 수 있도록 한다.

래퍼 스택 패턴(7.3절 참고)은 스택 컴포넌트를 사용하여 재사용 가능한 스택을 정의하지만 다른 스택 프로젝트를 사용하여 각 인스턴스에 대한 파라미터값을 설정한다.

6.3 멀티 스택으로 환경 구축하기

재사용 가능한 스택 패턴은 멀티 환경을 구현하는 방법을 설명한다. 5장에서는 멀티 스택으로 시스템의 인프라를 구성하는 다양한 방법에 대해 설명했다(5.2절). 두 가지 차원으로 환경과 시스템 구조를 결합하기 위해 스택을 구현할 수 있는 방법은 여러 가지다.

간단한 방법은 전체 시스템을 단일 스택으로 구현하는 것이다. 스택의 인스턴스를 프로비저닝하면 완전한 환경이 된다. 이는 [그림 6-5]에서 확인할 수 있다.

그러나 더 큰 시스템의 경우에는 여러 스택으로 분할해야 한다. 예를 들어 서비스 스택 패턴을 따르는 경우 [그림 6-6]에 표시된 것처럼 각 서비스마다 별도의 스택이 있어야 한다.

그림 6-6 각 서비스마다 별도의 인프라 스택을 사용한다.

멀티 환경을 만들려면 [그림 6-7]과 같이 환경별로 각 서비스 스택의 인스턴스를 프로비저닝해야 한다.

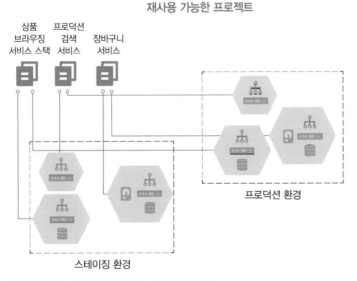

그림 6-7 여러 스택을 사용하여 각 환경을 구축한다.

다음과 같은 명령어를 사용하여 여러 스택이 있는 전체 환경을 구축한다.

```
> stack up env=staging --source product_browse_stack/src
SUCCESS: stack 'product_browse-staging' created
> stack up env=staging --source product_search_stack/src
SUCCESS: stack 'product_search-staging' created
> stack up env=staging --source shopping_basket_stack/src
SUCCESS: stack 'shopping_basket-staging' created
```

15장에서는 시스템을 여러 스택으로 분할하는 전략을 설명하고 17장에서는 여러 스택의 인프라를 통합하는 방법에 대해 설명한다.

6.4 마치며

재사용 가능한 스택은 대규모 인프라를 관리하는 팀에 중요한 패턴이다. 스택은 변경을 테스트하고 딜리버리하는 데 유용한 단위다. 이는 환경의 각 인스턴스가 일관성 있게 정의되고 빌드되도록 보장한다. 모듈 대신 스택을 변경 단위로 포괄하는 것은 변경을 쉽고 빠르게 그리고 자주 딜리버리할 수 있도록 기능을 강화한다.

CHAPTER 7

스택 인스턴스 구성하기

단일 스택 코드 프로젝트를 사용하면 6.2절에서 설명한 것처럼 여러 인스턴스의 일관성을 더 쉽게 유지할 수 있다. 그러나 보통은 서로 다른 스택 인스턴스를 사용자 요구에 맞추어 다르게 정의해야 한다. 예를 들면 프로덕션 환경보다 개발 환경의 서버 수를 적게 구성할 수 있다.

다음은 구성 가능한 최소 및 최대 서버 수로 컨테이너 호스팅 클러스터를 정의하는 스택 코드 예제다.

```
container_cluster: web_cluster-${environment}
  min_size: ${cluster_minimum}
  max_size: ${cluster_maximum}
```

[그림 7-1]과 같이 코드는 각 환경에 따라 다른 파라미터값을 가진다.

Terraform, CloudFormation과 같은 스택 도구는 구성 파라미터값을 설정하는 여러 가지 방법을 지원한다. 일반적으로 커맨드라인에서 값을 전달하고, 파일에서 값을 읽고, 키-값 저장소에서 인프라 코드가 값을 검색한다. 인프라를 관리하는 팀은 이러한 기능을 사용하여 구성값을 관리하고 스택 도구에 전달하는 방법을 결정해야 한다.

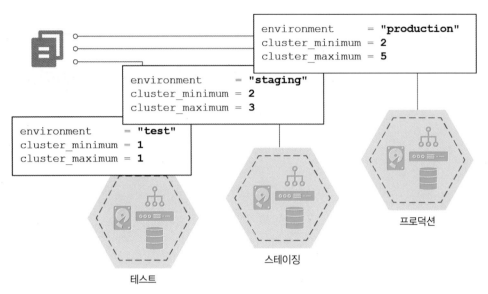

```
environment      = "production"
cluster_minimum = 2
cluster_maximum = 5
```

```
environment      = "staging"
cluster_minimum = 2
cluster_maximum = 3
```

```
environment      = "test"
cluster_minimum = 1
cluster_maximum = 1
```

프로덕션

스테이징

테스트

그림 7-1 각 환경에 따라 다른 파라미터값을 사용한다.

파라미터를 단순하게 유지한다

인프라를 코드로 정의하는 주요 이유는 2.5절에서 설명한 것과 같이 시스템을 일관되게 구성하기 위함이다. 구성 가능한(다른 파라미터를 사용할 수 있는) 스택 코드는 시스템 일관성을 흔들 수 있다. 스택 프로젝트의 구성 가능성이 높을수록 인스턴스의 작동을 이해하고 효과적으로 테스트하는 것이 어려워진다. 무엇보다 모든 인스턴스에 변경을 정기적으로 신뢰할 수 있게 딜리버리하기가 어려워진다.

따라서 스택 파라미터를 단순하게 유지하고 간단한 방법으로 사용하는 것이 가장 좋다.

- 문자열, 숫자, 리스트, 키-값 맵^{map} 같은 간단한 파라미터 유형을 사용한다. 더 복잡한 데이터 구조를 전달하는 것은 피해야 한다.

- 스택을 설정하는 파라미터의 수를 최소화하고 꼭 필요하지 않은 파라미터는 정의하지 않는다. 파라미터는 당장 필요한 경우에만 추가한다. 나중에 필요하면 언제든지 파라미터를 추가할 수 있다.

- 파라미터에 조건문을 사용하지 않는다. 조건문은 변경이 반영된 인프라에 중대한 차이를 만들 수 있기 때문이다. 예를 들어 스택에서 서비스 프로비저닝 여부를 나타내는 불리언^{Boolean}(예/아니오) 파라미터를 사용하면 복잡도가 증가한다.

언급한 조언을 따르기 어렵다면 리팩터링을 통해 스택 코드를 여러 스택 프로젝트로 분할해야 한다.

7.1 스택 파라미터를 사용한 고유 식별자 생성

6.2절에서 설명한 재사용 가능한 스택 패턴에 따라 동일한 스택 프로젝트에서 여러 스택 인스턴스를 생성하는 경우, 고유 식별자unique identifier가 필요한 인프라 리소스에서 오류가 발생할 수 있다. 애플리케이션 서버를 정의하는 다음 슈도코드를 통해 이것이 무엇을 의미하는지 알아보자.

```
server:
  id: appserver
subnet_id: appserver-subnet
```

가상 클라우드 플랫폼에서 id는 고유한 값이다. 따라서 두 번째 스택을 생성하기 위한 스택 명령어를 실행하면 다음과 같이 실패 메시지가 출력된다.

```
> stack up environment=test --source mystack/src
SUCCESS: stack 'test' created
> stack up environment=staging --source mystack/src
FAILURE: server 'appserver' already exists in another stack
```

이를 피하기 위해 스택 코드에 파라미터를 사용할 수 있다. environment라는 파라미터가 고유한 서버 ID를 할당하는 데 쓰이도록 코드를 변경한다.

```
server:
  id: appserver-${environment}
  subnet_id: appserver-subnet-${environment}
```

이제 가상 스택 명령을 실행하여 오류 없이 여러 스택 인스턴스를 만들 수 있다.

7.2 스택 파라미터 예제

이 장의 다른 스택 구성 패턴과 비교하고 대조하기 위해 예제 스택을 사용한다. 예제에서는 호스트 노드의 동적 풀pool과 네트워킹 구조로 구성된 컨테이너 클러스터를 정의하는 템플릿 스택 프로젝트를 사용한다. [예제 7-1]은 프로젝트 구조를 보여준다.

예제 7-1 컨테이너 클러스터를 정의하는 템플릿 스택의 프로젝트 구조

```
├── src/
│   ├── cluster.infra
│   └── networking.infra
└── test/
```

클러스터 스택은 3개의 다른 스택 인스턴스를 가지며 [예제 7-2]에 나열된 파라미터를 사용한
다. environment은 각 환경에 대한 고유 ID로, 사물의 이름을 지정하고 고유 식별자를 만드는
데 사용할 수 있다. cluster_minimum과 cluster_maximum은 컨테이너 호스트 클러스터 크기의
범위를 정의한다. cluster.infra 파일의 인프라 코드는 클라우드 플랫폼의 클러스터를 정의하
고 부하에 따라 호스트 노드의 수를 조정한다.

예제 7-2 패턴 설명에 사용된 파라미터값

스택 인스턴스	환경	cluster_minimum	cluster_maximum
cluster_test	test	1	1
cluster_staging	staging	2	3
cluster_production	production	2	6

7.3 스택 구성을 위한 패턴

스택에 파라미터가 필요한 이유와 도구가 파라미터를 구현하는 방법에 대해 살펴봤다. 이제 파
라미터를 관리하고 도구에 전달하기 위한 몇 가지 패턴과 안티패턴을 설명한다.

수동manual 스택 파라미터

스택 도구를 실행하여 명령줄에 파라미터값을 입력한다.

스크립트 파라미터

스택 도구를 실행하는 스크립트에 각 인스턴스의 파라미터값을 하드코딩hard-coding한다.

스택 구성 파일

스택 코드 프로젝트에 포함된 구성 파일에 각 인스턴스의 파라미터값을 선언한다.

래퍼 스택

인스턴스마다 인프라 스택 프로젝트를 만들고 스택 코드와 함께 공유 모듈을 가져온다.

파이프라인 스택 파라미터

인스턴스마다 파이프라인 단계의 구성에서 파라미터를 정의한다. 스택 파라미터 레지스트리 registry 패턴은 파라미터값을 공유 가능한 중심 위치에 저장한다.

안티패턴 수동 스택 파라미터

스택 인스턴스에 값을 전달하는 가장 자연스러운 방법은 [예제 7-3]과 같이 명령줄에 값을 수동으로 입력하는 것이다.

예제 7-3 커맨드라인에 파라미터를 수동으로 입력한다.

```
> stack up environment=production --source mystck/src
FAILURE: No such directory 'mystck/src'
> stack up environment=production --source mystack/src
SUCCESS: new stack 'production' created
> stack destroy environment=production --source mystack/src
SUCCESS: stack 'production' destroyed
> stack up environment=production --source mystack/src
SUCCESS: existing stack 'production' modified
```

동기

커맨드라인에 값을 입력하는 것은 매우 간단하다. 이는 도구 사용 방법을 배울 때 도움이 되며 테스트할 때도 유용하다.

결과

커맨드라인에 값을 입력할 때 실수하기 쉽다. 또한 입력해야 할 값을 기억하기 어려울 수 있다.

사람들이 관심을 갖는 인프라를 개선하거나 수정할 때 명령어를 실수로 잘못 입력하여 중요한 부분을 망가뜨리고 싶진 않을 것이다. 여러 명이 하나의 인프라 스택에서 함께 작업하는 경우 모든 사용자가 각 인스턴스에 맞는 입력값을 기억할 것이라고 기대하기는 힘들다.

수동 스택 파라미터는 CI 또는 CD와 같은 환경에 인프라 코드를 자동으로 적용하기 위한 목적으로는 적합하지 않다.

구현

[예제 7-2]에서는 특정 도구의 문법에 따라 커맨드라인에 값을 전달한다. 가상의 스택 도구에서 명령어는 다음과 같다.

```
stack up \
    environment=test \
    cluster_minimum=1 \
    cluster_maximum=1 \
    ssl_cert_passphrase="correct horse battery staple"
```

명령을 실행하는 사람은 주어진 환경에서 사용하는 패스워드나 키 같은 비밀 정보를 알아야 하고 이를 커맨드라인으로 전달해야 한다. 팀은 비밀 관리 도구를 사용하여 비밀 정보를 안전하게 저장 및 공유하고, 팀원이 떠나면 비밀 정보를 교체해야 한다.[1]

연관 패턴

스크립트 파라미터 패턴은 입력할 명령어를 스크립트에 추가한다. 파이프라인 스택 파라미터 패턴도 동일한 작업을 수행하지만 스크립트가 아닌 파이프라인 구성 파일에 추가한다.

패턴 스택 환경 변수

스택 환경 변수 패턴은 파라미터값을 스택 도구가 사용할 환경 변수로 설정하는 작업을 포함한다. 이 패턴은 보통 환경 변수를 설정하기 위해 다른 패턴과 결합된다.

---

1 비밀 정보를 안전하게 공유할 목적으로 팀은 GPG, KeePass, 1Password, Keeper, LastPass와 같은 도구를 사용할 수 있다.

환경 변수는 [예제 7-4]와 같이 미리 설정할 수 있다.

예제 7-4 환경 변수 설정

```
export STACK_ENVIRONMENT=test
export STACK_CLUSTER_MINIMUM=1
export STACK_CLUSTER_MAXIMUM=1
export STACK_SSL_CERT_PASSPHRASE="correct horse battery staple"
```

다양한 구현 방법이 있지만 가장 기본적인 방법은 [예제 7-5]와 같이 스택 코드가 환경 변수를 직접 참조하는 것이다.

예제 7-5 환경 변수를 사용한 스택 코드

```
container_cluster: web_cluster-${ENV("STACK_ENVIRONMENT")}
  min_size: ${ENV("STACK_CLUSTER_MINIMUM")}
  max_size: ${ENV("STACK_CLUSTER_MAXIMUM")}
```

동기

대부분의 플랫폼과 도구는 환경 변수를 지원하므로 사용하기 쉽다.

적용성

시스템에서 이미 환경 변수를 사용하고 있고 이러한 변수를 관리하는 적절한 메커니즘이 있다면 스택 파라미터에 환경 변수를 사용하는 것이 편리하다.

결과

설정할 값을 가져오려면 추가 패턴을 사용해야 한다. 이렇게 하면 리빌드되는 부분이 생겨 주어진 스택 인스턴스의 구성값을 추적하기 어렵고 값을 변경하기 위해 더 많은 작업을 수행해야 한다.

[예제 7-5]와 같이 스택 코드에서 직접 환경 변수를 사용하면 스택 코드가 런타임 환경에 너무 밀접하게 연결될 수 있다.

환경 변수에 비밀 정보를 설정하면 동일한 시스템에서 실행되는 다른 프로세스에 비밀 정보가 노출될 수 있다.

구현

다시 말하지만, 사용할 환경 변수를 설정해야 하고 설정을 위해 이 장에서 설명하는 다른 패턴을 선택해야 한다. 예를 들어 로컬 환경에서 환경 변수를 설정해 스택 코드에 적용하려면 어쩔 수 없이 안티패턴인 수동 스택 파라미터를 사용해야 한다. 스택 도구를 실행하는 스크립트에서 설정하거나 파이프라인 도구로 설정할 수 있다.

또 다른 방법은 사용자나 인스턴스가 로컬 환경으로 가져오는 스크립트에 값을 넣는 것이다. 이것은 스택 구성 파일 패턴의 변형이다. 파라미터를 설정하는 스크립트는 [예제 7-4]와 동일하며 스택 도구를 실행하는 모든 명령어는 파라미터를 환경으로 가져온다.

```
source ./environments/staging.env
stack up --source ./src
```

스택 도구를 실행하는 컴퓨팅 인스턴스에 환경 변수의 값을 빌드할 수도 있다. 예를 들어 스택 도구를 실행하여 각 환경의 스택 빌드와 업데이트를 수행하는 별도의 CD 에이전트 노드를 프로비저닝하는 경우, 노드를 빌드하는 코드가 적절한 값을 환경 변수로 설정할 수 있다. 이러한 환경 변수는 스택 도구를 포함하여 노드에서 실행되는 모든 명령에 사용될 수 있다.

그러나 이렇게 하려면 에이전트 노드를 빌드하는 코드에 값을 전달해야 한다. 스택 환경 변수 패턴은 기본적으로 환경 변수를 미리 설정해야 하기 때문에 설정을 위해 또 다른 패턴이 필요하다.

이 패턴은 스택 도구가 환경 변수를 가져오게 하는 방법으로 구현할 수 있다. [예제 7-5]의 스택 코드는 환경 변수를 직접 읽는 방법을 보여준다.

다른 방법은 환경 변수를 스택 오케스트레이션 스크립트(19.3절 참고)를 사용하여 읽고 커맨드라인의 스택 도구에 전달하는 것이다. 오케스트레이션 스크립트의 코드는 다음과 같다.

```
stack up \
  environment=${STACK_ENVIRONMENT} \
  cluster_minimum=${STACK_CLUSTER_MINIMUM} \
```

```
cluster_maximum=${STACK_CLUSTER_MAXIMUM} \
ssl_cert_passphrase="${STACK_SSL_CERT_PASSPHRASE}"
```

이 방법은 스택 코드가 실행되는 환경에서 스택 코드를 분리한다.

연관 패턴

이 패턴과 이 장의 다른 패턴을 결합하여 환경 변수의 값을 설정할 수 있다.

패턴 스크립트 파라미터

스크립트 파라미터에는 스택 도구를 실행하는 스크립트에 사용되는 파라미터값을 하드코딩하는 작업이 포함된다. 각 환경마다 별도의 스크립트를 작성할 수도 있고 하나의 스크립트에 모든 환경을 포함할 수도 있다.

```
if ${ENV} == "test"
  stack up cluster_maximum=1 env="test"
elsif ${ENV} == "staging"
  stack up cluster_maximum=3 env="staging"
elsif ${ENV} == "production"
  stack up cluster_maximum=5 env="production"
end
```

동기

스크립트는 수동 스택 파라미터 안티패턴을 피하고 각 인스턴스의 값을 기록하는 간단한 방법이다. 값이 각 환경에서 일관되게 사용된다는 확신을 가질 수 있으며, 버전 관리 시스템을 사용하여 스크립트 구성값의 변경을 추적할 수 있다.

적용성

자주 변경되지 않는 고정된 환경 집합에서 스택 프로비저닝 스크립트를 사용하여 파라미터를 설정하는 것은 유용한 방법이다. 다른 패턴에서 리빌드되는 부분을 추가하지 않아도 된다.

스크립트에 비밀 정보를 하드코딩해서는 안 되기 때문에 이 패턴은 비밀 정보에 적합하지 않다. 그렇다고 이 패턴을 사용하지 말아야 한다는 것은 아니다. 비밀 정보를 처리하기 위해 별도의 패턴을 구현해야 한다(7.4절 참고).

결과

일반적으로 스택 도구 실행에 사용되는 명령어는 시간이 지남에 따라 복잡해진다. 특히 프로비저닝 스크립트는 손을 대지 못할 정도로 지저분해질 수 있다. 19.3절에서는 이러한 스크립트의 사용 시나리오를 설명하고 함정과 관리 가능한 수준을 유지하는 방법을 간략하게 설명한다.

구현

이 패턴은 두 가지 일반적인 방법으로 구현할 수 있다. 첫 번째 방법은 환경을 커맨드라인 인수로 사용하는 단일 스크립트로, 각 환경에 대해 하드코딩된 파라미터값이 있다. [예제 7-6]은 이에 대한 간단한 예제다.

예제 7-6 여러 환경의 파라미터를 포함하는 스크립트

```
#!/bin/sh

case $1 in
test)
  CLUSTER_MINIMUM=1
  CLUSTER_MAXIMUM=1
  ;;
staging)
  CLUSTER_MINIMUM=2
  CLUSTER_MAXIMUM=3
  ;;
production)
  CLUSTER_MINIMUM=2
  CLUSTER_MAXIMUM=6
  ;;
*)
  echo "Unknown environment $1"
  exit 1
  ;;
esac
```

```
stack up \
    environment=$1 \
    cluster_minimum=${CLUSTER_MINIMUM} \
    cluster_maximum=${CLUSTER_MAXIMUM}
```

두 번째 방법은 [예제 7-7]처럼 스택 인스턴스마다 별도의 스크립트를 갖도록 하는 것이다.

예제 7-7 각 환경용 스크립트가 있는 예제 프로젝트 구조

```
our-infra-stack/
├── bin/
│   ├── test.sh
│   ├── staging.sh
│   └── production.sh
├── src/
└── test/
```

각각의 스크립트는 동일하지만 하드코딩된 파라미터값이 다르다. 스크립트는 다양한 파라미터 값 중 하나를 선택하는 로직이 필요 없으므로 크기가 더 작다. 그러나 유지보수에는 더 많은 노력이 필요하다. 명령을 변경해야 하는 경우 모든 스크립트를 변경해야 한다. 또한 사용자가 임의로 특정 환경의 스크립트 설정값을 변경하면 환경 간의 일관성이 깨질 수 있다.

프로비저닝 스크립트를 소스 제어에 커밋해야 한다. 프로비저닝하는 스택과 동일한 프로젝트에 배치하면 스택 코드와 동기화 상태를 유지할 수 있다. 예를 들어 새로운 파라미터를 추가하는 경우 이를 인프라 소스 코드와 프로비저닝 스크립트에 추가한다. 이렇게 하면 주어진 스택 코드 버전에 맞는 스크립트 버전을 알 수 있다.

19.3절에서는 스택 도구 실행을 위한 스크립트 사용법에 대해 더 자세히 설명한다.

앞서 언급했듯이 비밀 정보를 스크립트에 하드코딩해서는 안 된다. 따라서 다른 패턴을 고려해야 하는 데 스크립트를 사용하여 다른 패턴을 지원할 수 있다. [예제 7-8]에서 커맨드라인 도구는 파라미터 레지스트리 패턴에 따라 비밀 관리자[2]에서 비밀 정보를 가져온다.

---

2 비밀 관리자는 비밀의 생명 주기를 관리하고 외부와의 연동 기능을 제공하는 시스템으로, 비밀을 만들고 그 안에 키-값과 같은 비밀 값을 등록한다.

```
...
# (Set environment specific values as in other examples)
...

SSL_CERT_PASSPHRASE=$(some-tool get-secret id="/ssl_cert_passphrase/${ENV}")

stack up \
    environment=${ENV} \
    cluster_minimum=${CLUSTER_MINIMUM} \
    cluster_maximum=${CLUSTER_MAXIMUM} \
    ssl_cert_passphrase="${SSL_CERT_PASSPHRASE}"
```

some-tool 명령으로 비밀 관리자에 연결하고 id="/ssl_cert_passphrase/${ENV}"를 사용하여 환경에 대한 비밀 정보를 검색한다. 이 예제는 세션에서 비밀 관리자에 접근할 수 있는 권한이 있다고 가정한다. 인프라 개발자는 스크립트를 실행하기 전에 도구를 사용하여 세션을 시작하거나 스크립트를 실행하는 컴퓨팅 인스턴스에서 비밀 없는 권한 부여secretless authorization 방법을 사용하여 비밀 검색 권한을 부여받을 수 있다(7.4절 참고).

연관 패턴

프로비저닝 스크립트는 커맨드라인 도구를 자동으로 실행하므로 수동 스택 파라미터 안티패턴을 뛰어넘는 방법이다. 스택 구성 파일 패턴은 스크립트에서 파라미터값을 가져와서 별도의 파일에 저장한다.

패턴 스택 구성 파일

스택 구성 파일은 각 인스턴스의 파라미터값을 별도의 파일에서 관리한다. 이 파일은 [예제 7-9]와 같이 스택 코드와 함께 버전 관리된다.

예제 7-9 각 환경의 파라미터 파일을 보유한 프로젝트

```
├── src/
│   ├── cluster.infra
│   ├── host_servers.infra
```

```
|    └── networking.infra
├── environments/
|    ├── test.properties
|    ├── staging.properties
|    └── production.properties
└── test/
```

동기

스택 인스턴스의 구성 파일을 생성하는 것은 간단하고 이해하기 쉽다. 이 구성 파일은 소스 코드 저장소로 커밋되기 때문에 다음과 같은 작업을 쉽게 수행할 수 있다.

- 주어진 환경에서 사용되는 값 확인 – 프로덕션에서 클러스터의 최대 크기는 얼마일까?
- 디버깅 기록 추적 – 언제 클러스터의 최대 크기가 변경되었을까?
- 변경 내용 감사 – 누가 클러스터의 최대 크기를 변경했을까?

스택 구성 파일은 스택 코드에서 구성 정보를 분리한다.

적용성

스택 구성 파일은 환경의 수가 자주 변경되지 않을 때 적합하다. 새로운 스택 인스턴스를 추가하려면 프로젝트에 파일을 추가해야 한다. 또한 구성 파일에 논리를 포함할 수 없으므로 여러 인스턴스를 만들고 업데이트하는 방법에 대한 일관성 있는 논리가 필요하다(또는 강제성 있는 정책이 필요하다).

결과

새 스택 인스턴스를 생성하려면 스택 프로젝트에 신규 구성 파일을 추가해야 한다. 이렇게 하면 임시로 사용할 환경을 즉시 자동으로 생성할 수 없다. 자동으로 테스트 환경을 관리하는 방법은 9.6절에서 설명한다. 필요에 따라 임시 환경에 대한 구성 파일을 만들어 이 문제를 해결할 수 있다.

파라미터 파일은 변경 딜리버리 파이프라인(8.4절 참고)에서 다운스트림^{downstream} 환경 구성을 변경하는 데 더 많은 시간이 소요될 수 있다. 스택 프로젝트 코드의 모든 변경은 프로덕션에 적용하기 전에 파이프라인의 각 단계를 거쳐야 한다. 이 작업은 완료되는 데 시간이 걸릴 수 있으며 구성 변경이 프로덕션에만 적용되는 경우 값을 추가하지 않는다.

파라미터값을 정의하면 프로비저닝 스크립트가 상당히 복잡해진다. 자세한 내용은 19.3절에서 다룬다. 간단히 설명하자면, 팀은 스택 프로젝트와 환경의 기본값을 정의하고자 하며 이 값을 다른 환경에 있는 스택 인스턴스의 값으로 사용할 수 있는 논리가 필요하다고 생각한다. 파라미터값에 대한 상속 모델은 복잡하고 혼란스러울 수 있다.

소스 제어의 구성 파일에는 비밀 정보가 없어야 한다. 비밀 정보를 처리하려면 이 장에서 설명하는 다른 패턴을 사용하거나 소스 제어 외부에서 별도의 비밀 구성 파일을 구현해야 한다.

구현

[예제 7-9]와 같이 각 환경마다 별도의 파일에 스택 파라미터값을 정의한다.

파라미터 파일의 내용은 다음과 같다.

```
env   = staging
cluster_minimum = 2
cluster_maximum = 3
```

stack 명령을 실행할 때 관련 파라미터 파일의 경로를 전달한다.

```
stack up --source ./src --config ./environments/staging.properties
```

시스템이 여러 스택으로 구성된 경우 모든 환경에서 구성을 관리하면 지저분해질 수 있다. 이러한 경우에 파라미터 파일을 정렬하는 두 가지 일반적인 방법이 있다. 하나는 각 스택에 대한 코드와 함께 모든 환경에 대한 구성 파일을 배치하는 것이다.

```
├── cluster_stack/
│   ├── src/
│   │   ├── cluster.infra
│   │   ├── host_servers.infra
│   │   └── networking.infra
│   └── environments/
│       ├── test.properties
│       ├── staging.properties
```

```
|        └── production.properties
|
└── appserver_stack/
    ├── src/
    |   ├── server.infra
    |   └── networking.infra
    └── environments/
        ├── test.properties
        ├── staging.properties
        └── production.properties
```

다른 하나는 모든 스택의 구성을 한 곳에 모으는 것이다.

```
├── cluster_stack/
|   ├── cluster.infra
|   ├── host_servers.infra
|   └── networking.infra
|
├── appserver_stack/
|   ├── server.infra
|   └── networking.infra
|
└── environments/
    ├── test/
    |   ├── cluster.properties
    |   └── appserver.properties
    ├── staging/
    |   ├── cluster.properties
    |   └── appserver.properties
    └── production/
        ├── cluster.properties
        └── appserver.properties
```

각 방법은 다른 형태로 지저분해지거나 혼란스러워질 수 있다. 환경의 모든 내용을 변경해야 하는 경우 수많은 스택 프로젝트의 구성 파일을 일일이 변경하는 것은 고통스러운 일이다. 여러 환경에서 단일 스택의 구성을 변경해야 할 때 수많은 다른 스택의 구성으로 가득 찬 트리를 탐색하는 것도 쉬운 일은 아니다.

추가 패턴 대신 구성 파일을 사용하여 비밀 정보를 처리하려면 소스 제어에 체크인check-in된 프로젝트 코드 외부에서 비밀 정보가 포함된 파일을 관리해야 한다.

로컬 개발 환경의 경우 특정 위치에 파일을 수동으로 생성하도록 사용자에게 요구할 수 있다. 다음과 같이 파일 위치를 stack 명령에 전달한다.

```
stack up --source ./src \
  --config ./environments/staging.properties \
  --config ../.secrets/staging.properties
```

이 예제는 스택 도구에 두 개의 --config 인수를 제공하며 두 인수 모두 파라미터값을 읽는다. 프로젝트 폴더 외부에 .secrets라는 디렉터리가 있으므로 소스 제어에 포함되지 않는다.

이러한 방식은 CD 파이프라인 에이전트와 같은 컴퓨팅 인스턴스에서 스택 도구를 자동으로 실행할 때 작업이 더 까다롭다. 컴퓨팅 인스턴스에서도 비밀 파일을 프로비저닝할 수 있지만 동일한 에이전트에서 실행되는 다른 프로세스에 비밀 정보가 노출될 수 있다. 또한 에이전트의 컴퓨팅 인스턴스를 빌드하는 프로세스에 비밀 정보를 제공해야 하므로 여전히 부트스트랩 bootstrap[3] 문제가 발생한다.

연관 패턴

설정값을 파일에 넣으면 앞에서 설명한 것처럼 프로비저닝 스크립트가 단순해진다. 대신 스택 파라미터 레지스트리 패턴을 사용하여 환경 구성 파일의 일부 제약을 피할 수 있다. 이렇게 하면 스택 프로젝트 코드에서 중앙 위치로 파라미터값이 옮겨지므로 코드와 구성이 다른 워크플로에도 사용할 수 있다.

패턴 래퍼 스택

래퍼 스택은 각 인스턴스의 인프라 스택 프로젝트를 래퍼로 사용하여 스택 코드 컴포넌트를 가져온다(16장 참고). 각 래퍼 프로젝트는 스택의 한 인스턴스를 위한 파라미터값을 정의한다. 그런 다음 모든 스택 인스턴스가 공유하는 컴포넌트(스택 코드 모듈)를 가져온다(그림 7-2).

---

3 옮긴이_ 일반적으로 시스템 시작을 위해 자체 시스템을 사용해야 하는 상황을 의미한다. 예를 들면 'C로 작성된 C 컴파일러는 어떻게 컴파일할까?' 또는 'OS를 실행시키지 않은 상황에서 OS 시작 프로세스를 어떻게 실행시킬까?'와 같은 문제를 나타낸다.

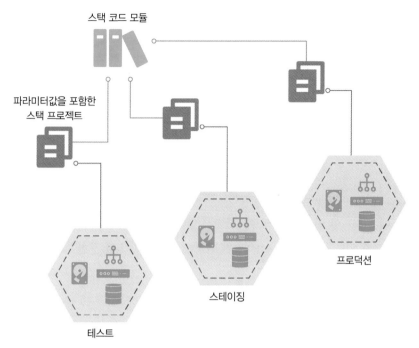

스택 코드 모듈

파라미터값을 포함한
스택 프로젝트

프로덕션

스테이징

테스트

그림 7-2 래퍼 스택

동기

래퍼 스택은 스택 도구의 모듈 기능 또는 라이브러리 지원을 활용하여 공유 코드를 스택 인스턴스 간에 재사용한다. 도구의 모듈 버전 관리, 의존성 관리, 아티팩트 저장소 기능을 사용하여 변경 딜리버리 파이프라인을 구현할 수 있다(8.4절 참고). 이 글을 쓰는 시점에 대부분의 인프라 스택 도구에는 스택 코드용 파이프라인을 구현하는 데 사용할 수 있는 프로젝트 패키징 형식이 없다. 따라서 사용자가 직접 스택 패키징 프로세스를 만들어야 한다. 래퍼 스택을 사용하거나, 스택 코드를 버저닝하고 모듈 레벨로 만드는 방법을 사용할 수 있다.

래퍼 스택을 사용하면 프로비저닝 스크립트처럼 별도의 언어를 사용하지 않고도 인프라 정의에 사용된 언어와 동일한 언어로 스택을 프로비저닝하고 구성하는 로직을 작성할 수 있다.

결과

컴포넌트는 스택과 (컴포넌트에 포함된) 코드 사이에 복잡성 계층을 추가한다. 그럼 래퍼 프로젝트를 포함하는 스택과 스택용 코드를 포함하는 컴포넌트 이렇게 두 종류의 레벨을 갖게 된다.

스택 인스턴스마다 별도의 코드 프로젝트가 있기 때문에 사용자는 각 인스턴스에 사용자 정의 로직을 추가하고 싶어질 수 있다. 이러한 사용자 정의 인스턴스 코드는 코드베이스의 일관성을 없애고 관리하기 어렵게 만든다.

소스 제어에서 관리되는 래퍼 프로젝트에서 파라미터값을 정의하기 때문에 래퍼 패턴을 사용하여 비밀 정보를 관리할 수 없다. 따라서 스택에 비밀 정보를 제공하려면 이 장의 다른 패턴을 추가해야 한다.

구현

각 스택 인스턴스에는 별도의 인프라 스택 프로젝트가 있다. 예를 들어 각 환경에는 별도의 Terraform 프로젝트가 있다. 이를 복사-붙여넣기 환경(6.2절 참고)처럼 구현할 수 있으며 각 환경은 별도의 저장소에 있다.

각 환경 프로젝트는 단일 저장소의 폴더에 저장될 수도 있다.

```
my_stack/
    ├── test/
    │   └── stack.infra
    ├── staging/
    │   └── stack.infra
    └── production/
        └── stack.infra
```

사용하는 도구 가이드에 따라 스택의 인프라 코드를 모듈로 정의한다. 래퍼 스택과 동일한 저장소에 모듈 코드를 넣을 수 있지만 이렇게 하면 모듈과 래퍼 스택의 버전이 함께 관리되므로 모듈의 버전 관리 기능을 활용할 수 없다. 즉, 여러 환경에서 서로 다른 버전의 인프라 코드를 사용할 수 없게 된다. 이것은 코드를 점진적으로 테스트하기 위해 매우 중요한 부분이다.

다음 예제는 container_cluster_module을 가져오는 래퍼 스택으로, 모듈의 버전과 모듈에 전달할 구성 파라미터를 지정한다.

```
module:
  name: container_cluster_module
  version: 1.23
  parameters:
```

```
env: test
cluster_minimum: 1
cluster_maximum: 1
```

스테이징과 프로덕션의 래퍼 스택 코드는 파라미터값과 사용하는 모듈의 버전을 제외하고는 유사하다.

모듈의 프로젝트 구조는 다음과 같다.

```
├── container_cluster_module/
│   ├── cluster.infra
│   └── networking.infra
└── test/
```

모듈 코드를 변경하면 테스트한 후 모듈 저장소에 업로드한다. 저장소가 작동하는 방식은 인프라 스택 도구에 따라 다르다. 그런 다음 테스트 스택 인스턴스를 업데이트하여 새 모듈 버전을 가져와 테스트 환경에 적용한다.

Terragrunt[4]는 래퍼 스택 패턴을 구현하는 스택 오케스트레이션 도구다.

연관 패턴

래퍼 스택은 스크립트 파라미터 패턴과 비슷하다. 주요 차이점은 별도의 스크립트 언어가 아닌 스택 도구 언어를 사용하고 인프라 코드가 별도의 컴포넌트에 있다는 것이다.

패턴 파이프라인 스택 파라미터

파이프라인 스택 파라미터 패턴을 사용하여 딜리버리 파이프라인 구성에서 각 인스턴스의 값을 정의한다(그림 7-3).

---

4 https://github.com/gruntwork-io/terragrunt

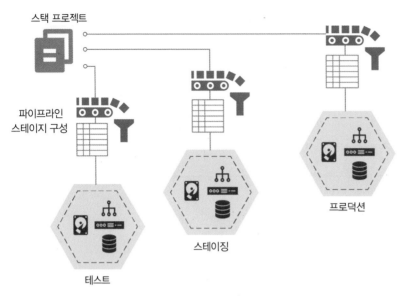

스택 프로젝트

파이프라인
스테이지 구성

프로덕션

스테이징

테스트

그림 7-3 스택 코드를 적용하는 각 단계에서 환경의 구성값을 전달한다.

변경 딜리버리 파이프라인을 사용하여 인프라 스택 코드를 적용하는 방법을 설명한다. Jenkins, GoCD, ConcourseCI와 같은 도구를 사용하여 파이프라인을 구현할 수 있다. 이러한 도구에 대한 자세한 내용은 8.4절에서 다룬다.

동기

파이프라인 도구를 사용하여 인프라 스택 도구를 실행하는 경우 파라미터값을 저장하고 도구에 즉시 전달하는 메커니즘을 제공한다. 파이프라인 도구 자체가 코드로 구성되었다고 가정하면 파라미터값이 코드로 정의되고 버전 관리에 저장된다.

구성값은 인프라 코드와 별도로 저장된다. 파이프라인 시작부터 신규 버전의 인프라 코드를 진행할 필요없이 다운스트림 환경의 구성값을 변경하고 즉시 적용할 수 있다.

적용성

이미 파이프라인을 사용하여 환경에 인프라 코드를 적용하고 있는 팀은 기존 환경을 쉽게 활용하여 각 환경의 스택 파라미터를 설정할 수 있다. 그러나 스택에 여러 개의 파라미터값이 필요한 경우 파이프라인 구성에서 파라미터값을 직접 정의하면 심각한 단점이 생기므로 이런 방법은 피해야 한다.

결과

파이프라인 구성에 스택 인스턴스 변수를 정의하여 구성값을 딜리버리 프로세스와 결합한다. 따라서 구성이 복잡해지고 유지보수가 어려워질 수 있다.

파이프라인에 정의하는 구성값이 많을수록 파이프라인 외부에서 스택 도구를 실행하기가 더 어렵다. 파이프라인은 단일 장애점 single point of failure이 될 수 있다. 파이프라인을 복구하기 전까지는 비상 상황이 발생했을 때 환경을 수정, 복구, 리빌드할 수 없다. 그리고 팀이 파이프라인 외부에서 스택 코드를 개발하고 테스트하는 것이 힘들다.

일반적으로 스택 프로젝트를 적용하기 위한 파이프라인 구성은 작고 간단하게 유지하는 것이 가장 좋다. 대부분의 로직은 파이프라인 구성에 포함되지 않고 파이프라인에서 호출하는 스크립트에 있어야 한다.

> **CAUTION** **CI 서버, 파이프라인, 비밀 정보**
>
> 대부분의 해커가 회사 네트워크에 접근할 때 가장 먼저 찾는 것은 CI와 CD 서버. 이 서버는 해커가 패스워드와 키를 획득할 수 있는 보물 창고. 비밀 정보를 획득한 해커는 사용자와 고객에게 가장 큰 피해를 가할 수 있다.
>
> 필자가 작업에 사용한 대부분의 CI/CD 도구는 매우 강력한 보안 모델을 제공하지 않는다. 파이프라인 도구에 액세스 권한이 있거나 도구에서 실행하는 코드를 수정할 수 있는 사람(아마도 조직의 모든 개발자)은 도구에 저장된 모든 비밀 정보에 접근할 수 있다고 가정해야 한다.
>
> 도구가 비밀 정보를 암호화하는 경우에도 이를 다시 복호화할 수 있기 때문에 공격의 위험성은 낮아지지 않는다. 만약 도구에서 명령어를 실행시킬 수 있다면 저장된 모든 비밀 정보를 복호화하는 것이 가능하다. 사용 중인 CI/CD 도구를 신중하게 분석하여 조직의 보안 요구사항을 얼마나 잘 지원하는지 평가해야 한다.

구현

파라미터는 파이프라인 도구의 구성에서 코드를 사용해 구현해야 한다. [예제 7-10]은 파이프라인 단계 구성을 보여주는 슈도코드다.

예제 7-10 파이프라인 단계 구성

```
stage: apply-test-stack
  input_artifacts: container_cluster_stack
  commands:
    unpack ${input_artifacts}
    stack up  --source ./src environment=test cluster_minimum=1 cluster_maximum=1
    stack test environment=test
```

이 예제는 커맨드라인으로 파라미터를 전달한다. [예제 7-11]처럼 스택 코드에서 사용하는 환경 변수로 설정할 수도 있다.

예제 7-11 환경 변수를 사용한 파이프라인 단계 구성

```
stage: apply-test-stack
  input_artifacts: container_cluster_stack
  environment_vars:
    STACK_ENVIRONMENT=test
    STACK_CLUSTER_MINIMUM=1
    STACK_CLUSTER_MAXIMUM=1
  commands:
    unpack ${input_artifacts}
    stack up  --source ./src
    stack test environment=test
```

예제에서 파이프라인 도구는 commands를 실행하기 전에 환경 변수를 설정한다.

많은 파이프라인 도구는 비밀 정보를 stack 명령에 전달하는 데 사용할 수 있는 비밀 관리 기능을 제공한다. 파이프라인 도구에서 특정 방식으로 비밀 정보를 설정한 다음 [예제 7-12]와 같이 파이프라인 작업에서 참조할 수 있다.

예제 7-12 비밀 정보와 파이프라인 단계 구성

```
stage: apply-test-stack
  input_artifacts: container_cluster_stack
  commands:
    unpack ${input_artifacts}
    stack up  --source ./src environment=test \
        cluster_minimum=1 \
```

```
cluster_maximum=1 \
ssl_cert_passphrase=${STACK_SSL_CERT_PASSPHRASE}
```

연관 패턴

파이프라인 구성에서 각 환경의 스택 코드를 적용하는 명령과 파라미터를 정의하는 것은 스크립트 파라미터 패턴과 유사하다. 차이점은 명령어를 쓰는 위치다. 파이프라인 패턴에서는 파이프라인 구성에 위치하고 스크립트 파라미터 패턴에서는 스크립트 파일에 위치한다.

패턴 스택 파라미터 레지스트리

스택 파라미터 레지스트리는 스택 코드가 아닌 중앙 위치에서 스택 인스턴스의 파라미터값을 관리한다. 스택 도구는 주어진 인스턴스에 스택 코드를 적용할 때 관련 값을 검색한다(그림 7-4).

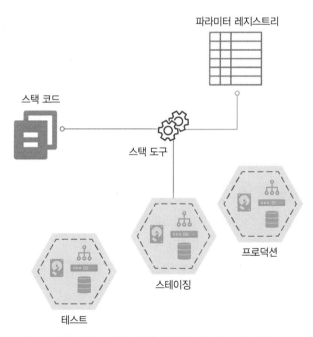

그림 7-4 중앙 레지스트리에 저장된 스택 인스턴스의 파라미터값

동기

레지스트리에 파라미터값을 저장하면 구성과 구현이 분리된다. 레지스트리의 파라미터는 다른 언어와 기술을 사용하여 다른 도구에서 설정, 사용, 조회될 수 있다. 이러한 유연성은 시스템의 다른 구성과의 결합 정도를 약화시킨다. 레지스트리를 사용하는 다른 도구에 영향을 주지 않고 레지스트리를 사용하는 도구를 바꿀 수 있다.

스택 파라미터 레지스트리는 도구에 구애받지 않기 때문에 인프라와 시스템 구성의 진정한 출처로 작용하여 구성 관리 데이터베이스configuration management database (CMDB) 역할을 할 수 있다. 이 구성 데이터는 감사를 위한 보고서를 쉽게 생성하여 제한된 상황에서 유용하게 사용된다.

적용성

다른 목적으로 구성 레지스트리를 사용하는 경우 스택 파라미터 레지스트리로도 사용하는 것이 좋다. 예를 들어 구성 레지스트리는 여러 스택을 통합하는 데 유용한 방법이다(17.1절 참고).

결과

스택 파라미터 레지스트리에는 구성 레지스트리가 필요하며 구성 레지스트리는 전체 시스템에서 추가적인 부분이다. 레지스트리는 스택에 의존적이고 잠재적인 실패 포인트다. 레지스트리를 사용할 수 없게 되면 복원 시점까지 인프라 스택을 다시 프로비저닝하거나 업데이트하는 것이 불가능할 수 있다. 이러한 의존성은 실패 복구 시나리오를 작성하기 어렵게 만든다. 따라서 레지스트리 서비스는 중요한 위치에 배치되어야 한다.

스택의 파라미터값을 스택 코드와 별도로 관리하는 것은 장단점이 있다. 먼저 스택 프로젝트를 변경하지 않고 스택 인스턴스의 구성을 변경할 수 있다. 어떤 팀이 재사용 가능한 스택 프로젝트를 유지보수하는 경우 다른 팀은 스택 프로젝트 자체에서 구성 파일을 추가하거나 변경할 필요 없이 스택 파라미터 레지스트리를 사용하여 자체 스택 인스턴스를 만들 수 있다.

한편 스택 프로젝트와 파라미터 레지스트리를 두 곳 이상에서 변경하면 복잡도가 높아지고 오류가 생길 가능성이 커진다.

예제 7-13 구성 레지스트리 항목

```
└─ env/
   ├─ test/
   │   └─ cluster/
   │       ├─ min = 1
   │       └─ max = 1
   ├─ staging/
   │   └─ cluster/
   │       ├─ min = 2
   │       └─ max = 3
   └─ production/
       └─ cluster/
           ├─ min = 2
           └─ max = 6
```

인프라 스택 코드를 인스턴스에 적용할 때 스택 도구는 키를 사용하여 관련 값을 검색한다. 스택 도구에 **환경 파라미터**를 전달해야 하며 코드는 이를 사용하여 레지스트리의 관련 위치를 참조한다.

```
cluster:
  id: container_cluster-${environment}
  minimum: ${get_value("/env/${environment}/cluster/min")}
  maximum: ${get_value("/env/${environment}/cluster/max")}
```

스택 코드의 get_registry_item() 함수는 값을 조회한다.

이 구현은 스택 코드를 구성 레지스트리에 연결한다. 코드를 실행하고 테스트하려면 레지스트리가 필요하지만 코드가 무거워질 수 있다. 스크립트의 레지스트리에서 값을 가져온 다음 일반 파라미터로 스택 코드에 전달하여 이 문제를 해결한다. 이렇게 하면 다른 방법으로 파라미터 값을 유연하게 설정할 수 있다. 이 방법은 재사용 가능한 스택 코드에서 특히 더 유용하며 코드 사용자에게 스택 인스턴스를 구성할 수 있는 더 많은 옵션을 제공한다.

비밀 관리 서비스(3.3절 참고)는 특별한 유형의 파라미터 레지스트리로 볼 수 있다. 올바르게 사용하면 보안을 강화하면서 필요한 사람과 서비스만 비밀 정보에 접근하도록 할 수 있다. 일부 구성 레지스트리 솔루션과 서비스를 사용하면 비밀 정보와 비밀이 아닌 일반값 모두를 저장할 수 있다. 그러나 중요한 것은 비밀 정보를 보호하지 않는 레지스트리에 비밀 정보를 저장하지 않는 것이다. 이렇게 하지 않으면 레지스트리는 해커에게 쉬운 공격 대상이 된다.

연관 패턴

사용할 스택 인스턴스의 파라미터를 지정하려면 하나 이상의 파라미터를 스택 도구에 전달해야 한다. 이를 위해 스택 프로비저닝 스크립트 또는 파이프라인 스택 파라미터 패턴을 사용할 수 있다.

> **NOTE** **체인 구성 패턴**
>
> 대부분의 도구는 예측 가능한 우선 순위 계층과 함께 구성 옵션 체인을 지원한다. 이 체인은 환경 변수에 의해 재정의된 구성 파일의 값과 같다. 이 때 환경 변수는 커맨드라인 파라미터에 의해 재정의된다. 대부분의 스택 구성 체제는 유사한 계층을 지원한다.

구성 레지스트리

대규모 시스템과 많은 팀이 있는 큰 조직에서는 구성 레지스트리가 유용하다고 생각한다. 앞에서 설명한 대로 구성 레지스트리는 스택 인스턴스를 구성하는 데 유용하다. 또한 17.1절에서 설명하겠지만 여러 스택 인스턴스, 애플리케이션, 서비스의 통합 의존성을 관리하는 데도 유용하다.

레지스트리는 인프라의 구성과 상태같은 유용한 정보를 제공한다. 이를 사용하여 도구, 대시보드, 보고서를 생성할 수 있을 뿐 아니라 시스템을 모니터링하고 감사할 수 있다.

따라서 구성 레지스트리를 구현하는 방법과 사용하는 방법을 자세히 살펴볼 필요가 있다.

구성 레지스트리 구현

구성 레지스트리를 빌드하는 방법은 여러 가지다. 인프라 자동화 도구에서 기본으로 제공하는 레지스트리를 사용하거나 범용 레지스트리 제품을 실행할 수 있다. 대부분의 클라우드는 구성 레지스트리 서비스를 제공한다. 기본 기능을 사용하여 실용적인 레지스트리를 직접 만들 수도 있다.

인프라 자동화 도구 레지스트리

많은 인프라 자동화 툴체인에는 구성 레지스트리 서비스가 포함된다. 구성 레지스트리 서비스는 소스 코드 관리, 모니터링, 대시보드, 명령 오케스트레이션과 같은 기능을 포함하는 중앙 집중화된 centralized 서비스의 일부인 경우가 많다. 예를 들면 다음과 같다.

- Chef Infra Server
- PuppetDB
- Ansible Tower
- Salt Mine

이러한 서비스를 제공하는 툴체인에 포함되지 않는 도구를 함께 사용할 수도 있다. 대부분의 경우 값에 접근할 수 있으므로 구성 도구에서 관리하는 인프라의 현재 상태 정보를 검색하는 스크립트를 작성할 수 있다. 일부 인프라 도구 레지스트리는 확장할 수 있으므로 다른 도구의 데이터를 저장하는 데 사용할 수 있다.

그러나 다른 도구의 데이터를 저장하는 데 사용하면 레지스트리 서비스를 제공하는 도구 체인에 의존성이 생긴다. 이러한 서비스는 타사 도구와 통합하는 것을 완전하게 지원하지 않을 수 있고 향후 호환성을 보장하는 콘트랙트 contract 나 API를 제공하지 않을 수 있다.

따라서 인프라 도구의 데이터 저장소를 범용 구성 레지스트리로 사용하려는 경우에는 사용 사례를 얼마나 잘 지원하고 어떤 유형의 의존성이 생기는지를 고려해야 한다.

범용 구성 레지스트리 제품

특정 자동화 도구의 툴체인 외에도 다음과 같은 구성 레지스트리와 키-값 저장소 데이터베이스 제품을 사용할 수 있다.

- Zookeeper
- etcd
- Consul[5]
- doozerd

이러한 솔루션은 일반적으로 다른 도구, 언어, 시스템과 호환되므로 특정 도구 체인에 의존하게 되는 것을 피할 수 있다.

그러나 데이터 저장 방법을 정의하려면 작업이 더 필요하다. 키포인트 key point 는 환경/서비스/애플리케이션, 서비스/애플리케이션/환경 또는 완전히 다른 구조로 구성될 수 있으며 여러 시스템을 레지스트리와 통합하기 위해 사용자 정의 코드를 작성하고 유지보수해야 한다. 그리고 구성 레지스트리는 팀에 무언가를 배포하고 실행시키는 추가 업무를 부여한다.

플랫폼 레지스트리 서비스

대부분 클라우드 플랫폼은 AWS SSM Parameter Store와 같은 키-값 저장소 서비스를 제공한다. 이러한 서비스를 통해 사용자가 직접 설치하고 유지보수하지 않아도 범용 구성 레지스트리 제품의 이점을 얻을 수 있다. 그러나 클라우드 서비스를 사용하면 해당 클라우드 벤더에 종속된다. 어떤 경우에는 한 클라우드의 레지스트리 서비스를 사용하여 다른 클라우드에서 실행되는 인프라를 관리할 수도 있다.

DIY 구성 레지스트리

일부 팀은 구성 레지스트리 서버를 실행하는 대신 중앙 위치에 구성 파일을 저장하거나 분산 저장소를 사용하여 간단한 사용자 정의 구성 레지스트리를 구축한다. 일반적으로 오브젝트 스토리지(예를 들어 AWS S3 bucket), 버전 관리 시스템, 네트워크 파일 시스템, 웹 서버와 같은 기존 파일 스토리지 서비스를 사용한다.

이를 변형한 방법은 구성 설정을 .deb 또는 .rpm 파일(Debian 또는 Rad Hat Linux 배포판 패키지 확장자)과 같은 시스템 패키지로 만들어 내부 APT 또는 YUM 저장소에 넣는 것이다. 그런 다음 표준 패키지 관리 도구를 사용하여 구성 파일을 로컬 서버로 다운로드할 수 있다.

5　Consul은 Terraform을 만드는 HashiCorp의 제품이며, 두 제품은 함께 잘 작동한다. 그러나 Consul은 독립적인 도구로 유지보수되며 Terraform이 작동하는 데 필요하지 않기 때문에 범용 구성 레지스트리로 분류했다.

또 다른 방법은 표준 관계형 데이터베이스 또는 문서 저장소 데이터베이스 서버를 사용하는 것이다.

여기서 설명한 방법은 모두 기존 서비스를 활용하므로 신규 서버를 설치하고 실행할 필요 없이 간단한 프로젝트에 빠르게 구현할 수 있다. 사소한 불편함을 포기하면 기존 솔루션을 사용하여 기능을 구축하고 유지보수할 수 있다.

싱글 또는 멀티 구성 레지스트리

모든 시스템, 서비스, 도구의 모든 구성값을 결합하는 것은 매력적인 아이디어다. 여러 시스템에 분산되지 않고 모든 것을 한 곳에 보관할 수 있다. '하나의 레지스트리가 모든 것을 지배한다'고 볼 수 있다. 그러나 싱글 레지스트리가 크고 이기종heterogeneous인 환경에서 항상 실용적인 것은 아니다.

모니터링 서비스와 서버 구성 시스템 같은 많은 도구에는 자체 레지스트리가 있다. 라이선스 관리, 서비스 검색, 사용자 디렉터리와 같은 특정 작업에 알맞은 여러 레지스트리와 디렉터리 제품을 찾을 수 있을 것이다. 이러한 도구를 단일 레지스트리 시스템을 사용하도록 변경하면 지속적인 작업 프로세스가 생성된다. 모든 도구의 모든 업데이트는 평가와 테스트가 필요하며 통합을 유지하기 위해 잠재적으로 더 많은 작업이 필요하다.

데이터가 저장된 서비스에서 관련 데이터를 가져오는 것이 더 나을 수 있다. 어떤 시스템이 특정 데이터 또는 구성 항목의 실제 출처인지 확인해야 하며 이러한 이해를 바탕으로 시스템과 도구를 설계해야 한다.

일부 팀은 메시징messaging 시스템을 사용하여 구성 데이터를 이벤트로 공유한다. 시스템이 구성값을 변경할 때마다 이벤트를 보낸다. 다른 시스템은 관련된 구성 항목에 대한 변경이 있는지 살펴보기 위해 이벤트 큐를 모니터링할 수 있다.

7.4 파라미터를 사용한 비밀 정보 처리

시스템에는 다양한 비밀 정보가 포함된다. 스택 도구가 플랫폼 API를 사용하여 인프라를 생성하고 변경하려면 패스워드나 키가 필요하다. 비밀 정보를 환경으로 프로비저닝해야 할 수도 있다. 예를 들면 애플리케이션이 데이터베이스에 연결하기 위한 비밀 정보를 가지고 있는지 확인해야 한다.

이러한 유형의 비밀 정보는 처음부터 안전한 방식으로 처리하는 것이 중요하다. 퍼블릭 클라우드를 사용하든 프라이빗 클라우드를 사용하든 비밀 정보가 유출되면 끔찍한 일이 벌어질 수 있다. 따라서 새로운 도구나 플랫폼의 사용 방법을 배우기 위해 코드를 작성하는 경우에도 코드 내부에 비밀 정보를 입력해서는 안 된다. 개발자가 소스 코드 저장소를 안전한 공간으로 판단하여 비밀 정보가 포함된 코드를 입력했고 해커가 이를 악용하여 기업이 막대한 비용을 부담한 사례가 많다.

인프라 코드에 필요한 비밀 정보를 코드에 직접 입력하지 않고 처리하는 몇 가지 방법이 있다. 여기에는 비밀 정보 암호화, 비밀 없는 권한 부여, 실시간 비밀 정보 주입 injection, 일회성 disposable 비밀 정보 사용이 포함된다.

7.4.1 비밀 정보 암호화

비밀 정보를 소스 코드에 입력하지 않아야 하지만 예외가 있다. 소스 코드 내에서 비밀 정보를 암호화하는 것이다. git-crypt, blackbox, sops, transcrypt는 저장소에서 비밀 정보를 암호화할 수 있게 해준다.

복호화에 필요한 키는 저장소에 있어서는 안 된다. 코드에 접근할 수 있게 된 해커가 키를 빼내 사용할 수 있다. 복호화를 가능하게 하려면 여기에서 설명하는 다른 방법을 사용해야 한다.

7.4.2 비밀 없는 권한 부여

많은 서비스와 시스템은 비밀 정보를 사용하지 않고 권한을 부여하는 방법을 제공한다. 대부분의 클라우드 플랫폼은 권한이 필요한 작업에 대해 가상 머신이나 컨테이너 인스턴스와 같은 컴퓨팅 서비스가 인증된 것으로 표시할 수 있다.

예를 들면 IAM 프로필을 AWS EC2 인스턴스에 할당할 수 있고, IAM 프로필은 인스턴스 프로세스의 API 명령을 수행할 수 있는 권한을 부여한다. 이러한 권한이 부여된 인스턴스 중 하나에서 스택 관리 도구가 실행되도록 구성하면 해커가 악용할 수 있는 비밀 정보를 관리할 필요가 없다.

인프라를 생성할 때 비밀 없는 인증을 사용하여 비밀 정보를 프로비저닝하지 않아도 되는 경우가 있다. 예를 들어 애플리케이션 서버가 데이터베이스 인스턴스에 접근해야 하는 경우를 생각해보자. 서버 구성 도구가 애플리케이션 서버로 패스워드를 프로비저닝하는 대신 애플리케이션 서버가 가진 네트워크 주소를 기반으로 연결을 승인하도록 데이터베이스 서버를 구성할 수 있다.

컴퓨팅 인스턴스와 네트워크 주소에 권한을 부여하면 해커의 공격 경로만 이동할 뿐이다. 해당 인스턴스에 접근할 수 있는 사람은 이러한 권한을 이용할 수 있다. 따라서 이를 막기 위한 작업이 필요하다. 반면 인스턴스에 접근할 수 있는 사람은 그곳에 저장된 비밀 정보를 볼 수 있기 때문에 인스턴스에 대한 권한을 부여하는 것이 항상 나쁘다고 할 수는 없다. 비밀 정보는 잠재적으로 다른 곳에서 악용될 수 있으므로 비밀 정보를 완전히 제거하는 것이 일반적으로 좋다.

7.4.3 실시간 비밀 정보 주입

스택 또는 다른 인프라 코드에 비밀 정보를 사용해야 하는 경우 실시간으로 비밀 정보를 주입하는 방안을 고려해볼 수 있다. 이것은 보통 스택 파라미터로 구현한다. 앞에서 설명한 패턴, 안티패턴과 함께 파라미터로 비밀 정보를 다루는 자세한 방법에 대해 설명한다.

고려해야 할 두 가지 실시간 상황은 로컬에서 개발하는 경우와 무인 에이전트를 사용하는 경우다. 인프라 코드 개발자는 버전 관리되는 저장소가 아닌 로컬 환경에 비밀 파일을 둔다.[6] 스택 도구는 이런 비밀 파일을 직접 읽을 수 있다. 이는 특히 스택 구성 파일 패턴을 사용하는 경우에 적합하다. 파일은 스택 환경 변수 패턴과 잘 작동하는 환경 변수에 비밀 정보를 설정하는 스크립트일 수 있다.

이러한 방법은 CI 테스트, CD 딜리버리 파이프라인에 사용되는 무인 에이전트에서도 작동한다.[7] 그러나 이 경우에는 에이전트를 실행하는 서버나 컨테이너에 비밀 정보를 저장해야 한다. 그렇지 않으면 파이프라인 스택 파라미터 패턴과 같이 에이전트 소프트웨어의 비밀 관리 기능

---

6 로컬에서 스택 코드를 사용하는 방법은 20.3절에서 설명한다.

7 8.4절에서 어떻게 사용되는지 설명한다.

을 사용하여 스택 명령에 비밀 정보를 제공할 수 있다. 또 다른 방법은 스택 파라미터 레지스트리 패턴과 일치하는 비밀 관리 서비스에서 비밀 정보를 가져오는 것이다.

7.4.4 일회성 비밀 정보 사용

동적 플랫폼은 즉시 비밀 정보를 생성하고 '알아야 할 필요가 있는' 경우에만 사용해야 한다. 예를 들어 데이터베이스를 프로비저닝하는 코드는 자동으로 패스워드를 생성하여 애플리케이션 서버를 프로비저닝하는 코드로 전달한다. 사람들이 비밀 정보를 볼 필요가 없으므로 이 정보를 다른 곳에 저장하지 않는다.

필요에 따라 패스워드를 재설정하는 코드를 적용할 수 있다. 애플리케이션 서버가 리빌드되면 데이터베이스 서버 코드를 다시 실행하여 패스워드를 재설정할 수 있다.

HashiCorp Vault와 같은 비밀 관리 서비스는 다른 시스템과 서비스에서 즉시 비밀 정보를 생성하고 설정할 수 있게 해준다. 그런 다음 인프라를 프로비저닝할 때 스택 도구에서 패스워드를 사용하거나 애플리케이션 서버와 같이 패스워드를 사용하는 서비스에서 직접 패스워드를 사용할 수 있다. 이러한 원타임^{one-time} 비밀 정보는 인증이 발생할 때마다 새로운 비밀 정보를 만드는 극단적인 방식을 따른다.

7.5 마치며

스택 프로젝트를 재사용하려면 주어진 스택으로 다른 인스턴스를 구성할 수 있어야 하며 구성을 위한 노력은 최소화해야 한다. 스택의 여러 인스턴스가 근본적으로 달라야 하는 경우에는 서로 다른 스택으로 정의한다.

스택 프로젝트는 인스턴스 간에 일관된 스택의 형태를 정의해야 한다. 예를 들어 애플리케이션 서버와 같이 표면적으로는 유사하지만 형태가 다른 경우에는 서로 다른 두 개의 스택 프로젝트를 정의하는 것이 좋다.

CHAPTER 8

핵심 실행 방법 2 코드를 지속적으로 테스트하고 딜리버리한다

코드형 인프라의 세 가지 핵심 실행 방법 중 두 번째는 코드를 지속적으로 테스트하고 딜리버리하는 것이다. 테스트는 애자일 소프트웨어 엔지니어링의 기초다. 익스트림 프로그래밍 extreme programming (XP)은 테스트 주도 개발 test-driven development (TDD) 방법론에 따라 테스트 코드를 먼저 작성하고 CI와 자주 통합하는 것을 강조한다.[1] CD는 개발자가 릴리스 작업을 완료할 때까지 기다리지 않고 개발자가 작업하는 동안 코드의 프로덕션 준비 production-ready 상태를 테스트하도록 CI의 역할을 확장한 것이다.[2]

애플리케이션 코드를 작성할 때 테스트에 초점을 맞추어 좋은 결과를 얻는다면 인프라 코드를 작성할 때에도 이 방법이 유용할 것이다. 이 장에서는 테스트와 인프라 딜리버리 전략을 살펴본다. TDD, CI, CD를 포함하여 품질에 대한 애자일 엔지니어링 접근 방식을 많이 사용하는데, 이러한 실행 방법은 테스트를 나중에 수행하지 않고 코드 작성 프로세스에 포함하여 시스템의 품질을 향상시킨다.

이 장에서는 인프라 테스트를 위한 기본적인 과제와 접근 방식에 집중한다. 9장에서는 이 장의 내용을 기반으로 인프라 스택 코드 테스트에 대한 구체적인 가이드를 제시하고 11장에서는 서버 구성 코드 테스트에 대해 설명한다(11.4절 참고).

---

1 https://oreil.ly/Gck3D
2 『신뢰할 수 있는 소프트웨어 출시』(에이콘출판사, 2013)는 CD의 원칙과 실행 방법을 정의하여 애자일 선언서(manifesto)의 모호한 문구를 소프트웨어 딜리버리팀 사이에 널리 퍼진 관행이 되도록 만들었다.

8.1 코드를 지속적으로 테스트해야 하는 이유

인프라의 변경 내용을 테스트하는 것은 분명히 좋은 생각이다. 그러나 테스트 자동화 코드를 빌드하고 관리해야 할 필요성이 명확하지 않을 수 있다. 사람들은 흔히 인프라 구축을 일회성 활동으로 생각한다. 인프라를 빌드하고 테스트한 후 사용하게 되면 모든 과정이 끝났다고 생각한다. 왜 구축한 인프라에 대한 자동화된 테스트 묶음suite을 생성하는 데 노력을 기울이지 않는 걸까?

자동화된 테스트 묶음을 만드는 것은 어려운 일이다. 특히 CI 서버, 파이프라인, 테스트 실행기runner, 테스트 스캐펄딩scaffolding[3] 그리고 다양한 유형의 검색 및 검증 도구와 같이 딜리버리, 테스트 도구, 서비스를 구현하는 데 필요한 작업을 고려해야 할 때 더욱 어렵다. 코드형 인프라를 시작할 때 이 모든 것을 구축하는 것은 실행할 시스템을 구축하는 것보다 더 많은 작업이 필요해보인다.

1.3절에서 인프라에 변경을 전달하는 시스템을 구현해야 하는 이유를 설명했다. 인프라를 구축하고 나면 예상보다 훨씬 더 많이 변경하게 된다. 서비스가 괜찮은 반응을 얻게 되면 패치, 업그레이드, 수정, 개선이 필요하다.

CD의 주요 이점은 시스템 생명 주기에서 빌드 단계와 실행 단계 사이의 고전적인 구시대 구분을 없앤다는 것이다.[4] 자동화된 테스트와 코드 프로모션을 포함한 딜리버리 시스템을 설계하고 구현하며, 이러한 시스템을 사용하여 점진적으로 인프라를 빌드하고 서비스가 운영되는 동안 개선한다. 이는 시스템을 사용하는 사람의 변경 방법을 나타내는 것이지 시스템을 관리하는 방법에 대한 것이 아니다.

8.1.1 지속적인 테스트란?

애자일 엔지니어링의 기초는 개발하면서 테스트하는 것이다. 이러한 방법은 품질을 향상시킨다. 작성한 코드가 프로덕션 환경에서 정상적으로 작동하는지 여부를 일찍 확인하면 작업 속도가 빨라지고 서비스를 더 빨리 제공할 수 있다. 문제를 빨리 찾으면 원인을 파악하는 데 드는

---

3 옮긴이_애플리케이션의 뼈대를 빠르게 세우는 기술이라고 할 수 있다. 테스트 스캐펄딩은 테스트를 도와주는 보조 프로그램과 클래스 등을 뜻한다.

4 1.1절 참고

시간이 줄어든다. 이는 코드를 수정하고 다시 작성하는 데 시간이 적게 든다는 의미다. 문제를 해결하면 지속적으로 기술 부채가 쌓이는 것을 방지할 수 있다.

대부분의 사람은 빠른 피드백이 중요하다는 것을 알고 있다. 그러나 성과가 좋은 팀은 적극적으로 지속적인 피드백을 지켜나가는 정도에 차별점이 있다. 기존에는 팀이 시스템의 전체 기능을 구현한 후 테스트를 진행했다. 타임박스^{timeboxing} 방법론[5]은 이를 더 발전시킨다. 팀은 스프린트^{sprint}[6]가 끝날 때와 같이 개발 중에 주기적으로 테스트한다. 린 또는 칸반^{kanban}을 따르는 팀은 각 스토리가 완료되면 테스트한다.[7]

진정으로 지속적인 테스트는 이보다 더 자주 테스트하는 것이다. 심지어 스토리를 완성하기 전에 코드를 작성하고 테스트한다. 그리고 코드를 자주 중앙에 있는 자동화된 빌드 시스템으로 푸시^{push}한다. 하루에 한 번 이상 푸시하는 것이 이상적이다.[8]

코드를 푸시할 때 가능한 한 빨리 피드백을 받아야 한다. 그래야 최대한 작업을 중단하지 않고 대응할 수 있다. 엄격하고 짧은 피드백 주기는 지속적인 테스트의 핵심이다.

즉각적 테스트와 최종 테스트

지속적인 테스트의 또 다른 방법은 각 테스트를 즉각적 테스트와 최종 테스트로 나누는 것이다. 즉각적 테스트는 코드를 푸시하자마자 테스트하는 것이다. 최종 테스트는 어느 정도 시간이 흐른 뒤, 아마도 수동 검토를 마친 후에 테스트하거나 정해진 일정에 따라 테스트하는 것이다.

이상적인 테스트는 코드를 작성하자마자 테스트를 실행하는 것이다. 구문 강조^{syntax highlighting}나 단위 테스트 실행과 같이 편집기에서 실행되는 유효성 검사가 있다. 언어 서버 프로토콜^{language server protocol}(LSP)은 구문 검사^{syntax checking}를 IDE에 통합하기 위한 표준을 정의하며 다양한 언어를 지원한다.

커맨드라인으로 개발하는 것을 선호하는 사람은 `inotifywait`과 `entr`과 같은 유틸리티를 사용하여 코드가 변경될 때 터미널에서 테스트를 실행할 수 있다.

즉각적인 유효성 검사의 또 다른 예는 기본적으로 개발하면서 코드 리뷰를 하는 페어 프로그래밍(간략하게

---

5 옮긴이_ 어떤 활동을 수행하는 데 타임박스라는 고정 기간을 두고, 기간이 경과되면 실제로 해당 작업을 완료했는지 여부에 관계없이 작업을 중단하고 다른 작업으로 넘어가는 시간 관리 방법이다.

6 옮긴이_ 아이디어를 단기간 내에 프로토타입으로 제작하고 테스트하여 빠르게 개선해나가는 방식을 뜻한다.

7 Agile 스토리에 대한 설명은 'Mountain Goat Software' 사이트를 참고하자(https://oreil.ly/DEG5M).

8 『State of DevOps Report』에 발표된 Accelerate 연구에 따르면 적어도 매일 코드를 병합하는 팀이 이보다 적게 코드를 병합하는 팀보다 더 효율적으로 일하는 경향이 있다고 한다. 필자가 본 가장 효율적인 개발자는 하루에 여러 번 코드를 푸시했으며 때로는 매시간 푸시하기도 했다.

페어링pairing이라고도 함)이다. 페어링은 스토리나 기능 개발 작업이 끝난 후에 하는 코드 리뷰보다 훨씬 빠른 피드백을 제공한다.

CI 빌드와 CD 파이프라인은 코드베이스에 변경을 푸시할 때마다 즉시 실행되어야 한다. 각 변경을 즉시 실행하면 피드백이 더 빨라질 뿐만 아니라 각 실행이 작은 범위에 변경을 적용하는 것이 보장된다. 파이프라인이 주기적으로만 실행되면 여러 사람이 변경한 내용을 모두 포함할 수 있다. 하나의 테스트라도 실패하면 어떤 변경으로 인해 문제가 발생했는지 파악하기가 더 어렵다. 결과적으로 문제를 찾고 해결하는 데 더 많은 사람이 시간을 할애해야 한다.

8.1.2 인프라에서 무엇을 테스트해야 할까?

CI의 핵심은 누군가가 가능한 한 빨리 모든 변경을 테스트하는 것이다. CD의 핵심은 테스트 범위를 최대화하는 것이다. 제즈 험블Jez Humble의 말처럼 코드를 항상 배포 가능한 상태로 유지하여 이 모든 것을 달성할 수 있다.[9]

품질 보증quality assurance(QA)은 시스템에 코드를 적용할 때의 위험을 관리하는 것이다.

> 코드를 적용할 때 시스템이 중단될까?
>
> 정상적인 인프라를 생성할까?
>
> 인프라가 제대로 작동할까?
>
> 성능, 안정성, 보안과 관련된 운영 기준을 충족할까?
>
> 규제와 거버넌스 규칙을 준수하고 있을까?

CD는 최종 테스트를 수행하기 위해 일정 시간을 기다리지 않고, 코드베이스에 변경이 적용될 때 즉각적으로 테스트의 위험 범위를 넓히는 것이다. 따라서 모든 푸시에 대해 파이프라인은 코드를 현실적인 테스트 환경에 적용하고 포괄적인 테스트를 실행한다. 이상적으로는 코드가 파이프라인의 자동화된 단계를 통과하면 프로덕션 준비가 완료된 것이다.

팀은 인프라 코드 변경으로 발생할 수 있는 위험을 식별한다. 그리고 해당 위험과 관련된 변경을 테스트하기 위해 반복 가능한 프로세스를 만들어야 한다. 이 프로세스는 자동화된 테스트

---

9 CD 패턴에 대한 자세한 내용은 제즈 험블의 웹사이트를 참고하자(*https://continuousdelivery.com*).

묶음 및 수동 테스트의 형태를 가진다. 테스트 묶음은 그룹으로 실행되는 자동화된 테스트 모음이다.

일반적으로 자동화된 테스트에 대해 생각할 때 단위 테스트나 UI 기반 테스트 같은 기능 테스트를 생각한다. 그러나 위험 범위는 기능적 결함보다 넓기 때문에 유효성 검사의 범위도 더 넓어야 한다. 순수 기능 이상의 제약과 요구사항을 보통 비기능 요구사항non-functional requirement(NFR) 또는 교차기능 요구사항cross-functional requirement(CFR)이라고 한다.[10]

코드 품질

코드가 읽기 쉽고 계속해서 유지보수될 수 있는가?

코드의 형식과 구조가 팀의 표준을 따르고 있는가?

사용하는 도구와 언어에 따라 일부 도구는 코드를 스캔하여 구문 오류syntax error와 서식 규칙formatting rule 준수 여부를 확인하고 복잡도 분석을 실행할 수 있다. 인프라 언어의 사용 기간과 인기에 따라 이러한 도구가 많지 않을 수도 있다. 수동 검토 방법에는 코드 책임자가 수행하는 코드 검토 프로세스, 코드 쇼케이스 세션, 페어 프로그래밍이 포함된다.

기능성

기능성은 코드가 해야 할 일을 하고 있는지를 의미한다. 궁극적으로는 기능을 테스트하기 위해 애플리케이션을 인프라에 배포하고 올바르게 실행되는지 확인하는 것이다. 이는 인프라가 올바르게 구성되었는지를 간접적으로 테스트하는 것이지만 애플리케이션 배포 전에 문제를 확인할 수도 있다. 이러한 인프라의 예는 네트워크 라우팅이다. 전체 인프라의 하위 집합을 사용하여 '공용 인터넷에서 웹 서버로 HTTPS 연결을 만들 수 있는가?'와 같은 기능성 테스트를 수행할 수 있다.

보안

코드 스캔에서 단위 테스트, 통합 테스트integration test, 프로덕션 모니터링에 이르기까지 여러 수준에서의 보안을 테스트할 수 있다. 취약점vulnerability 스캐너 같은 보안 테스트와 관련된 몇 가

---

10 필자의 동료 세라 태라포왈라(Sarah Taraporewalla)는 CFR이라는 용어를 만들었다. 그 이유는 CFR을 개발 작업과 분리하지 않고 모든 작업에 적용할 수 있다고 강조하기 위해서다(https://oreil.ly/J75na).

지 도구가 있다. 또한 표준 테스트 묶음에 보안 테스트를 추가하면 유용하다. 예를 들어 단위 테스트에서는 오픈 포트port, 사용자 계정 처리, 액세스 권한을 검증할 수 있다.

규정 준수

시스템은 법률, 규정, 산업 표준, 계약 의무, 조직 정책을 따라야 한다. 인프라 운영팀은 규정 준수를 따르고 입증하는 것에 많은 시간을 할애한다. 자동화된 테스트는 위반사항을 신속하게 파악하고 감사 담당자에게 증거를 제공하는 데 유용하게 사용된다. 보안과 마찬가지로 코드에서 프로덕션 테스트에 이르기까지 여러 유효성 검사에서 자동화된 규정 준수 감시를 수행할 수 있다. 자세한 내용은 20.5절에서 설명한다.

성능

자동화 도구는 특정 작업이 얼마나 빨리 완료되는지를 테스트할 수 있다. 애플리케이션 배포 전에 A지점에서 B지점까지 네트워크 속도를 테스트하면 네트워크 구성이나 클라우드 플랫폼의 문제를 발견할 수 있다. 시스템 하위 집합에서 성능 문제를 찾는 것은 더 빠른 피드백을 얻는 또 다른 예다.

확장성

자동화된 테스트는 확장이 올바르게 작동하는지를 증명할 수 있다. 예를 들어 자동 확장 클러스터에 추가적인 노드가 필요한 경우 노드가 추가되는지 확인한다. 테스트는 확장이 예상과 같은 결과를 제공하는지 여부도 확인한다. 예를 들어 클러스터에 노드를 추가해도 시스템의 다른 부분에서 병목 현상bottleneck이 발생하여 기능이 향상되지 않을 수 있다. 이러한 테스트를 자주 실행하면 인프라 변경으로 인한 확장 오류를 신속하게 발견할 수 있다.

가용성

마찬가지로 자동화된 테스트를 통해 잠재적인 시스템 중단 상황에서도 시스템을 사용할 수 있는지 여부를 알 수 있다. 테스트는 클러스터의 노드와 같은 리소스를 삭제하고 클러스터가 리소스를 자동으로 교체하는지 확인할 수 있다. 또한 오류 페이지를 표시하고 데이터 손상을 방지하는 것과 같이 자동으로 해결되지 않는 시나리오가 정상적으로 처리되는지 테스트할 수 있다.

운용성

운영에 필요한 시스템 요구사항을 자동으로 테스트할 수 있다. 팀은 모니터링(오류 생성, 탐지, 보고 기능 증명), 로깅, 자동화된 관리 작업을 테스트할 수 있다.

각 유효성 검사는 서버 구성에서 스택 코드, 완전히 통합된 시스템에 이르기까지 둘 이상의 범위에서 적용될 수 있다. 이와 관련된 내용은 8.3절에서 논의한다. 그전에 인프라를 테스트하기 어렵게 만드는 것에 대해 살펴보자.

8.2 인프라 코드 테스트 관련 문제

코드형 인프라를 사용하는 대부분의 팀은 애플리케이션 코드와 동일한 수준으로 인프라 코드의 자동화된 테스트와 딜리버리를 구현하는 데 어려움을 겪는다. 애자일 소프트웨어 엔지니어링에 대한 지식이 얕은 팀일수록 이것을 더욱 어렵게 생각한다.

코드형 인프라의 전제는 애자일 테스트와 같은 소프트웨어 엔지니어링 실행 방법을 인프라 코드에 적용할 수 있어야 한다는 것이다. 그러나 인프라 코드와 애플리케이션 코드는 상당히 다르다. 따라서 애플리케이션 테스트의 기술과 관점 중 일부만을 인프라에 실용적으로 적용해야 한다.

인프라 코드와 애플리케이션 코드의 차이로 인해 발생하는 몇 가지 문제를 살펴보자.

문제 1 선언형 코드는 테스트 가치가 낮다

4장에서 언급했듯이 많은 인프라 도구는 명령형 언어가 아닌 선언형 언어를 사용한다. 선언형 코드는 일반적으로 네트워크 서브넷을 정의하는 다음 예제와 같이 일부 인프라에 대해 원하는 상태를 선언한다.

```
subnet:
  name: private_A
  address_range: 192.168.0.0/16
```

이 코드를 위한 테스트는 단순히 코드를 재작성하는 것이다.

```
assert:
  subnet("private_A").exists
assert:
  subnet("private_A").address_range is("192.168.0.0/16")
```

선언형 코드의 하위 레벨 테스트 묶음은 받아쓰기 연습이 될 수 있다. 인프라 코드를 변경할 때마다 변경과 일치하도록 테스트를 수정해야 한다. 이 테스트를 통해 무엇을 얻을 수 있을까? 테스트는 위험 관리에 관한 것이므로 딜리버리 전에 수행하는 테스트에서 발견할 수 있는 위험에 대해 살펴보자.

- 인프라 코드가 적용되지 않았다.

- 인프라 코드가 적용되었지만 도구가 올바르게 적용하지 못했음에도 오류를 반환하지 않았다.

- 누군가가 인프라 코드를 변경했지만 테스트 코드를 변경하지 않았다.

첫 번째 위험은 실제로 발생할 수 있는 위험이지만 각 선언을 모두 테스트할 필요는 없다. 서버에서 여러 작업을 수행하는 코드가 있다고 가정할 때 한 번의 테스트만으로도 코드가 적용되지 않은 이유를 확인할 수 있다.

두 번째 위험은 사용 중인 도구에 버그가 있는 경우로, 도구 개발자가 해당 버그를 수정하도록 하거나 더 안정적인 도구로 전환해야 한다. 필자는 많은 팀에서 특정 버그를 발견했을 때 선언형 테스트를 진행하여 시스템을 보호하려는 것을 보았다. 알려진 문제를 테스트로 처리하는 것은 괜찮지만 도구의 버그에 대비하여 코드를 세부 테스트로 덮는 것은 낭비다.

마지막 위험은 순환 로직이다. 테스트를 제거하면 위험이 사라지지만 테스트를 위한 팀의 작업도 제거된다.

> **NOTE 선언형 테스트**
>
> GIVEN, WHEN, THEN 형식은 테스트 작성에 유용하다.[11] 선언형 테스트는 '주어진 것은(GIVEN) 어떤 특징을 갖는다(THEN)'의 형식을 취하며 WHEN 부분은 생략한다. GIVEN, WHEN, THEN 형식으로 작

---

11 GIVEN, WHEN, THEN 테스트는 페린 파울러(Perryn Fowler)의 게시물에서 자세히 설명한다(*https://oreil.ly/HIv5b*).

성된 테스트는 테스트 코드가 다양한 결과를 만들지 않는다는 것을 의미한다. 선언형 코드와 같은 선언형 테스트는 인프라 코드에 많이 사용되지만 동적 코드를 테스트하기 위한 여러 도구와 사례가 적절하지 않을 수 있다.

선언형 코드를 테스트하는 것이 유용한 두 가지 상황이 있다. 하나는 선언형 코드가 다른 결과를 생성할 수 있는 경우고, 다른 하나는 여러 선언을 결합하는 경우다.

a. 변경 가능한 선언형 코드 테스트

이전 예제의 선언형 코드는 간단하다. 값이 하드코딩되어 있으므로 코드를 적용한 결과가 명확하다. 변수는 예상과 다른 결과를 만들 수 있기 때문에 테스트를 더 유용하게 만드는 위험이 생길 수 있다. 변수가 항상 테스트가 필요한 변형을 만드는 것은 아니다. 이전 예제에 간단한 변수를 추가해보자.

```
subnet:
  name: ${MY_APP}-${MY_ENVIRONMENT}
  address_range: ${SUBNET_IP_RANGE}
```

아직 코드 적용 도구로 관리되지는 않았지만 이 코드에는 위험이 없다. 만약 누군가 변수를 잘못된 값으로 설정하면 도구는 코드 적용을 실패하고 오류를 반환한다.

결과의 다양성이 커질수록 코드는 더 위험해진다. 예제에 조건부 코드를 추가해보자.

```
subnet:
  name: ${MY_APP}-${MY_ENVIRONMENT}
  address_range: get_networking_subrange(
    get_vpc(${MY_ENVIRONMENT}),
    data_centers.howmany,
    data_centers.howmany++
  )
```

이 코드에는 테스트해야 하는 로직이 있다. 두 함수 get_networking_subrange와 get_vpc를 호출하는 데, 둘 중 하나가 실패하거나 예상치 못한 방식으로 다른 함수와 상호작용하는 결과를 반환할 수 있다.

이 코드를 적용한 결과는 입력과 전후 사정에 따라 다르기 때문에 테스트를 작성해야 한다.

b. 선언형 코드 조합 테스트

선언형 코드 테스트가 유용한 또 다른 상황은 복잡한 구조로 결합된 인프라에 대한 선언이 여러 개 있는 경우다. 예를 들면 여러 네트워킹 구조를 정의하는 코드다. 여기에는 주소 블록, 로드 밸런서load balancer, 라우팅 규칙, 게이트웨이 등의 설정이 포함된다. 각 코드는 테스트가 불필요할 정도로 간단하다. 그러나 이러한 코드의 조합은 테스트할 가치가 있다.

일반적으로 코드로 선언한 항목을 생성했는지 테스트하는 것보다 원하는 결과를 얻을 수 있는지 테스트하는 것이 더 중요하다.

문제 2 인프라 코드 테스트는 느리다

인프라 코드를 테스트하려면 인프라에 적용해야 한다. 그리고 특히 클라우드 플랫폼에서 테스트 인프라의 인스턴스를 구축해야 하는 경우에 인프라 인스턴스 프로비저닝은 속도가 느리다. 자동화된 인프라 테스트를 구현하는 데 어려움을 겪는 팀은 테스트 인프라를 구축하는 데 시간이 걸리기 때문에 빠른 피드백을 받는 것이 힘들다는 사실을 알게 된다.

일반적으로 다음과 같은 전략을 조합하여 이를 해결한다.

a. 인프라 분할

테스트가 가능하게 시스템을 설계하는 것은 유용하다. 시스템을 쉽게 유지, 확장, 발전시킬 수

---

12 옮긴이_절차적 언어와 명령어 언어는 약간의 차이가 있지만 필자는 자주 동의어로 사용한다.

있기 때문이다. 테스트 인프라를 작은 조각으로 나누면 일반적으로 프로비저닝과 테스트 속도가 빨라지기 때문에 조각을 작게 만드는 것은 하나의 전술이다. 더 작고 느슨하게 결합된^{loosely} ^{coupled} 조각은 더 간단하며 위험에 적게 노출되기 때문에 테스트를 작성하고 유지하기 더 쉽다.

15장에서 이 주제에 대해 더 자세히 설명한다.

b. 의존성 최소화

시스템 요소는 시스템의 다른 부분, 플랫폼 서비스, 조직 내부 또는 외부의 서비스 및 시스템에 의존성을 가질 수 있다. 테스트용 인스턴스를 제공받기 위해 다른 사람에게 의존해야 한다면 이러한 의존성이 테스트에 영향을 미친다. 특히 다른 사용자와 테스트 인스턴스를 공유하는 경우에는 느리거나, 비싸거나, 신뢰할 수 없거나, 일관성 없는 테스트 데이터일 수 있다. **테스트 더블**^{test double}은 컴포넌트를 분리하여 빠르게 테스트할 수 있는 유용한 방법이다. 프로그레시브 테스트^{progressive test} 전략의 일부로 테스트 더블을 사용할 수 있다. 예를 들면 먼저 테스트 더블로 컴포넌트를 테스트하고 나중에 다른 컴포넌트와 서비스를 통합하여 테스트한다. 테스트 더블은 9.5절에서 설명한다.

c. 프로그레시브 테스트

시스템의 다양한 측면을 테스트하기 위한 여러 테스트 묶음이 있다. 실행 시간이 짧은 테스트를 먼저 실행하면 실패한 경우에 더 빠른 피드백을 받을 수 있다. 그리고 테스트를 통과한 후에만 실행 시간이 길고 적용 범위가 넓은 테스트를 실행할 수 있다. 이에 대해서는 8.3절에서 자세히 살펴보자.

d. 임시 또는 영구 스택 인스턴스 선택

테스트할 때마다 인프라 인스턴스를 생성하고 제거할 수 있다(임시 인스턴스). 또는 여러 테스트를 실행하기 위해 인스턴스를 그대로 둘 수 있다(영구 인스턴스). 임시 인스턴스를 사용하면 테스트하는 데 많은 시간이 필요할 수 있지만 더 명확하고 일관된 결과를 얻을 수 있다. 영구 인스턴스를 유지하면 테스트를 실행하는 데 필요한 시간이 줄어들지만 시간이 지나면서 변경사항이 남고 일치하지 않는 부분이 늘어날 수 있다. 주어진 테스트 환경에서 적절한 전략을 선택하고 작업 결과에 따라 인스턴스 선택을 재검토해야 한다. 9.6절에서는 임시 및 영구 스택 인스턴스를 구현하기 위한 더 구체적인 예를 제공한다.

e. 온라인과 오프라인 테스트

일부 테스트는 온라인으로 실행되므로 클라우드 플랫폼에서 인프라를 프로비저닝해야 한다. 다른 테스트 케이스는 노트북이나 빌드 에이전트에서 오프라인으로 실행될 수 있다. 오프라인으로 실행 가능한 테스트는 가상 머신 또는 컨테이너 인스턴스에서 실행되는 코드 구문 검사와 테스트를 포함한다. 다양한 테스트의 특성을 고려하고 어떤 테스트를 어디에서 실행할 수 있는지 알고 있어야 한다. 일반적으로 오프라인 테스트는 훨씬 빠르기 때문에 온라인 테스트보다 먼저 실행된다. 일부 테스트를 위해 테스트 더블을 사용하여 오프라인에서 클라우드 API를 에뮬레이션^{emulation}할 수 있다. 스택에 대한 오프라인 및 온라인 테스트의 자세한 내용은 9.3절과 9.4절을 참조하자.

이러한 전략은 주기적으로 잘 작동하는지 평가해야 한다. 테스트가 제대로 실행되지 않거나 일관성 없는 결과가 나오는 등 테스트를 신뢰할 수 없는 경우에는 그 이유를 자세히 조사하여 수정하거나 다른 테스트로 교체해야 한다. 테스트가 거의 실패하지 않거나 동일한 테스트가 거의 항상 함께 실패하는 경우 테스트 묶음을 단순화하기 위해 이러한 테스트를 제거할 수 있다. 테스트 코드가 아닌 테스트 자체에서 발생하는 문제를 찾고 수정하는 데 더 많은 시간이 걸린다면 문제를 단순화하고 개선 방법을 찾아야 한다.

문제 3 의존성은 테스트를 복잡하게 만든다

코드가 의존하는 다른 인프라를 설정하는 데 걸리는 시간은 테스트를 더욱 느리게 만든다. 이를 해결할 수 있는 유용한 기술은 의존성을 테스트 더블로 대체하는 것이다.

테스트 더블의 유형은 mock, fake, stub 이렇게 세 가지다. 테스트 더블은 컴포넌트에 필요한 의존성을 대체하므로 분리된 상태에서 테스트할 수 있다. 이 용어는 사람마다 다르게 사용하기도 하지만 필자는 제러드 메자로스^{Gerard Meszaros}의 저서 『xUnit 테스트 패턴』(에이콘출판사, 2010)에서 사용된 정의가 유용하다는 것을 발견했다.[13]

인프라 업계에서 보면 클라우드 벤더의 API를 모방하는 도구가 점점 더 많아지고 있다.[14] 인프라 코드를 로컬 모의^{mocked} 클라우드에 적용하여 일부 코드를 테스트할 수 있다. 네트워킹 구조

---

[13] 마틴 파울러의 'Mocks Aren't Stubs'는 테스트 더블에 대한 유용한 참고 자료다(`https://oreil.ly/SvTx1`).
[14] 클라우드를 모방하는 도구와 라이브러리의 예로 LocalStack과 Moto가 있다.

가 정상적으로 작동하는지 여부는 알려주지 않지만 대략적으로 유효한지는 알려준다.

인프라 플랫폼 자체보다 인프라 컴포넌트에 대해 테스트 더블을 사용해야 더 유용하다. 9장에서는 인프라 스택을 테스트하기 위한 테스트 더블과 여러 테스트 픽스처fixture의 사용 예를 제공한다(9.5절 참고). 4부에서는 인프라를 작은 조각으로 나누고 통합하는 방법에 대해 설명한다. 테스트 픽스처는 컴포넌트를 느슨하게 결합된 상태로 유지하기 위한 핵심 도구다.

8.3 프로그레시브 테스트

중요도가 낮은 대부분의 시스템은 여러 테스트 묶음을 사용하여 변경을 확인한다. 서로 다른 테스트 묶음은 서로 다른 항목을 테스트할 수 있다(8.1절 참고). 하나의 테스트 묶음은 코드 구문을 스캔하여 보안 취약성 검사를 수행하는 것과 같이 우려되는 점 한 가지를 오프라인으로 테스트할 수 있다. 또 다른 테스트 묶음은 동일한 문제에 대해 온라인 검사를 실행할 수 있다. 예를 들어 인프라 스택의 실행 중인 인스턴스에서 보안 취약성을 조사한다.

프로그레시브 테스트는 테스트 묶음을 순서대로 실행하는 것을 포함한다. 테스트는 작은 범위의 코드, 즉 더 빨리 실행되는 간단한 테스트부터 시작하고 마지막에 광범위한 통합 컴포넌트와 서비스를 포함하는 포괄적인 테스트를 수행한다. 테스트 피라미드와 스위스 치즈 테스트 같은 모델은 테스트 묶음 전체에 걸쳐 검증 활동을 구조화하는 데 도움이 된다.

점진적 피드백 전략의 기본 원칙은 빠르고 정확한 피드백을 얻는 것이다. 일반적인 점진적 피드백 전략은 범위가 좁고 의존성이 낮은 구성 요소를 빠르게 테스트한 다음 점진적으로 더 많은 컴포넌트와 통합해가며 테스트를 실행하는 것이다(그림 8-1).

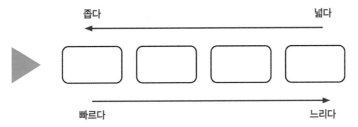

그림 8-1 프로그레시브 테스트의 범위와 속도

범위가 넓은 테스트가 실패하면 조사해야 할 컴포넌트와 의존성의 범위 또한 넓다. 따라서 가능한 한 가장 작은 범위로 가장 빠른 시점에 잠재적인 실패 영역을 찾아야 한다.

테스트 전략의 또 다른 목표는 전체 테스트 모음을 관리할 수 있는 상태로 유지하는 것이다. 다른 단계에서 테스트가 복제되는 것을 피해야 한다. 예를 들어 애플리케이션 서버 구성 코드가 로그 폴더에 대한 디렉터리 권한 설정이 정상인지 여부를 테스트할 수 있다. 이 테스트는 서버 구성을 테스트하는 단계 이전에 실행된다. 클라우드에 프로비저닝된 전체 인프라 스택을 테스트하는 단계에 파일 권한을 확인하는 테스트가 있어서는 안 된다.

8.3.1 테스트 피라미드

테스트 피라미드는 소프트웨어 테스트에서 잘 알려진 모델이다.[15] 테스트 피라미드의 핵심 아이디어는 진행 초기 단계인 하위 계층에 더 많은 테스트가 있고 이후 단계에는 그보다 적은 테스트가 있어야 한다는 것이다(그림 8-2).

피라미드는 애플리케이션 소프트웨어 개발을 위해 고안되었다. 피라미드의 하위 계층은 단위 테스트로 구성되며 각 테스트는 작은 코드를 테스트하고 매우 빠르게 실행된다.[16] 중간 계층은 통합 테스트로, 각 테스트는 조립된 컴포넌트 모음을 포함한다. 상위 계층은 사용자 인터페이스$^{user\ interface}$(UI)를 통해 애플리케이션 전체를 테스트하는 UI 테스트다.

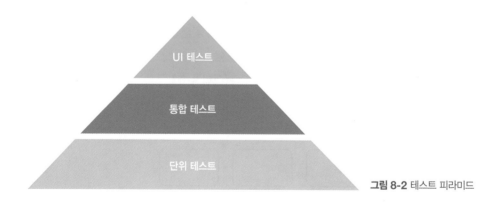

그림 8-2 테스트 피라미드

---

15 함 포케(Ham Vocke)의 'The Practical Test Pyramid'는 빈틈없는 참고 자료다(*https://oreil.ly/oV266*).

16 단위 테스트에 대한 정의는 *https://oreil.ly/EoSH6*를 참고하자. *https://oreil.ly/kW14x*에서는 단위 테스트에 대한 몇 가지 관점을 설명한다.

피라미드에서 상위 계층의 테스트 범위는 하위 계층에서 다룬 범위와 같다. 이것은 하위 계층에 있는 컴포넌트의 작동을 입증하기보다는 컴포넌트의 통합으로 만들어지는 기능만 테스트한다. 즉, 덜 포괄적이다.

선언형 인프라 코드베이스에서는 테스트 피라미드의 가치가 떨어진다. Terraform과 Cloud Formation 같은 도구를 위해 작성된 대부분의 하위 레벨 선언형 스택 코드(5.1절 참고)는 단위 테스트를 하기에는 너무 크고 인프라 플랫폼에 따라 성격이 달라진다. 선언형 모듈(16.1절참고)은 선언형 코드 테스트의 가치가 낮고 인프라 없이 테스트할 수 있는 것이 적기 때문에유용한 방식으로 테스트하기가 어렵다(8.2절 참고).

다시 말하면, 하위 계층에서의 인프라 테스트는 피라미드 모델이 제안하는 것만큼 많지 않다. 따라서 선언형 인프라의 인프라 테스트 묶음은 [그림 8-3]과 같이 다이아몬드처럼 보일 수 있다.

그림 8-3 인프라 테스트 피라미드

피라미드는 명령형 언어(4.3절 참고)로 작성된 동적 라이브러리(16.1절 참고)를 더 많이 사용하는 인프라 코드베이스와 관련이 있다. 명령형 언어를 사용하는 인프라 코드베이스에는 다양한 결과를 생성하는 작은 컴포넌트가 더 많으므로 테스트할 것 또한 많다.

8.3.2 스위스 치즈 테스트 모델

프로그레시브 테스트를 구성하는 또 다른 방법은 스위스 치즈 모델이다. 아이디어는 주어진 테스트 계층에 스위스 치즈 조각의 구멍처럼 결함이나 위험을 놓칠 수 있는 부분이 존재할 수 있다는 것이다. 그러나 여러 계층을 겹쳐 놓으면 스위스 치즈 블록과 같이 완전히 통과할 수 있는 구멍이 없는 블록처럼 보인다.

위험 관리는 소프트웨어 산업 밖에서 온 개념이다. 인프라 테스트에서 스위스 치즈 모델을 사용하는 것의 요점은 위험이 예상되는 위치를 집중적으로 테스트한다는 것이다(그림 8-4). 가능하면 초기 계층에서 문제를 찾고 싶지만 중요한 것은 전체 모델의 어딘가에서 테스트된다는 것이다.

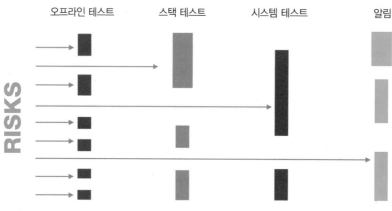

그림 8-4 스위스 치즈 테스트 모델

핵심은 형식에 맞추는 것이 아니라 위험에 기초하여 테스트하는 것이다.

8.4 인프라 딜리버리 파이프라인

CD 파이프라인은 프로그레시브 테스트의 구현과 프로덕션 경로에서 여러 환경에 걸친 코드 전달을 결합한다.[17] 19장에서는 파이프라인이 코드를 환경에 패키징, 통합, 적용하는 방법에 대해 자세히 설명한다. 이 절에서는 프로그레시브 테스트를 위한 파이프라인을 설계하는 방법을 알아본다.

개발자가 변경을 소스 제어 저장소에 푸시하면 팀은 중앙 시스템에서 일련의 단계를 거쳐 변경을 테스트하고 전달한다. 이 프로세스는 자동화되어 있지만 사용자가 작업을 시작하거나 승인하는 데 관여할 수 있다.

파이프라인은 코드와 테스트를 패키징, 프로모션, 적용하는 프로세스를 자동화한다. 사용자는 변경을 검토하고 환경에서 예비 테스트를 수행할 수 있다. 그러나 변경을 수동으로 배포하고 적용해서는 안 된다. 그리고 즉흥적으로 구성 옵션을 선택하거나 다른 결정을 내려서는 안 된다. 이러한 작업은 코드로 정의되고 시스템에서 실행되어야 한다.

테스트 프로세스를 자동화하면 모든 단계에서 매번 일관되게 프로세스를 수행할 수 있다. 이렇게 하면 테스트의 안정성이 향상되고 인프라 인스턴스 간의 일관성이 유지된다.

모든 변경을 푸시한 후 파이프라인을 시작해야 한다. 만약 파이프라인의 다운스트림 (다음) 단계에서 오류를 발견하더라도 해당 단계에서 오류를 수정하지 말고 나머지 파이프라인을 계속 진행한다. 대신 [그림 8-5]와 같이 저장소의 코드를 수정하고 푸시한 후 새 파이프라인을 시작한다. 이 방법으로 모든 변경을 완전하게 테스트할 수 있다.

그림 8-5 새 파이프라인 시작하여 오류를 수정한다.

[그림 8-5]를 보면 첫 번째 변경이 파이프라인을 성공적으로 통과한다(#1). 두 번째 변경은 파이프라인 중간에서 실패한다(#2). 파이프라인의 세 번째 실행에서 코드가 수정되고 프로덕션에 푸시된다(#3).

---

17 샘 뉴먼(Sam Newman)은 2005년부터 여러 블로그 게시물에서 빌드 파이프라인의 개념을 설명했으며 2009년에는 블로그 게시물 'A Brief and Incomplete History of Build Pipelines'에 이 개념을 요약했다(*https://oreil.ly/hm75g*). 제즈 험블과 데이비드 팔리(David Farley)의 책 『신뢰할 수 있는 소프트웨어 출시』(에이콘출판사, 2013)는 파이프라인을 대중화했다. 제즈 험블은 자신의 웹사이트에서 배포 파이프라인 패턴을 문서화했다(*https://oreil.ly/lGvIn*).

8.4.1 파이프라인의 각 단계

파이프라인의 각 단계는 서로 다른 작업을 수행하고 여러 방식으로 작동할 수 있다. 주어진 파이프라인 단계의 몇 가지 특성을 살펴보자.

1단계: 트리거

파이프라인 단계의 실행을 시작하는 이벤트다. 변경이 코드 저장소에 푸시될 때 또는 파이프라인에서 변경 전 단계가 성공적으로 수행될 때 자동으로 실행된다. 테스트 담당자[tester]나 릴리스 관리자가 주어진 환경에서 코드 변경을 적용하기로 결정할 때와 같이 사람이 수동으로 단계를 트리거할 수도 있다.

2단계: 작업

파이프라인 단계가 실행되면 어떻게 될까? 한 단계에서 여러 작업을 실행할 수 있다. 예를 들어 각 단계에서 코드를 적용하여 인프라 스택을 프로비저닝하고 테스트를 실행한 후 스택을 삭제할 수 있다.

3단계: 승인

파이프라인 단계가 통과 또는 실패로 표시되는 방식을 설명한다. 시스템은 명령이 오류 없이 실행될 때 자동으로 단계를 통과(종종 '그린[green]'이라고 함)로 표시하며, 자동화된 테스트가 모두 통과될 수 있다. 사람이 단계를 승인으로 표시해야 할 수도 있다. 예를 들어 테스트 담당자는 변경에 대한 탐색 테스트를 수행한 후 해당 단계를 승인할 수 있고, 수동 승인 단계를 사용하여 거버넌스 종료를 지원할 수도 있다.

4단계: 결과

파이프라인 단계별로 아티팩트와 여러 자료가 생성된다. 일반적인 아티팩트는 인프라 코드 패키지나 테스트 보고서에 포함된다.

8.4.2 각 단계에서 테스트된 컴포넌트의 범위

프로그레시브 테스트 전략의 경우 초기 단계에서 각 컴포넌트의 유효성을 검사하고, 이후 단계에서 컴포넌트를 통합하여 함께 테스트한다. [그림 8-6]은 웹 서버가 큰 스택의 일부로 실행되도록 하기 위해 컴포넌트를 점진적으로 테스트하는 예를 보여준다.

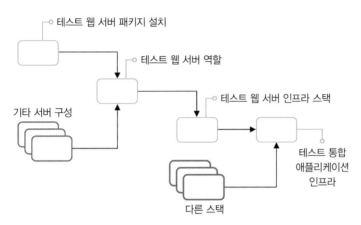

그림 8-6 컴포넌트의 점진적 통합과 테스트

한 단계에서 단위 테스트 묶음과 같이 여러 컴포넌트를 테스트할 수도 있고, 서로 다른 컴포넌트가 별도의 테스트 단계를 가질 수도 있다. 19.2절에서는 인프라 스택에서 서로 다른 컴포넌트를 통합하는 시기와 다양한 전략을 설명한다.

8.4.3 각 단계에 사용되는 의존성 범위

시스템의 많은 요소는 다른 서비스에 의존한다. 애플리케이션 서버 스택은 사용자 인증 처리를 위해 ID 관리 서비스에 연결할 수 있다. 이를 점진적으로 테스트하려면 먼저 ID 관리 서비스와 연동하지 않고 애플리케이션 서버를 테스트한다. 아마도 모의 서비스를 사용하여 이를 대신할 수 있다. 이후 단계에서는 ID 관리 서비스의 테스트 인스턴스와 통합하여 애플리케이션 서버에서 추가 테스트를 실행하고, 프로덕션 단계는 프로덕션 인스턴스와 통합한다(그림 8-7).

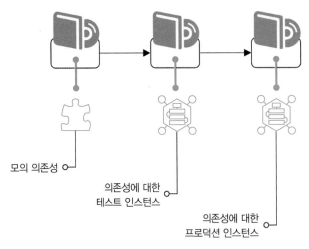

모의 의존성

의존성에 대한
테스트 인스턴스

의존성에 대한
프로덕션 인스턴스

그림 8-7 의존성을 고려한 점진적 통합

> **CAUTION** **반드시 필요한 단계만 추가한다**
>
> 각 단계는 딜리버리 프로세스에 시간과 비용을 추가하므로 파이프라인에 불필요한 단계를 만들지 말아야 한다. 따라서 단순히 완성도를 높이기 위한 목적으로 각 컴포넌트 및 통합에 대한 별도의 단계를 추가하지 않는다. 단계를 추가하는 것이 추가로 인해 발생하는 오버헤드만큼의 충분한 가치가 있을 때만 하나의 테스트를 여러 단계로 분할한다. 반드시 속도, 안정성, 비용, 제어를 위해 필요한 단계만 추가해야 한다.

8.4.4 각 단계에 필요한 플랫폼 요소

플랫폼 서비스는 시스템에 대한 특정 유형의 의존성이다. 시스템은 궁극적으로 인프라 플랫폼에서 실행될 수 있지만 오프라인에서 시스템의 일부를 유용하게 실행하고 테스트할 수 있다.

예를 들어 네트워킹 구조를 정의하는 코드는 의미 있는 테스트를 위해 클라우드 플랫폼에서 이러한 구조를 프로비저닝해야 한다. 그러나 클라우드 플랫폼에서 가상 머신을 구축할 필요 없이 로컬 가상 머신이나 컨테이너에 애플리케이션 서버 패키지를 설치하는 코드를 테스트할 수 있다.

따라서 일부 컴포넌트는 클라우드 플랫폼을 사용하지 않고도 초기 테스트 단계를 실행할 수 있다(그림 8-8).

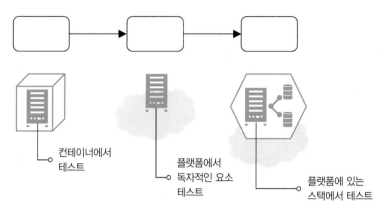

컨테이너에서
테스트

플랫폼에서
독자적인 요소
테스트

플랫폼에 있는
스택에서 테스트

그림 8-8 플랫폼 요소의 점진적 사용

8.4.5 딜리버리 파이프라인 소프트웨어와 서비스

파이프라인을 구축하려면 소프트웨어 또는 호스팅 서비스가 필요하다. 파이프라인 시스템은
다음과 같은 작업을 수행해야 한다.

- 파이프라인 단계를 구성하는 방법을 제공한다.

- 자동화된 이벤트와 수동 트리거를 포함한 다양한 작업에서 단계를 트리거한다. 이 도구는 팬인fanning
in(여러 입력 단계가 있는 하나의 단계)과 팬아웃fanning out(여러 출력 단계가 있는 하나의 단계) 같은 더
복잡한 관계를 지원해야 한다.

- 인프라 코드 적용과 테스트 실행을 포함하여 단계에 필요한 모든 작업을 지원한다. 시스템이 지원하는
고정된 작업 집합이 아닌 사용자 정의 작업을 생성할 수 있어야 한다.

- 한 단계에서 다음 단계로 넘어갈 수 있는 출력을 포함하여 아티팩트를 비롯한 여러 다른 출력을 처리해
야 한다.

- 코드, 아티팩트, 출력 및 인프라의 특정 버전과 인스턴스를 추적하고 연관시킬 수 있다.

파이프라인 시스템에는 몇 가지 선택사항이 있다.

빌드 서버

많은 팀이 Jenkins, Team City, Bamboo, GitHub Actions와 같은 빌드 서버를 사용하여
파이프라인을 생성한다. 이러한 빌드 서버는 보통 스트림지향stream-oriented이 아닌 작업지향job-

oriented이다. 여러 작업에 걸친 코드, 아티팩트, 실행 버전을 본질적으로 연관시키지 않는 것이 핵심 설계다. 이러한 제품은 대부분 UI와 구성에서 파이프라인에 대한 지원을 추가한다.

CD 소프트웨어

CD 소프트웨어는 파이프라인 개념을 중심으로 구축된다. 각 단계를 파이프라인의 일부로 정의하며, 코드 버전과 아티팩트는 파이프라인과 연결되어 있으므로 이를 앞뒤로 추적할 수 있다. CD 도구에는 GoCD[18], ConcourseCI[19], BuildKite가 포함된다.

SaaS 서비스

서비스형 소프트웨어software as a service(SaaS)로 제공되는 CI와 CD 서비스에는 CircleCI, TravisCI, AppVeyor, Drone, BoxFuse가 포함된다.

클라우드 플랫폼 서비스

AWS CodeBuild(CI 서비스), AWS CodePipeline(CD 서비스), Azure Pipelines를 포함하는 대부분의 클라우드 벤더는 CI와 CD 서비스를 제공한다.

소스 코드 저장소 서비스

많은 소스 코드 저장소 서비스에 파이프라인을 생성하는 데 사용할 수 있는 CI 지원이 추가됐다. GitHub Actions와 GitLab CI and CD가 대표적인 예다.

여기서 언급한 서비스는 모두 응용 소프트웨어를 염두에 두고 설계되었다. 추가 작업이 필요할 수도 있지만 대부분은 인프라를 위한 파이프라인을 구축할 수 있다.

이 책을 집필하는 중에도 코드형 인프라를 위해 설계된 몇 가지 제품과 서비스가 등장했다. 빠르게 변화하는 영역이기 때문에 여러분이 책을 읽는 시점에는 여기서 설명하는 도구가 더 이상 사용하지 않는 도구일 수 있다. 그리고 새롭게 등장한 도구에 대한 설명이 없을 수도 있다. 그러나 도구가 등장하고 발전함에 따라 도구를 평가할 수 있으려면 지금 존재하는 도구를 살펴볼 필요가 있다.

---

18 필자가 속한 회사 ThroughtWorks에서 GoCD를 개발했다. 이전에는 상용 제품이었지만 지금은 완전한 오픈소스다.
19 이름과 다르게 ConcourseCI는 CI 작업이 아닌 파이프라인을 중심으로 설계되었다.

Atlantis는 Terraform 프로젝트의 Pull 요청을 관리하고 단일 인스턴스에서 `plan`과 `apply`를 실행할 수 있도록 돕는 제품이다. 테스트를 실행하지 않지만 인프라 변경에 대한 코드 검토와 승인을 처리하는 제한된 파이프라인을 만드는 데 사용할 수 있다.

> Terraform Cloud는 빠르게 진화하고 있다. Terraform에서만 사용할 수 있으며 CI와 파이프라인보다 더 많은 기능(예를 들어 모듈 레지스트리)이 있다. Terraform Cloud를 사용하여 프로젝트의 코드를 계획하고 여러 환경에 적용하는 제한된 파이프라인을 생성할 수 있다. 그러나 HashiCorp의 자체 Sentinel 솔루션에 대한 정책 검증 이외에는 테스트를 실행하지 않는다.
>
> WeaveWorks는 Kubernetes 클러스터를 관리하기 위한 제품과 서비스를 만든다. 여기에는 Git 브랜치 기반의 파이프라인을 사용하는 애플리케이션뿐만 아니라 클러스터 구성 변경에 대한 딜리버리를 관리하는 도구도 포함된다. 이는 'GitOps'라고 부르는 방식이며 WeaveWorks의 도구를 사용하지 않더라도 살펴볼 만한 가치가 있는 새로운 모델이다(20.4절 참고).

8.5 프로덕션 테스트

릴리스와 변경을 프로덕션에 적용하기 전에 테스트하는 것은 업계의 가장 큰 관심사라고 해도 과언이 아니다. 필자는 한 고객과의 상담에서 시스템의 다양한 부분을 설치하고 구성하는 여러 기술팀 이외에도 릴리스에 대한 검토와 승인이 필요한 8개의 그룹이 있다는 것을 발견했다.[20]

시스템이 복잡해지고 규모가 커지면 프로덕션 외부에서 확인할 수 있는 위험의 범위가 축소된다. 변경을 프로덕션에 적용하기 전에 테스트하는 것이 가치가 없다는 의미는 아니다. 그러나 릴리스 전에 수행하는 테스트가 위험을 포괄적으로 해결할 수 있다고 믿으면 다음과 같은 결과를 얻을 수 있다.

- 수확 체감^{diminishing return} 그래프의 최고점을 넘길 때까지 릴리스 전 테스트에 과잉 투자
- 프로덕션 테스트에 과소 투자

---

20 당시 승인을 했던 그룹은 변경 관리, 정보 보안, 위험 관리, 서비스 관리, 전환 관리(transition management), 시스템 통합 테스트, 사용자 승인, 기술 거버넌스 위원회였다.

NOTE 프로덕션 테스트 자세히 알아보기

프로덕션 테스트에 대한 자세한 내용은 차리티 메이저스의 'Yes, I Test in Production (And So Should You)' 강연을 참고하자(*https://oreil.ly/exX7g*). 이 강연은 프로덕션 테스트에 대한 필자의 생각의 핵심 출처다.

8.5.1 프로덕션 외부에서 복제할 수 없는 항목

프로덕션 환경의 몇 가지 특성은 현실적으로 프로덕션 외부에서 복제할 수 없다.

데이터

프로덕션 시스템에 복제할 수 있는 용량보다 더 큰 데이터셋이 있을 수 있고, 사용자에 의해 예상치 못한 데이터값과 조합을 갖게 될 수 있다.

사용자

사용자가 너무 많기 때문에 QA 담당자보다 훨씬 더 창의적으로 이상한 작업을 하는 사용자도 생겨난다.

트래픽

시스템에 적지 않은 트래픽이 있다면 정기적으로 경험하게 될 트래픽 작업의 수와 유형을 복제할 수 없다.

동시성

테스트 도구는 동시에 시스템을 사용하는 여러 사용자를 에뮬레이션할 수 있지만 사용자가 동시에 수행하는 작업의 비정상적인 조합을 복제할 수는 없다.

이러한 특성으로 인해 발생하는 두 가지 문제가 있다. 하나는 예측할 수 없는 위험을 생성하는 점이고, 다른 하나는 프로덕션 이외의 환경에서 테스트할 수 있을 만큼의 충분한 복제가 어려워진다는 점이다.

프로덕션에서 테스트를 실행하면 대규모 서비스 데이터셋과 예측할 수 없는 동시 작업 조건을 활용할 수 있다.

8.5.2 프로덕션 테스트와 위험 관리

프로덕션에서의 테스트는 새로운 위험을 만든다. 이러한 위험을 관리하는 데 도움이 되는 몇 가지 방법을 살펴보자.

모니터링

효과적인 모니터링은 테스트에서 발생하는 문제를 감지하여 신속하게 중단시킬 수 있다는 확신을 준다. 효과적인 모니터링을 수행하면 테스트로 인해 문제가 발생하는 시기를 감지하여 문제를 신속하게 중단시킬 수 있다.

관찰 가능성

관찰 가능성을 통해 시스템 내에서 일어나는 세부적인 상황을 파악할 수 있으므로 문제를 신속하게 조사하고 수정할 수 있을 뿐 아니라 테스트할 수 있는 항목의 품질을 향상시킬 수 있다.[21]

다운타임 없는 배포

빠르고 원활하게 변경을 배포하고 롤백할 수 있으므로 오류의 위험을 줄일 수 있다(21.3절 참고).

---

21 관찰 가능성은 시스템 내부에서 일어나는 일에 대해 사람들이 이해할 수 있는 방법을 제공하는 것으로, 자주 모니터링과 함께 사용된다. Honeycomb의 'Introduction to Observability'를 참조한다.

점진적 배포

컴포넌트의 다른 버전을 동시에 실행하거나 사용자 그룹에 따라 다른 구성을 갖도록 하면 프로덕션 조건의 변경을 사용자에게 노출하기 전에 테스트할 수 있다(21.3절 참고).

데이터 관리

프로덕션 테스트에서 데이터를 부적절하게 변경하거나 민감한 데이터를 노출해서는 안 된다. 실제 작업을 트리거하지 않는 사용자 및 신용카드 번호와 같은 테스트 데이터 기록을 유지할 수 있다.

카오스 엔지니어링chaos engineering

수습 시스템이 올바르게 작동하는지 테스트하기 위해 알려진 유형의 오류를 의도적으로 주입하여 프로덕션 환경의 위험을 낮춘다(21.4절 참고).

> **NOTE 테스트로 모니터링하기**
>
> 모니터링은 프로덕션 환경에서의 소극적인 테스트라고 볼 수 있다. 조치를 취하지 않고 결과를 확인하지 않으므로 실제로는 테스트가 아니지만 사용자의 일반적인 작업을 관찰하고 바람직하지 않은 결과를 살펴본다.
>
> 모니터링은 시스템의 위험을 관리하기 위한 작업의 일부이기 때문에 테스트 전략에 포함되어야 한다.

8.6 마치며

이 장에서는 인프라 테스트에 대한 일반적인 과제와 접근 방식을 설명했다. 테스트, 품질, 위험 관리에 대해서는 깊이 다루지 않았다. 이 분야에 대한 경험이 많지 않다면 이 장의 내용만으로 충분한 정보를 얻을 수 있다. 코드형 인프라의 기본은 테스트와 QA이므로 더 많은 자료를 읽어보기를 바란다.

CHAPTER 9

인프라 스택 테스트하기

이 장에서는 지속적으로 코드를 테스트하고 인프라 스택에 딜리버리하는 핵심 방법을 예제에 적용해볼 것이다. ShopSpinner 예제를 사용하여 스택 프로젝트를 테스트하는 방법을 설명한다. 온라인과 오프라인 테스트 단계를 포함하고 테스트 픽스처를 사용하여 스택을 의존성에서 분리하는 방법을 살펴본다.

9.1 예제 인프라

ShopSpinner팀은 재사용 가능한 스택(6.2절 참고) 프로젝트로 각 고객을 위한 일관성 있는 애플리케이션 인프라 인스턴스를 생성한다. 또한 파이프라인에서 인프라의 테스트 인스턴스를 생성할 수 있다.

이 예제의 인프라는 표준 3계층 시스템이다. 각 계층의 인프라는 다음과 같이 구성된다.

웹 서버 컨테이너 클러스터

팀은 각 리전과 테스트 환경을 단일 웹 서버 컨테이너 클러스터로 실행한다. 리전과 환경에 위치한 애플리케이션은 이 클러스터를 공유한다. 이 장의 예제는 공유 인프라가 아닌 고객별 인프라에 중점을 둔다. 따라서 공유 클러스터가 의존성이 된다. 인프라에서 변경을 조직화하고 테스트하는 방법에 대한 자세한 내용은 17장을 참조한다.

애플리케이션 서버

애플리케이션 인스턴스의 인프라에는 가상 머신, 영구 디스크 볼륨, 네트워크가 포함된다. 네트워크에는 주소 블록, 게이트웨이, 서버로의 경로, 네트워크 액세스 규칙이 포함된다.

데이터베이스

ShopSpinner는 클라우드 벤더의 DBaaS를 사용하여 고객별 애플리케이션 인스턴스에 대해 별도의 데이터베이스 인스턴스를 실행한다(3.3절 참고). ShopSpinner의 인프라 코드는 주소 블록, 라우팅, 데이터베이스 인증, 액세스 규칙을 정의한다.

9.2 예제 스택

우선 웹 서버 클러스터 이외의 모든 인프라를 포함하는 재사용 가능한 하나의 스택을 정의한다. 예를 들면 프로젝트 구조는 [예제 9-1]과 같다.

예제 9-1 ShopSpinner 고객 애플리케이션 스택 프로젝트

```
stack-project/
  └── src/
        ├── appserver_vm.infra
        ├── appserver_networking.infra
        ├── database.infra
        └── database_networking.infra
```

appserver_vm.infra 파일은 [예제 9-2]의 코드를 포함한다.

예제 9-2 appserver_vm.infra 파일의 일부분

```
virtual_machine:
  name: appserver-${customer}-${environment}
  ram: 4GB
  address_block: ADDRESS_BLOCK.appserver-${customer}-${environment}
  storage_volume: STORAGE_VOLUME.app-storage-${customer}-${environment}
  base_image: SERVER_IMAGE.shopspinner_java_server_image
```

```
provision:
  tool: servermaker
  parameters:
    maker_server: maker.shopspinner.xyz
    role: appserver
    customer: ${customer}
    environment: ${environment}

storage_volume:
  id: app-storage-${customer}-${environment}
  size: 80GB
  format: xfs
```

팀원 또는 자동화된 프로세스는 스택 도구를 실행하여 스택의 인스턴스를 생성하거나 업데이트할 수 있다. 7장에서 설명한 패턴을 사용하여 인스턴스에 값을 전달한다.

8장에서 설명한 대로, 팀은 순차적 파이프라인으로 구성된 여러 테스트 단계를 사용한다.

9.2.1 예제 스택을 위한 파이프라인

ShopSpinner 애플리케이션 인프라 스택에 대한 간단한 파이프라인[1]에는 두 개의 테스트 단계가 있다. 그 다음에는 각 고객의 프로덕션 환경에 코드를 적용하는 단계가 있다(그림 9-1).

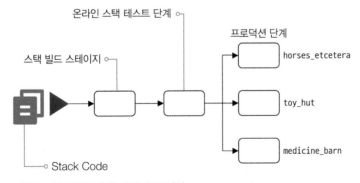

그림 9-1 단순하게 표현한 예제 파이프라인

---

1 이 파이프라인은 실제로 사용하는 것보다 훨씬 간단하다. 스택과 애플리케이션을 함께 테스트하는 단계가 여러 개 있을 수 있으며(18.3절 참고) 각 고객의 프로덕션 단계 전에 고객 승인 테스트 단계가 필요할 수 있다. 여기에는 많은 조직에서 요구하는 거버넌스와 승인 단계도 포함되지 않았다.

파이프라인의 첫 번째 단계는 스택 빌드다. 애플리케이션의 빌드 단계에서는 일반적으로 코드를 컴파일하고, 단위 테스트(8.3절 참고)를 실행하고, 배포 가능한 아티팩트를 빌드한다. 인프라 코드의 일반적인 빌드 단계에 대한 자세한 내용은 19.1절에서 다룬다. 파이프라인의 초기 단계는 더 빠른 실행이 필요하다. 따라서 보통 첫 번째 단계는 오프라인 테스트로 실행한다.

예제 파이프라인의 두 번째 단계는 스택 프로젝트에 대한 온라인 테스트다. 각 파이프라인 단계는 둘 이상의 테스트 모음을 실행할 수 있다.

9.3 스택에 대한 오프라인 테스트

오프라인 테스트는 인프라 플랫폼에서 인프라를 프로비저닝할 필요 없이 오프라인 단계를 실행하는 서비스의 에이전트 노드에서 로컬로 실행된다(8.4절 참고). 엄격한 오프라인 테스트는 데이터베이스와 같은 외부 서비스에 연결하지 않고 로컬 서버 또는 컨테이너 인스턴스 내에서만 실행된다. 완화된 오프라인 테스트는 기존 서비스 인스턴스(클라우드 API)에 연결할 수 있지만 실제 스택 인프라를 사용하지 않는다.

오프라인 단계는 다음을 수행해야 한다.

- 잘못된 것이 있으면 신속하게 피드백을 제공하여 빠르게 실행한다.
- 각 컴포넌트에 대한 신뢰도를 높이고 디버깅 실패를 단순화하기 위해 분리된 컴포넌트의 정확성을 검증한다.
- 컴포넌트가 완전히 분리되었음을 증명한다.

오프라인 단계에서 스택 코드에 대해 수행하는 테스트의 일부는 구문 검사, 오프라인 정적 코드 분석, 플랫폼 API를 사용한 정적 코드 분석, 모의 API를 사용한 테스트를 뜻한다.

9.3.1 구문 검사

대부분의 스택 도구를 사용하면 인프라에 적용하지 않고도 코드를 구문 분석^{parsing}하는 모의 테스트를 실행할 수 있다. 구문 오류가 있으면 해당 명령은 오류와 함께 종료된다. 이 검사는 변경된 코드에 오타가 있을 때 매우 빠르게 알려주지만 다른 오류는 누락되는 경우가 많다. 스크립트 작성이 가능한 구문 검사 도구에는 terraform validate와 aws cloudformation validate-template이 있다.

실패한 구문 검사의 출력 결과는 다음과 같다.

```
$ stack validate

Error: Invalid resource type

  on appserver_vm.infra line 1, in resource "virtual_mahcine":

stack does not support resource type "virtual_mahcine".
```

9.3.2 오프라인 정적 코드 분석

일부 도구는 단순한 구문 검사보다 더 광범위한 문제에 대해 스택 소스 코드를 구문 분석하고 해석할 수 있지만 여전히 인프라 플랫폼에 연결하지 않는다. 이러한 도구를 린트^{lint}[2]라고 하며 오류, 혼란스럽거나 잘못된 코딩 스타일, 코딩 스타일 정책 준수, 잠재적인 보안 문제를 찾는 데 사용할 수 있다. 일부 도구는 terraform fmt 명령과 같은 특정 스타일과 일치하도록 코드를 수정할 수도 있다. 인프라 코드를 분석할 수 있는 도구는 애플리케이션 프로그래밍 언어만큼 많지 않다. 예를 들면 TFLint, CloudFormation Linter, cfn_nag, tfsec, checkov가 있다.

다음은 가상 분석 도구의 오류를 표시한 예다.

```
$ stacklint
1 issue(s) found:

Notice: Missing 'Name' tag (vms_must_have_standard_tags)

  on appserver_vm.infra line 1, in resource "virtual_machine":
```

---

2   이 용어는 C 소스 코드를 분석하는 고전적인 Unix 유틸리티에서 비롯되었다.

이 예에서 `vms_must_have_standard_tags`라는 사용자 정의 규칙은 모든 가상 머신이 `Name` 태그를 포함한 태그 집합을 가져야 한다는 것을 정의한다.

9.3.3 API를 사용한 정적 코드 분석

도구에 따라 일부 정적 코드 분석 검사는 클라우드 플랫폼 API에 연결되어 플랫폼과의 충돌을 확인할 수 있다. 예를 들어 TFLint는 Terraform 프로젝트 코드를 확인하여 코드에 정의된 인스턴스 유형(가상 머신 크기) 또는 AMI(서버 이미지)가 실제로 존재하는지 확인할 수 있다. 이러한 유효성 검사는 변경 프리뷰[preview](9.4절 참고)와 달리 플랫폼의 특정 스택 인스턴스가 아니라 인프라 코드를 테스트한다.

다음 예제는 가상 서버를 선언하는 코드가 플랫폼에 존재하지 않는 서버 이미지를 지정하기 때문에 실패한다.

```
$ stacklint
1 issue(s) found:

Notice: base_image 'SERVER_IMAGE.shopspinner_java_server_image' doesn't
  exist (validate_server_images)

  on appserver_vm.infra line 5, in resource "virtual_machine":
```

9.3.4 모의 API를 사용한 테스트

인프라 플랫폼 API의 로컬 모의 인스턴스에 스택 코드를 적용할 수 있다. 이러한 API를 임의로 제공하는 도구는 많지 않다. 이 글을 쓰는 시점에서 필자가 아는 것은 Localstack 정도다. 일부 도구는 Azure Blob과 큐 저장소를 에뮬레이션하는 Azurite 같은 플랫폼의 일부 기능만 모의 API로 제공한다.

선언형 스택 코드를 로컬 모의 객체에 적용하면 구문과 코드 분석 검사에서 찾을 수 없는 코딩 오류가 나타날 수 있다. 실제로 인프라 플랫폼 API의 모방 기능을 사용하여 선언형 코드를 테스트하는 것은 8.2절에서 설명한 대로 가치가 높지 않다. 그러나 명령형 코드 단위 테스트(4.3절 참고), 특히 라이브러리(16.1절 참고)에 유용할 수 있다.

9.4 스택에 대한 온라인 테스트

온라인 단계에서는 인프라 플랫폼을 사용하여 스택 인스턴스를 만들고 상호작용한다. 이 단계는 느리지만 오프라인 테스트보다 더 의미 있는 테스트를 수행할 수 있다. 딜리버리 파이프라인 서비스는 일반적으로 노드나 에이전트에서 스택 도구를 실행한다. 그리고 플랫폼 API를 사용하여 스택의 인스턴스와 상호작용한다. 플랫폼 API를 사용하기 위해서는 인증이 필요한데, 이를 안전하게 처리하는 방법에 대한 아이디어는 7.4절을 참고하자.

온라인 테스트 단계는 인프라 플랫폼에 따라 다르지만 다른 의존성을 갖는 스택을 테스트할 수 있어야 한다. 특히 다른 스택의 인스턴스와 통합할 필요 없이 스택의 인스턴스를 만들고 테스트할 수 있도록 인프라, 스택, 테스트를 설계해야 한다.

예를 들어 ShopSpinner 고객 애플리케이션 인프라는 공유 웹 서버 클러스터 스택과 함께 작동한다. 그러나 ShopSpinner의 팀원은 웹 서버 클러스터 인스턴스 없이 애플리케이션 스택 코드를 테스트할 수 있는 기술을 사용하여 인프라와 테스트 단계를 구현한다.

스택을 분할하고 느슨한 결합 상태를 유지하는 것과 관련된 기술은 15장에서 다룬다. 이러한 기술을 사용하여 인프라를 구축했다고 가정하면 테스트 픽스처를 사용하여 자체적으로 스택을 테스트할 수 있다(9.5절 참고).

먼저 다양한 유형의 온라인 스택 테스트가 작동하는 방식을 고려한다. 온라인 테스트는 변경 프리뷰, 변경 적용 확인, 결과 증명을 포함한다.

프리뷰 변경 미리보기

일부 스택 도구는 스택 코드를 스택 인스턴스와 비교하여 변경을 실제로 적용하지 않고 나열할 수 있다. 잘 알려진 예로 Terraform의 plan 명령이 있다.

대부분의 경우 사람들은 안전 조치로써 프로덕션 인스턴스의 변경 내용을 프리뷰한다. 따라서 누군가는 변경 목록을 검토하여 예상치 못한 일이 발생하지 않을 것이라고 확신을 가질 수 있다. 스택에 변경을 적용하는 것은 파이프라인 2단계 프로세스에서 수행된다. 첫 번째 단계는 프리뷰를 실행한다. 그리고 사용자는 프리뷰 결과를 검토한 후 변경을 적용하기 위해 두 번째 단계를 트리거한다.

사람이 변경 내용을 검토하는 것은 그다지 신뢰할 수 없다. 문제가 있는 변경을 오해하거나 알아차리지 못할 수 있기 때문이다. 여러분은 프리뷰 명령의 출력을 확인하는 자동화된 테스트를 작성할 수 있다. 이러한 테스트는 정책 변경을 확인할 수 있으며, 코드가 사용되지 않는 리소스 유형을 생성하는 경우 실패하게 된다. 데이터베이스 인스턴스를 리빌드하거나 삭제하는 코드가 있는 경우에도 실패한다.

또 다른 문제는 일반적으로 스택 도구 프리뷰가 꼼꼼히 확인하지 않는다는 점이다. 프리뷰는 다음 코드가 신규 서버를 생성한다는 것을 알려준다.

```
virtual_machine:
  name: myappserver
  base_image: "java_server_image"
```

그러나 apply 명령이 서버를 만들지 못하더라도 프리뷰에 "java_server_image"가 존재하지 않는다는 메시지가 표시되지 않을 수 있다.

스택 변경 프리뷰는 코드 변경을 인스턴스에 적용하기 전에 제한된 위험을 확인하는 데 유용하다. 그러나 릴리스 딜리버리를 위한 테스트 환경과 같이 여러 인스턴스에서 재사용하려는 코드를 테스트하는 데는 유용하지 않다. 복사–붙여넣기 환경(6.2절 참고)을 사용하는 팀은 보통 각 환경에 대한 최소한의 테스트로 프리뷰 단계를 사용한다. 그러나 재사용 가능한 스택을 사용하는 팀은 더 의미 있는 코드 검증을 위해 테스트 인스턴스를 사용해야 한다.

검증 인프라 리소스에 대한 어서션

스택 인스턴스를 지정하면 스택의 인프라에 대한 어서션[assertion]이 온라인 단계에서 테스트를 수행할 수 있다. 다음은 인프라 리소스 테스트를 위한 프레임워크의 몇 가지 예다.

- Awspec
- Clarity
- Inspec
- Taskcat
- Terratest

이 장의 앞부분에서 설명한 예제 스택 코드의 가상 머신에 대한 테스트셋은 다음과 같다.

```
given virtual_machine(name: "appserver-testcustomerA-staging") {
  it { exists }
  it { is_running }
  it { passes_healthcheck }
  it { has_attached storage_volume(name: "app-storage-testcustomerA-staging") }
}
```

대부분의 스택 테스트 도구는 3장에서 설명하는 인프라 리소스 유형에 대한 어서션을 작성하는 데 도움이 되는 라이브러리를 제공한다. 이 예제 테스트는 virtual_machine 리소스를 사용하여 스테이징 환경의 스택 인스턴스에서 가상 머신을 식별한다. 리소스가 생성되었는지 (exists), 종료되지 않고 실행 중인지(is_running), 인프라 플랫폼이 리소스를 정상으로 간주하는지(passes_healthcheck)를 포함하여 리소스에 대한 몇 가지 어서션을 수행한다.

단순 어서션은 테스트 중인 인프라 코드를 재작성하는 것에 지나지 않기 때문에 그 가치가 낮다(8.2절 참고). 몇 가지 기본 어서션(예를 들어 exists)은 코드가 성공적으로 적용됐는지를 확인하는 데 도움이 되며 파이프라인 단계 구성 또는 테스트 설정 스크립트의 기본적인 문제를 빠르게 식별한다. is_running과 pass_healthcheck 같은 테스트는 스택 도구가 가상 머신을 성공적으로 생성했지만 충돌한 경우 또는 다른 근본적인 문제가 있는 경우를 알려준다. 이처럼 간단한 어서션은 문제를 해결하는 데 드는 시간을 줄여준다.

RAM 크기 또는 할당된 네트워크 주소와 같이 스택 코드에서 각 가상 머신의 구성 항목을 반영하는 어서션을 생성할 수 있지만 이는 가치가 거의 없고 오버헤드만 추가할 뿐이다.

예제의 네 번째 어서션인 has_attached storage_volume()은 더 흥미롭다. 이 어서션은 동일한 스택에 정의된 스토리지 볼륨이 가상 머신에 연결되어 있는지 확인한다. 이렇게 하면 여러 선언의 조합이 올바르게 작동하는지 확인할 수 있다. 플랫폼과 도구에 따라 스택 코드가 성공적으로 적용될 수 있지만 서버와 볼륨이 정상적으로 연결된 상태로 둔다. 또는 스택 코드에 오류가 발생하여 서버와 볼륨의 연결이 손상되었을 수도 있다.

어서션이 유용한 또 다른 예는 스택 코드가 동적인 경우다. 스택에 다른 파라미터를 전달하면 다른 결과가 생성될 수 있는 경우 해당 결과에 대해 어서션할 수 있다. 예를 들어 다음은 공용 또는 내부 애플리케이션 서버에 대한 인프라를 만드는 코드다.

```
virtual_machine:
  name: appserver-${customer}-${environment}
  address_block:
    if(${network_access} == "public")
      ADDRESS_BLOCK.public-${customer}-${environment}
    else
      ADDRESS_BLOCK.internal-${customer}-${environment}
    end
```

각 인스턴스 유형을 생성하고 네트워킹 구성이 올바른지 확인하는 테스트 단계를 가질 수 있다. 더 복잡한 변형은 모듈이나 라이브러리로 이동시키고(16장 참고) 이러한 모듈은 스택 코드와 별도로 테스트해야 한다. 그러면 스택 코드 테스트가 간단해진다.

인프라 리소스가 예상대로 생성된다는 주장은 어느 정도 유용하다. 그러나 가장 가치 있는 테스트는 생성된 인프라 리소스가 해야 할 일을 한다는 것을 증명하는 것이다.

결과 인프라가 제대로 작동하는지 입증하기

기능 테스트는 애플리케이션 소프트웨어 테스트에서 필수적인 부분이다. 인프라와 유사한 점은 인프라를 의도한 대로 사용할 수 있음을 입증한다. 예를 들어 인프라 스택 코드로 테스트할 수 있는 결과는 다음과 같다.

- 웹 서버 네트워킹 세그먼트 segment에서 해당 포트의 애플리케이션을 호스팅하는 네트워크 세그먼트로 네트워크를 연결할 수 있을까?
- 컨테이너 클러스터 스택의 인스턴스에서 애플리케이션을 배포하고 실행할 수 있을까?
- 서버 인스턴스를 리빌드할 때 스토리지 볼륨을 안전하게 다시 연결할 수 있을까?
- 로드 밸런서가 서버 인스턴스의 추가 또는 제거를 제대로 처리할까?

테스트 결과는 존재 여부를 확인하는 것보다 더 복잡하다. 테스트에서 스택 인스턴스를 생성하거나 업데이트해야 할 뿐만 아니라 테스트 픽스처를 프로비저닝해야 할 수도 있다(9.6절 참고). 테스트 픽스처는 테스트를 지원하기 위해 사용되는 인프라 리소스로, 다음 절에서 설명할 것이다.

이 테스트는 서버에 연결하여 포트에 연결할 수 있는지 확인하고 예상 HTTP 응답을 반환한다.

```
given stack_instance(stack: "shopspinner_networking",
                     instance: "online_test") {

  can_connect(ip_address: stack_instance.appserver_ip_address,
          port:443)

  http_request(ip_address: stack_instance.appserver_ip_address,
          port:443,
          url: '/').response.code is('200')

}
```

테스트 프레임워크와 라이브러리는 can_connect, http_request와 같은 유효성 검사의 세부 정보를 구현한다. 실제 테스트를 작성하는 방법을 보려면 사용하는 테스트 도구의 문서를 읽어야 한다.

9.5 테스트 픽스처를 사용한 의존성 처리

많은 스택 프로젝트는 다른 스택 프로젝트에 정의된 공유 네트워크와 같이 스택 외부에서 생성된 리소스에 의존한다. 테스트 픽스처는 다른 스택의 인스턴스를 소유할 필요 없이 스택 인스턴스를 자체적으로 프로비저닝하고 테스트할 수 있도록 특별히 생성하는 인프라 리소스다. 8.2절에서 언급한 테스트 더블은 테스트 픽스처의 한 유형이다.

테스트 픽스처를 사용하면 테스트를 훨씬 쉽게 관리하고 스택 간 느슨한 결합을 유지할 수 있으며 빠른 피드백 주기를 가질 수 있다. 테스트 픽스처가 없으면 복잡한 테스트 인프라 모음을 만들고 유지보수해야 할 수 있다.

테스트 픽스처는 테스트 중인 스택의 일부가 아니다. 테스트를 지원하기 위한 추가적인 인프라로, 스택의 의존성을 나타낸다.

주어진 의존성은 업스트림upstream과 다운스트림으로 구분된다. 업스트립은 우리가 테스트 중인 스택이 다른 스택에서 제공하는 리소스를 사용하는 경우를, 다운스트림은 다른 스택이 우리가 테스트 중인 스택 리소스를 사용하는 경우를 말한다. 다운스트림 의존성이 있는 스택은 종종 리소스를 제공하기 때문에 공급자provider라고 부른다. 그리고 업스트림 의존성이 있는 스택을 소비자consumer라고 한다(그림 9-2).

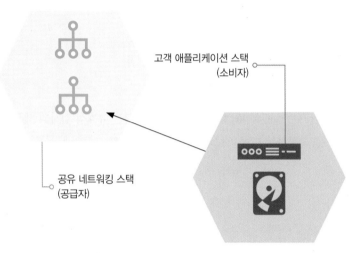

그림 9-2 공급자 스택과 소비자 스택의 예

ShopSpinner 예제에는 공유 네트워킹 구조를 정의하는 공급자 스택이 있다. 이러한 구조는 고객 애플리케이션 인프라를 정의하는 스택을 포함하여 소비자 스택에서 사용된다. 애플리케이션 스택은 서버를 생성하고 이를 네트워크 주소 블록에 할당한다.[3]

주어진 스택은 공급자인 동시에 소비자가 될 수 있으며 다른 스택의 리소스를 소비하고 다른 스택에 리소스를 제공한다. 여러분은 테스트 픽스처를 사용하여 스택의 업스트림 또는 다운스트림 통합점을 표시할 수 있다.

---

3 17장에서 스택 의존성을 연결하는 방법에 대해 설명한다.

9.5.1 업스트림 의존성을 위한 테스트 더블

다른 스택에 의존하는 스택을 테스트해야 하는 경우 테스트 더블을 생성할 수 있다. 이는 스택에서 일반적으로 추가 인프라 생성을 의미한다. 공유 네트워킹 스택과 애플리케이션 스택의 예에서 애플리케이션 스택은 네트워크 스택에 의해 정의된 네트워크 주소 블록에 서버를 생성해야 한다. 테스트 구성은 자체적으로 애플리케이션 스택을 테스트하기 위한 테스트 픽스처로 주소 블록을 생성할 수 있다.

전체 네트워크 스택의 인스턴스를 생성하는 것보다 주소 블록을 테스트 픽스처로 생성하는 것이 더 낫다. 네트워크 스택에는 테스트에 필요하지 않은 추가 인프라가 포함될 수 있다. 예를 들어 네트워크 정책, 경로, 감사, 테스트를 위한 과도한 기능을 가진 프로덕션 리소스를 정의할 수 있다.

또한 소비자 스택 프로젝트 내에서 테스트 픽스처에 대한 의존성을 생성하는 것은 공급자 스택에서의 의존성을 분리^{decoupling}한다. 누군가가 네트워킹 스택 프로젝트를 변경해도 애플리케이션 스택의 작업에는 영향을 주지 않는다.

이러한 분리는 스택의 재사용과 조립을 더 쉽게 만든다는 잠재적인 이점이 있다. ShopSpinner 팀은 다른 목적을 위해 다른 네트워크 스택 프로젝트를 만들 수 있다. 하나의 스택은 PCI 표준이나 고객 데이터 보호 규정에 따른 결제 처리와 같이 규정 준수 요구사항이 엄격한 서비스를 제어하고 감시하는 네트워킹을 생성한다. 또 다른 스택은 PCI를 준수할 필요가 없는 네트워킹을 생성한다. 팀은 이러한 스택을 사용하지 않고 애플리케이션 스택을 테스트하여 스택 코드를 더 쉽게 사용할 수 있다.

9.5.2 다운스트림 의존성을 위한 테스트 픽스처

반대 상황에서 테스트 픽스처를 사용하여 다른 스택이 사용할 리소스를 제공하는 스택을 테스트할 수도 있다. [그림 9-3]의 스택 인스턴스는 웹 서버 컨테이너 클러스터와 애플리케이션 서버의 세그먼트 및 라우팅을 포함한 ShopSpinner의 네트워킹 구조를 정의한다. 네트워킹 스택은 컨테이너 클러스터나 애플리케이션 서버를 프로비저닝하지 않으므로 네트워킹 테스트를 위해 설정에서 각 세그먼트에 테스트 픽스처를 프로비저닝한다.

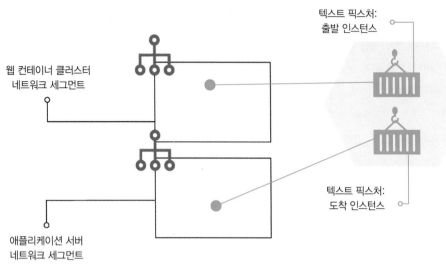

그림 9-3 테스트 픽스처가 있는 네트워크 스택의 테스트 인스턴스

텍스트 픽스처:
출발 인스턴스

웹 컨테이너 클러스터
네트워크 세그먼트

애플리케이션 서버
네트워크 세그먼트

텍스트 픽스처:
도착 인스턴스

이 예제의 테스트 픽스처는 한 쌍의 컨테이너 인스턴스이며 스택의 각 네트워크 세그먼트에 하나씩 할당된다. 결과 테스트를 위한 검증 테스트에 사용하는 것과 동일한 테스트 도구를 사용할 수 있다(9.4절 참고). 다음 예제 테스트는 가상의 스택 테스트 DSL을 사용한다.

```
given stack_instance(stack: "shopspinner_networking",
                     instance: "online_test") {

  can_connect(from: $HERE,
              to: get_fixture("web_segment_instance").address,
              port:443)

  can_connect(from: get_fixture("web_segment_instance"),
              to: get_fixture("app_segment_instance").address,
              port: 8443)

}
```

can_connect 메서드는 테스트 코드가 실행되는 에이전트인 $HERE 또는 컨테이너 인스턴스에서 실행되며 지정된 포트에서 IP 주소로 HTTPS 연결을 시도한다. get_fixture() 메서드는 테스트 픽스처로 생성된 컨테이너 인스턴스의 세부 정보를 가져온다.

테스트 프레임워크는 can_connect 메서드 또는 팀에서 작성한 사용자 정의 메서드를 제공할 수 있다.

[그림 9-4]에서 예제 테스트 코드의 연결을 확인할 수 있다.

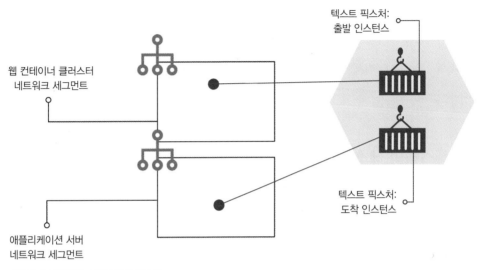

텍스트 픽스처:
출발 인스턴스

웹 컨테이너 클러스터
네트워크 세그먼트

텍스트 픽스처:
도착 인스턴스

애플리케이션 서버
네트워크 세그먼트

그림 9-4 네트워크 스택의 연결 테스트

다이어그램은 두 테스트의 경로를 보여준다. 첫 번째 테스트는 스택 외부에서 웹 세그먼트의 테스트 픽스처로 연결한다. 두 번째 테스트는 웹 세그먼트의 픽스처에서 애플리케이션 세그먼트의 픽스처로 연결한다.

9.5.3 분리를 위한 컴포넌트 리팩터링

다른 컴포넌트에 대한 의존성이 하드코딩되어 있거나 너무 복잡한 경우에는 컴포넌트를 쉽게 분리할 수 없다. 시스템을 설계하고 구축하는 동안 테스트를 작성하는 것의 장점은 즉시 설계를 개선할 수 있다는 점이다. 독립적으로 테스트하기 어려운 컴포넌트가 있다는 것은 설계에 문제가 있는 경우다. 잘 설계된 시스템은 컴포넌트가 느슨하게 결합되어 있다.

따라서 분리하기 어려운 컴포넌트가 있다면 설계를 수정해야 한다. 컴포넌트를 완전히 다시 개발하거나 라이브러리, 도구, 애플리케이션을 교체해야 할 수도 있다. 깔끔한 설계와 느슨하게 결합된 코드는 시스템을 테스트할 수 있게 만드는 충분조건이다.

시스템 재구성을 위한 몇 가지 전략이 있다. 마틴 파울러는 『리팩터링 2판』(한빛미디어, 2020)에서 시스템 아키텍처를 개선하기 위한 리팩터링 기술에 대해 설명했다. 예를 들어 스트랭글러strangler 애플리케이션은 시간이 지남에 따라 시스템을 리팩터링하면서 시스템이 정상 작동되도록 유지하는 것을 우선 순위로 삼는다.

이 책의 4부에서 더 자세한 규칙과 예제를 통해 인프라 모듈화modularity와 통합을 설명한다.

9.6 스택의 테스트 인스턴스에 대한 생명 주기 패턴

가상화와 클라우드를 사용하기 이전에 사람들은 정적이고 오래 지속되는 테스트 환경을 유지했다. 많은 팀이 여전히 이러한 환경을 가지고 있으며 필요에 따라 환경을 생성하고 제거할 수 있다면 확실히 이점은 있다. 이 절에서는 영구persistence 스택 인스턴스 유지와 각 테스트에 대한 임시ephemeral 인스턴스 생성 그리고 이 두 방식을 결합하는 방법과 장단점을 설명한다. 여러분은 이러한 패턴을 애플리케이션, 전체 시스템 테스트 환경, 인프라 스택 코드 테스트에 적용해 볼 수 있다.

패턴 영구 테스트 스택

영구 테스트 스택은 정적static 환경으로도 알려져 있다.

테스트 단계에서는 항상 실행 중인 영구 테스트 스택 인스턴스를 사용할 수 있다. 각 코드 변경을 기존 스택 인스턴스에 업데이트하고 테스트를 실행한 뒤 다음 실행을 위해 수정된 결과 스택을 그대로 둔다(그림 9-5).

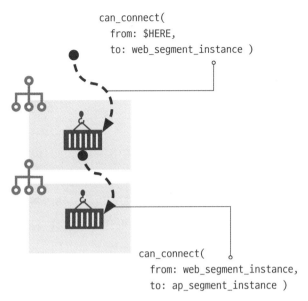

```
can_connect(
    from: $HERE,
    to: web_segment_instance )
```

```
can_connect(
    from: web_segment_instance,
    to: ap_segment_instance )
```

그림 9-5 영구 테스트 스택 인스턴스

동기

일반적으로 신규 인스턴스를 생성하는 것보다 기존 스택 인스턴스에 변경을 적용하는 것이 훨씬 빠르다. 따라서 영구 테스트 스택은 해당 단계뿐만 아니라 전체 파이프라인에 대해 더 빠른 피드백을 제공한다.

적용성

영구 테스트 스택은 스택 코드를 인스턴스에 안정적으로 적용할 수 있는 경우에 유용하다. 파이프라인을 다시 실행하기 위해 손상된 인스턴스를 수정하는 데 시간이 걸리다면 이 장의 다른 패턴를 고려해야 한다.

결과

변경이 실패하고 스택 코드를 적용하려는 새로운 시도도 실패한 상태에서 스택 인스턴스가 결함을 가진 채로 유지되는 현상은 드문 일이 아니다. 종종 인스턴스의 결함이 너무 커서 스택 도구가 스택을 제거할 수 없기 때문에 재시작해야만 하는 경우가 있다. 따라서 팀은 손상된 테스트 인스턴스를 수동으로 제거하는 데 많은 시간을 소비한다.

더 나은 스택 설계는 결함을 가진 채로 유지되는 스택의 빈도를 줄일 수 있다. 스택을 더 작고 간단하게 나누고 스택 간의 의존성을 단순화하면 이러한 스택의 비율을 줄일 수 있다. 자세한 내용은 15장을 참고하자.

구현

영구 테스트 스택은 쉽게 구현할 수 있다. 파이프라인 단계에서 스택 도구 명령을 실행하여 관련 버전의 스택 코드로 영구 테스트 스택의 인스턴스를 업데이트하고 테스트를 실행한 다음 완료되면 스택 인스턴스를 그대로 둔다.

로컬 컴퓨터에서 도구를 실행하거나 일상적인 파이프라인 흐름에서 벗어난 추가 단계 또는 작업을 사용하는 등의 임시 프로세스로 스택을 완전히 리빌드할 수 있다.

관련 패턴

뒤에서 설명할 '주기적인 스택 리빌드 패턴'은 이 패턴에 대한 간단한 조정으로, 업무가 끝날 때 인스턴스를 제거하고 매일 아침 새 인스턴스를 만든다.

패턴 임시 테스트 스택

임시 테스트 스택은 '빠르고 지저분함 + 느리고 깨끗함'이라는 표현으로 알려져 있기도 하다.

이 패턴을 사용하면 테스트 단계가 실행될 때마다 스택의 신규 인스턴스를 만들고 삭제한다 (그림 9-6).

동기

임시 테스트 스택은 테스트를 실행할 때마다 깨끗한 환경을 제공하기 때문에 데이터, 픽스처, 이전 실행에서 남은 결함으로 인한 위험이 없다.

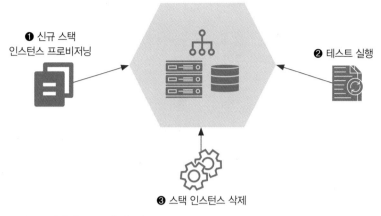

그림 9-6 임시 테스트 스택 인스턴스

적용성

프로비저닝이 빠른 스택에 임시 인스턴스를 사용할 수 있다. 여기서 '빠른'은 팀이 필요로 하는 피드백 주기를 의미한다. 애플리케이션 코드의 커밋처럼 빈번한 변경을 동반하는 경우, 새로운 환경을 구축하는 데 걸리는 시간은 사람들이 기다릴 수 있는 시간보다 더 길 것이다. 그러나 OS 패치 업데이트와 같이 덜 빈번한 변경은 완전한 리빌드를 통해 테스트할 수 있다.

결과

스택은 일반적으로 프로비저닝하는 데 오랜 시간이 걸린다. 따라서 임시 스택 인스턴스를 사용하는 단계는 피드백과 딜리버리 주기를 느리게 만든다.

구현

임시 테스트 인스턴스를 구현하려면 테스트와 결과 보고가 완료되었을 때 테스트 단계에서 스택 도구 명령을 실행하여 테스트에 사용된 스택 인스턴스를 삭제해야 한다. 실패를 디버깅할 수 있도록 테스트가 실패하면 인스턴스를 삭제하기 전에 중지하도록 파이프라인 단계를 구성할 수 있다.

지속적인 스택 재설정 패턴은 비슷하지만 스택 생성과 삭제 명령을 파이프라인 단계 외부에서 실행하므로 실행 시간이 피드백 주기에 영향을 주지 않는다.

안티패턴 이중 스택 단계

이중 스택 단계는 '야간 리빌드'라고도 알려져 있다.

영구와 임시 스택 단계를 사용하는 파이프라인은 스택의 각 변경을 두 개의 다른 단계로 보낸다. 하나는 임시 스택 인스턴스를 사용하는 단계고 다른 하나는 영구 스택 인스턴스를 사용하는 단계다. 이것은 영구 테스트 스택과 임시 테스트 스택 패턴을 결합한다.

동기

일반적으로 팀은 각 패턴의 단점을 해결하기 위해 이를 구현한다. 모두 잘 작동하면 '빠르고 지저분한' 단계(영구 인스턴스를 사용하는 단계)에서 빠른 피드백을 제공한다. 결함을 복구할 수 없는 단계가 되면 결국 '느리고 깨끗한' 단계(임시 인스턴스를 사용하는 단계)에서 피드백을 받게 된다.

적용성

두 패턴의 단계를 과도기적 솔루션으로 사용하면서 더 신뢰할 수 있는 솔루션으로 전환하는 것이 좋다.

결과

실제로 두 가지 패턴의 스택 생명 주기를 모두 사용하면 단점도 결합된다. 기존 스택의 업데이트를 신뢰할 수 없는 경우 팀은 문제가 발생할 때 해당 단계를 수동으로 수정하기 위해 시간을 들여야 한다. 그리고 변경이 성공했다고 확신하기 전까지는 느린 단계가 지나갈 때까지 기다려야 한다.

이 안티패턴은 적어도 테스트를 실행하는 동안에는 인프라 리소스를 두 배로 사용하기 때문에 비용도 많이 든다.

구현

[그림 9-7]과 같이 스택 프로젝트의 파이프라인에서 이전 단계에 의해 갈라진 두 개의 파이프라인 단계를 생성하여 이중 단계로 구현한다. 스택 버전을 다음 단계로 올리기 전에 두 단계를 모두 통과하도록 요구하거나 두 단계 중 하나를 통과할 때 스택 버전을 올릴 수 있다.

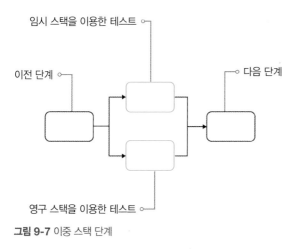

그림 9-7 이중 스택 단계

관련 패턴

이 안티패턴은 영구 테스트 스택 패턴과 임시 테스트 스택 패턴을 결합한다.

패턴 주기적인 스택 리빌드

주기적인 스택 리빌드는 스택 테스트 단계의 영구 테스트 스택 인스턴스를 사용하고 일정에 따라 스택 인스턴스 삭제와 리빌드를 진행하는 프로세스를 따른다.

동기

비용을 줄이기 위해 주기적인 리빌드 방법을 사용한다. 업무가 끝나면 스택을 삭제하고 다음 날 새 스택을 프로비저닝한다.

업데이트를 신뢰할 수 없는 이유에 따라 주기적으로 리빌드하면 신뢰할 수 없는 스택 업데이트에 도움이 될 수 있다. 테스트를 실행하면 시간이 지남에 따라 메모리와 스토리지 같은 리소스의 사용량이 누적되는데 이러한 문제를 정기적인 재설정으로 해결할 수 있다.

적용성

리소스 사용 문제를 해결하기 위해 스택 인스턴스를 리빌드하면 일반적으로 근본적인 문제나 설계 문제를 감출 수 있다. 이 경우 주기적인 스택 리빌드 패턴은 임시방편에 불과하다. 최악의 경우 문제가 재해 수준으로 커질 때까지 문제를 축적할 수 있다.

비용 절약을 위해 스택 인스턴스를 사용하지 않을 때 삭제하는 것은 합리적이다. 특히 퍼블릭 클라우드 플랫폼과 같이 사용량에 비례하여 비용이 부과되는 리소스를 사용할 때 현명한 방법이다.

결과

이 패턴을 사용하여 유휴 리소스를 확보할 경우 리소스 필요 여부를 확인할 수 있는 방법을 고려해야 한다. 그렇지 않으면 근무 시간이 아닌 시간 또는 다른 시간대에서 일하는 사람에게 테스트 환경이 제공되지 않을 수 있다.

구현

대부분의 파이프라인 오케스트레이션 도구를 사용하면 일정에 따라 실행되는 작업을 쉽게 생성하여 스택 인스턴스를 삭제하고 생성할 수 있다. 더 정교한 솔루션은 활동 레벨에 따라 실행된다. 예를 들어 테스트 단계가 지난 1시간 동안 실행되지 않은 경우 인스턴스를 삭제할 수 있다.

이전 인스턴스를 삭제한 후 신규 인스턴스 빌드를 트리거하는 세 가지 방법이 있다. 첫 번째 방법은 인스턴스를 삭제한 후 바로 리빌드하는 것이다. 이 방식은 리소스는 정리되지만 비용이 절감되지는 않는다.

두 번째 방법은 예약 시간에 신규 환경 인스턴스를 빌드하는 것이다. 이 방법은 근무 시간을 유연하게 변경할 수 없게 만든다.

세 번째 방법은 테스트 단계에서 인스턴스가 존재하지 않을 때 새 인스턴스를 프로비저닝하는 것이다. 일정에 따라 또는 일정 기간 동안 사용하지 않으면 인스턴스를 삭제하는 별도의 작업

도 생성해야 한다. 테스트 단계가 실행될 때마다 먼저 인스턴스가 실행 중인지 확인한다. 실행
되고 있지 않다면 신규 인스턴스를 프로비저닝한다. 이 방식을 사용하면 인스턴스 프로비저닝
시간이 추가되어 테스트 결과를 얻기 위해 평소보다 더 오래 기다려야 한다.

관련 패턴

이 패턴은 영구 테스트 스택 패턴처럼 작동할 수 있다. 스택 업데이트를 신뢰할 수 없는 경우
손상된 인스턴스를 수정하는 데 시간이 걸린다.

패턴 지속적인 스택 재설정

지속적인 스택 재설정 패턴을 사용하면 스택 테스트 단계가 완료될 때마다 스택 인스턴스를 삭
제하고 리빌드한다(그림 9-8).

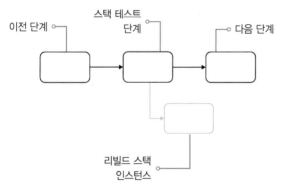

그림 9-8 지속적인 스택 재설정을 위한 파이프라인 흐름

동기

매번 스택 인스턴스를 삭제하고 다시 빌드하면 각 테스트 실행 시 새로운 환경이 제공된다. 대
부분의 경우 스택 도구가 손상된 인스턴스를 삭제하지만 손상이 극심한 경우에는 삭제 명령이
실패할 수 있다. 그리고 피드백 주기에서 스택 인스턴스를 생성하고 삭제하는 데 걸리는 시간
을 없앤다.

이 패턴의 또 다른 이점은 프로덕션의 특정 스택 코드 버전에서 발생할 수 있는 업데이트 프로세스를 안정적으로 테스트할 수 있다는 것이다.

적용성

스택 프로젝트가 중단되는 경향이 없고 수동으로 수정해야 하는 경우에는 스택 인스턴스를 백그라운드에서 삭제하는 것이 효과적이다.

결과

스택은 삭제되고 파이프라인의 딜리버리 흐름 외부에서 프로비저닝되기 때문에 문제가 눈에 보이지 않을 수 있다. 파이프라인의 수행 결과는 정상으로 보일 수 있지만 뒤에서는 테스트 인스턴스가 중단될 수 있다. 다음 변경이 테스트 단계에 도달하면 실패한 이유가 변경이 아니라 스택 리빌드를 위한 백그라운드 작업으로 인한 것임을 깨닫는 데 시간이 걸릴 것이다.

구현

테스트 단계를 통과하면 스택 프로젝트 코드는 다음 단계로 옮겨간다. 또한 스택 인스턴스를 삭제하고 리빌드하는 작업을 시작시킨다. 누군가가 코드에 새로운 변경을 푸시하면 테스트 단계에서 업데이트하여 테스트 인스턴스에 적용한다.

테스트 인스턴스를 삭제한 후 리빌드할 때 사용할 스택 코드 버전을 결정해야 한다. 방금 전 단계를 통과한 스택 코드와 동일한 버전을 사용할 수 있다. 다른 방안은 프로덕션 인스턴스에 적용된 스택 코드의 마지막 버전을 가져오는 것이다. 이렇게 하면 스택 코드의 각 버전이 현재 프로덕션 버전으로 업데이트되고 테스트된다. 인프라 코드가 프로덕션으로 이동하는 방식에 따라 프로덕션 업그레이드 프로세스를 더 정확하게 표현할 수 있다.

관련 패턴

이상적으로 이 패턴은 피드백을 제공하는 영구 테스트 스택 패턴과 유사하며 임시 테스트 스택 패턴의 안정성을 제공한다.

9.7 테스트 오케스트레이션

지금까지 테스트 방법, 유효성 검사 유형, 테스트 픽스처를 이용한 의존성 처리, 테스트 스택 인스턴스의 생명 주기 등 스택 테스트와 관련된 요소에 대해 설명했다. 테스트를 설정하고 실행하기 위해서는 이러한 요소를 어떻게 조합해야 할까?

대부분의 팀은 스크립트를 사용하여 테스트를 조정한다. 이 스크립트는 스택 도구 실행을 오케스트레이션하는 데 사용하는 스트립트와 동일한 것일 수 있다. 19.3절에서는 구성을 처리하고 여러 스택에서 작업을 조정하며 여러 작업과 테스트를 처리할 수 있는 스크립트를 자세히 살펴본다.

테스트 오케스트레이션은 일반적으로 다음과 같은 항목을 포함한다.

- 테스트 픽스처 생성
- 테스트 데이터 로딩^{loading} (인프라 테스트보다 애플리케이션 테스트에서 더 자주 필요함)
- 테스트 스택 인스턴스의 생명 주기 관리
- 테스트 도구에 파라미터 제공
- 테스트 도구 실행
- 테스트 결과 통합
- 테스트 인스턴스, 픽스처, 데이터 정리

테스트 픽스처, 스택 인스턴스 생명 주기와 같은 대부분의 항목은 이 장의 앞부분에서 다룬다. 테스트 실행과 결과 통합은 도구에 따라 방법이 다르다.

테스트 오케스트레이션을 위해 고려해야 할 두 가지 사항은 로컬 테스트를 지원하고 파이프라인 도구에 대한 엄격한 결합을 피하는 것이다.

9.7.1 로컬 테스트 지원

인프라 스택 코드 작업자는 코드를 공유 파이프라인과 환경에 푸시하기 전에 직접 테스트를 실행할 수 있어야 한다. 20.3절에서는 인프라 플랫폼에서 개인 스택 인스턴스로 작업하는 데 도움이 되는 방법을 설명한다. 이렇게 하면 변경을 푸시하기 전에 코드를 작성하고 온라인 테스트를 실행할 수 있다.

인프라 스택에서 개인 테스트 인스턴스로 작업하고 로컬 환경에서 테스트를 실행하기 위해서는 필요한 테스트 도구와 여러 요소가 있어야 한다. 많은 팀에서 도구 설치와 구성을 자동화하는 코드 기반 개발 환경을 사용한다. 다양한 데스크톱 시스템에서 실행될 수 있는 개발 환경을 패키징하기 위해 컨테이너 또는 가상 머신을 사용할 수 있다.[4] 특히 흩어져 있는 팀의 경우 지연이 발생하여 작업이 어려울 수 있지만 대안으로 가상 워크스테이션을 사용할 수 있다.

테스트를 직접 쉽게 실행하는 핵심 방법은 로컬 작업과 파이프라인 단계에서 동일한 테스트 오케스트레이션 스크립트를 사용하는 것이다. 이렇게 하면 테스트가 어디서나 일관성 있게 설정되고 실행된다.

9.7.2 파이프라인 도구에 대한 결합 피하기

많은 CI와 파이프라인 오케스트레이션 도구에는 테스트 오케스트레이션용 기능과 플러그인이 있으며 테스트를 구성하고 실행할 수도 있다. 이러한 기능은 편리해보일 수 있지만 파이프라인 외부에서 테스트를 일관성 있게 설정하고 실행하기 어렵게 만든다. 또한 테스트와 파이프라인 구성을 함께 사용하면 변경하기 어려울 수 있다.

따라서 별도의 스크립트 또는 도구에서 테스트 오케스트레이션을 구현해야 한다. 테스트 단계는 이 도구를 호출하여 최소한의 구성 파라미터를 전달한다. 이 방법은 파이프라인 오케스트레이션과 테스트 오케스트레이션의 부분을 느슨하게 결합한다.

9.7.3 테스트 오케스트레이션 도구

많은 팀이 스크립트를 작성하여 테스트를 오케스트레이션한다. 이러한 스크립트는 스택 관리를 오케스트레이션하기 위해 사용되는 스크립트와 유사하거나 같다. 사람들은 배시bash 스크립트, 배치 파일, Ruby, Python, Make, Rake 그리고 필자가 들어본 적 없는 방법을 사용한다.

인프라 테스트를 조율하기 위해 특별히 설계된 몇 가지 도구를 사용할 수 있다. 필자가 아는 두 가지는 Test Kitchen과 Molecule이다. Test Kitchen은 원래 Chef 쿡북을 테스트하기 위해

---

4   Vagrant는 팀원들이 가상 머신의 구성을 편리하게 공유할 수 있도록 지원한다.

만든 Chef의 오픈소스 제품이다. Molecule는 Ansible 플레이북 테스트용으로 설계된 오픈소스 도구다. 예를 들어 Kitchen-Terraform과 위의 두 도구 중 하나를 사용하여 인프라 스택을 테스트할 수 있다. 이러한 도구의 문제점은 특정 워크플로를 염두에 두고 설계되었기 때문에 워크플로를 수정하여 구성하는 것이 어렵다는 점이다.

9.8 마치며

이 장에서는 스택 레벨 코드를 지속적으로 테스트하고 딜리버리하는 실행 방법을 구현하기 위해 여러 단계로 파이프라인을 생성하는 예를 살펴봤다. 스택 코드 테스트의 과제는 도구 선택 및 사용과 관련이 있다. 사용할 수 있는 도구가 몇 가지 있지만 이 글을 쓰는 시점에는 인프라를 위한 TDD, CI, 자동화된 테스트가 제대로 확립되어 있지 않다. 사용할 수 있는 도구를 찾는 과정이 필요하고 사용자 정의 스크립트로 도구의 공백을 메워야할 수도 있다. 바라건대 시간이 지나면서 개선되기를 바란다.

서버와 여러 애플리케이션 런타임 플랫폼으로 작업하기

Part 3

서버와 여러 애플리케이션
런타임 플랫폼으로 작업하기

CHAPTER 10

애플리케이션 런타임

애플리케이션 런타임은 시스템의 구성 요소를 세 가지 계층으로 표현한 모델의 일부로 3.1절에서 소개했다. 이 모델에서는 인프라 계층의 리소스를 결합하여 애플리케이션을 배포할 수 있는 런타임 플랫폼을 제공한다.

애플리케이션 런타임은 5장과 [그림 10-1]에 설명된 것처럼 인프라 관리 도구를 사용하여 정의하고 생성하는 인프라 스택으로 구성된다.

애플리케이션 런타임 인프라를 설계하고 구현하려면 사용할 애플리케이션에 대해 이해해야 한다.

- 어떤 언어와 실행 스택을 실행하는가
- 패키징되어 서버, 컨테이너, FaaS 서버리스 코드로 배포되는가
- 하나의 애플리케이션이 한 곳에 배포되는가, 여러 서비스가 클러스터에 배포되는가
- 연결 및 데이터 요구사항은 무엇인가

이러한 질문의 답을 찾으면서 애플리케이션 런타임 계층이 애플리케이션을 실행하기 위해 프로비저닝하고 관리하는 데 필요한 인프라 리소스를 이해할 수 있다. 애플리케이션 런타임 계층의 구성 요소는 3.3절에서 설명한 인프라 플랫폼의 구성 요소에 매핑된다. 여기에는 컴퓨팅 리소스를 기반으로 하는 실행 환경, 스토리지 리소스에 구축된 데이터 관리, 네트워킹 리소스로 구성된 연결이 포함된다.

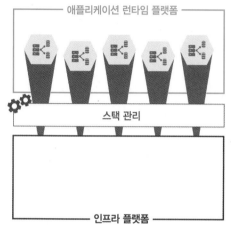

그림 10-1 인프라 스택으로 구성된 애플리케이션 계층

이 장에서는 인프라 리소스를 애플리케이션용 런타임 플랫폼으로 구성하는 방법에 초점을 맞추고 각 관계를 요약한다. 코드형 서버(11장)와 코드형 클러스터(14장) 등 리소스를 코드로 정의하고 관리하는 방법은 이후의 장에서 자세히 설명할 것이다. 여기서는 이를 위한 발판을 마련한다.

10.1 클라우드 네이티브와 애플리케이션 기반 인프라

클라우드 네이티브 소프트웨어는 현대 인프라의 동적 특성을 활용하도록 설계되고 구현된다. 이전 세대 소프트웨어와 달리 클라우드 네이티브 애플리케이션의 인스턴스를 기본 인프라에서 투명하게 추가하고, 제거하고, 이동할 수 있다. 기본 플랫폼은 컴퓨팅과 스토리지 리소스를 동적으로 할당하고 애플리케이션과 트래픽을 라우팅한다. 이 애플리케이션은 모니터링, 로깅, 인증, 암호화 같은 서비스와 원활하게 통합된다.

Heroku의 직원들은 클라우드 인프라에서 실행할 애플리케이션을 구축하는 12-factor 방법론에 대해 설명했다.[1] 예를 들어 클라우드 네이티브는 Kubernetes 에코시스템과 관련이 있는 경우가 많다.[2]

대부분의 조직은 클라우드 네이티브가 아닌 기존 소프트웨어 포트폴리오를 보유하고 있다. 클라우드 네이티브로 전환하기 위해 일부 소프트웨어를 변환하거나 재작성할 수 있지만 대부분의 경우 많은 비용이 든다. 애플리케이션 중심application-driven 인프라 전략에는 최신 동적 인프라를 사용하는 애플리케이션을 위한 애플리케이션 런타임 환경 구축이 포함된다.

팀은 서버리스 코드 또는 컨테이너에서 실행되는 새로운 애플리케이션을 위한 애플리케이션 런타임을 제공한다. 그리고 기존 애플리케이션을 지원하는 인프라도 제공한다. 모든 인프라는 코드로 정의되고, 프로비저닝되고, 유지보수된다. 애플리케이션 기반 인프라는 추상화 계층을 사용하여 동적으로 제공된다(16.3절 참고).

10.2 애플리케이션 런타임 타깃

애플리케이션 중심 전략의 구현은 애플리케이션 포트폴리오의 런타임 요구사항을 분석하는 것으로 시작된다. 그런 다음 이러한 요구사항을 충족하는 애플리케이션 런타임 솔루션을 설계하고 재사용 가능한 스택과 스택 컴포넌트, 팀이 특정 애플리케이션용 환경을 조합하는 데 사용할 수 있는 여러 요소를 구현한다.

10.2.1 애플리케이션에서 배포 가능한 부분

애플리케이션에서 배포 가능한 릴리스는 여러 요소를 포함한다. 다음은 문서와 여러 메타 데이터를 제외하고 애플리케이션 배포의 일부가 될 수 있는 요소다.

---

1 *https://12factor.net*
2 클라우드 네이티브 컴퓨팅 기초는 장르의 표준을 설정하는 것을 목표로 한다(*https://www.cncf.io*).

실행 파일

릴리스의 핵심은 바이너리 또는 스크립트 형식의 실행 파일이다. 실행 파일에서 사용하는 라이브러리와 여러 파일을 애플리케이션에서 배포 가능한 구성 요소로 간주할 수 있다.

서버 구성

많은 애플리케이션 배포 패키지가 서버 구성을 변경한다. 여기에는 프로세스가 실행되는 사용자 계정, 폴더 구조, 시스템 구성 파일 변경이 포함될 수 있다.

데이터 구조

애플리케이션이 데이터베이스를 사용하는 경우 해당 배포는 스키마를 생성하거나 업데이트할 수 있다. 주어진 스키마 버전은 일반적으로 실행 파일 버전에 해당하므로 함께 묶어서 배포하는 것이 가장 좋다.

참조 데이터

애플리케이션 배포는 초기 데이터로 데이터베이스 또는 여러 저장소를 채울 수 있다. 초기 데이터는 신규 버전으로 변경되는 참조 데이터이거나 사용자가 애플리케이션을 처음 설치하고 시작하는 데 도움이 되는 예제 데이터일 수 있다.

연결성

애플리케이션 배포는 네트워크 포트와 같은 네트워크 구성을 지정할 수 있다. 연결을 암호화하거나 인증서 또는 키와 같이 연결을 지원하는 요소를 포함하기도 한다.

구성 파라미터

애플리케이션 배포 패키지는 구성 파일을 서버에 복사하거나 설정을 레지스트리로 푸시하여 구성 파라미터를 설정할 수 있다.

서로 다른 위치에 있는 애플리케이션과 인프라 사이에 선을 그을 수 있다. 여러분은 필수 라이브러리를 애플리케이션 배포 패키지에 번들bundle로 제공하거나 인프라의 일부로 프로비저닝할 수 있다.

예를 들어 컨테이너 이미지에는 일반적으로 대부분의 OS와 여기에서 실행될 애플리케이션이 포함된다. 변경 불가능한 서버나 스택은 애플리케이션과 인프라를 단일 엔티티^{entity}로 더 단단하게 결합한다. 한편 특정 애플리케이션의 인프라 코드 프로비저닝 라이브러리와 구성 파일을 확인했지만 애플리케이션 패키지 자체에는 거의 남아 있지 않았다.

애플리케이션 코드를 인프라 코드와 함께 유지할까, 별도로 유지할까? 이 질문은 코드베이스를 구성하는 방법에도 영향을 미친다. 코드 경계에 대한 질문은 18장에서 살펴보겠지만 일반적으로 코드베이스의 구조를 배포 가능한 부분에 맞추는 것이 좋다.

10.2.2 배포 패키지

애플리케이션은 보통 런타임 환경 유형에 따라 배포 패키지를 구성한다. [표 10-1]은 타깃 런타임과 배포 패키지 형식의 예를 보여준다.

표 10-1 타깃 런타임과 애플리케이션 배포 패키지 형식

타깃 런타임	패키지 예
서버 운영 시스템	Red Hat RPM 파일, Debian .deb 파일, Windows MSI 설치 패키지
언어 런타임 엔진	Ruby gems, Python pip 패키지, Java .jar, .war와 .ear 파일
컨테이너 런타임	Docker 이미지
애플리케이션 클러스터	Kubernetes Deployment, Helm charts
FaaS 서버리스	Lambda 배포 패키지

10.3 서버에 애플리케이션 배포하기

물리 또는 가상 서버는 전통적인 런타임 플랫폼이다. 애플리케이션은 RPM, .deb 파일, Windows MSI와 같은 OS 패키지 형식을 사용하여 패키징되거나 Ruby gem 또는 Java .war 파일과 같은 언어 런타임 형식으로 패키징된다. 최근에는 Docker 이미지와 같은 컨테이너 이미지가 애플리케이션을 패키징하고 서버에 배포하는 형식으로 인기를 얻고 있다.

서버를 코드로 정의하고 프로비저닝하는 것은 11장의 주제지만, 배포 명령을 실행할 시기와 방법을 결정해야 하기 때문에 애플리케이션 배포와 겹친다(11.5절 참고).

10.3.1 컨테이너에서 애플리케이션 패키징하기

컨테이너는 [그림 10-2]와 같이 OS에서 애플리케이션 패키지, 즉 컨테이너 이미지로 의존성을 끌어온다.[3]

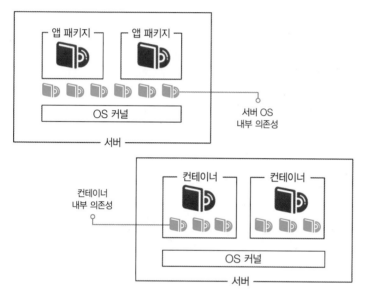

그림 10-2 의존성을 호스트 OS에 설치하거나 컨테이너에 번들로 제공할 수 있다.

컨테이너에 의존성을 포함하면 일반적인 OS나 언어 패키지보다 커지지만 다음과 같은 장점이 있다.

- 컨테이너는 애플리케이션 실행에서 더 일관된 환경을 제공한다. 컨테이너가 없으면 애플리케이션은 라이브러리, 구성, 사용자 계정 등 다른 서버에서 다를 수 있는 여러 요소에 의존한다. 컨테이너는 애플리케이션과 해당 의존성과 함께 런타임 환경을 번들로 제공한다.

---

3 Docker는 시장 지배적인 컨테이너 형식이며 대안으로 CoreOS rkt와 Windows Containers가 있다.

- 컨테이너화된 애플리케이션은 실행되는 서버와 분리되어 있으므로 실행 위치에 대한 유연성을 제공한다.

- 컨테이너 이미지에 애플리케이션의 OS를 패키징하여 호스트 서버에 대한 요구사항을 단순화하고 표준화할 수 있다. 서버에는 컨테이너 실행 도구가 설치되어 있어야 하지만 그 외의 것은 거의 설치되어 있지 않다.

- 특정 애플리케이션 런타임 환경의 가변성을 줄이면 QA가 향상된다. 한 환경에서 컨테이너 인스턴스를 테스트할 때 다른 환경에서도 동일하게 작동할 것이라고 합리적으로 확신할 수 있다.

10.3.2 서버 클러스터에 애플리케이션 배포하기

사람들은 컨테이너 기반 애플리케이션 클러스터가 존재하기 전부터 서버 그룹에 애플리케이션을 배포해왔다. 일반적인 모델은 서버 클러스터(3.3절 참고)를 갖고 각 서버에서 동일한 애플리케이션 집합을 실행하는 것이다. Capistrano, Fabric과 같은 원격 명령 스크립팅 도구를 사용하여 서버 풀의 각 서버에 대해 배포 프로세스를 반복하면서 각 서버마다 동일한 방식으로 애플리케이션을 패키징한다(그림 10-3).

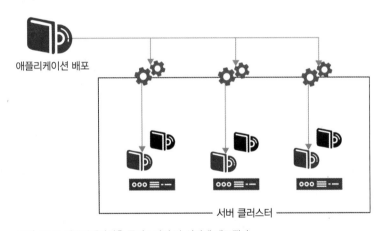

그림 10-3 애플리케이션은 클러스터의 각 서버에 배포된다.

애플리케이션을 여러 서버에 배포하는 경우 배포를 오케스트레이션하는 방법을 결정해야 한다.

한 번에 모든 서버에 애플리케이션을 배포해야 할까?

이 작업을 수행하는 동안 전체 서비스를 오프라인으로 전환해야 할까?

아니면 한 번에 하나의 서버를 업그레이드를 해야 할까?

Blue-green, 카나리canary 배포 패턴과 같은 점진적인 배포 전략을 위해 서버에 대한 증분incremental 배포를 활용할 수 있다(21.3절 참고).

애플리케이션 코드뿐만 아니라 데이터 구조 또는 네트워크 연결 변경과 같은 구성 요소를 배포해야 할 수도 있다.

10.4 애플리케이션 클러스터에 애플리케이션 배포하기

3.3절에서 설명한 것처럼 애플리케이션 호스팅 클러스터는 하나 이상의 애플리케이션을 실행하는 서버 풀이다. 각 서버가 동일한 애플리케이션 집합을 실행하는 서버 클러스터와 달리 애플리케이션 클러스터의 서버는 서로 다른 애플리케이션 인스턴스 그룹을 실행할 수 있다(그림 10-4).

애플리케이션을 클러스터에 배포할 때 스케줄러가 애플리케이션의 인스턴스를 실행할 호스트 서버를 결정한다. 스케줄러는 알고리즘과 설정에 따라 분산 방법을 변경하여 호스트 서버에서 애플리케이션 인스턴스를 추가하거나 제거할 수 있다.

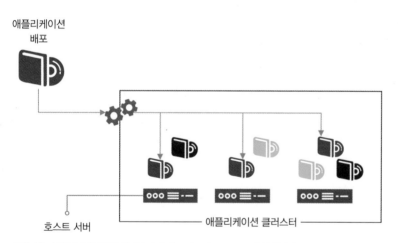

그림 10-4 애플리케이션이 클러스터에 배포되고 호스트 노드에 분산된다.

예전에는(10년이 채 지나지 않았다) Java 기반의 Tomcat, Websphere, Weblogic, JBoss 등이 가장 인기 있는 애플리케이션 클러스터였다. Apache Mesos, DC/OS를 비롯한 클러스터 관리 시스템의 물결은 몇 년 전 Google의 Borg에서 영감을 받아 나타났다.[4] 컨테이너 인스턴스 조정에 초점을 맞춘 시스템은 최근 몇 년 동안 애플리케이션 서버와 클러스터 오케스트레이션 시스템을 압도하고 있다.

클러스터를 코드로 정의하고 프로비저닝하는 것은 14장의 주제다. 클러스터가 있으면 클러스터에 단일 애플리케이션을 배포하는 것은 간단하다. Docker로 애플리케이션을 패키징하고 클러스터에 푸시하면 된다. 그러나 리빌드되는 부분이 더 많은 복잡한 애플리케이션은 더 복잡한 요구사항을 갖는다.

10.5 클러스터로 애플리케이션을 배포하기 위한 패키지

최신 애플리케이션은 종종 복잡한 인프라에 배포된 여러 프로세스와 구성 요소를 포함한다. 런타임 환경은 이러한 다양한 컴포넌트를 실행하는 방법을 알아야 한다.

- 실행해야 하는 최소/최대 인스턴스는 몇 개일까?
- 런타임 환경은 인스턴스를 추가하거나 제거할 시기를 어떻게 알 수 있을까?
- 런타임 환경은 인스턴스가 정상인지 또는 재시작해야 하는지 어떻게 알 수 있을까?
- 각 인스턴스에 어떤 스토리지를 프로비저닝하고 연결해야 할까?
- 네트워크 연결과 보안 요구사항은 무엇일까?

런타임 플랫폼마다 기능이 다르며, 많은 플랫폼이 자체적인 패키지와 구성 형식을 갖는다. 이러한 플랫폼은 배포 가능한 모든 조각을 포함하는 아카이브 파일 대신 실제 배포 아티팩트(예를 들어 컨테이너 이미지)를 참조하는 배포 매니페스트를 사용하는 경우가 많다. 클러스터 애플리케이션 배포 매니페스트의 예는 다음과 같다.

---

4 Borg는 Google의 내부 클러스터 관리 시스템으로, 「Large-scale cluster management at Google with Borg」에서 자세히 설명한다.

- Kubernetes 클러스터에 대한 Helm 차트

- Weave Cloud Kubernetes 배포 매니페스트

- AWS ECS Services[5]

- Azure App Service Plans

- CNAB Cloud Native Application Bundle

각각의 배포 매니페스트와 패키지는 서로 다른 레벨에서 작동한다. 어떤 매니페스트는 배포 가능한 단일 단위에 중점을 두기 때문에 애플리케이션마다 매니페스트가 필요하다. 일부는 배포 가능한 서비스의 컬렉션^{collection}을 정의한다. 도구에 따라 컬렉션 내의 각 서비스는 별도의 매니페스트를 가질 수 있으며, 이 매니페스트는 공통 구성 요소와 통합 파라미터를 정의한다.

ShopSpinner 웹 서버 배포의 매니페스트는 [예제 10-1]의 슈도코드와 유사하다.

예제 10-1 애플리케이션 클러스터 배포 매니페스트

```
service:
  name: webservers
  organization: ShopSpinner
  version: 1.0.3
application:
  name: nginx
  container_image:
    repository: containers.shopspinner.xyz
    path: /images/nginx
    tag: 1.0.3
  instance:
    count_min: 3
    count_max: 10
    health_port: 443
    health_url: /alive
  connectivity:
    inbound:
      id: https_inbound
      port: 443
      allow_from: $PUBLIC_INTERNET
```

---

5 선호하는 스택 관리 도구를 사용하여 코드로 정의할 수 있다.

```
    ssl_cert: $SHOPSPINNER_PUBLIC_SSL_CERT
outbound:
  port: 443
  allow_to: [ $APPSERVER_APPLICATIONS.https_inbound ]
```

이 예제는 컨테이너 이미지(컨테이너 이미지 블록)를 찾는 위치와 방법, 실행해야 하는 인스턴스의 수, 인스턴스의 상태를 확인하는 방법을 지정한다. 또한 인바운드(외부에서 내부로 들어오는 네트워크 트래픽)와 아웃바운드(내부에서 외부로 나가는 네트워크 트래픽) 네트워크 연결 규칙을 정의한다.

10.6 FaaS 서버리스 애플리케이션 배포

3장에서 컴퓨팅 리소스 유형으로 일부 FaaS 서버리스 애플리케이션 런타임 플랫폼을 나열했다. 대부분의 서버리스 런타임 플랫폼은 애플리케이션 런타임 요구사항을 정의하고 런타임 인스턴스에 배포하기 위한 코드와 관련 구성 요소로 패키징하는 자체 형식을 가지고 있다.

FaaS 애플리케이션을 개발하면 코드가 실행되는 서버나 컨테이너의 세부 정보는 숨겨진다. 그러나 코드가 작동하려면 인프라가 필요할 수 있다. 예를 들어 인바운드 또는 아웃바운드 네트워크 연결, 저장소 또는 메시지 큐에 대한 네트워크 라우팅이 필요할 수 있다. FaaS 프레임워크는 인프라 플랫폼과 통합되어 필요한 인프라를 자동으로 프로비저닝하거나 별도의 스택 정의 도구에서 인프라 요소를 정의할 수도 있다. Terraform과 CloudFormation 같은 스택 도구를 사용하면 FaaS 코드 프로비저닝을 인프라 스택의 일부로 선언할 수 있다.

코드 실행을 위한 FaaS 런타임을 정의하고 프로비저닝하는 방법은 14장에서 설명한다.

10.7 애플리케이션 데이터

데이터는 애플리케이션을 배포하고 실행하기 위한 사후 고려사항이다. 데이터베이스와 스토리지 볼륨을 프로비저닝하지만 인프라의 다른 구성 요소와 마찬가지로 변경 작업은 쉽지 않다. 데이터와 구조를 변경하는 것은 시간이 많이 걸리고 지저분하며 위험하다.

애플리케이션 배포는 데이터 구조를 만들거나 변경하기도 한다. 데이터 구조의 변경은 기존 데이터를 변환하는 작업을 포함한다. 데이터 구조 업데이트는 인프라 플랫폼과 런타임이 아니라 애플리케이션과 애플리케이션 배포 프로세스의 영역이어야 한다. 그러나 인프라와 애플리케이션 런타임 서비스는 인프라와 여러 기본 리소스가 변경되거나 변경에 실패할 때 데이터의 유지보수를 지원해야 한다. 이 문제에 대한 접근은 21.5절에서 다룬다.

10.7.1 데이터 스키마와 구조

SQL 데이터베이스와 같이 일부 데이터 저장소는 엄격하게 구조화되어 있지만 다른 저장소는 구조화되어 있지 않거나 스키마가 존재하지 않는다. 엄격하게 구조화된 스키마 기반 데이터베이스는 잘못된 형식의 데이터를 저장할 수 없도록 하여 강제로 데이터를 구조화한다. 스키마가 없는 데이터베이스를 사용하는 애플리케이션은 데이터 형식을 스스로 관리해야 한다.

새로운 애플리케이션 릴리스에 데이터 구조 변경을 포함할 수 있다. 스키마 기반 데이터베이스의 경우 릴리스에 데이터베이스의 데이터 구조 정의 변경이 포함된다. 예를 들어 릴리스는 데이터 레코드에 신규 필드를 추가할 수 있다. name 필드를 first, middle, last와 같이 별도의 필드로 분할하는 것이 전형적인 예다.

데이터 구조가 변경되면 기존 데이터를 신규 구조로 변환해야 하고 이 때 스키마 사용 여부에 따라 구분되는 두 가지 유형의 데이터베이스 중 하나를 사용해야 한다. name 필드를 분할하려면 데이터베이스의 name 필드를 별도의 필드로 분할하는 프로세스가 필요하다.

데이터 구조 변경과 데이터 변환을 스키마 마이그레이션schema migration이라고 한다. 애플리케이션과 배포 도구가 이러한 프로세스를 관리하는 데 사용할 수 있는 여러 도구와 라이브러리가 있다. 여기에는 Flyway, DBDeploy, Liquibase, db-migrate[6]가 포함된다. 개발자는 이러한 도구를 사용하여 증분 데이터베이스 변경을 코드로 정의할 수 있다. 변경은 버전 관리에 체크인하고 릴리스의 일부로 패키징할 수 있다. 이렇게 하면 데이터베이스 스키마가 인스턴스에 배포된 애플리케이션 버전과 동기화 상태를 유지하게 된다.

---

6 DBDeploy는 Ruby on Rails와 함께 이러한 스타일의 데이터베이스 스키마 마이그레이션을 대중화했다. 그러나 이 프로젝트는 현재 유지되고 있지 않다.

팀은 데이터베이스 진화 전략을 사용하여 데이터와 스키마의 잦은 변경을 안전하고 유연하게 관리할 수 있다. 이러한 전략은 CI, CD, 코드형 인프라를 포함한 애자일 소프트웨어 엔지니어링 접근 방식과 일치한다.[7]

10.7.2 클라우드 네이티브 애플리케이션 스토리지 인프라

클라우드 네이티브 인프라는 필요에 따라 애플리케이션과 서비스가 동적으로 할당된다. 일부 플랫폼은 컴퓨팅과 네트워킹뿐만 아니라 클라우드 네이티브 스토리지를 제공한다. 시스템이 애플리케이션 인스턴스를 추가하면 스토리지 장치를 자동으로 프로비저닝하고 연결할 수 있다. 애플리케이션 배포 매니페스트에서 프로비저닝할 때 로드할 형식이나 데이터를 포함한 저장소 요구사항을 지정한다(예제 10-2).

예제 10-2 데이터 저장소 정보를 포함한 애플리케이션 배포 매니페스트

```
application:
  name: db_cluster
  compute_instance:
    memory: 2 GB
    container_image: db_cluster_node_application
  storage_volume:
    size: 50 GB
    volume_image: db_cluster_node_volume
```

이 간단한 예제는 동적으로 확장되는 데이터베이스 클러스터 노드를 만드는 방법을 정의한 것이다. 각 노드 인스턴스에 대해 플랫폼은 데이터베이스 소프트웨어로 컨테이너의 인스턴스를 만들고 초기화된 이미지는 복제 디스크 볼륨을 연결한다. 인스턴스가 부팅되면 클러스터에 연결되고 데이터를 로컬 볼륨에 동기화한다.

---

7 데이터베이스 진화 전략과 기술에 대한 자세한 내용은 프라모드 사달라게(Pramod Sadalage)의 'Evolutionary Database Design', 스콧 앰블러(Scott Ambler)와 프라모드 사달라게의 『리팩토링 데이터베이스』(위키북스, 2007), 라이넨 캠벨(Laine Campbell)과 차리티 메이저스의 『Database Reliability Engineering』(O'Reilly Media, 2017)를 참조하자.

10.8 애플리케이션 네트워크 연결

데이터 보관을 위한 코드와 스토리지 리소스 실행을 위한 컴퓨팅 리소스 외에도 애플리케이션에는 인바운드와 아웃바운드 연결을 위한 네트워킹이 필요하다. 웹 서버와 같은 서버 지향 server-oriented 애플리케이션 패키지는 네트워크 포트를 구성하고 수신 연결을 위한 암호화 키를 추가할 수 있다. 그러나 전통적으로는 서버 외부의 인프라를 별도로 구성하기 위해 다른 사람에게 의존해왔다.

인프라 스택 프로젝트의 일부분으로 주소 지정, 라우팅, 네이밍 naming, 방화벽 규칙과 유사한 문제를 정의하고 관리한 다음 인프라에 애플리케이션을 배포할 수 있다. 네트워킹에 대한 클라우드 네이티브 접근 방식은 네트워크 요구사항을 애플리케이션 배포 매니페스트의 일부로 정의하고 애플리케이션 런타임이 리소스를 동적으로 할당하도록 하는 것이다.

이러한 방식은 [예제 10-1]의 일부분인 다음 코드를 통해 확인할 수 있다.

```
application:
  name: nginx
  connectivity:
    inbound:
      id: https_inbound
      port: 443
      allow_from: $PUBLIC_INTERNET
      ssl_cert: $SHOPSPINNER_PUBLIC_SSL_CERT
    outbound:
      port: 443
      allow_to: [$APPSERVER_APPLICATIONS.https_inbound]
```

이 예제에서는 시스템의 다른 부분을 참조하여 인바운드와 아웃바운드 연결을 정의한다. 예제에서 정의된 내용은 공용 인터넷(예를 들어 게이트웨이)과 애플리케이션 서버용 인바운드 HTTPS 포트이며 자체 배포 매니페스트를 사용하여 동일한 클러스터에 정의되고 배포된다.

애플리케이션 런타임은 애플리케이션에 많은 공통 서비스를 제공한다. 이러한 서비스 중 대부분은 서비스 검색 유형이다.

10.9 서비스 검색

인프라에서 실행되는 애플리케이션과 서비스는 다른 애플리케이션과 서비스를 찾는 방법을 알아야 한다. 예를 들어 프런트엔드 웹 애플리케이션은 사용자의 트랜잭션을 처리하기 위해 백엔드 서비스에 요청을 보낼 수 있다.

정적 환경에서 작업하는 것은 어렵지 않다. 애플리케이션은 다른 서비스에 알려진 호스트 이름을 사용할 수 있으며 필요에 따라 구성 파일에 호스트 정보를 보관할 수 있다. 그러나 서비스와 서버의 위치가 유동적인 동적 인프라에서는 더 신속하게 서비스를 찾을 수 있는 방법이 필요하다.

몇 가지 유명한 검색 메커니즘은 다음과 같다.

코드에 추가된 IP 주소

각 서비스에 IP 주소를 할당한다. 예를 들어 모니터링 서버는 항상 192.168.1.5에서 실행된다. 주소를 변경하거나 서비스의 여러 인스턴스를 실행해야 하는 경우 애플리케이션을 다시 빌드하고 배포해야 한다.

호스트 파일 엔트리

서버 구성을 사용하여 각 서버에서 /etc/hosts 파일(또는 비슷한 역할을 하는 파일)을 생성하고 서비스 이름을 현재 IP 주소에 매핑한다. 이 방법은 DNS를 사용하는 것보다 더 복잡하지만 DNS 엔트리entry 변경 권한이 주어지지 않는 전통적인 DNS를 구현하는 데 사용되기도 한다.[8]

DNS

DNS 엔트리를 사용하는 코드 또는 DDNSdynamic DNS로 관리되는 DNS 엔트리를 사용하여 서비스 이름을 현재 IP 주소에 매핑한다. DNS는 서비스 검색을 지원하기 위한 성숙한 솔루션이다.

리소스 태그

인프라 리소스는 제공하는 서비스 및 환경과 같은 정보를 나타내기 위해 태그가 지정된다. 검

---

8 '정교하지 않은 DNS 구현'의 대표적인 예는 조직이 팀에 DNS 엔트리 변경에 대한 액세스 권한을 부여하지 않는 것이다. 이는 일반적으로 조직에 안전한 현대적 자동화 및 거버넌스 프로세스가 없기 때문이다.

색에는 플랫폼 API를 사용하여 관련 태그가 있는 리소스를 검색하는 작업이 포함된다. 애플리케이션 코드가 인프라 플랫폼에 결합되지 않도록 주의해야 한다.

구성 레지스트리

애플리케이션 인스턴스는 중앙 집중화된 레지스트리(7.3절 참고)에서 현재의 연결 세부 정보를 유지하며 다른 애플리케이션에서 이 정보를 조회할 수 있다. 네트워크 주소보다 더 많은 정보가 필요할 때 유용하다. 예를 들어 서비스 작동 여부나 서비스 상태 정보 등이 있다.

사이드카

별도의 프로세스가 각 애플리케이션 인스턴스와 함께 실행된다. 애플리케이션은 사이드카 sidecar를 아웃바운드 연결을 위한 프록시, 인바운드 연결을 위한 게이트웨이나 조회 서비스로 사용할 수 있다. 사이드카는 네트워크 검색을 수행하기 위한 방법이 필요할 것이다. 이 방법은 다른 검색 메커니즘 중 하나일 수도 있고 다른 통신 프로토콜을 사용할 수도 있다.[9] 사이드카는 일반적으로 서비스 메시의 일부이며(3.3절 참고) 때로는 서비스 검색 이상의 기능을 제공한다. 예를 들어 사이드카는 인증, 암호화, 로깅, 모니터링을 처리할 수 있다.

API 게이트웨이

API 게이트웨이는 경로와 엔드포인트 endpoint를 정의하는 중앙 집중식 HTTP 서비스다. 예를 들어 인증, 암호화, 로깅, 모니터링 같은 기능을 제공하며 일반적으로 이보다 더 많은 서비스를 제공한다. 다시 말해, API 게이트웨이는 사이드카와 비슷하지만 분산형이 아니라 중앙 집중식이다.[10]

---

9 사이드카가 통신하는 방법은 *https://oreil.ly/z4fNG*에서 자세히 설명한다.

10 필자의 동료들은 API 게이트웨이에서 비즈니스 로직이 중앙 집중화되는 경향에 대해 우려를 표명했다. 더 자세한 내용은 ThoughtWorks Technology Radar의 'Overambitious API gateways'를 참고하자(*https://oreil.ly/aqA2q*).

CAUTION **인프라, 런타임, 애플리케이션을 엄격하게 구분 짓지 말자**

이론적으로는 애플리케이션 런타임을 개발자에게 완전한 서비스 집합으로 제공하여 기본 인프라에 대한 상세 내용의 영향을 덜 받도록 보호하는 것이 유용하다. 현실에서 인프라, 런타임, 애플리케이션 간의 경계는 이 모델에 제시된 것보다 훨씬 더 모호하다. 각기 다른 사람과 팀은 서로 다른 제어 및 추상화 수준에서 리소스에 접근해야 한다. 따라서 절대적인 경계를 가진 시스템을 설계하고 구현해서는 안 된다. 대신 각 사용자에게 다른 방식으로 구성되고 제공될 수 있도록 시스템을 정의해야 한다.

10.10 마치며

인프라의 목적은 유용한 애플리케이션과 서비스를 실행하는 것이다. 이 책은 이러한 인프라의 목적을 달성하는 데 필요한 인프라 리소스 모음을 제공한다. 애플리케이션 중심 인프라 접근 방식은 애플리케이션의 런타임 요구사항에 중점을 두어 애플리케이션 실행을 위한 스택, 서버, 클러스터, 여러 중간 계층 구조를 설계하는 데 도움이 된다.

CHAPTER 11

코드형 서버 구축

코드형 인프라는 서버를 구성하는 방법으로 처음 등장했다. 시스템 관리자는 셀, 배치, Perl 스크립트를 작성했다. CFEngine은 서버에 패키지를 설치하고 구성 파일을 관리하기 위해 선언형, 멱등성 DSL 사용을 개척했으며 Puppet과 Chef가 그 뒤를 이었다. 이러한 도구는 기존 서버(흔히 랙에 있는 물리적 서버) 또는 VMware를 사용하는 가상 머신, (나중에는) 클라우드 인스턴스에서 시작한다고 가정한다.

이제 서버가 일부를 구성하는 인프라 스택에 집중하거나 서버가 컨테이너를 구동시키는 역할만 하는 컨테이너 클러스터로 작업한다.

그러나 서버는 여전히 대부분의 애플리케이션 런타임 환경에서 필수적인 부분이다. 몇 년 이상 사용한 대부분의 시스템은 적어도 일부 애플리케이션을 서버에서 실행한다. 그리고 클러스터를 실행하는 팀조차도 일반적으로 호스트 노드용 서버를 구축하고 실행해야 한다.

서버는 네트워크와 스토리지 같은 다른 유형의 인프라보다 더 복잡하다. 움직이는 모듈과 변형이 더 많기 때문에 대부분의 시스템팀은 여전히 OS, 패키지, 구성 파일을 관리하기 위해 상당한 시간을 투자한다.

이 장에서는 서버 구성을 코드로 구축하고 관리하는 방법에 대해 설명한다. 서버의 내용(구성해야 하는 항목)과 서버 생명 주기(구성 활동이 발생하는 경우)에서 시작해서 서버 구성 코드와 도구를 설명하는 것으로 이어진다. 이 장의 핵심 내용은 서버 인스턴스를 만드는 다양한 방법, 여러 개의 일관된 인스턴스를 만들기 위해 서버를 미리 빌드하는 방법, 서버 생명 주기에 걸쳐 서버 구성을 적용하는 방법이다.

[그림 11-1]과 같이 서버의 생명 주기를 여러 전환 단계로 생각할 수 있다.

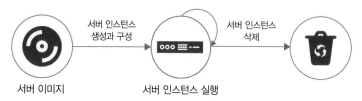

그림 11-1 서버 생명 주기

여기에 표시된 기본적인 생명 주기에는 세 가지 전환 단계가 있다.

1. 서버 인스턴스 생성과 구성
2. 실행 중인 서버 인스턴스 변경
3. 서버 인스턴스 삭제

이 장에서는 서버의 생성과 구성을 설명한다. 그런 다음 12장에서는 서버를 변경하는 방법을 13장에서는 서버 인스턴스 생성에 사용되는 서버 이미지를 만들고 업데이트하는 방법을 설명한다.

11.1 서버 내부에는 무엇이 있을까?

서버에 무엇이 있는지, 그것이 어디서 왔는지를 생각하는 것은 유용하다.

서버의 데이터를 소프트웨어, 구성, 데이터로 나누는 것도 한 가지 방법이다. [표 11-1]에 설명된대로 이러한 범주는 구성 관리 도구가 특정 파일 또는 파일 집합을 처리하는 방법을 이해하는 데 도움이 된다.

구성과 데이터의 차이점은 자동화 도구가 파일 내부의 내용을 자동으로 관리하는지 여부에 달려 있다. 따라서 인프라에 시스템 로그가 필수적이더라도 자동화된 구성 도구는 이를 데이터로 취급한다. 마찬가지로 애플리케이션이 사용자의 계정, 기본 설정과 같은 항목을 서버의 파일에 저장하는 경우에도 서버 구성 도구는 해당 파일을 데이터로 처리한다.

표 11-1 서버에 있는 항목

유형	설명	구성 관리에서 처리하는 방법
소프트웨어	애플리케이션, 라이브러리, 코드를 나타낸다. 반드시 실행 파일일 필요는 없다. 정적이고 시스템에 따라 달라지지 않는 거의 모든 파일일 수 있다. 예를 들어 Linux 시스템의 time zone 데이터 파일이 있다.	모든 연관된 서버에서 동일해야 한다. 소프트웨어 내부에 있는 것은 상관하지 않는다.
구성	시스템과 애플리케이션의 작동 방식을 제어하기 위해 사용되는 파일이다. 내용은 서버마다 다르며 역할, 환경, 인스턴스 등이 영향을 미친다. 이러한 파일은 애플리케이션 자체에서 관리하는 구성이 아니라 인프라의 일부로 관리된다. 예를 들어 애플리케이션 사용자 프로필을 관리하기 위한 UI가 있는 경우 사용자 프로필을 저장하는 데이터 파일은 인프라의 관점에서 서버 구성으로 생각하지 않고 데이터로 분류된다. 그러나 파일 시스템에 저장되고 인프라에서 관리하는 애플리케이션 구성 파일은 구성으로 간주된다.	서버에서 파일 콘텐츠를 빌드하여 파일의 일관성을 보장한다.
데이터	시스템과 애플리케이션에서 생성하거나 업데이트한 파일로 정의된다. 인프라는 데이터를 배포, 백업, 복제하는 것에 대해 일부 책임이 있을 수 있다. 그러나 인프라는 파일의 내용을 신경 쓰지 않고 블랙 박스로 취급한다. 데이터베이스 데이터 파일과 로그 파일은 이러한 의미에서 데이터의 예로 볼 수 있다.	자연스럽게 발생하고 변화한다. 보존해야 할 수도 있지만 내용은 관리하지 않는다.

11.2 서버 내용의 출처

서버 인스턴스를 구성하는 소프트웨어, 구성, 데이터는 서버가 생성, 구성 또는 변경될 때 추가된다. 이러한 요소에 대한 몇 가지 출처가 있다(그림 11-2).

기본 OS

OS 설치 이미지는 물리 디스크, ISO 파일, 서버 이미지일 수 있다. OS 설치 프로세스는 추가적으로 컴포넌트를 선택할 수 있다.

OS 패키지 저장소

OS 설치 또는 설치 후 구성 단계는 저장소에서 패키지를 다운로드하고 설치하는 도구를 실행할 수 있다(OS 패키지 형식에 대한 자세한 내용은 [표 10-1] 참조). OS 벤더는 일반적으로 지원하는 패키지가 있는 저장소를 제공한다. 오픈소스 또는 상용 패키지는 서드파티^{third party} 저장소를 사용할 수 있다. 또한 사내에서 개발된 패키지의 내부 저장소를 실행하여 OS 패키지 저장소로 사용할 수 있다.

개발 언어, 프레임워크, 여러 플랫폼 저장소

OS별 패키지 외에도 Java 라이브러리, Ruby gem과 같은 언어 또는 프레임워크용 패키지를 설치할 수 있다. OS 패키지와 마찬가지로 개발 언어 벤더, 서드파티 또는 사내 저장소에서 패키지를 가져온다.

비표준 패키지

일부 벤더와 사내 개발팀은 자체 설치 프로그램과 함께 소프트웨어를 제공하거나 표준 패키지 관리 도구를 실행하는 것 이외의 여러 단계를 포함한다.

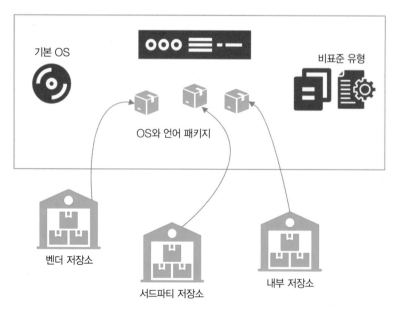

그림 11-2 서버 인스턴스의 패키지와 여러 요소

외부 유형

애플리케이션 또는 컴포넌트 외부에 파일을 추가하거나 수정할 수 있다. 예를 들면 사용자 계정 추가, 로컬 방화벽 규칙 설정 등이 있다.

11.3 서버 구성 코드

다음과 같은 1세대 코드형 인프라 도구는 자동화된 서버 구성에 중점을 둔다.

- Ansible
- CFEngine
- Chef
- Puppet
- Saltstack

이러한 도구의 대부분은 Pull 구성 패턴 동기화에 따라 각 서버에 설치된 에이전트를 사용한다 (12.2절 참고). 이러한 에이전트는 서비스로 설치하거나 크론 작업^{cron job} (데몬 작업)에서 주기적으로 실행할 수 있는 에이전트를 제공한다. 다른 도구는 중앙 서버에서 실행되고 Push 패턴(12.2절 참고)에 따라 관리되는 각 서버에 연결하도록 설계되었다.

이러한 도구를 사용하여 Pull 또는 Push 패턴을 구현할 수 있다. Push 모델을 사용해 설계된 Ansible과 같은 도구를 사용하는 경우 서버에 미리 설치하고 크론에서 실행할 수 있다. 반면에 Pull 모델을 사용해 실행할 에이전트를 제공하는 Chef 또는 Puppet과 같은 도구를 사용한다면 중앙 서버에서 명령을 실행하여 각 서버에 로그인하고 클라이언트를 실행할 수 있다. 따라서 도구는 사용하는 패턴에 대한 제약이 아니다.

많은 서버 구성 도구 벤더가 구성 코드를 제공하기 위해 저장소 서버를 제공한다. 예를 들면 Ansible Tower, Chef Server, Puppetmaster가 있다. 여기에는 구성 레지스트리(7.3절 참고), 대시보드, 로깅, 중앙 집중식 실행과 같은 추가 기능이 있을 수 있다.

모든 기능이 한 곳에 있는 에코시스템을 제공하는 벤더를 선택하면 인프라팀의 업무가 간소화된다. 하지만 에코시스템의 여러 요소를 서로 다른 도구로 교체하여 팀에서 필요로 하는 최적의 요소를 선택할 수 있는 경우 역시 유용하다. 예를 들어 구성 레지스트리와 통합되는 여러 도구를 사용한다면 서버 구성 도구에 연결된 전용 구성 레지스트리보다 독립형 범용 구성 레지스트리를 사용하는 것이 좋다.

코드베이스는 현대의 인프라팀에게 중요한 부분이다. 4장에서 다룬 원칙과 가이드라인은 서버 코드, 스택 코드 등에 적용된다.

11.3.1 서버 구성 코드 모듈

다른 코드와 마찬가지로 서버 구성 코드는 시간이 지나면서 지저분해진다. 이를 피하려면 규율과 좋은 습관이 필요하다. 다행히도 서버 구성 도구는 코드를 여러 단위로 구성하고 구조화하는 방법을 제공한다.

대부분의 서버 구성 도구를 사용하면 코드를 모듈로 구성할 수 있다. 예를 들어 Ansible에는 플레이북이 있고 Chef는 레시피를 쿡북으로 그룹화하며 Puppet에는 매니페스트가 포함된 모듈이 있다. 이러한 모듈을 개별적으로 구성하고, 버전화하고, 릴리스할 수 있다.

역할role은 서버에 적용할 모듈 그룹을 표시하여 용도를 정의하는 방법이다. 다른 개념과 다르게 대부분의 도구 벤더는 자신만의 용어를 만드는 대신 역할이라는 용어를 사용하는 데 동의하는 것 같다.

대부분의 서버 구성 도구는 핵심 리소스 모델의 확장도 지원한다. 도구의 언어는 사용자, 패키지, 파일과 같은 '서버 리소스 항목'의 모델을 제공한다. 예를 들어 Chef Lightweight Resource Provider(LWRP)를 작성하여 개발팀에서 작성한 애플리케이션을 설치하고 구성해주는 Java 애플리케이션 리소스를 추가할 수 있다. 이러한 확장은 스택 모듈과 유사하다(16장 참고).

좋은 설계의 가이드라인을 포함하여 인프라 모듈화에 대한 더 일반적인 논의는 15장에서 다룬다.

11.3.2 서버 구성 코드 모듈 설계

하나의 관심사를 중심으로 서버 구성 코드 모듈(예를 들어 쿡북, 플레이북)을 설계하고 작성해야 한다. 이 조언은 관심사 분리separation of concern라는 소프트웨어 설계 원칙을 따른다. 일반적인 접근 방식은 애플리케이션마다 별도의 모듈을 사용하는 것이다.

예를 들어 Tomcat과 같은 애플리케이션 서버를 관리하는 모듈을 만들 수 있다. 모듈 코드는 Tomcat 소프트웨어, 실행할 사용자 계정 및 그룹, 로그 및 기타 파일에 대한 올바른 권한이 있는 폴더를 설치하고 포트와 설정 구성을 포함하여 Tomcat 구성 파일을 빌드한다. 또한 로그 집계, 모니터링, 프로세스 관리와 같은 다양한 서비스에 Tomcat을 통합한다.

많은 팀은 용도에 따라 서버 구성 모듈을 다르게 설계하는 것이 유용하다고 생각한다. 예를 들어 모듈을 라이브러리 모듈과 애플리케이션 모듈로 나눌 수 있다(Chef를 사용하면 라이브러리 쿡북과 애플리케이션 쿡북으로 나뉜다).

라이브러리 모듈은 애플리케이션 모듈에서 재사용할 수 있는 핵심 개념을 관리한다. Tomcat 모듈의 예를 들면 파라미터를 가져오는 모듈을 작성한 후 이 모듈을 사용하여 각 목적에 최적화된 Tomcat 인스턴스를 구성할 수 있다.

래퍼 모듈이라는 애플리케이션 모듈은 하나 이상의 라이브러리 모듈을 가져오고 더 구체적인 목적을 위해 파라미터를 설정한다. ShopSpinner팀은 제품 카탈로그 애플리케이션을 실행하기 위해 Tomcat을 설치하는 Servermaker[1] 첫 번째 모듈과 고객 관리 애플리케이션을 위해 Tomcat을 설치하는 두 번째 모듈을 가질 수 있다. 두 모듈 모두 Tomcat을 설치하는 공유 라이브러리를 사용한다.

11.3.3 서버 코드 버전 관리와 프로모션

다른 코드와 마찬가지로 프로덕션 시스템 적용 전에 환경 간 서버 구성 코드를 테스트할 수 있어야 한다. 일부 팀에서는 모든 서버 코드 모듈을 하나의 단위로 함께 버전화하고 프로모션하며, 함께 빌드하거나 별도로 빌드하여 테스트한 후 프로덕션 환경에서 사용할 수 있도록 결합한다. 다른 팀에서는 각 모듈을 독립적으로 버전화하고 딜리버리한다(19.2절 참고).

각 모듈을 별도의 단위로 관리하는 경우 모듈 사이의 의존성을 모두 관리해야 한다. 많은 서버 구성 도구는 디스크립터를 사용하여 모듈 의존성을 지정한다. 예를 들어 Chef 쿡북에서는 쿡북 메타데이터 파일의 Depends 필드에 의존성을 나열한다. 서버 구성 도구는 이 사양을 사용하여 의존 모듈을 서버 인스턴스에 다운로드하고 적용한다. 서버 구성 모듈의 의존성 관리는

---

1 4장에서 **Servermaker**는 Ansible, Chef, Puppet과 유사한 가상의 서버 구성 도구라고 설명한다.

RPM, Python pip 패키지 같은 소프트웨어 패키지 관리 시스템과 동일한 방식으로 작동한다.

또한 다른 버전의 서버 구성 코드를 저장하고 관리해야 한다. 프로덕션 환경에 적용되어 있는 코드 버전과 개발 및 테스트 중인 다른 버전이 있는 경우가 많다.

인프라 코드 구성, 패키징, 딜리버리에 대한 자세한 내용은 18장과 19장에서 다룬다.

11.3.4 서버 역할

앞에서 언급했듯이 서버 역할은 서버에 적용할 서버 구성 모듈 그룹을 정의하는 방법이다. 역할은 일부 기본 파라미터를 설정할 수도 있다. 예를 들어 application-server 역할을 만들 수 있다.

```
Role: application-server
server_modules:
    - tomcat
    - monitoring_agent
    - logging_agent
    - network_hardening
parameters:
    - inbound_port: 8443
```

이 역할을 서버에 할당하면 Tomcat, 모니터링(monitoring_agent), 로깅 에이전트(logging_agent), 네트워크 강화(network_hardening)에 대한 구성이 적용된다. 또한 인바운드 포트의 파라미터를 설정한다. 이는 아마도 network_hardening 모듈이 로컬 방화벽에서 해당 포트(8443)를 열고 다른 모든 것을 잠그는 데 사용될 것이다.

역할은 복잡해질 수 있으므로 신중하고 일관되게 사용해야 한다. 우리는 특정 서버를 구성하기 위해 세분화된 역할을 만들 수 있다. ApplicationServer, MonitoredServer, PublicFacingServer와 같이 주어진 서버에 여러 역할을 할당한다. 각 역할에는 특정 목적을 위한 소수의 서버 모듈이 포함된다.

또는 더 많은 모듈을 포함하는 더 높은 수준의 역할이 있을 수 있다. 각 서버에는 Shopping ServiceServer와 JiraServer 같이 구체적인 하나의 역할만 있을 수 있다.

일반적인 접근 방식은 역할을 상속하는 것이다. 모든 서버에 공통적인 소프트웨어와 구성을 포함하는 기본 역할을 정의한다. 이 역할에는 네트워킹 강화, 관리자 계정, 모니터링과 로깅을 위한 에이전트가 있을 수 있다. 애플리케이션 서버 또는 컨테이너 호스트와 같은 더 구체적인 역할에는 다음과 같이 기본 역할이 포함된 몇 가지 서버 구성 모듈과 파라미터를 추가한다.

```
Role: base-role
server_modules:
    - monitoring_agent
    - logging_agent
    - network_hardening

role: application-server
include_roles:
    - base_role
server_modules:
    - tomcat
parameters:
    - inbound_port: 8443

role: shopping-service-server
include_roles:
    - application-server
server_modules:
    - shopping-service-application
```

이 코드 예제는 계층 구조에서 세 가지 역할을 정의한다. Shopping-service-server 역할은 application-server 역할의 모든 것을 상속하고 특정 애플리케이션을 설치하는 모듈을 추가하고 배포한다. application-server 역할은 base-role에서 상속되어 Tomcat 서버과 네트워크 포트 구성을 추가한다. Base-role은 범용 구성 모듈의 핵심 집합을 정의한다.

11.4 서버 코드 테스트

8장에서는 자동화된 테스트와 CD 이론이 인프라에 적용되는 방식을 설명했고 9장에서는 인프라 스택을 사용하여 이를 구현하는 방법을 설명했다. 여기서는 이 두 장에서 다룬 개념을 서버 코드 테스트에 적용한다.

11.4.1 점진적인 서버 코드 테스트

코드 설계와 테스트 사이에는 자기 강화 역학self-reinforcing dynamic[2]이 존재한다. 깔끔하게 구조화된 코드베이스에 테스트를 작성하고 유지하는 것이 더 쉽다. 그리고 모든 테스트를 통과한 후에도 깔끔한 구조를 유지하는 것이 중요하다. 테스트를 실행하는 파이프라인에 모든 변경을 적용하면 팀에서는 지속적인 리팩터링 규칙을 유지하여 기술 부채와 설계 부채를 최소화할 수 있다.

앞서 설명한 서버 구성 모듈로 구성된 서버 역할의 구조는 자체적으로 라이브러리 모듈과 애플리케이션 모듈로 구성될 수 있으며 프로그레시브 테스트 전략에 잘 맞는다(8.3절 참고). 일련의 파이프라인 단계는 [그림 11-3]과 같이 통합 단계를 만들면서 각 단계를 테스트할 수 있다.

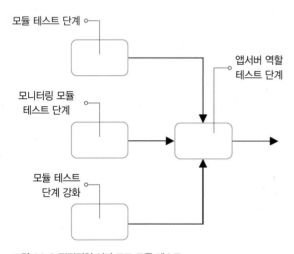

그림 11-3 점진적인 서버 코드 모듈 테스트

누군가가 해당 모듈에 변경을 커밋할 때마다 별도의 단계에서 각 코드 모듈을 테스트한다. 서버 역할에는 테스트 단계도 있다. 이 단계는 역할에 사용되는 모듈 중 하나가 변경되고 단계를 통과할 때마다 테스트를 실행한다. 역할 테스트 단계는 모듈 추가, 제거, 파라미터 변경과 같이 누군가 역할 코드에 변경을 커밋할 때도 실행된다.

---

2   옮긴이_자기 강화 역학은 특정 변수의 증가가 바로 대상 변수의 증가로 이어지는 긍정적인 피드백 과정이다.

11.4.2 서버 코드로 무엇을 테스트할까?

서버 코드로 무엇을 테스트할지 결정하는 것은 까다롭다. 이는 선언형 코드 테스트의 가치에 대한 질문으로 돌아간다(8.2절 참고). 특히 잘 설계된 코드베이스의 서버 코드 모듈은 작고 단순하며 집중적인 경향이 있다. 예를 들어 Java JVM을 설치하는 모듈은 몇 가지 파라미터가 있는 단일 명령문일 수 있다.

```
package:
  name: java-${JAVA_DISTRIBUTION}
  version: ${JAVA_VERSION}
```

실제로는 단순해보이는 패키지 설치 모듈도 이보다 더 많은 코드를 가지고 있으며 파일 경로, 구성 파일을 커스터마이징^{customizing}하고 사용자 계정을 추가할 수 있다. 그러나 단순히 코드 자체를 재작성하는 것이 아니라 테스트할 것이 많지 않은 경우가 종종 있다.

테스트는 일반적인 문제, 다양한 결과, 코드 조합에 초점을 맞춰야 한다.

일반적인 문제, 즉 실행 시 잘못될 가능성이 있는 사항과 정상 여부를 판단하는 검사 방법을 고려해야 한다. 단순 패키지 설치의 경우 기본 사용자 경로에서 명령을 사용할 수 있는지 확인할 수 있다. 따라서 테스트는 명령을 호출하고 실행되었는지 확인한다.

```
given command 'java -version' {
  its(exit_status) { should_be 0 }
}
```

전달된 파라미터에 따라 패키지의 결과가 근본적으로 다르다면 정상 작동 여부를 확인하는 테스트를 작성해야 한다. JVM 설치 패키지는 다른 Java 배포 버전으로 테스트를 실행할 수 있다. 예를 들어 어떤 배포 버전을 선택하든 java 명령을 사용할 수 있는지 확인하면 된다.

실제로 더 많은 항목을 통합할수록 테스트의 가치가 높아진다. 따라서 역할에 포함된 모듈보다 애플리케이션 서버 역할에 대해 더 많은 테스트를 작성하고 실행할 수 있다.

이러한 모듈이 서로 통합되고 상호작용할 때 특히 더 많은 테스트를 수행할 수 있다. Tomcat을 설치하는 모듈은 모니터링 에이전트를 설치하는 모듈과 충돌할 가능성이 없지만 보안 강화 모듈로 인해 문제가 발생할 수 있다. 이 경우 애플리케이션 서버 역할에서 테스트를 실행하여 애플리케이션 서버가 정상적으로 작동하는지와 포트가 닫힌 후에도 요청을 수락하는지 여부를 확인할 수 있다.

11.4.3 서버 코드 테스트 방법

대부분의 자동화된 서버 코드 테스트는 서버 또는 컨테이너 인스턴스에서 명령을 실행하고 결과를 확인하는 방식으로 작동한다. 이러한 테스트는 패키지, 파일, 사용자 계정, 실행 중인 프로세스 같은 리소스의 존재와 상태를 확인하고 테스트 결과를 보여준다. 예를 들어 서비스가 예상 결과를 반환하는지 여부를 확인하기 위해 네트워크 포트에 연결한다.

서버에서 조건을 테스트하기 위해 널리 사용되는 도구로는 Inspec, Serverspec, Terratest가 있다.

전체 인프라 스택을 테스트하기 위한 전략에는 오프라인과 온라인 테스트 실행이 포함된다 (9.3절과 9.4절 참조). 온라인 테스트에는 인프라 플랫폼에서 작업을 스핀업[spin up]하는 것이 포함된다.[3] 일반적으로 컨테이너 또는 로컬 가상 머신을 사용하여 오프라인에서 서버 코드를 테스트할 수 있다.

로컬에서 작업하는 인프라 개발자는 최소한의 OS 설치로 컨테이너 인스턴스 또는 로컬 가상 서버를 만들고 서버 구성 코드를 적용한 다음 테스트를 실행할 수 있다.

테스트 서버 코드가 동일한 작업을 수행할 수 있는 파이프라인 단계는 에이전트에서 컨테이너 인스턴스 또는 가상 서버(예를 들어 작업을 실행하는 Jenkins 노드)를 실행한다. 대신에 해당 단계는 컨테이너 클러스터에서 독립적인 컨테이너 인스턴스를 스핀업할 수 있다. 이는 파이프라인 오케스트레이션 자체가 컨테이너화될 때 잘 작동한다.

스택에 대한 가이드라인에 따라 서버 코드 테스트를 조율할 수 있다(9.7절 참고). 여기에는 테스트를 실행하고 결과를 보고하기 전에 컨테이너 인스턴스와 같은 테스트 전제 조건을 설정하는 스크립트 작성이 포함된다. 테스트 결과가 일관되도록 파이프라인 테스트에 사용하는 것과 동일한 스크립트로 로컬에서 테스트해야 한다.

---

3 옮긴이_ 하드디스크가 돌고 있다는 뜻에서 유래했으며, 클라우드에서는 가상 서버를 생성해 OS를 부팅하여 사용 가능한 상태로 만드는 것을 뜻한다.

11.5 신규 서버 인스턴스 생성

앞에서 설명한 기본 서버 생명 주기는 서버 인스턴스를 생성하는 것으로 시작된다. 연장된 생명 주기에는 서버 인스턴스를 생성할 수 있는 서버 이미지를 만들고 업데이트하는 단계가 포함되지만 이 내용은 13장에서 설명한다. 여기서는 생명 주기가 [그림 11-4]와 같이 인스턴스 생성으로 시작된다.

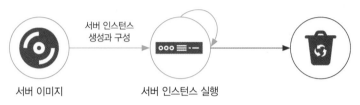

그림 11-4 신규 서버 인스턴스 생성

전체 서버 생성 프로세스에는 사용할 준비가 된 서버 인스턴스 프로비저닝이 포함된다. 다음은 서버 인스턴스 생성, 프로비저닝과 관련된 활동의 일부다.

- 인프라 리소스를 할당하여 서버 인스턴스를 인스턴스화^{instantiation}한다. 이를 위해 서버 풀에서 물리 서버를 선택하거나 가상 머신으로 실행할 호스트 서버를 선택한다. 가상 머신의 경우 호스트의 하이퍼바이저가 메모리와 여러 리소스를 할당한다. 이 프로세스는 서버 인스턴스에 디스크 볼륨이 설정된 스토리지를 할당할 수도 있다.

- OS와 초기 소프트웨어를 설치한다. AMI와 같은 서버 이미지에서 부팅할 때처럼 OS를 디스크 볼륨에 복사할 수 있다. 신규 인스턴스는 스크립트로 작성된 설치 프로그램을 사용하여 파일을 선택하고 신규 인스턴스에 복사하는 설치 프로세스를 실행할 수 있다. 스크립트로 작성된 OS 설치 프로그램의 예로는 Red Hat Kickstart, Solaris JumpStart, Debian Preseed, Windows installation answer file이 있다.

- 추가 구성이 서버 인스턴스에 적용된다. 이 단계에서 프로세스는 12.2절에서 설명하는 패턴에 따라 서버 구성 도구를 실행한다.

- 네트워크 리소스와 정책을 구성하고 연결한다. 이 프로세스는 네트워크 주소 블록에 서버 할당, 경로 생성, 방화벽 규칙 추가를 포함할 수 있다.

- 서비스에 서버 인스턴스를 등록한다. 예를 들어 모니터링 시스템에 신규 서버를 추가한다.

이는 상호 배타적이지 않다. 서버 생성 프로세스는 이러한 다양한 활동을 실행하기 위해 한 가지 이상의 방법을 사용할 수 있다.

서버 인스턴스 생성을 트리거하기 위해 사용할 수 있는 몇 가지 메커니즘이 있다. 지금부터 각각의 메커니즘에 대해 살펴볼 것이다.

11.5.1 신규 서버 인스턴스를 수동으로 빌드하기

인프라 플랫폼은 일반적으로 웹 UI, 커맨드라인 도구, 때로는 GUI 애플리케이션과 같은 신규 서버를 생성할 수 있는 도구를 제공한다. 신규 서버를 생성할 때마다 소스 이미지, 할당되는 리소스, 네트워크 세부 정보를 포함하여 원하는 옵션을 선택한다.

```
mycloud server new \
    --source-image=stock-linux-1.23 \
    --memory=2GB \
    --vnet=appservers
```

이 스크립트는 이전 커맨드라인 예제와 동일하다. 하지만 스크립트를 사용했기 때문에 팀원은 필자가 어떻게 서버를 만들었는지 알 수 있다. 팀원은 더 많은 서버를 만들 수 있으며 필자가 만든 서버와 동일하게 작동할 것이라고 확신할 수 있다.

Terraform을 비롯한 여러 스택 관리 도구가 등장하기 전에 대부분의 팀은 서버 생성을 위한 스크립트를 작성했다. 일반적으로 스택 구성 패턴과 마찬가지로 구성 파일을 사용하여 스크립트를 구성할 수 있도록 했다(7.3절 참고). 그러나 이러한 스크립트를 개선하고 수정하는 데 너무 많은 시간을 소비했다.

11.5.2 스택 관리 도구로 서버 생성하기

5장에서 설명한 대로 스택 관리 도구를 사용하면 [예제 11–1]과 같이 다른 인프라 리소스의 컨텍스트에서 서버를 정의할 수 있다. 이 도구는 플랫폼 API를 사용하여 서버 인스턴스를 생성하거나 업데이트한다.

예제 **11-1** 서버를 정의하는 스택 코드

```
server:
  source_image: stock-linux-1.23
  memory: 2GB
  vnet: ${APPSERVER_VNET}
```

스택 도구를 사용하여 서버를 만드는 것이 편리한 이유는 여러 가지다. 하나는 스택 도구가 오류 검사와 같이 자체 스크립트에서 구현해야 하는 논리를 처리한다는 점이다. 또 다른 장점은 다른 인프라 요소와의 통합을 처리한다는 점이다. 예를 들어 스택에 정의된 네트워킹 구조와 스토리지를 서버에 연결할 수 있다. [예제 11-1]의 코드는 ${APPSERVER_VNET} 변수를 사용하여 vnet 파라미터를 설정한다. 이 파라미터는 스택 코드의 다른 부분에 정의된 네트워킹 구조를 참조한다.

11.5.3 서버를 자동으로 생성하도록 플랫폼 구성하기

대부분의 인프라 플랫폼은 특정 상황에서 자동으로 신규 서버 인스턴스를 만들 수 있다. 특정 상황에 해당하는 두 가지 일반적인 경우는 다음과 같다. 한 가지는 자동 확장과 부하 증가를 처리하기 위해 서버를 추가하는 상황이고 다른 한 가지는 서비스가 실패했을 때 서버 인스턴스를 대체하는 자동 복구auto-recovery 상황이다. 일반적으로 [예제 11-2]와 같이 스택 코드로 자동 생성을 정의할 수 있다.

예제 **11-2** 자동 확장을 위한 스택 코드

```
server_cluster:
  server_instance:
    source_image: stock-linux-1.23
    memory: 2GB
    vnet: ${APPSERVER_VNET}
  scaling_rules:
    min_instances: 2
    max_instances: 5
    scaling_metric: cpu_utilization
    scaling_value_target: 40%
  health_check:
    type: http
```

```
port: 8443
path: /health
expected_code: 200
wait: 90s
```

이 예제는 플랫폼에 서버 인스턴스를 2~5개로 유지하도록 설정한다. 플랫폼은 CPU 사용률을 40%에 가깝게 유지하기 위해 필요에 따라 인스턴스를 추가하거나 제거한다.

정의에는 상태 확인도 포함된다. 이 검사는 포트 8443에서 /health로 HTTP 요청을 생성한 후 200 HTTP 응답 코드를 받는 경우에 서버가 정상이라고 간주한다. 서버가 90초 후에도 응답하지 않으면 플랫폼은 서버가 실패한 것으로 간주하여 서버를 삭제하고 신규 인스턴스를 생성한다.

11.5.4 네트워크 프로비저닝 도구로 서버 빌드하기

3장에서 하드웨어 서버를 동적으로 프로비저닝하는 베어메탈 클라우드를 언급했다. 이를 수행하는 프로세스는 일반적으로 다음 단계를 포함한다.

1. 사용하지 않는 물리적 서버를 선택하고 서버 펌웨어firmware에서 지원하는 '네트워크 설치' 모드(예를 들어 PXE 부팅)로 부팅하도록 트리거한다.[4]

2. 네트워크 설치 프로그램은 간단한 부트스트랩 OS 이미지에서 서버를 부팅하여 OS를 설치한다.

3. OS 설치 이미지를 다운로드하여 기본 하드 드라이브에 복사한다.

4. 원격 실행 스크립트로 OS 설치 프로그램을 실행하고 설정 모드에서 OS를 부팅하려면 서버를 재부팅해야 한다.

네트워크 프로비저닝 프로세스를 관리할 수 있는 여러 도구가 있다.

- Crowbar
- Cobbler
- Fully Automatic Installation(FAI)
- Foreman

---

4 보통 PXE를 사용하여 네트워크 이미지를 부팅하도록 서버를 트리거하려면 function 키를 눌러야 서버가 작업을 시작한다. 따라서 원격으로 수행하기가 까다로울 수 있다. 그러나 많은 하드웨어 벤더가 라이트아웃 관리(light-out management, LOM) 기능을 제공하고 있으며 이 기능을 통해 원격으로 작업을 수행할 수 있다.

- MAAS

- Rebar

- Tinkerbell

OS 설치 이미지를 부팅하는 대신 준비된 서버 이미지를 부팅할 수 있다. 이렇게 하면 다음 절에서 설명하는 것처럼 서버를 준비하는 다른 방법을 구현할 수 있다.

> **TIP** 서버 프로비저닝에 도움이 되는 FaaS 이벤트
>
> FaaS 서버리스 코드는 신규 서버를 프로비저닝하는 데 중요한 역할을 한다. 플랫폼은 신규 인스턴스 생성 전, 생성 중, 생성 후에 프로세스의 여러 지점에서 코드를 실행할 수 있다. 예를 들어 FaaS 서버리스로 수행할 수 있는 것에는 신규 서버에 보안 정책 할당하기, 모니터링 서비스에 등록하기, 서버 구성 도구 실행하기 등이 있다.

11.6 서버 사전 빌드

앞에서 설명한 대로(11.2절 참고) 신규 서버에는 OS 설치, 저장소에서 다운로드한 패키지, 서버에 복사된 사용자 정의 구성 파일, 애플리케이션 파일을 포함한 여러 콘텐츠 소스가 있다.

서버를 만들 때 이 모든 것을 조합할 수 있지만 서버 콘텐츠를 미리 준비하는 방법도 여러 가지가 있다. 이러한 방법은 서버 구축 프로세스를 최적화하여 여러 개의 일관된 서버를 더 빠르고 간단하고 쉽게 만들 수 있다. 이 절에서는 몇 가지 방법을 설명하고 다음 절에서 프로비저닝 프로세스 전, 프로세스 중, 프로세스 후에 구성을 적용하는 옵션에 대해 설명한다.

11.6.1 서버 핫 클로닝

대부분의 인프라 플랫폼은 실행 중인 서버를 간단하게 복제^{cloning}한다. 이러한 방식으로 서버를 핫 클로닝^{hot-cloning}하는 것은 빠르고 쉬우며 복제 시점에서 일관된 서버를 제공한다.

실행 중인 서버를 복제하는 것은 작동을 방해하지 않고 서버를 탐색하거나 문제를 해결해야 하는 경우에 유용하다. 그러나 몇 가지 위험을 동반한다. 하나는 실험용으로 만든 프로덕션 서버

의 복사본이 프로덕션에 영향을 미칠 수 있다는 점이다. 예를 들어 복제된 애플리케이션 서버가 프로덕션 데이터베이스를 사용하도록 구성된 경우 실수로 프로덕션 데이터를 손상시킬 수 있다.

프로덕션에서 실행되는 복제된 서버에는 일반적으로 로그 파일 항목과 같은 원래 서버의 기록 데이터가 포함되어 있다. 이러한 데이터 손상은 문제 해결을 어렵게 만든다. 필자는 사람들이 디버깅 중인 서버에서 온 것이 아닌 오류 메시지로 인해 혼란스러워하는 것을 본 적이 있다.

그리고 복제된 서버는 실제로 재현할 수 없다. 서로 다른 시점에 동일한 상위 서버에서 복제된 두 서버는 다를 수 있으며 다시 돌아가 세 번째 서버를 구축 하더라도 다른 서버와 어떻게 다른지 완전히 확신할 수 없다. 복제된 서버는 구성 드리프트의 원인이다(2.5절 참고).

11.6.2 서버 스냅샷

실행 중인 서버를 직접 복제하여 신규 서버를 구축하는 대신 실행 중인 서버의 스냅샷을 찍고 스냅샷 이미지를 사용해 서버를 구축한다. 다시 말하지만, 대부분의 인프라 플랫폼은 스냅샷 서버에 대한 명령과 API 호출을 쉽게 제공하여 정적 이미지를 생성한다. 이렇게 하면 각 서버가 시작 이미지와 동일하다는 확신을 갖고 원하는 만큼 많은 서버를 만들 수 있다.

그러나 라이브 서버에서 가져온 스냅샷으로 서버를 생성하면 핫 클로닝과 같은 많은 단점을 갖게 된다. 이러한 스냅샷은 원래 서버의 로그, 구성, 기타 여러 데이터로 인해 오염될 수 있다. 처음부터 깨끗한 서버 이미지를 만드는 것이 더 효과적이다.

11.6.3 클린 서버 이미지

서버 이미지는 여러 개의 일관된 서버 인스턴스를 만들 수 있도록 깨끗하고 알려진 원본으로 생성하는 스냅샷이다. 운영 중인 서버의 스냅샷을 찍을 때와 동일한 인프라 플랫폼 기능을 사용하여 이를 수행할 수 있지만 서버 인스턴스가 전체 시스템의 일부로 사용되기 전의 스냅샷 이미지를 사용해야 한다. 이렇게 하면 모든 신규 서버가 깨끗해진다.

서버 이미지를 빌드하는 일반적인 프로세스는 다음과 같다.

1. OS 벤더의 설치 이미지나 인프라 플랫폼에서 제공한 이미지와 같은 알려진 원본에서 신규 서버 인스턴스를 만든다.

2. 서버 구성 코드를 적용하거나 서버의 초기 설정에 필요한 다른 스크립트를 실행한다. 이렇게 하면 모든 서버에 필요한 표준 패키지와 에이전트를 설치하고 보안을 위해 구성을 강화하며 모든 최신 패치를 적용할 수 있다.

3. 여러 서버 인스턴스를 생성하기 위한 이미지를 생성하여 서버 스냅샷을 수행한다. 이렇게 하려면 스냅샷을 신규 서버를 만들기 위한 이미지로 표시하는 단계가 필요할 수 있다. 또한 여러 서버 이미지 라이브러리를 관리하는 데 도움이 되는 태그 지정과 버전 관리가 필요할 수 있다.

사람들은 가끔 서버 이미지를 골든 이미지^{golden image}라고 부른다. 일부 팀은 이 이미지를 수동으로 빌드하지만, 아마도 여러분은 작성된 단계 체크리스트에 따라 이 프로세스를 자동화하고 서버 이미지를 코드로 관리하는 것의 이점을 알 것이다. 서버 이미지 빌드와 딜리버리는 13장에서 다룬다.

11.7 신규 서버 인스턴스 구성

이 장에서는 서버의 요소가 무엇인지, 출처가 무엇인지, 신규 서버 인스턴스를 만드는 방법과 서버 이미지를 미리 빌드하는 것의 가치에 대해 설명하고 있다. 서버 생성과 프로비저닝 프로세스의 마지막 부분은 자동화된 서버 구성 코드를 신규 서버에 적용하는 것이다. 이 작업은 [그림 11-5]와 같이 여러 지점에서 수행할 수 있다.

그림 11-5 서버 생명 주기에서 구성을 적용할 수 있는 위치

구성은 서버 이미지를 만들 때, 이미지에서 서버 인스턴스를 만들 때, 서버가 실행 중일 때 적용할 수 있다.

서버 이미지 구성

여러 서버 인스턴스를 만드는 데 사용할 서버 이미지를 빌드할 때 구성을 적용한다. 한 번 구성하면 여러 번 사용한다고 생각해야 한다. 이를 보통 서버 이미지 베이킹[baking]이라고 한다.

신규 서버 인스턴스 구성

신규 서버 인스턴스를 생성할 때 구성을 적용한다. 이 구성은 여러 번 적용한다고 생각해야 한다. 이를 서버 인스턴스 플라잉[frying]이라고도 한다.

실행 중인 서버 인스턴스 구성

이미 사용 중인 서버에 구성을 적용한다. 이를 수행하는 일반적인 이유는 보안 패치 적용과 같은 변경 수행을 위해서다. 또 다른 이유는 자동화된 구성 외에 수작업 등으로 변경한 내용을 복구하여 일관성을 유지하기 위해서다. 일부 팀은 구성을 적용하여 기존 서버를 변환하기도 한다. 예를 들어 웹 서버를 애플리케이션 서버로 전환할 수 있다.

마지막으로 실행 중인 서버 인스턴스를 구성하는 것은 일반적으로 서버를 변경하기 위함이다 (12장). 처음 두 가지는 신규 서버를 만들 때 구성을 적용하기 위한 선택사항이며 이 장의 범위에 포함된다. 핵심은 신규 서버에 대한 구성을 적용할 적절한 시기를 결정하는 것이다. 신규 서버 인스턴스마다 구성을 플라잉할지, 서버 이미지에 한 번 베이킹할지에 대해 고민해야 한다.

11.7.1 서버 인스턴스 플라잉

서버 플라잉에는 신규 서버 인스턴스를 만들 때 구성을 적용하는 작업이 포함된다. 서버 플라잉을 최대한으로 사용하면 각 서버 이미지를 최소한으로 유지하고 주어진 서버에 대한 모든 정보를 라이브 이미지로 빌드할 수 있다. 이렇게 하면 신규 서버에 항상 시스템 패치, 최신 소프트웨어 패키지 버전, 최신 구성 옵션을 포함한 최신 변경이 적용된다. 서버 플라잉은 딜리버리 타임 통합의 예다(19.2절 참고).

이 방법은 이미지 관리를 단순화한다. 인프라에 사용되는 하드웨어와 OS 버전의 각 조합마다 하나의 이미지만 있을 수 있기 때문에 이미지가 많이 필요하지 않다. 예를 들어 64비트 Windows 2019에 대해 하나, 32비트과 64비트 Ubuntu 18.x에 대해 하나씩만 있어도 된다. 이미지가 많이 변경되지 않으므로 이미지를 자주 업데이트할 필요가 없다. 어떤 경우라도 각 서버를 프로비저닝할 때 최신 패치를 적용할 수 있다.

필자가 함께 했던 팀은 인프라 자동화 도입 초기에 플라잉에 집중했다. 서버 이미지 관리를 위한 도구와 프로세스 설정에 많은 노력이 들어갔다. 필자의 팀은 이미지 관리 프로세스를 위해 핵심 인프라를 구축한 후 필요한 작업을 백로그^{backlog}에 추가했다.

다른 사례를 살펴보자. 인스턴스 플라잉은 서버의 가변성이 높기 때문에 의미가 있다. 필자가 아는 호스팅 회사는 고객에게 서버 구성과 관련된 많은 선택지를 제공하기 위해 베이킹보다는 플라잉을 사용한다. 이 회사는 최소한의 기본 서버 이미지를 유지하고 각각의 신규 서버를 구성하는 자동화에 더 많은 노력을 기울인다.

각 인스턴스를 만들 때 서버의 요소를 설치하고 구성하는 것에는 다음과 같은 잠재적 이슈가 있다.

속도

서버를 구축할 때 발생하는 활동은 생성 시간에 포함된다. 이렇게 추가된 시간은 급증하는 작업을 처리하거나 장애를 복구하기 위해 서버를 스핀업할 때 문제에 빠르게 대응할 수 없게 만든다.

효율성

서버를 구성하는 것에는 네트워크를 통해 저장소에서 패키지를 다운로드하는 작업이 자주 포함된다. 이러한 작업은 시간을 낭비하고 서버 구성을 느리게 만든다. 예를 들어 짧은 시간 안에 20대의 서버를 가동해야 하는 경우 각 서버에서 동일한 패치와 애플리케이션 설치 프로그램을 다운로드하는 것은 낭비다.

의존성

서버 구성은 일반적으로 아티팩트 저장소와 여러 시스템에 따라 달라진다. 이 중 하나라도 오프라인이거나 연결이 불가능하다면 신규 서버를 만들 수 없다. 이러한 상황은 특히 많은 수의 서버를 신속하게 리빌드해야 하는 긴급 상황에서 사람들을 고통스럽게 한다. 여기에 네트워크 장치나 저장소까지 다운되면 여러 시스템을 활성화시키기 위해 시스템을 시작하고 리빌드하는 순서가 정해진다.

11.7.2 서버 이미지 베이킹

서버 생성 스펙트럼의 다른 쪽 끝에서는 거의 모든 것을 서버 이미지에 넣어 구성한다. 인스턴스별로 차이가 있는 구성만 적용하면 되므로 신규 서버를 구축하는 것은 매우 빠르고 간단하다. 서버 이미지 베이킹('서버 이미지를 굽는다'고 하기도 함)은 빌드 타임 통합의 예다(19.2절 참고).

플라잉의 단점에서 베이킹의 장점을 발견할 수 있다. 서버 이미지에 구성을 적용하는 것은 많은 수의 유사한 서버 인스턴스를 사용하는 시스템과 서버를 자주 빠르게 생성해야 하는 경우에 특히 적합하다.

서버 이미지 베이킹의 문제는 신규 버전을 쉽게 업데이트하고 배포할 수 있도록 도구와 자동화된 프로세스를 설정해야 한다는 것이다. 예를 들어 OS나 서버 이미지에 저장된 주요 패키지의 중요한 보안 패치가 릴리스된 경우 중단을 최소화하면서 신규 이미지를 빌드하고 기존 서버에 신속하게 적용될 수 있어야 한다. 이를 수행하는 방법은 13장에서 다룬다.

서버 이미지 베이킹의 또 다른 문제는 속도다. 이미지 업데이트를 위한 완성된 자동화 프로세스가 있더라도 신규 이미지를 빌드하고 릴리스하기 위해서는 수십 분(일반적으로 10~60분)이 걸린다. 실행 중인 서버에 변경을 적용하거나(12장 참고) 베이킹과 플라잉을 결합한 프로세스로 이를 개선할 수 있다.

11.7.3 베이킹과 플라잉의 결합

실제로 대부분의 팀은 베이킹과 플라잉을 조합하여 신규 서버를 구성한다. 이렇게 하면 서버 이미지로 구성할 활동과 서버 인스턴스를 만들 때 적용할 활동의 균형을 맞출 수 있다. 일부 구성 요소를 프로세스의 두 부분(베이킹과 플라잉)에 모두 적용할 수도 있다.

특정 구성을 적용할 적절한 시기를 결정하기 위해 고려해야 할 사항은 소요 시간과 변경 빈도다. 적용 시간이 오래 걸리고 자주 변경되지 않는 항목은 서버 이미지에 적용할 수 있는 확실한 후보다. 예를 들어 서버 이미지에 애플리케이션 서버 소프트웨어를 설치하면 훨씬 더 빠르게 여러 서버 인스턴스를 가동하고 프로세스에서 네트워크 대역폭을 절약할 수 있다.

이와 반대로 설치가 더 빠르거나 더 자주 변경되는 것은 플라잉하는 것이 좋다. 이것에 해당하는 예는 사내에서 개발된 애플리케이션이다. 온디맨드 방식의 신규 서버를 스핀업하는 가장 일반적인 사례는 소프트웨어 릴리스 프로세스의 일부로 테스트하는 것이다.

생산성이 높은 개발팀은 CI 프로세스에 의존하여 각 빌드를 자동으로 배포하고 테스트하면서 매일 수십 개 이상의 새로운 애플리케이션 빌드를 푸시할 수 있다. 각각의 신규 애플리케이션 빌드에 대해 신규 서버 이미지를 베이킹하는 것은 작업 속도에 비해 너무 느리므로 테스트 서버를 만들 때 애플리케이션을 배포하는 것이 더 효율적이다.

팀이 베이킹과 플라잉을 결합하는 또 다른 방법은 가능한 한 많이 서버 이미지를 베이킹하고 업데이트된 버전의 경우에만 플라잉하는 것이다. 팀은 업데이트된 서버 이미지를 매주 또는 매월 주기로 느리게 베이킹할 수 있다. 보안 패치와 구성 개선 같이 일반적으로 이미지에 베이킹하는 항목을 업데이트해야 할 때 이를 서버 생성 프로세스에 적용하여 베이킹된 이미지 위에 올릴 수 있다.

업데이트된 이미지를 베이킹할 때가 되면 업데이트를 중단하고 생성 프로세스에서 제거한다. 이 방법을 사용하면 오버헤드를 줄이면서 새로운 변경을 신속하게 통합할 수 있다. 팀은 기존 서버를 리빌드하지 않고 이 코드를 지속적으로 적용(12.1절 참고)하여 업데이트한다.

11.7.4 서버 생성 시 구성 적용

커맨드라인 도구, 플랫폼 API 호출, 스택 관리 도구 등 앞에서 설명한 방식으로 서버를 생성하는 데 사용되는 대부분의 도구(11.5절 참고)는 서버 구성 코드를 적용하는 방법을 제공한다. 예를 들어 스택 관리 도구에는 [예제 11-3]과 같이 인기 있는 도구를 지원하거나 신규 서버 인스턴스에서 임의의 명령을 실행하는 구문이 있어야 한다.

예제 11-3 가상의 서버 구성 도구를 실행하는 스택 코드

```
server:
  source_image: stock-linux-1.23
  memory: 2GB
  vnet: ${APPSERVER_VNET}
  configure:
    tool: servermaker
    code_repo: servermaker.shopspinner.xyz
    server_role: appserver
    parameters:
```

```
app_name: catalog_service
app_version: 1.2.3
```

이 코드는 Servermaker 도구를 실행하여 서버 구성 코드를 호스팅하는 서버 이름, 서버에 적용할 역할(appserver), 서버 구성 코드(app_name와 app_version)에 전달할 일부 파라미터를 전달한다.

특정 도구를 사용하면 서버 구성 코드를 직접 스택 코드나 셸 명령어에 추가할 수 있다. 이런 방식으로 서버 구성 논리를 구현하게 되면 간단한 요구사항은 만족시킬 수 있다. 그러나 대부분의 경우 코드의 크기와 복잡성이 증가한다. 따라서 코드베이스를 깔끔하고 유지보수 가능하게 하려면 서버 구성 코드를 스택 코드나 셸 명령어로부터 추출하는 것이 좋다.

11.8 마치며

이 장에서는 신규 서버를 만들고 프로비저닝하는 다양한 방법을 다루었다. 서버의 콘텐츠 유형에는 소프트웨어, 구성, 데이터가 포함된다. 이러한 요소는 일반적으로 OS, 개발 언어 벤더, 다른 회사 및 팀 내부에서 관리하는 패키지를 포함하여 다양한 저장소의 기본 OS 설치와 패키지에서 가져온다. 사람들은 서버 이미지의 콘텐츠를 결합하고 서버 구성 도구를 사용하여 추가 패키지와 구성을 적용하여 서버를 구축한다.

서버를 만들려면 커맨드라인 도구를 실행하거나 UI를 사용할 수 있지만 코드 기반 프로세스를 사용하는 것이 좋다. 이를 위해 최근에는 사용자 정의 스크립트를 거의 작성하지 않고 스택 관리 도구를 사용할 가능성이 더 높다. 서버를 빌드하기 위한 몇 가지 다른 방법도 설명하지만 일반적으로 서버 이미지를 빌드하는 것을 권장한다.

CHAPTER 12

서버 변경 관리

많은 조직과 팀이 서버와 여러 인프라를 구축하는 프로세스와 도구에 집중하지만 변경사항은 무시한다. 문제를 해결하거나, 보안 패치를 적용하거나, 소프트웨어를 업그레이드하기 위해 수행하는 변경을 비정상적인 이벤트로 취급한다. 모든 변경이 예외라면 자동화할 수 없다. 이러한 생각 때문에 많은 조직이 일관성 없고 불안정한 시스템을 갖게 된다. 그래서 많은 사람이 재미없는 유지보수와 긴급한 장애 대응 사이를 왔다 갔다하며 시간을 보낸다.

시스템에서 유일하게 변하지 않는 점은 시스템이 변한다는 것이다. 시스템을 코드로 정의한 후 동적 인프라 플랫폼에서 실행하고 변경 파이프라인을 사용하여 시스템 전체에 해당 코드를 전달하면 자주 쉽게 변경할 수 있다. 시스템이 코드와 파이프라인을 통해서만 생성되고 변경된다면 시스템의 일관성이 보장되고 사람들이 필요로 하는 정책과 일치하는지를 확인할 수 있다.

11.1절과 11.2절에서는 서버에 있는 항목과 모든 항목의 출처를 설명한다. 특정 서버에 있는 모든 것은 OS 설치, 시스템 패키지 저장소, 서버 구성 코드 등 정의된 소스에서 가져온다. 서버를 변경하는 것은 이러한 항목을 변경하는 것이다.

이 장에서는 서버의 출처를 정의하는 코드를 변경하고 변경된 코드를 적용하는 방법에 대해 설명한다. 신뢰할 수 있는 자동화된 서버 변경 프로세스를 구현하면 서버 전체 변경을 빠르고 안정적으로 적용할 수 있다. 최소한의 노력으로 가장 최근 승인된 패키지와 구성을 적용하여 모든 서버를 최신 상태로 유지할 수 있다.

변경이 발생할 때마다 적용하고, 지속적으로 동기화하고, 서버를 리빌드하는 등 구성 코드를 서버에 적용하는 여러 가지 패턴이 있다. 변경의 또 다른 차원은 구성 정보를 push할지 pull

할지 여부에 관계없이 도구를 실행하여 서버에 변경을 적용하는 것이다. 마지막으로 서버의 생명 주기에는 일시중지부터 리빌드, 서버 삭제에 이르기까지 몇 가지 이벤트가 존재한다.

12.1 변경 적용 시기에 따른 변경 관리 패턴

서버 인스턴스에 변경을 적용할 시기를 결정하기 위한 하나의 안티패턴과 두 개의 패턴이 있다.

안티패턴 변경 중 적용

변경 중 적용apply on change 안티패턴은 임시ad hoc 자동화로도 불린다.

이 안티패턴을 사용하면 적용해야 할 변경이 있을 때만 구성 코드가 서버에 적용된다.

예를 들어 여러 Tomcat 애플리케이션 서버를 실행하는 팀을 생각해보자. 팀원은 신규 서버 인스턴스를 만들 때 Ansible 플레이북을 실행하여 Tomcat을 설치하고 구성하지만 서버가 실행되면 필요할 때까지 Ansible을 실행하지 않는다. 신규 버전의 Tomcat이 출시되면 플레이북을 업데이트하고 서버에 적용한다.

이 안티패턴에서 가장 극단적인 상황은 특정 서버의 코드만을 변경하는 것이다.

이 예제에서 팀은 특정 애플리케이션 서버에 훨씬 더 많은 트래픽이 유입되고 있으며 이로 인해 Tomcat이 불안정해지고 있음을 알게 된다. 팀원은 플레이북을 변경하여 더 높은 부하에 대응하기 위해 Tomcat 구성을 최적화한 후 문제가 있는 서버에 적용한다. 그러나 다른 애플리케이션 서버에는 변경이 필요하지 않기 때문에 플레이북을 다른 애플리케이션 서버에 적용하지 않는다.

동기

전통적으로 시스템과 네트워크 관리자는 수동으로 서버를 관리한다. 변경이 필요한 경우에는 해당 서버에 로그인하여 변경을 수행한다. 스크립트 사용자도 스크립트를 작성하고 실행하여 변경을 수행하는 경향이 있다. 변경 중 적용 안티패턴은 수동 명령 실행이나 온-오프on-off 스크립트 대신 코드형 인프라 도구를 사용하여 작업 방식을 확장한다.

적용성

필요한 경우에만 변경 코드를 적용하는 것은 하나의 임시 서버에서는 문제가 없다. 그러나 서버 그룹을 지속적으로 관리하기 위해 적합한 방법은 아니다.

결과

특정 변경만을 위한 구성 코드를 적용하는 경우 코드가 특정 서버 인스턴스에 긴 간격 동안 적용되지 않을 수 있다. 코드를 적용하려고 하면 변경하려는 코드가 아닌 서버와의 차이점으로 인해 실패할 수 있다.

우리가 주의를 기울이지 않을 때 서버의 상황이 바뀔 수 있다. 예를 들어 누군가가 운영 중단을 신속하게 해결하기 위해 수동으로 변경을 수행할 수 있다. 아니면 다른 사람이 최신 버전의 OS 또는 애플리케이션 패키지로 시스템을 패치했을 수 있다. 이러한 상황은 우리가 망가지지 않을 거라고 확신하는 빠른 변경의 범주에 포함된다. 그리고 일주일 후, 우리는 몇 시간에 걸쳐 고장난 무언가를 디버깅하기 전까지 변경했던 것을 기억하지 못한다(작은 변경이었기 때문이다).

일부 서버에만 변경을 적용하고 다른 서버에는 적용하지 않으면 문제가 더욱 악화된다. 팀이 특정 서버의 성능을 최적화하기 위한 코드를 적용했던 tomcat 예제를 생각해보자. 나중에 팀 원 중 누군가가 전체 애플리케이션 서버에 또 다른 변경을 적용할 것이다.

이 경우 이전에 특정 서버에만 적용했던 성능 최적화 변경을 새로운 변경 코드에 적용했을 때의 부작용으로 해당 변경이 아직 적용되지 않은 서버에도 변경이 적용된다. 이전 변경은 다른 서버에 예기치 않은 영향을 미칠 수 있다. 코드를 적용하는 사람이 이전의 성능 최적화와 관련된 변경을 기억하지 못하면 이로 인해 발생하는 문제의 원인을 찾는 데 훨씬 더 오랜 시간이 걸린다.

구현

수동으로 변경하거나 일회성 스크립트를 사용하는 데 익숙한 사람도 서버 구성 코드를 사용한다. 그들은 Ansible, Chef, Puppet과 같은 도구를 어색한 구문을 사용하는 스크립트 도구로 생각한다. 이런 사람들은 대부분의 경우 파이프라인이나 다른 오케스트레이션 서비스를 사용하여 코드를 적용하는 대신 로컬 컴퓨터에서 직접 수동으로 도구를 실행한다.

관련 패턴

사람들은 Pull 대신 Push 구성 패턴과 함께 변경 중 적용 안티패턴을 사용하는 경향이 있다 (12.2절 참고). 이 안티패턴의 대안은 지속적인 동기화 또는 불변^{immutable} 서버다.

패턴 지속적인 구성 동기화

지속적인 구성 동기화는 예약된 서버 구성 업데이트로도 알려져 있다.

지속적인 구성 동기화에는 코드 변경 여부에 관계없이 구성 코드를 서버에 반복적으로 자주 적용하는 작업이 포함된다. 이렇게 하면 서버나 구성 코드에서 사용되는 다른 리소스에 상관없이 예기치 않은 차이가 반환되거나 표면화된다.

동기

우리는 서버 구성을 예측할 수 있다고 믿고 싶어 한다. 서버에 코드를 적용하면 다음에 코드를 적용할 때까지는 아무것도 변경되지 않는다. 코드를 변경하지 않았다면 적용할 필요가 없다. 그러나 서버와 서버 코드는 교활하다.

누군가가 로그인하여 수동으로 변경하는 것과 같은 명백한 이유로 서버가 변경된다. 사람들은 문제가 없을 것이라고 생각하기 때문에 이러한 방식으로 사소한 변경을 적용한다. 우리는 사소한 변경이 안전하다고 착각한다. 다른 경우에는 팀이 다른 도구나 프로세스를 사용하여 서버의 일부만 관리한다. 예를 들어 일부 팀은 특히 보안 패치를 위해 특수 도구를 사용하여 서버를 업데이트하고 패치한다.

서버가 변경되지 않은 경우에도 동일한 서버 구성 코드를 여러 번 적용하면 차이가 발생할 수 있다. 예를 들어 코드는 중앙 구성 레지스트리의 파라미터를 사용할 수 있다. 이러한 파라미터 중 하나가 변경되면 다음에 서버에서 실행될 때 코드가 다른 작업을 수행할 수 있다.

변경의 또 다른 출처는 패키지다. 구성 코드가 저장소에서 패키지를 설치하는 경우 패키지가 신규 버전으로 업데이트될 수 있다. 패키지 버전을 지정할 수 있지만 이것은 두 가지 끔찍한 길 중 하나로 이어진다. 하나의 길은 해커에게 잘 알려진 보안 취약점이 있는 패키지를 비롯하여 많은 오래된 패키지가 시스템에 포함되는 것이다. 다른 길은 사용자와 팀이 서버 코드의 패키지 버전 번호를 수동으로 업데이트하느라 막대한 노력이 들어가는 것이다.

자동화된 일정에 따라 서버 구성 코드를 정기적으로 적용하면 모든 서버를 일관성 있게 구성할 수 있다. 또한 출처에 관계없이 차이점이 더 빨리 적용되도록 한다.

적용성

다른 대안인 변경 불가능한 서버보다 지속적인 동기화를 구현하는 것이 더 쉽다. Ansible, Chef, Puppet와 같은 대부분의 코드형 인프라 도구는 이 패턴을 염두에 두고 설계되었다. 신규 인스턴스를 구축하는 것보다 기존 서버 인스턴스를 업데이트하여 변경을 적용하는 것이 더 빠르고 중단이 적다.

결과

자동화된 프로세스가 전체 서버에 대한 구성을 적용하면 무언가가 손상될 위험이 있다. '동기' 부분에서 설명한 것처럼 예기치 않게 변경될 수 있는 모든 항목은 서버를 손상시킬 수 있다. 이에 대응하려면 문제를 알려주는 효과적인 모니터링 시스템과, 프로덕션 시스템에 변경을 적용하기 전에 코드를 테스트하고 전달하는 좋은 프로세스가 필요하다.

구현

앞에서 언급했듯이 대부분의 서버 구성은 지속적으로 실행되도록 설계되어 있다. 서버 구성에 사용되는 특정 메커니즘은 12.2절에서 설명한다.

지속적인 동기화에 대한 구현은 대부분 정해진 일정에 따라 실행된다. 이러한 서버는 여러 서버에서 런타임을 변경하여 모든 서버가 구성을 동시에 실행하지 않도록 한다.[1] 그러나 때로는 소프트웨어 배포를 지원하기 위해 코드를 더 빨리 적용하거나 개선된 사항을 적용하고 싶을 수 있다. 도구마다 이를 위한 솔루션이 다르다.

연관 패턴

지속적인 동기화는 Push 또는 Pull 구성 패턴(12.2절 참고)을 사용하여 구현된다. 이 패턴의 대안은 불변 서버다.

---

1   예를 들어 Chef-client --splay 옵션이 있다.

불변 서버

불변 서버는 구성이 변경되지 않는 서버 인스턴스로 정의된다. 변경된 구성으로 신규 서버 인스턴스를 만들고 이를 사용하여 기존 서버를 교체하여 변경을 전달한다.[2]

동기

불변 서버는 변경 위험을 줄인다. 실행 중인 서버 인스턴스에 변경을 적용하는 대신 신규 서버 인스턴스를 만든다. 신규 인스턴스를 테스트한 다음 이전 인스턴스를 교체할 수 있다. 그런 다음 원본을 제거하기 전에 신규 인스턴스가 올바르게 작동하는지 확인한다. 문제가 발생한 경우에는 원래대로 복구할 수 있다.

적용성

엄격한 제어와 일관성 있는 서버 구성이 필요한 조직에는 불변 서버가 유용하다. 예를 들어 수천 개의 서버 이미지를 실행하는 통신 회사는 구성의 안정성을 보장하기 위해 실행 중인 서버에 변경을 적용하지 않기로 결정할 수 있다.

결과

불변 서버를 구현하려면 서버 이미지를 빌드, 테스트, 업데이트하기 위한 강력한 자동화 프로세스가 필요하다(13장 참고). 시스템과 애플리케이션 설계는 서비스를 중단하지 않고 서버 인스턴스를 교체하도록 지원해야 한다(21.3절 참고).

'불변' 서버라는 이름을 가졌지만 이 서버는 변경된다.[3]

특히 구성 변경 프로세스를 사용하여 신규 서버 인스턴스를 구축하는 대신 서버에 로그인하여 수작업으로 변경하게 되면 구성 드리프트가 발생할 수 있다. 따라서 불변 서버를 사용하는 팀은 실행 중인 인스턴스의 최신성을 보장하기 위해 주의를 기울여야 한다. 불변 서버는 변경 중 적용 안티패턴과 결합할 수 있다. 이렇게 하면 나중에 구축한 서버의 패치와 개선사항을 포함

---

2   필자의 동료인 피터 길라드-모스(Peter Gillard-Moss)와 전 동료인 벤 버틀러-콜(Ben Butler-Cole)은 ThoughtWorks의 Mingle SaaS 플랫폼을 개발할 때 불변 서버를 사용했다.

3   일부 사람들은 로그, 메모리, 프로세스 공간을 포함한 서버 측면이 변경 가능하기 때문에 불변 인프라가 잘못된 접근 방식이라고 말한다. 이 주장은 서버를 뒷단에서 사용하기 때문에 '서버리스 컴퓨팅'을 무시하는 것과 같다. 용어는 은유적인 표현으로 봐야 한다. 표현은 불완전하지만 이 용어가 설명하는 접근 방식은 많은 사람에게 유용하다.

하지 않고 오랫동안 변경 없이 서버를 실행할 수 있다. 또한 팀은 서버 접근을 비활성화하거나 긴급 상황에서 서버에 접근하고 수동으로 서비스를 변경하는 경우에 브레이크 글라스^{break glass} 프로세스가 필요하다는 점을 고려해야 한다.[4]

구현

불변 서버를 사용하는 팀은 서버 이미지에서 구성의 대부분을 처리하고 플라잉 인스턴스보다 베이킹 이미지(11.7절 참고)를 선호한다. 따라서 서버 이미지를 자동으로 빌드하고 업데이트하는 파이프라인이나 파이프라인 모음은 불변 서버를 사용하기 위해 반드시 필요하다.

서버 인스턴스를 생성한 후 변경하지 않으면 구성을 불변 서버 인스턴스에 플라잉할 수 있다. 그러나 더 엄격한 형태의 불변 서버는 서버 인스턴스에 변경을 추가하지 않는다. 이 방식을 사용하면 서버 이미지를 만들고 테스트한 다음 한 환경에서 다음 환경으로 이동한다. 서버 인스턴스마다 거의 또는 전혀 변경되지 않기 때문에 한 환경에서 다음 환경으로 이동할 때 문제가 발생할 위험이 적다.

연관 패턴

사람들은 불변 서버를 지원하기 위해 서버를 베이킹하곤 한다. 지속적인 동기화는 실행 중인 서버 인스턴스에 변경을 정기적으로 적용하는 불변 서버 방식과 반대되는 접근 방식이다. 불변 서버는 불변 인프라의 하위 집합이다(20.4절 참고).

> **NOTE** **서버 패치**
>
> 많은 팀은 특별한 별도의 프로세스로 서버를 패치한다. 그러나 서버에 변경을 전달하고 서버 코드를 기존 서버에 지속적으로 동기화하는 자동화된 파이프라인이 있다면 동일한 프로세스를 사용하여 서버에 패치를 적용할 수 있다.
>
> 필자가 일했던 팀은 OS와 여러 핵심 패키지의 최신 보안 패치를 매주, 때로는 매일 가져와서 테스트하고 제공했다.

---

4 긴급 상황에서 일시적으로 높은 수준의 액세스 권한을 얻기 위해 브레이크 글라스 프로세스를 사용할 수 있다. 이 프로세스는 일상적으로 사용되는 것을 막기 위해 보통 눈에 잘 띈다. 사람들이 브레이크 글라스 프로세스에 의존하기 시작한다면 팀은 어떤 작업이 강제로 사용되는지 평가하고 브레이크 글라스 프로세스 없이 이러한 작업을 지원할 방법을 찾아야 한다. 자세한 내용은 데릭 A. 스미스(Derek A. Smith)의 웨비나 'Break Glass Theory'에서 확인할 수 있다.

이 신속하고 빈번한 패치 프로세스는 언론이 핵심 OS 패키지의 주요 보안 취약점을 보도했을 때 고객인 CIO에게 깊은 인상을 주었다. CIO는 우리에게 모든 것을 중단한 후 취약점을 해결하기 위한 계획을 수립하고 예상 소요 시간, 작업에 투입되는 리소스와 비용을 예측해야 한다고 요구했다. 문제를 수정하는 패치가 그날 아침 정기 업데이트의 일환으로 이미 배포되었다고 말했을 때 CIO는 기뻐하며 놀라워했다.

12.2 서버 구성 코드를 적용하는 방법

지금까지 서버에 구성 코드를 적용할 시기를 관리하는 패턴에 대해 설명했다. 이제부터는 코드를 서버 인스턴스에 적용하는 방법을 결정하는 패턴을 설명한다.

서버 구성 코드를 적용하는 패턴은 지속적인 동기화 프로세스의 일부로, 서버 변경과 관련이 있다. 그러나 새로운 서버 인스턴스를 구축할 때도 사용되고 인스턴스 구성을 플라잉하기 위해서도 사용된다. 그리고 우리는 서버 이미지를 빌드할 때 구성을 적용할 패턴을 선택해야 한다(13장).

서버 인스턴스(새로 구축 중인 인스턴스, 이미지 구축에 사용하는 임시 인스턴스, 기존 인스턴스 등)를 지정하면 두 가지 패턴으로 구성된 서버 구성 도구를 실행하여 코드를 적용할 수 있다. 한 가지 패턴은 Push, 다른 하나는 Pull이다.

패턴 Push 서버 구성

Push 서버 구성 패턴을 사용하면 신규 서버 인스턴스 외부에서 실행되는 프로세스가 서버에 연결되어 코드를 실행하고, 다운로드하고, 적용한다.

동기

팀은 서버 이미지에 서버 구성 도구를 미리 설치할 필요가 없도록 Push를 사용한다.

적용성

Push 패턴은 기존 서버의 구성 업데이트 시기를 더 높은 수준으로 제어해야 할 때 유용하다.

예를 들어 소프트웨어 배포와 같은 이벤트가 여러 서버에 걸쳐 일련의 활동을 하는 경우 프로세스를 조정하는 중앙 프로세스를 사용하여 이를 구현할 수 있다.

결과

Push 구성 패턴을 사용하려면 서버 인스턴스에 연결하고 네트워크를 통해 구성 프로세스를 실행하는 기능이 필요하다. 이 요구사항은 해커가 서버에 접속하여 무단으로 변경하는 데 사용할 수 있는 공격 벡터를 획득하는 보안 취약점을 만들 수 있다.

예를 들어 자동 확장이나 자동 복구와 같이 플랫폼에서 자동으로 생성된 서버 인스턴스에 대해 Push 구성을 실행하는 것은 어색할 수 있다(11.5절 참고).

구현

서버 구성을 push하는 한 가지 방법은 로컬 컴퓨터에서 서버 구성 도구를 실행하는 것이다. 그러나 프로세스의 일관성과 제어를 보장하려면 중앙 서버 또는 서비스에서 도구를 실행하는 것이 바람직하다(20.3절 참고).

일부 서버 구성 도구에는 Ansible Tower와 같이 서버와의 연결을 관리하는 서버 애플리케이션이 포함된다. 일부 개발사는 서버 인스턴스를 원격으로 구성할 수 있는 SaaS 서비스를 제공하지만 많은 조직은 외부에서 자사 인프라에 대한 이러한 수준의 제어 권한을 제공하는 것을 선호하지 않는다.

중앙 서비스를 직접 구현하여 서버 구성 도구를 실행할 수도 있다. 필자는 팀이 CI 또는 CD 서버 솔루션을 사용하여 중앙 서비스를 구축하는 것을 가장 많이 보았다. 특정 서버 집합에 대해 구성 도구가 실행되는 CI 작업 또는 파이프라인 단계를 구현한다. 작업은 서버 구성 코드를 변경하거나 신규 환경을 생성하는 것과 같은 이벤트를 기반으로 트리거된다.

서버 구성 도구는 서버 인스턴스에 네트워크를 연결할 수 있어야 한다. 일부 도구는 이를 위해 사용자 정의 네트워크 프로토콜을 사용하지만 대부분은 SSH를 사용한다. 각 서버 인스턴스는 서버 도구와 SSH 연결을 허용해야 도구가 구성 변경을 적용할 수 있는 충분한 권한으로 실행된다.

이러한 연결에 대한 강력한 인증과 비밀 관리는 필수적이다. 그렇지 않으면 서버 구성 시스템이 큰 보안 취약점이 된다.

신규 서버 인스턴스를 만들고 구성할 때 SSH 키와 같은 신규 인증 정보를 동적으로 생성할 수 있다. 대부분의 인프라 플랫폼은 신규 인스턴스를 만들 때 키를 설정하는 방법을 제공한다. 그러면 서버 구성 도구에서 이 비밀 정보를 사용할 수 있으며 키가 더 이상 필요하지 않은 경우 잠재적으로 사용을 중지하고 삭제할 수 있다.

지속적인 동기화와 같이 기존 서버 인스턴스에 구성 변경을 적용해야 하는 경우 구성 도구에서 연결을 인증하는 장기적인 방안이 필요하다. 가장 간단한 방법은 모든 서버 인스턴스에 대해 단일 키를 설정하는 것이다. 그러나 이러한 단일 키는 보안 취약점이 된다. 키가 노출되면 해커가 모든 서버에 접근할 수 있다.

대안은 각 서버 인스턴스에 대해 고유한 키를 설정하는 것이다. 서버 구성 도구에서 키에 접근할 수 있도록 하는 동시에 해커가 동일한 액세스 권한을 획득하지 못하도록 해야 한다. 관련 내용은 7.4절에서 확인할 수 있다.

많은 조직에서 사용하는 접근 방식은 서버 구성을 관리하는 여러 서버 또는 서비스를 보유하는 것이다. 전체 시스템은 서로 다른 보안 영역으로 나뉘고 각 서버 구성 서비스 인스턴스는 보안 영역 중 한 곳에만 접근할 수 있다. 이러한 분할로 서비스의 범위를 줄일 수 있다.

관련 패턴

Push 패턴의 대안은 Pull 서버 구성 패턴이다.

패턴 Pull 서버 구성

Pull 서버 구성 패턴에는 구성 코드를 다운로드하고 적용하기 위해 서버 인스턴스 자체에서 실행되는 프로세스가 포함된다. 이 프로세스는 신규 서버 인스턴스가 생성될 때 트리거된다. 지속적인 동기화 패턴의 기존 인스턴스는 프로세스가 일반적으로 일정에 따라 실행되며 주기적으로 활성화되어 현재 구성을 적용한다.

동기

Pull 기반 서버 구성을 사용하면 중앙 서버에서 요청하는 연결을 수락하기 위한 서버 인스턴스가 필요하지 않으므로 해커의 공격 범위를 줄일 수 있다. 이 패턴은 자동 확장과 자동 복구 같은 인프라 플랫폼에서 자동으로 생성된 인스턴스 구성을 단순화한다(11.5절 참고).

적용성

서버 구성 도구가 이미 설치된 서버 이미지를 빌드하거나 이런 이미지를 사용할 수 있는 경우
Pull 기반 서버 구성을 구현할 수 있다.

구현

Pull 구성은 서버 구성 도구가 사전 설치된 서버 이미지를 사용하여 작동한다. 신규 서버 인스
턴스의 구성을 가져오는 경우 처음 부팅할 때 도구를 실행하도록 이미지를 구성한다.

Cloud-init은 이러한 종류의 프로세스를 자동으로 실행하기 위해 널리 사용되는 도구다. 인
프라 플랫폼의 API를 사용하여 신규 서버 인스턴스에 실행할 명령과 서버 구성 도구에 전달할
파라미터를 제공한다(예제 12-1).

예제 12-1 설정 스크립트를 실행하는 스택 코드

```
server:
  source_image: stock-linux-1.23
  memory: 2GB
  vnet: ${APPSERVER_VNET}
  instance_data:
    - server_tool: servermaker
    - parameter: server_role=appserver
    - parameter: code_repo=servermaker.shopspinner.xyz
```

중앙 저장소에서 구성 코드를 다운로드하고 시작할 때 적용하도록 스크립트를 구성한다. 지속
적인 동기화를 사용하여 실행 중인 서버를 업데이트하는 경우 서버 구성 도구가 백그라운드 프
로세스로 실행되는지 또는 일정에 따라 도구를 실행하는 cron 작업으로 실행되는지에 관계없
이 setup 프로세스가 중앙 저장소에서 구성 코드를 다운로드하고 실행하도록 구성해야 한다.

자체 서버 이미지를 빌드하지 않더라도 퍼블릭 클라우드에서 제공하는 대부분의 이미지에는
cloud-init과 많이 사용되는 서버 구성 도구가 사전 설치되어 있다.

몇 가지 다른 서버 구성 도구, 특히 Saltstack은 메시징과 이벤트 기반 접근 방식을 사용하여

서버 구성을 트리거한다. 각 서버 인스턴스는 구성 코드 명령을 수신하는 공유 서비스 버스에 네트워크 연결하는 에이전트를 실행한다.

관련 패턴

Pull 패턴의 대안은 Push 서버 구성 패턴이다.

구성 분산

대부분의 서버 구성 도구는 시스템 또는 클러스터에서 실행되는 중앙 서비스를 제공하여 구성 코드와 파라미터의 배포를 중앙에서 제어하고 여러 작업을 관리한다. 일부 팀은 중앙 서비스가 없는 실행을 선호한다.

팀이 구성을 분산하는 주된 이유는 인프라 관리를 단순화하기 위해서다. 구성 서버는 관리가 필요한 영역이며 단일 장애점이 될 수 있다. 구성 서버가 다운되면 신규 시스템을 구축할 수 없으므로 문제 복구에 대한 의존성이 생긴다. 또한 구성 서버는 수백, 수천 개의 서버 인스턴스와의 연결을 처리하기 위해서 확장해야 하기 때문에 성능 병목 현상이 발생할 수 있다.

분산된 구성을 구현하기 위해서는 `Chef-client` 대신 `Chef-solo`를 사용하는 것과 같이 오프라인 모드에서 서버 구성 도구를 설치하고 실행해야 한다. 중앙 파일 저장소를 확인하여 최신 버전의 서버 구성 코드를 다운로드하는 스크립트를 작성하고 이 스크립트를 사용하여 도구를 실행할 수 있다. 코드는 서버 인스턴스에 로컬로 저장되므로 파일 저장소를 사용할 수 없는 경우에도 도구를 실행할 수 있다.

중앙 파일 저장소는 구성 서버와 마찬가지로 단일 장애 지점이 되거나 성능 병목 현상을 발생시킬 수 있다. 그러나 실제로는 서버 구성과 같은 정적 파일을 호스팅하기 위한 간단하고 신뢰성 및 성능이 높은 옵션이 많다. 여기에는 웹 서버, 네트워크 파일 서버, AWS S3와 같은 오브젝트 스토리지 서비스가 포함된다.

팀이 분산 패턴을 구현하는 또 다른 방법은 서버 구성 코드를 `.rpm`과 `.deb` 파일 같은 시스템 패키지에 번들로 묶어 개인 패키지 저장소에 호스팅하는 것이다. 일반 프로세스는 `yum update` 또는 `apt-get update`를 실행하여 패키지를 설치하거나 업데이트하여 서버 구성 코드를 로컬 디렉터리에 복사한다.

12.3 여러 서버 생명 주기 이벤트

서버 인스턴스의 생성, 변경, 삭제는 서버의 기본 생명 주기를 구성한다. 그러나 서버 중지, 재시작(그림 12-1), 서버 교체, 실패한 서버 복구를 포함하는 연장된 생명 주기에는 다른 흥미로운 단계가 있다.

12.3.1 서버 인스턴스 중지와 재시작

물리 서버인 경우 일반적으로 하드웨어를 업그레이드하거나 특정 OS의 컴포넌트를 업그레이드하기 위해 재시작한다.

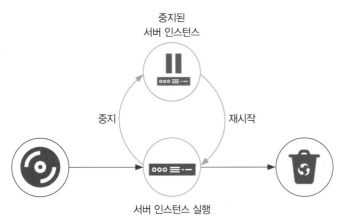

그림 12-1 서버 생명 주기 – 중지와 재시작

사람들은 가상 하드웨어를 재구성하거나 OS 커널을 업그레이드하기 위해 가상 서버를 중지하고 재부팅한다. 때로는 호스팅 비용을 절약하기 위해 서버를 종료한다. 예를 들어 일부 팀은 개발과 테스트 서버를 저녁이나 주말에 아무도 사용하지 않으면 종료한다.

그러나 서버를 리빌드하기 쉬운 경우에는 서버를 사용하지 않을 때 간단히 삭제하고 다시 필요해지면 새로 서버를 만든다. 단순히 종료하는 것보다 삭제하고 리빌드하는 것이 더 많은 비용을 절약할 수 있기 때문이다.

그러나 서버를 중지하고 유지하는 것 대신 삭제하고 리빌드하는 것은 서버를 '반려 동물'이 아닌 '가축'으로 취급하는 것과 동일하다. 팀은 자신 있게 서버를 리빌드할 수 없기 때문에 중지하고 재시작하는 방법을 선택한다. 자주 발생하는 문제는 애플리케이션의 데이터를 유지하고 복원하는 것이다. 이 문제를 처리하는 방법은 21.5절에서 설명한다.

따라서 서버를 중지했다가 재시작하지 않는 정책을 사용하면 팀은 안정적인 프로세스와 도구를 구현하여 서버를 다시 빌드하고 계속 작동하도록 해야 한다.

서버를 중지하면 유지보수 작업이 복잡해질 수 있다. 중지된 서버에는 구성 업데이트와 시스템 패치가 적용되지 않으므로 업데이트를 관리하는 방법에 따라 재시작 시 업데이트가 누락될 수 있다.

12.3.2 서버 인스턴스 교체

물리 서버에서 가상 서버로 이동할 때 얻을 수 있는 이점은 서버 인스턴스를 쉽게 구축하고 교체할 수 있다는 점이다. 불변 서버(12.1절 참고)와 자주 업데이트되는 서버 이미지를 포함하여 이 책에서 설명한 많은 패턴과 관행은 신규 서버를 구축하여 실행 중인 서버를 교체하는 기능에 의존한다(그림 12-2).

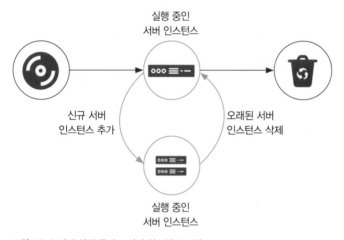

그림 12-2 서버 생명 주기 – 서버 인스턴스 교체

서버 인스턴스를 교체하는 필수 프로세스는 신규 인스턴스를 만들고, 준비 상태를 확인하고, 신규 인스턴스를 사용하도록 다른 인프라와 시스템을 재구성한 다음, 올바르게 작동하는지 테스트하고, 이전 인스턴스를 제거하는 것이다.

서버 인스턴스를 사용하는 애플리케이션과 시스템에 따라 다운타임 없이 또는 최소한의 다운타임으로 교체를 실행할 수 있다. 21.3절에서 관련 내용을 살펴볼 수 있다.

일부 인프라 플랫폼에는 서버 교체 프로세스를 자동화하는 기능이 있다. 예를 들어 보안 패치가 포함된 신규 서버 이미지를 사용하도록 규칙을 지정하여 자동 확장 서버 클러스터의 서버 정의에 구성 변경을 적용할 수 있다. 플랫폼은 자동으로 신규 인스턴스를 추가하고, 상태를 확인하고, 이전 인스턴스를 제거한다.

다른 경우에는 서버를 직접 교체해야 할 수도 있다. 파이프라인 기반 변경 딜리버리 시스템 내에서 이를 수행하는 방법은 '확장과 축소'다. 먼저 신규 서버를 추가하는 변경을 푸시하고 나중에 이전 서버를 제거하는 변경을 푸시한다. 이 방법에 대한 자세한 내용은 21.3절에서 설명한다.

12.3.3 실패한 서버 인스턴스 복구

클라우드 인프라를 반드시 신뢰할 수 있는 것은 아니다. AWS를 포함한 일부 업체는 예를 들어 기본 하드웨어를 교체하기로 결정한 경우처럼 경고 없이 서버 인스턴스를 종료할 수 있다고 명시한다.[5] 더 강력한 가용성을 보장하는 업체조차도 시스템에 영향을 미치는 하드웨어 오류가 있다.

실패한 서버를 복구하는 프로세스는 서버를 교체하는 프로세스와 유사하다. 한 가지 차이점은 작동 순서에 있다. 이전 서버를 삭제하기 전이 아닌 삭제한 후 신규 서버를 만든다(그림 12-3). 다른 차이점은 일반적으로 서버의 교체는 의도적으로 이루어지는 반면 실패는 의도적이지 않다.[6]

서버 인스턴스 교체와 마찬가지로 복구를 위해 수동 조치가 필요할 수 있으며, 실패를 자동으로 감지하고 복구하도록 플랫폼과 여러 서비스를 구성할 수 있다.

---

5 Amazon은 인스턴스 폐기 정책(instance retirement policy)에 대한 문서를 제공한다(*https://oreil.ly/vSc0J*).

6 이에 대한 예외는 카오스 엔지니어링이다. 이는 복구 가능성을 증명하기 위해 의도적으로 실패를 만드는 실행 방법이다. 21.4절을 참고하자.

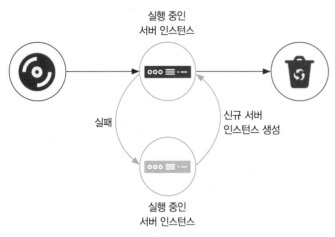

그림 12-3 서버 수명주기 – 실패한 서버 인스턴스 복구

12.4 마치며

변경 시 실행 중인 서버에 지속적으로 코드를 적용하거나 신규 인스턴스를 생성하여 서버에 구성 변경을 적용할 때 몇 가지 패턴을 고려했다. 또한 Push와 Pull 변경을 적용하는 방법에 대한 패턴도 살펴보았다. 마지막으로 서버 중지, 교체, 복구를 포함한 다른 서버 생명 주기 이벤트에 대해 설명했다.

이 장에서는 11장에서 설명한 서버 생성에 대한 내용을 결합하여 서버 생명 주기의 핵심 이벤트를 다뤘다. 그러나 지금까지 설명한 서버 생성과 변경에 대한 접근 방식은 서버 이미지를 사용자 정의로 생성하여 여러 서버 인스턴스를 생성하거나 업데이트한다. 따라서 다음 장에서는 서버 이미지를 정의, 구축, 업데이트하는 접근 방식을 살펴본다.

CHAPTER 13

코드형 서버 이미지

11장에서는 하나의 출처에서 여러 서버 인스턴스를 생성하는 아이디어를 다루었고 깔끔하게 구축된 서버 이미지 사용을 권장했다. 이를 따르는 가장 좋은 방법이 무엇인지 궁금하다면 이 장에서 설명하는 내용이 도움이 될 것이다.

시스템을 구성하는 대부분의 항목과 마찬가지로 코드를 사용하여 반복적으로 서버 이미지를 빌드하고 업데이트해야 한다. 그러면 최신 OS 패치 설치와 같이 이미지를 변경할 때마다 일관성 있게 빌드할 수 있다.

자동화된 코드 기반 프로세스를 사용하여 서버 이미지를 빌드하고, 테스트하고, 딜리버리하고, 업데이트하면 서버를 더 쉽게 최신 상태로 유지하고 규정 준수 및 품질을 보장할 수 있다.

기본 서버 이미지의 생명 주기에는 원본에서 사용자 정의 이미지를 빌드하는 작업이 포함된다 (그림 13-1).

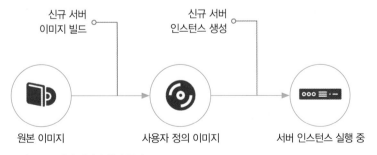

그림 13-1 서버 이미지 생명 주기

13.1 서버 이미지 빌드

대부분의 인프라 관리 플랫폼에는 서버 인스턴스 생성을 위해 사용되는 서버 이미지 형식이 있다. Amazon에는 AMI가 있고, Azure에는 관리 이미지^{managed image}가 있으며, VMware에는 가상 머신 템플릿이 있다. 클라우드 플랫폼은 공통 OS 및 배포와 함께 사전에 패키징된 플랫폼 제공 이미지를 사용할 수 있으므로 이미지를 직접 빌드하지 않고도 서버를 생성할 수 있다.

13.1.1 서버 이미지를 빌드하는 이유

대부분의 팀은 플랫폼 벤더가 제공하는 이미지를 사용하는 대신 사용자 정의 이미지를 빌드한다. 이렇게 하는 일반적인 이유는 다음과 같다.

조직 거버넌스 준수

많은 조직, 특히 규제 산업에 속한 조직은 더 엄격한 지침에 따라 서버를 구축해야 한다.

보안 강화

플랫폼에서 제공하는 서버 이미지에는 다양한 경우에 유용하게 사용할 수 있도록 여러 패키지와 유틸리티가 설치되어 있다. 우리는 최소한의 요구사항만 반영된 사용자 정의 이미지를 빌드할 수 있다. 여기에는 보안 강화를 위해 사용하지 않는 사용자 계정과 시스템 서비스의 비활성화 또는 제거, 작업에 불필요한 모든 네트워크 포트 비활성화, 파일 시스템과 폴더 권한 잠금 등이 포함된다.

성능 최적화

불필요한 시스템 서비스를 중지하거나 제거하는 것과 같이 보안을 위해 이미지 강화를 수행하는 많은 단계는 서버가 사용하는 CPU와 메모리 리소스도 줄인다. 또한 서버 이미지의 크기를 최소화하면 서버 인스턴스를 더 빠르게 생성할 수 있어 확장과 복구 시나리오에 도움이 된다.

공통 패키지 설치

서버 이미지에 표준 서비스, 에이전트, 도구 모음을 설치하여 모든 인스턴스에서 사용할 수 있게 만들 수 있다. 예를 들면 모니터링 에이전트, 시스템 사용자 계정, 조직별 유틸리티, 유지보수 스크립트가 포함된다.

서버 역할을 위한 이미지 빌드

이 장의 많은 예는 표준 범용 이미지를 구축하는 것 이상을 설명한다. 컨테이너 클러스터 노드, 애플리케이션 서버, CI 서버 에이전트와 같이 특정 목적에 맞게 조정된 서버 이미지를 빌드할 수 있다.

13.1.2 서버 이미지를 빌드하는 방법

11장에서는 기존 인스턴스의 핫 클로닝 또는 스냅샷으로 신규 서버 인스턴스를 만드는 몇 가지 방법을 설명했다. 그러나 잘 관리되는 서버 이미지에서 구축된 인스턴스는 더 깨끗하고 일관성이 있다.

서버 이미지를 빌드하는 방법은 두 가지다. 가장 일반적이고 간단한 방법은 신규 서버 인스턴스를 만들고 구성한 다음 이를 이미지로 변환하는 온라인 방법이다. 두 번째 방법은 디스크 볼륨을 마운트mount하고 필요한 파일을 여기에 복사한 다음 부팅 가능한 이미지로 변환하는 오프라인 방법이다.

온라인과 오프라인 방법 사이의 상충관계는 속도와 난이도다. 서버 이미지를 온라인으로 구축하는 것이 더 쉽지만 부팅하고 신규 인스턴스를 구성하는 데 몇 분 또는 수십 분이 소요될 수 있다. 오프라인으로 디스크를 마운트하고 준비하는 것이 일반적으로 훨씬 빠르지만 좀 더 많은 작업이 필요하다.

이러한 방법을 어떻게 구현하는지 논의하기 전에 서버 이미지를 빌드하기 위한 몇 가지 도구를 살펴보자.

13.1.3 서버 이미지 빌드 도구

서버 이미지 빌드를 위한 도구와 서비스는 일반적으로 서버 인스턴스와 디스크 볼륨을 생성하고 서버 구성 도구나 스크립트를 실행하여 커스터마이징한다. 그리고 인프라 플랫폼 API를 사용하여 서버 인스턴스를 이미지로 변환하는 프로세스를 조정하여 작동한다. 이 프로세스는 코드로 정의할 수 있어야 한다. 필자는 온라인과 오프라인 방법을 설명하기 위해 이미지 빌드 코드 예제를 공유할 예정이다.

Netflix는 서버 이미지의 대규모 사용을 개척했으며 이를 위해 개발한 Aminator 도구를 오픈소스로 제공한다. Aminator는 Netflix의 작업 방식, AWS EC2용 CentOS와 Red Hat 이미지 빌드 방식에 따라 다르다.[1]

이 글을 쓰는 시점에서 이미지 빌드를 위해 가장 널리 사용되는 도구는 HashiCorp의 Packer다. Packer는 다양한 OS와 인프라 플랫폼을 지원한다.

AWS Image Builder와 Azure Image Builder를 포함하는 인프라 플랫폼은 서버 이미지 빌드 서비스를 제공한다.

이 장의 서버 이미지 빌드 코드 예제에서는 단순한 가상의 이미지 빌드 언어를 사용한다.

13.1.4 온라인 이미지 빌드 프로세스

서버 이미지를 빌드하는 온라인 방법은 깨끗한 신규 서버 인스턴스를 부팅하고 구성한 다음 [그림 13-2]와 같은 인프라 플랫폼의 서버 이미지 형식으로 변환하는 것이다.

원본 이미지 이미지 빌더 서버 인스턴스 사용자 정의 이미지

그림 13-2 서버 이미지 빌드를 위한 온라인 프로세스

---

1 Netflix는 *https://oreil.ly/e0_B3*에서 AMI를 구축하고 사용하는 방법을 설명한다.

프로세스는 [예제 13-1]과 같이 원본 이미지에서 신규 서버 인스턴스를 부팅하는 것으로 시작된다. 원본 이미지 옵션에 대한 자세한 내용은 13.2절에서 설명한다. Packer와 같은 도구를 사용하여 이미지를 빌드하는 경우에는 플랫폼 API를 사용하여 서버 인스턴스를 만든다.

예제 13-1 원본 이미지에서 부팅하기 위한 이미지 생성 코드

```
image:
  name: shopspinner-linux-image
  platform: fictional-cloud-service
  origin: fci-12345678
  region: europe
  instance_size: small
```

이 예제 코드는 shoppinner-linux-image라는 FCS 이미지를 빌드하고 ID가 fci-12345678.3인 기존 FCI에서 부팅한다. 이것은 클라우드 벤더에서 제공하는 Linux 배포 이미지로 이해하면 된다. 이 코드는 구성 작업을 지정하지 않으므로 결과 이미지는 원본 이미지와 상당히 비슷하다.

또한 이 코드는 리전(region)과 인스턴스 크기(instance_size)를 포함하여 이미지 빌드를 위해 부팅할 서버 인스턴스의 몇 가지 특성을 정의한다.

이미지 빌더 인스턴스를 위한 인프라

주소 블록 정보와 같이 빌더 인스턴스(이미지를 빌드하는 인스턴스)는 일부 인프라 리소스 정보가 필요할 수 있다. 이 인스턴스는 안전하고 분리된 리소스 정보를 제공받아야 한다.

기존 인프라를 사용하여 빌더 인스턴스를 실행하는 것이 편리할 수 있지만 이렇게 하면 이미지 빌드 프로세스가 손상될 수 있다. 이상적으로는 일회용 인프라를 만들어 이미지를 빌드한 후 삭제해야 한다.

[예제 13-2]의 코드는 이미지 빌더 인스턴스에 서브넷 ID와 SSH 키를 추가한다.

예제 13-2 동적으로 할당된 인프라 리소스

```
image:
  name: shopspinner-linux-image
  origin: fci-12345678
```

```
  region: europe
  size: small
  subnet: ${IMAGE_BUILDER_SUBNET_ID}
  ssh_key: ${IMAGE_BUILDER_SSH_KEY}
```

이러한 값은 파라미터를 자동으로 생성하여 이미지 빌더 도구에 전달된다. 이미지 빌드 프로세스는 이러한 항목을 정의하는 인프라 스택의 인스턴스를 생성하는 것으로 시작하여 이미지 빌더 도구를 실행한 후 제거할 수 있다. 이것은 인프라 도구 오케스트레이션 스크립트 예제이며 자세한 내용은 19.3절에서 설명한다.

우리는 이미지 빌더 서버 인스턴스로 프로비저닝하는 리소스와 접근을 최소화해야 한다. 서버 프로비저닝 도구로 인바운드 접근만 허용하고 구성을 push하는 경우에만 이 작업을 수행한다 (12.2절 참고). 그리고 패키지와 구성을 다운로드하기 위해 필요한 아웃바운드 접근만 허용한다.

빌더 인스턴스 구성

빌더 서버 인스턴스가 실행되면 프로세스에서 서버 구성을 적용할 수 있다. 대부분의 서버 이미지 빌드 도구는 스택 관리 도구(11.7절 참고)와 유사한 방식으로 일반적인 서버 구성 도구(11.3절 참고)의 실행을 지원한다. [예제 13-3]은 [예제 13-2]를 확장한 것으로, Servermaker 도구를 실행하여 인스턴스를 애플리케이션 서버로 구성한다.

예제 13-3 Servermaker 도구를 사용하여 서버 인스턴스 구성

```
image:
  name: shopspinner-linux-image
  origin: fci-12345678
  region: europe
  instance_size: small
  subnet: ${IMAGE_BUILDER_SUBNET_ID}
  configure:
    tool: servermaker
    code_repo: servermaker.shopspinner.xyz
    server_role: appserver
```

이 코드는 애플리케이션 서버와 관련 요소를 설치할 수 있는 서버 역할(11.3절 참고)을 적용한다.

간단한 스크립트를 사용하여 서버 이미지 빌드하기

이미 서버 구성 도구를 사용하여 신규 서버 인스턴스를 구성하는 경우라면 서버 이미지를 빌드할 때 동일한 도구와 서버 구성 코드를 사용하는 것이 좋다. 이것은 11.7절에서 설명한 베이킹과 플라잉 프로세스에 적합하다.

더 완전한 서버 이미지를 만드는 팀에게는 서버 구성 도구가 과도하게 느껴질 수 있다. 이러한 도구와 언어는 서버에 코드를 반복적으로 적용하여 복잡도를 높인다.

그러나 서버 이미지를 빌드할 때는 일반적으로 알려져 있고 일관성 있는 원본 소스를 사용한다. 따라서 Bash, 배치 스크립트, PowerShell과 같은 간단한 스크립트 언어가 더 적절할 수 있다.

서버 이미지의 설정을 구성하는 스크립트를 작성하는 경우 조건 반복문이 있는 크고 복잡한 스크립트를 사용하기보다는 단일 작업에 중점을 둔 작고 간단한 개별 스크립트를 작성해야 한다. [예제 13-4]와 같이 스크립트가 어떤 순서로 실행되는지 명확히 하기 위해 스크립트에 앞에 숫자를 붙이는 것을 추천한다.

예제 13-4 셸 스크립트를 사용하는 이미지 빌더

```
image:
  name: shopspinner-linux-image
  origin: fci-12345678
  configure:
    commands:
      - 10-install-monitoring-agent.sh
      - 20-install-jdk.sh
      - 30-install-tomcat.sh
```

13.1.5 오프라인 이미지 빌드 프로세스

서버 인스턴스를 부팅하고 구성을 적용한 다음 서버 이미지를 생성하기 위해 인스턴스를 종료하는 프로세스는 느리다. 대안은 디스크 볼륨으로 마운트할 수 있는 소스 이미지(예를 들어 AWS EBS와 연결되어 있는 AMI)를 사용하는 것이다. 이 이미지의 복사본을 디스크 볼륨으로 마운트한 다음 [그림 13-3]과 같이 해당 디스크 이미지에 파일을 구성할 수 있다. 디스크 이미지 구성을 마치면 마운트를 해제하고 플랫폼의 서버 이미지 형식으로 변환할 수 있다.

원본 이미지의　　　신규 서버 이미지를 위한　　　사용자 정의
디스크 볼륨　　　　　디스크 볼륨　　　　　　　이미지

그림 13-3 서버 이미지 빌드를 위한 오프라인 프로세스

디스크 볼륨에 이미지를 빌드하려면 이미지 빌드 도구가 실행되는 컴퓨팅 인스턴스에 볼륨을 마운트해야 한다. 예를 들어 이 장의 뒷부분에서 설명하는 것과 같이 파이프라인을 사용하여 이미지를 빌드하는 경우에는 CD 도구 에이전트가 될 수 있다.

또 다른 요구사항은 디스크 볼륨을 적절하게 구성할 수 있는 도구와 스크립트를 준비하는 것인데 이는 좀 까다롭다. 서버 구성 도구는 실행 중인 서버 인스턴스에 구성 코드를 적용한다. 셸 스크립트와 같이 더 간단한 스크립트를 작성하더라도 이러한 스크립트는 패키지 설치 프로그램과 같은 도구를 실행하는 경우가 많으며 기본적으로 실행 중인 서버의 파일 시스템에 파일을 설치한다.

```
yum install java
```

많은 도구에는 파일을 다른 경로에 설치하도록 설정할 수 있는 명령어나 옵션이 있다. 이것을 사용하여 다음과 같이 다른 경로에 패키지를 설치할 수 있다.

```
yum install --prefix /mnt/image_builder/ java
```

그러나 이런 방법은 까다롭고 틀리기 쉽다. 모든 도구가 이러한 옵션을 지원하는 것도 아니다.

또 다른 접근 방식은 다른 파일 시스템 디렉터리로 명령을 실행하는 chroot 명령을 사용하는 것이다.

```
chroot /mnt/image_builder/ yum install java
```

chroot 명령의 장점은 모든 도구나 명령과 함께 사용할 수 있다는 점이다. Packer와 같은 인기 있는 이미지 빌드 도구는 기본적으로 chroot를 지원한다.[2]

13.2 서버 이미지의 원본

서버 이미지를 빌드하기 위해 다음과 같은 요소가 함께 제공된다.

이미지 빌더 코드

빌더 도구에서 사용하는 이미지를 정의하는 코드를 작성한다. Packer 템플릿 파일을 예로 들 수 있다. 이 코드는 이미지에 적용되는 여러 요소를 정의한다.

원본 이미지

대부분 다른 이미지를 사용하여 새로운 이미지를 빌드한다. AWS AMI와 같은 플랫폼 형식의 원본 이미지 또는 DVD와 같이 물리적이거나 ISO 이미지와 같이 데이터 형태인 OS 설치 이미지를 사용할 수 있다. OS 설치 프로그램을 실행할 때와 같이 어떤 경우에는 이미지를 처음부터 빌드한다. 이와 관련된 내용은 나중에 더 자세히 설명한다.

서버 구성 코드

앞에서 설명한 것과 같이 서버 구성 도구나 스크립트를 사용하여 이미지를 커스터마이징할 수 있다.

여러 서버 요소

서버 이미지 빌드를 위해 11.1절에서 설명한 요소의 일부 또는 전부와 해당 요소의 원본을 사용할 수 있다. 이미지를 빌드할 때 공개된 저장소나 내부 저장소의 패키지를 사용하는 것이 일반적이다.

---

2 AWS AMI와 Azure 서버 이미지용 Packer의 chroot 빌더를 참고하자.

이 장의 뒷부분에서 설명하는 것처럼 파이프라인을 사용하여 이미지 빌드 프로세스를 자동화할 때 이 요소 집합이 작동한다. 원본 이미지의 유형은 특별히 주목할 만한 가치가 있다.

13.2.1 스톡 서버 이미지에서 빌드하기

인프라 플랫폼 벤더, OS 벤더, 오픈소스 프로젝트는 서버 이미지를 빌드하여 사용자와 고객이 사용할 수 있도록 한다. 앞서 언급했듯이 많은 팀에서 자체 이미지를 구축하는 대신 이러한 스톡stock 이미지를 사용한다. 자체 이미지를 만들 때도 일반적으로 이러한 이미지가 좋은 출발점이 된다.

스톡 이미지의 한 가지 문제는 많은 이미지가 과도하게 프로비저닝된다는 것이다. 제작자는 대다수의 사용자가 즉시 사용할 수 있도록 다양한 도구와 패키지를 설치하는 경우가 많다. 그러나 보안과 성능 모두를 위해 사용자 정의 서버 이미지에 설치하는 것은 최소화해야 한다.

서버 이미지 구성 프로세스의 일부로 원본 이미지에서 불필요한 콘텐츠를 제거하거나 더 경량화된 원본 이미지를 찾을 수 있다. 일부 벤더와 조직에서는 JEOS just enough operating system 이미지를 구축한다. 최소한의 기본 이미지에 필요한 것을 추가하는 것은 이미지를 작게 유지하기 위한 안정적인 접근 방식이다.

13.2.2 처음부터 서버 이미지 빌드하기

특히 내부 클라우드나 가상화 플랫폼을 사용하는 경우에는 인프라 플랫폼에서 스톡 이미지를 제공하지 않을 수 있다. 또는 팀에서 스톡 이미지를 사용하지 않는 것을 선호할 수도 있다. 대안은 사용자 정의 서버 이미지를 처음부터 빌드하는 것이다.

OS 설치 이미지는 서버 템플릿을 구축하기 위한 명확하고 일관된 시작점을 제공한다. 템플릿 구축 프로세스는 OS 이미지에서 서버 인스턴스를 부팅하고 스크립트로 작성된 설치 프로세스를 실행하여 시작된다.[3]

---

3 OS 설치 스크립트는 Red Hat Kickstart, Solaris JumpStart, Debian Preseed, Windows installation answer file을 포함한다.

13.2.3 서버 이미지와 내용의 출처

서드파티의 모든 콘텐츠와 마찬가지로 기본 이미지의 또 다른 문제는 출처와 보안이다. 이미지를 제공한 사람과 이미지를 안전하게 빌드하기 위해 사용하는 프로세스를 이해해야 한다. 고려해야 할 사항은 다음과 같다.

- 이미지와 패키지에 알려진 취약점이 있는 소프트웨어가 포함되어 있는가?
- 벤더는 정적 코드 분석과 같은 잠재적인 문제를 검사하기 위해 어떤 단계를 수행하는가?
- 포함된 소프트웨어나 도구가 조직의 정책이나 현지 법률에 반하는 방식으로 데이터를 수집하는지 어떻게 알 수 있을까?
- 벤더는 불법 변조를 감지하고 방지하기 위해 어떤 프로세스를 사용하는가? 패키지 서명 확인과 같이 사용자 측에서 구현해야 하는 것은 무엇일까?

벤더나 서드파티의 콘텐츠를 완전히 신뢰하지 말고 자체 검사를 구현해야 한다. 다음 절에서는 서버 이미지의 파이프라인으로 검사를 빌드하는 방법을 제안한다.

13.3 서버 이미지 변경

업데이트된 패키지와 구성이 릴리스되면 서버 이미지는 시간이 지남에 따라 현재 사용하는 서버 인스턴스 현상과 많은 차이를 보이게 된다. 신규 서버를 만들 때마다 패치와 업데이트를 적용할 수 있지만 이 프로세스는 시간이 지날수록 더 오래 걸리므로 서버 이미지를 사용하는 이점이 줄어든다. 이미지를 정기적으로 새롭게 변경하면 모든 것이 원활하게 실행된다.

최신 패치로 이미지를 최신 상태로 유지하는 것 외에도 기본 구성을 개선하고 표준 패키지를 추가, 제거하는 등 서버 이미지를 일상적으로 변경해야 하는 경우가 많다. 사용자 정의 서버 이미지를 만들 때 서버 인스턴스에 추가하는 대신 사용자 정의 서버 이미지에 더 많이 베이킹할수록 이미지를 변경 내용으로 업데이트해야 하는 경우가 더 많아진다.

다음 절에서는 파이프라인을 사용하여 서버 이미지를 변경하고, 테스트하고, 딜리버리하는 방법을 설명한다. 그러나 파이프라인에 들어가기 전에 다루어야 할 몇 가지 전제 조건이 있다. 하나는 업데이트를 수행하는 방법이다. 기존 서버 이미지를 변경의 기초로 사용할지 아니면 첫 번째 원칙에 따라 이미지를 다시 빌드할지 여부를 고민해야 한다. 또 다른 전제 조건은 서버 이미지의 버전을 관리하는 방법이다.

13.3.1 재가열과 새로운 이미지 베이킹

예를 들어 최신 OS 패치로 업데이트하기 위해 서버 이미지를 신규 버전으로 빌드하는 경우 처음 이미지를 빌드하기 위해 사용한 도구와 프로세스를 사용할 수 있다.

이미지의 이전 버전을 원본 이미지로 사용하여 이미지를 재가열reheat할 수 있다. 이렇게 하면 신규 이미지에 서버 구성을 적용할 때 명시적으로 변경한 사항만 반영되기 때문에 신규 버전이 이전 버전과 일치하게 된다.

다른 방법은 새로운 이미지를 굽고 원본 소스에서 이미지의 신규 버전을 빌드하는 방법이다. 따라서 처음부터 스톡 이미지 없이 첫 번째 이미지 버전을 빌드한 경우 각 신규 버전도 처음부터 빌드한다.

이미지를 재가열하면 한 버전에서 다음 버전으로의 변경이 제한될 수 있지만 동일한 소스를 사용한다면 신규 버전의 새 이미지를 굽는 것은 재가열한 이미지와 동일한 결과를 제공해야 한다. 오히려 새로운 빌드는 이전 빌드에 의해 남겨질 수 있는 어떤 것도 포함하지 않기 때문에 틀림없이 더 깨끗하고 더 안정적으로 인스턴스를 재생산할 수 있다.

예를 들어 서버 구성은 나중에 제거하기로 결정한 패키지를 설치할 수 있다. 해당 패키지는 이전 이미지에서 재가열하는 경우 신규 서버 이미지에서 여전히 찾을 수 있다. 패키지를 명시적으로 제거하려면 코드를 추가해야 하므로 나중에 유지보수하고 정리해야 할 불필요한 코드가 남는다. 대신 매번 신규 이미지를 굽는 경우 패키지는 최신 서버 이미지에 존재하지 않으므로 패키지를 제거하기 위한 코드를 작성할 필요가 없다.

13.3.2 서버 이미지 버전 관리

서버 이미지를 사용하는 모든 사람과 이 이미지로 생성된 서버는 버전을 추적할 수 있어야 한다. 서버 인스턴스를 만들기 위해 사용된 버전, 이미지의 최신 버전, 이미지를 만드는 데 사용된 원본 내용과 구성 코드를 이해할 수 있어야 한다.

예를 들어 보안 취약점을 발견했을 때 업데이트해야 하는 인스턴스를 식별하기 위해 현재 사용 중인 인스턴스에 사용한 서버 이미지 버전을 나열하는 것도 유용하다.

많은 팀에서 서로 다른 서버 이미지를 사용한다. 예를 들어 애플리케이션 서버, 컨테이너 호스트 노드, 범용 Linux OS 이미지에 대해 별도의 이미지를 빌드할 수 있다. 이러한 이미지는 [그림 13-4]와 같이 별도의 버전 기록이 있는 별개의 컴포넌트로 관리한다.

이 예제에서 팀은 설치된 Tomcat의 버전을 업그레이드하기 위해 애플리케이션 서버 이미지를 업데이트하여 해당 이미지를 버전 2로, 나머지는 버전 1로 유지했다. 그런 다음 Linux OS 업데이트로 모든 이미지를 업데이트했다. Linux 이미지 업그레이드는 애플리케이션 서버 이미지를 버전 3으로, 컨테이너 호스트 이미지를 버전 2로 올렸다. 마지막으로 호스트 노드 이미지의 컨테이너 소프트웨어 버전을 업그레이드하여 버전 3으로 올렸다.

대부분의 인프라 플랫폼은 서버 이미지에 버전 번호를 지정하는 것을 지원하지 않는다. 대부분의 경우 서버 이미지 이름에 버전 번호를 포함한다. [그림 13-4]를 예로 들면 `appserver-3`, `basic-linux-2`, `container-node-3`이라는 이미지가 있을 수 있다.

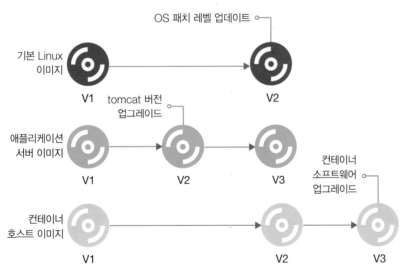

그림 13-4 여러 서버 이미지의 버전 기록 예제

또 다른 옵션은 플랫폼에서 지원하는 경우 태그에 버전 번호와 이미지 이름을 입력하는 방법이다. 이미지에는 Name=appserver라는 태그와 Version=3이라는 다른 태그가 붙을 수 있다.

이미지 이름과 버전은 검색, 발견, 보고를 가장 쉽게 만드는 메커니즘을 사용하면 된다. 필자가 함께 일한 대부분의 팀은 이 두 가지 방법을 모두 사용한다. 태그는 검색하기 쉽고 이름은 사람이 보기 쉽기 때문이다.

다른 버전 번호 지정 체계를 사용할 수 있다. 널리 사용되는 방식은 시맨틱 버전 관리^{semantic} ^{versioning}다. 세 부분으로 된 버전 번호(예를 들어 1.0.4)의 다른 필드를 사용하여 한 버전에서 다음 버전으로의 변경이 얼마나 중요한지를 나타낸다. 특정 버전이 언제 빌드되었는지 쉽게 볼 수 있도록 1.0.4-20200229_0420와 같이 버전에 날짜와 시간 스탬프를 추가하는 것도 좋은 방법이다.

서버 이미지 자체에 버전 번호를 넣는 것 외에도 서버 인스턴스를 만드는 데 사용된 서버 이미지 이름과 버전으로 서버 인스턴스에 태그를 지정하거나 레이블을 지정할 수 있다. 그런 다음 각 인스턴스 생성에 사용된 이미지를 다시 매핑할 수 있다. 이 기능은 신규 이미지 버전을 출시할 때 유용하다.

13.3.3 이미지 변경 시 서버 인스턴스 업데이트

서버 이미지의 신규 버전을 빌드할 때 해당 이미지를 기반으로 모든 서버 인스턴스를 교체하거나 시간이 지남에 따라 자연스럽게 교체될 때까지 기다릴 수 있다.

기존 이미지 버전을 교체하기 위해 기존 서버를 리빌드하는 정책은 업무에 지장을 주고 시간이 많이 소요된다. 그러나 이러한 정책은 서버의 일관성을 보장하고 시스템의 복원력을 지속적으로 유지시킨다(21.4절 참고). 좋은 파이프라인을 사용하면 이 프로세스를 더 쉽게 관리할 수 있으며 다운타임이 없는 변경(21.3절 참고)을 통해 중단을 줄일 수 있다. 따라서 성숙하고 광범위한 자동화를 갖춘 많은 팀에서 이러한 정책을 선호한다.

다른 이유로 서버를 리빌드할 때 서버를 신규 이미지 버전으로 교체하기 위해 기다리는 것이 더 쉽다. 이는 서버 인스턴스를 리빌드하여 소프트웨어를 업데이트하거나 여러 변경을 배포하는 경우에 해당한다(12.1절 참고).

새 이미지 버전으로 서버를 업데이트할 때까지 기다리는 것의 단점은 시간이 오래 걸리고 다양한 이미지 버전으로 구축된 서버를 보유하게 된다는 것이다.

이 상황은 불일치를 만든다. 예를 들어 OS 패키지 업데이트와 구성의 버전이 다른 애플리케이션 서버가 있을 수 있으며 이로 인해 일관성 없는 실행이 발생할 수 있다. 경우에 따라 이전 이미지 버전과 이를 기반으로 구축된 서버에 보안 취약성을 비롯한 여러 문제가 있을 수 있다.

이러한 문제를 완화하는 데 사용할 수 있는 몇 가지 전략이 있다. 하나는 인스턴스 생성에 사용된 이미지 버전이 실행 중인 인스턴스를 추적하는 것이다. 이것은 [표 13-1]과 유사한 대시보드 또는 보고서일 수 있다.

표 13-1 인스턴스와 해당 인스턴스의 이미지 버전을 나타내는 보고서 예

Image	Version	Instance count
basic-linux	1	4
basic-linux	2	8
appserver	1	2
appserver	2	11
appserver	3	8
container-node	1	2
container-node	2	15
container-node	3	5

이 정보를 쉽게 사용할 수 있고 특정 서버 목록을 추적할 수 있다면 리빌드가 시급한 서버 인스턴스를 식별할 수 있다. 예를 들어 Linux 배포에 대한 최신 업데이트에서 수정된 보안 취약점에 대해 알아보자. basic-linux-2, appserver-3, container-node-2에 패치를 포함했다. 보고서는 19개의 서버 인스턴스(버전 1에서 4개의 기본 Linux 서버, 버전 1과 2에서 13개의 애플리케이션 서버, 버전 1에서 2개의 컨테이너 노드)에 대한 리빌드의 필요성을 보여준다.

기간 제한이 있을 수도 있다. 예를 들어 3개월이 지난 서버 이미지로 구축된 인스턴스를 교체하는 정책이 있을 수 있다. 이 경우 보고서 또는 대시보드에 이 날짜가 지난 인스턴스 수가 표시된다.

13.3.4 팀에서의 서버 이미지 제공과 사용

많은 조직에서는 어떤 한 팀이 서버 이미지를 빌드하고 이를 다른 팀에서 사용할 수 있도록 한다. 따라서 조직은 서버 이미지 업데이트 관리를 위해 몇 가지 추가적인 단계를 거친다.

이미지를 사용하는 팀은 이미지의 신규 버전이 사용할 수 있는 준비가 되었는지 확인해야 한다. 예를 들어 내부 애플리케이션팀은 컴퓨팅팀에서 제공한 기본 Linux 이미지에 버그 추적 소프트웨어를 설치할 수 있다. 컴퓨팅팀은 버그 추적 소프트웨어와 호환되지 않는 업데이트로 기본 Linux 이미지의 신규 버전을 생성할 수 있다.

이상적으로는 서버 이미지가 각 팀의 인프라 파이프라인에 공급되고 이미지를 소유한 팀이 파이프라인을 통해 신규 버전을 릴리스하면 각 팀의 인프라 파이프라인이 해당 버전을 가져와서 서버 인스턴스를 업데이트한다. 팀의 파이프라인은 서버를 리빌드하기 전에 버그 추적 소프트웨어가 신규 이미지 버전에서 작동하는지 여부를 자동으로 테스트해야 한다.

일부 팀은 사용하는 이미지의 버전 번호를 고정하여 더 보수적인 접근 방식을 취한다. 애플리케이션팀은 기본 Linux 이미지의 버전 1을 사용하도록 인프라를 고정할 수 있다. 컴퓨팅팀이 이미지의 버전 2를 출시하면 애플리케이션 팀은 버전 2를 테스트하고 릴리스할 준비가 될 때까지 버전 1을 계속 사용한다.

많은 팀은 테스트와 서버 인프라 변경 딜리버리를 위한 자동화가 충분히 성숙하지 않은 경우 고정 접근 방식을 사용한다. 이러한 팀은 이미지 변경을 확인하기 위해 더 많은 수작업을 수행해야 한다.

성숙한 자동화를 사용하더라도 일부 팀은 변경이 더 위험한 이미지(및 여러 의존성)를 고정한다. 팀이 이미지에 배포하는 소프트웨어는 OS의 변경에 더 민감하기 때문에 의존성이 더 취약하다. 또는 이미지를 제공하는 팀(아마도 외부 그룹)은 문제가 있는 버전을 릴리스한 전력이 있으므로 신뢰가 낮다.

13.3.5 이미지의 주요 변경 처리

서버 이미지의 일부 변경은 더 중요할 수도 있기 때문에 다운스트림 의존성을 테스트하고 수정하기 위해 수동 작업을 해야할 가능성이 더 크다. 예를 들어 애플리케이션 서버 이미지의 신규 버전에는 애플리케이션 서버 소프트웨어의 주요 버전 업그레이드가 포함될 수 있다.

이것을 서버 이미지의 사소한 업데이트로 처리하는 대신 시맨틱 버전 관리를 사용하여 더 중요한 변경임을 나타내거나 완전히 다른 서버 이미지를 빌드할 수도 있다.

시맨틱 버전 관리를 사용할 때 대부분의 변경은 버전의 가장 낮은 숫자를 증가시킨다(예를 들어 1.2.5에서 1.2.6으로). 두 번째 또는 첫 번째 숫자를 증가시켜 주요 변경을 나타낸다. 애플리케이션과 호환성 문제를 일으키지 않아야 하는 사소한 애플리케이션 서버 소프트웨어 업데이트의 경우 서버 이미지의 버전 1.2.6을 1.3.0으로 높일 수 있다. 애플리케이션을 중단할 수도 있는 주요 변경의 경우에는 가장 높은 숫자를 증가시키므로 1.3.0이 2.0.0으로 대체된다.

특히 팀에서 한동안 이전 이미지 버전을 사용할 것으로 예상되는 경우라면 완전히 새로운 이미지를 생성할 수 있다. 예를 들어 기본 Linux 이미지가 Centos 9.x를 사용하지만 이미지의 버전 번호를 높이는 대신 Centos 10.x를 테스트하고 교체를 시작하려면 신규 이미지 basic-linux10-1.0.0을 만들 수 있다. 따라서 신규 OS 버전으로의 마이그레이션은 일상적인 이미지 업데이트보다 더 명확한 작업이 된다.

13.4 파이프라인을 사용한 서버 이미지 테스트와 딜리버리

8장에서는 파이프라인을 사용하여 인프라 코드 변경을 테스트하고 딜리버리하는 방법에 대해 설명한다(8.4절 참고). 파이프라인은 서버 이미지를 구축하는 훌륭한 방법이다. 파이프라인을 사용하면 이미지의 신규 버전을 쉽고 일관되게 빌드할 수 있다. 시스템의 다른 부분의 파이프라인과 통합된 성숙한 파이프라인을 통해 매주 또는 매일 시스템 전체의 OS 패치와 업데이트를 안전하게 배포할 수 있다.

신규 서버 이미지를 몇 달에 한 번과 같이 오랜 기간 동안 그대로 두는 것보다 매주 새로운 서버 이미지를 빌드하는 것이 좋다. 이러한 방법은 코드를 지속적으로 테스트하고 변경을 딜리버리하는 핵심 실행 방법을 따른다고 볼 수 있다. 신규 서버 이미지 빌드를 더 가끔 진행할수록 더 많은 변경이 포함되어 문제를 테스트하고 수정하는 작업이 늘어난다.

기본 서버 이미지 파이프라인은 [그림 13-5]와 같이 3단계로 구성된다.

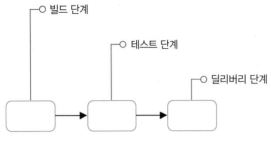

그림 13-5 간단한 서버 이미지 파이프라인

서버 이미지를 구축, 테스트, 게시하기 위한 각 단계는 자세히 살펴볼 만한 가치가 있다.

13.4.1 서버 이미지 빌드 단계

서버 이미지 파이프라인의 빌드 단계는 온라인 이미지 빌드 프로세스 또는 오프라인 이미지 빌드 프로세스에 따라 자동으로 구현한다(13.1절 참고). 이 단계에서 서버 이미지를 생성하고 생성된 이미지는 다음 단계에서 릴리스 후보가 된다(그림 13-6).

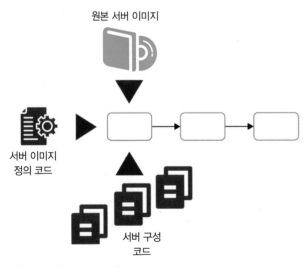

그림 13-6 서버 이미지 빌드 단계

13.2절에서 나열한 이미지의 내용이 변경될 때 자동 실행을 통해 서버 이미지 빌드 단계를 구성할 수 있다. 예를 들면 다음과 같다.

- 누군가가 Packer 템플릿과 같은 이미지 빌더 코드에 변경을 커밋한다.
- 벤더는 AMI와 같은 원본 이미지의 신규 버전을 게시한다.
- 서버 이미지에 사용되는 서버 구성 코드를 변경한다.
- 패키지 관리자는 서버 이미지에 설치된 패키지의 신규 버전을 게시한다.

실제로 OS 패키지 같은 소스 요소 등의 많은 변경을 자동으로 감지하고 파이프라인을 트리거하기는 어렵다. 특히 이미지가 수십 또는 수백 개의 패키지를 사용하는 경우에는 모든 패키지 업데이트에 대해 신규 서버 이미지를 빌드하고 싶지 않을 수도 있다.

따라서 원본 서버 이미지나 이미지 빌더 코드와 같은 주요 변경에 대해서만 신규 이미지를 자동으로 트리거한다. 그런 다음 예약된 빌드(예를 들어 매주)를 구현하여 모든 업데이트를 더 작은 소스 요소로 추가한다.

앞서 언급했듯이 빌드 단계의 결과는 릴리스 후보로 사용할 수 있는 서버 이미지로 정의된다. 이미지를 사용할 수 있도록 하기 전에 테스트하려면(서비스 중요도가 높은 경우 권장된다) 이 시점에서 이미지를 사용하도록 표시해서는 안 된다. 우리는 이전에 제공된 가이드에 따라 버전 번호로 이미지에 태그를 지정할 수 있다. 또한 예를 들어 Release_Status=Candidate와 같이 테스트되지 않은 릴리스 후보임을 나타내기 위해 태그를 지정할 수도 있다.

13.4.2 서버 이미지 테스트 단계

이 책은 테스트에 중점을 두고 있으므로 여러분은 새로운 이미지를 빌드할 때 새로운 이미지를 자동으로 테스트하는 것의 가치를 이해할 수 있을 것이다. 보통 11.4절에서 설명한 것과 동일한 테스트 도구를 사용하여 서버 이미지를 테스트한다.

서버 이미지를 온라인으로 빌드하는 경우(13.1절 참고) 서버 인스턴스를 구성한 후 종료하고 이미지로 변환하기 전에 서버 인스턴스에서 자동화된 테스트를 실행한다. 그러나 여기에는 우려되는 점이 두 가지 있다. 하나는 테스트가 이미지를 오염시켜 테스트 파일, 로그 항목, 여러 잔류물이 테스트의 부작용으로 남겨질 수 있다는 점이다. 또한 사용자 계정이나 이미지에서 생성된 서버에 접근할 수 있는 다른 수단을 남길 수도 있다.

두 번째는 이미지에서 생성된 서버를 안정적으로 복제하지 못할 수 있다는 점이다. 인스턴스를 이미지로 변환하는 프로세스는 사용자 액세스 권한과 같은 서버의 중요한 측면을 변경할 수 있다.

서버 이미지를 테스트하는 가장 안정적인 방법은 최종 이미지로 신규 인스턴스를 만들어 테스트하는 것이다. 이 테스트의 단점은 테스트로 피드백을 받기까지 오랜 시간이 걸리는 점이다.

따라서 [그림 13-7]과 같이 일반적인 서버 이미지 테스트 단계는 빌드 단계에서 생성된 이미지를 가져와 임시 인스턴스 생성에 사용하고 이어서 자동화된 테스트를 실행한다. 테스트를 통과하면 파이프라인 단계에서 이미지에 태그를 지정하여 파이프라인의 다음 단계를 위한 준비가 되었음을 나타낸다.

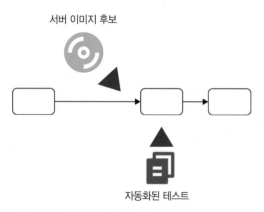

서버 이미지 후보

자동화된 테스트

그림 13-7 서버 이미지 테스트 단계

13.4.3 서버 이미지 딜리버리 단계

팀의 이미지 파이프라인에는 보안 테스트와 같은 추가적인 단계가 있을 수 있다. 궁극적으로 테스트 단계를 통과한 이미지 버전은 사용할 준비되었음을 나타내는 태그가 지정한다.

일부 시스템에서는 이미지를 생성하는 파이프라인에 신규 이미지로 서버를 리빌드하는 단계가 포함된다(그림 13-8). 애플리케이션 배포와 테스트 단계를 트리거하여 프로덕션으로 진행되는 딜리버리 환경을 딜리버리한다.

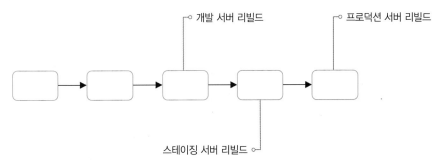

그림 13-8 환경 간에 이미지를 전달하는 파이프라인

여러 팀이 인프라와 환경을 관리하는 시스템에서 이미지를 사용할 준비되었다고 표시하면 이미지 파이프라인이 종료된다. 다른 팀의 파이프라인은 앞 절에서 설명한 것과 같이 신규 이미지 버전을 파이프라인의 새로운 입력으로 사용한다.

13.5 멀티 서버 이미지

일부 팀은 하나의 서버 이미지만 유지한다. 이러한 팀은 서버 인스턴스를 생성할 때 서버 구성 역할(11.3절 참고)을 적용하여 필요한 다양한 유형의 서버를 생성한다. 그러나 다른 팀에서는 여러 서버 이미지를 유지하고 관리하는 것이 유용하다고(또는 필요하다고) 생각한다.

여러 인프라 플랫폼과 여러 서버 하드웨어 아키텍처를 지원하려면 여러 이미지가 필요하다. 그리고 여러 이미지를 사용하기 위해 베이킹 전략(11.7절 참고)을 사용하면 서버 생성 시간을 최적화할 수 있다.

지금부터는 여러 플랫폼을 지원하고 역할을 서버 이미지에 적용하는 각각의 시나리오를 검토한 다음 여러 서버 이미지를 유지보수하는 전략에 대해 논의해보자.

13.5.1 다양한 인프라 플랫폼을 위한 서버 이미지

조직은 멀티 클라우드, 폴리 클라우드, 하이브리드 클라우드 전략의 일부로 둘 이상의 인프라 플랫폼을 사용할 수 있으며 플랫폼별로 서버 이미지를 구축하고 유지보수해야 한다.

플랫폼마다 다른 파라미터를 사용하여 동일한 서버 구성 코드를 사용할 수 있다. 각 플랫폼에서 다른 원본 이미지를 사용하여 시작할 수 있지만 경우에 따라 OS 벤더 또는 각각에 대해 일관되게 빌드할 수 있고 신뢰성이 높은 서드파티 이미지를 사용할 수 있다.

각 인프라 플랫폼에는 신규 버전의 이미지를 빌드, 테스트, 딜리버리하기 위한 별도의 파이프라인이 있어야 한다. 이러한 파이프라인은 서버 구성 코드를 입력으로 사용한다. 예를 들어 애플리케이션 서버의 서버 구성을 업데이트하는 경우 변경을 각 플랫폼 파이프라인으로 보내 각 파이프라인에 대한 신규 서버 이미지를 구축하고 테스트한다.

13.5.2 다양한 OS를 위한 서버 이미지

Windows, Red Hat Linux, Ubuntu Linux와 같은 여러 OS 또는 배포판을 지원하는 경우 각 OS에 대해 별도의 이미지를 유지해야 한다. 또한 조직에서 사용하는 특정 OS의 주요 버전에 대한 별도의 이미지가 필요할 수 있다. 각 OS 이미지를 빌드하려면 별도의 원본 이미지가 필요하며 일부 OS 이미지는 서버 구성 코드를 재사용할 수 있다.

그러나 많은 경우에 다른 OS를 처리하기 위해 서버 구성 코드를 작성하면 복잡성이 추가되므로 더 복잡한 테스트가 필요하다. 테스트 파이프라인은 다양한 서버(또는 컨테이너) 인스턴스를 사용해야 한다. 일부 구성의 경우 각 OS 또는 배포판마다 별도의 구성 코드 모듈을 작성하는 것이 더 간단하다.

13.5.3 다양한 하드웨어 아키텍처를 위한 서버 이미지

일부 조직에서는 x86과 ARM 같은 다른 CPU 아키텍처를 사용해 서버 인스턴스를 실행한다. 대부분의 경우 동일한 코드를 사용하여 각 아키텍처에 대해 거의 동일한 서버 이미지를 빌드한다. 하지만 일부 애플리케이션은 특정 하드웨어 기능(ARM 또는 x86에만 독점적으로 제공하는 기능)을 이용하거나 특정 하드웨어 기능 또는 아키텍처 간 차이점에 더 민감하다. 이러한 경우 파이프라인은 문제를 감지하기 위해 다양한 아키텍처에서 이미지를 더 철저하게 테스트해야한다.

13.5.4 다양한 역할을 위한 서버 이미지

많은 팀에서 범용 서버 이미지를 사용하고 서버 인스턴스를 생성할 때 역할 구성(11.3절 참고)을 적용한다. 그러나 역할을 수행하는 서버를 구성할 때 애플리케이션 서버와 같이 너무 많은 소프트웨어를 설치해야 하는 경우 역할을 구성하지 않고 전용 이미지로 굽는 것이 더 낫다.

이 장의 앞부분에 있는 예제(13.3절 참고)에서는 애플리케이션 서버와 컨테이너 호스트 노드의 사용자 정의 이미지와 범용 Linux 이미지를 사용했다. 이 예제는 각 서버 역할에 대해 별도의 이미지가 필요하지 않음을 보여준다.

특정 역할에 대해 별도의 이미지를 유지할 가치가 있는지 결정하기 위해 파이프라인, 테스트, 스토리지 공간을 보유하는 데 드는 시간과 비용을 고려하고 이를 11.7절에서 설명한 서버 인스턴스 구성의 단점(속도, 효율성, 의존성)과 비교해야 한다.

13.5.5 서버 이미지 계층화

역할 기반role-based 서버 이미지가 많은 팀은 서버 이미지를 계층layer으로 빌드하는 것을 고려해야 한다. 예를 들어 모든 서버에 설치하려는 기본 패키지와 구성을 사용하여 기본 OS 이미지를 만든다. 그런 다음 이 이미지를 원본 이미지로 사용하여 [그림 13-9]와 같이 애플리케이션 서버, 컨테이너 노드 등에 더 구체적인 역할 기반 이미지를 구축한다.

이 예에서 ShopSpinner팀은 애플리케이션 서버 이미지와 컨테이너 호스트 노드 이미지 빌드를 위한 원본 이미지로 기본 Linux 이미지를 사용한다. 애플리케이션 서버 이미지에는 Java와 tomcat이 사전 설치되어 있다. 팀은 이 이미지를 특정 애플리케이션이 이미 설치된 이미지를 빌드하기 위한 원본 이미지로 사용한다.

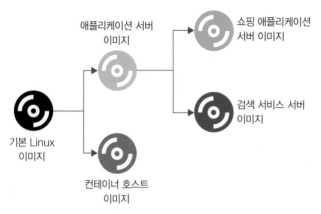

애플리케이션 서버
이미지

쇼핑 애플리케이션
서버 이미지

기본 Linux
이미지

검색 서비스 서버
이미지

컨테이너 호스트
이미지

그림 13-9 서버 이미지 계층화

> **NOTE** **거버넌스와 서버 이미지**
>
> 거버넌스에 대한 기존 접근 방식은 신규 서버 이미지가 구축될 때마다 수동으로 검토하고 승인하는 프로세스를 포함하는 경우가 많다. 20.5절에서 설명하는 것처럼 서버를 코드로 정의하고 파이프라인을 사용하여 변경을 전달하면 더 강력한 접근 방식을 구현할 수 있다.
>
> 새로운 서버 이미지를 검사하는 대신 거버넌스 담당자가 이미지를 생성하는 코드를 검사할 수 있다. 그리고 인프라팀 또는 관련된 팀과 협력하여 규정 준수를 보장할 수 있는 자동화된 검사를 생성하여 파이프라인에서 실행할 수 있다. 이 파이프라인은 신규 이미지가 빌드될 때마다 이러한 검사를 실행할 수 있을 뿐 아니라 서버 구성 코드를 적용해도 이미지의 안정성과 기능이 향상되는지 여부를 확인하기 위해 신규 서버 인스턴스에 대해 검사를 실행할 수 있다.

ShopSpinner 쇼핑 애플리케이션과 검색 서비스는 하루 중 시간대에 따라 다른 트래픽 로드를 처리하기 위해 자주 확장하거나 축소해야 한다. 따라서 이미지를 구워서 준비하는 것이 유용하다. 팀은 쇼핑 애플리케이션과 검색 서비스 외에 다른 애플리케이션과 서비스의 인스턴스를 자주 생성하지 않기 때문에 다른 애플리케이션과 서비스의 서버 인스턴스는 더 일반적인 애플리케이션 서버 이미지로 구축한다.

별도의 파이프라인이 각 서버 이미지를 빌드하고 입력 이미지가 변경될 때 이미지 빌드가 트리거되며 피드백 주기가 매우 길 수 있다. 팀이 기본 Linux 이미지를 변경하면 해당 파이프라인이 완료되고 애플리케이션 서버와 컨테이너 호스트 파이프라인을 트리거한다. 그런 다음 애플리케이션 서버 이미지 파이프라인이 트리거되고 이를 기반으로 서버 이미지의 신규 버전을 빌드한다. 각 파이프라인을 실행하는 데 10~15분이 걸린다면 변경이 모든 이미지에 적용되는 데는 최대 45분이 걸린다.

대안은 얕은shallower 이미지 빌드 전략을 사용하는 것이다.

13.5.6 서버 이미지 간 코드 공유

서버 역할이 서로의 구성을 상속하는 상속 기반 모델이 있더라도 방금 설명한 계층화된 모델에서 이미지를 빌드할 필요는 없다. 대신 [그림 13-10]과 같이 서버 구성 코드를 서버 역할의 정의에 맞게 계층화하고 모든 코드를 직접 적용하여 처음부터 각 이미지를 빌드할 수 있다.

그림 13-10 스크립트를 사용한 서버 이미지 역할 계층화

이 전략은 동일한 계층 유형을 구현한다. 그러나 각 역할에 대한 관련된 구성 코드를 결합하여 한 번에 적용하는 것으로 구현한다. 따라서 애플리케이션 서버 이미지를 빌드하면 기본 서버 이미지를 원본 이미지로 사용하지 않고 기본 서버 이미지에 사용된 모든 코드를 애플리케이션 서버 이미지에 적용한다.

이 방법으로 이미지를 빌드하면 계층 구조의 맨 아래에 있는 이미지 빌드 시간이 줄어든다. 검색 서비스용 이미지를 빌드하는 파이프라인은 누군가가 기본 Linux 서버 구성 코드를 변경하면 즉시 실행된다.

13.6 마치며

사용자 정의 이미지를 만들지 않고도 서버를 구축하고 유지보수할 수 있지만 서버 이미지를 빌드하는 자동화된 시스템을 만들고 유지보수하는 것은 이점이 있다. 이러한 이점은 주로 최적화와 관련이 있다. 더 많은 구성을 서버 이미지에 미리 적용하여 더 적은 네트워크 대역폭과 더 적은 의존성을 사용하여 서버 인스턴스를 더 빠르게 생성할 수 있다.

CHAPTER 14

코드형 클러스터 구축

3장에서는 애플리케이션 호스팅 클러스터를 서버 풀에서 애플리케이션 인스턴스를 동적으로 배포하고 실행하는 모델이라고 설명했다(3.3절 참고). 애플리케이션 클러스터 시스템의 예로는 Kubernetes, AWS ECS, HashiCorp Nomad, Mesos, Pivotal Diego가 있다. 이 모델은 애플리케이션을 오케스트레이션하는 문제와 실행되는 서버를 프로비저닝하고 구성하는 문제를 분리한다(그림 14-1).

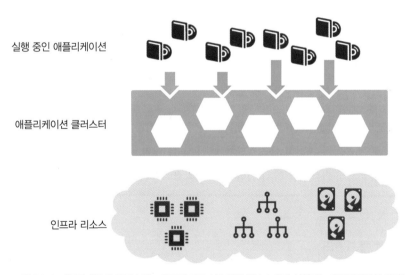

실행 중인 애플리케이션

애플리케이션 클러스터

인프라 리소스

그림 14-1 애플리케이션 클러스터는 인프라 리소스와 해당 리소스에서 실행되는 애플리케이션 사이에 계층을 생성한다.

물론 코드를 사용하여 애플리케이션 클러스터를 정의하고 관리해야 한다. 10장에서 설명한 대로 애플리케이션 클러스터를 하나 이상의 애플리케이션 스택으로 사용할 수 있으며 이를 코드로 구축할 수 있다. 이 장에서는 몇 가지 예제를 제공한다. 전체 클러스터의 단일 스택과 멀티 스택에 걸쳐 클러스터를 분리하는 등 몇 가지 다른 스택 토폴로지를 보여줄 것이다(14.2절). 예제는 토폴로지에서 인프라 코드 변경을 처리하는 파이프라인 다이어그램도 포함한다.

또한 환경과 팀 간에 클러스터를 공유 또는 공유하지 않는 전략에 대해 논의한다(14.3절). 그리고 서버리스 애플리케이션을 위한 인프라에 대한 논의로 이 장을 마무리한다(14.4절).

코드형 컨테이너

컨테이너의 장점은 코드로 정의할 수 있다는 것이다. 컨테이너 이미지는 정의 파일에서 한 번 빌드된 다음 여러 인스턴스를 만드는 데 사용된다. 컨테이너를 효과적으로 사용하려면 컨테이너를 불변 및 비저장stateless 상태로 처리해야 한다.

컨테이너 인스턴스의 내용을 변경해서는 안 된다. 대신 정의를 변경하고 신규 이미지를 만든 다음 인스턴스를 교체해야 한다. 그리고 컨테이너 안에 상태를 저장해서도 안 된다. 대신 다른 인프라 리소스를 사용하여 상태와 데이터를 저장해야 한다(21.5절 참고).

컨테이너는 이러한 특성으로 인해 클라우드 플랫폼의 동적 특성에 완벽하게 적합하며, 이것이 바로 컨테이너가 클라우드 네이티브 아키텍처와 밀접하게 연관되는 이유다(10.1절 참고).

14.1 애플리케이션 클러스터 솔루션

애플리케이션 클러스터를 구현하고 관리하기 위한 두 가지 주요 접근 방식이 있다. 하나는 인프라 플랫폼의 일부로 제공되는 관리형 클러스터managed cluster를 서비스로 사용하는 것이다. 다른 하나는 패키징된 클러스터 솔루션을 하위 레벨 인프라 리소스에 배포하는 것이다.

14.1.1 서비스형 클러스터

대부분의 인프라 플랫폼은 관리형 클러스터 서비스를 제공한다. 스택 구성 도구를 사용하여 클러스터를 코드로 정의하고, 프로비저닝하고, 변경할 수 있다. 클러스터를 서비스로 사용하는 것은 클러스터와 지원 요소를 포함하는 스택을 생성하는 문제와 같다.

이러한 클러스터의 대부분은 EKS, AKS, GKE를 포함한 Kubernetes를 기반으로 한다. 다른 것은 ECS와 같은 CSP 전용 컨테이너 서비스를 기반으로 한다.

> **CAUTION** **관리형 Kubernetes 클러스터는 클라우드 추상화 계층** abstraction layer **이 아니다**
>
> 언뜻 보기에 벤더 관리형 Kubernetes 클러스터는 다양한 클라우드 플랫폼에서 투명하게 애플리케이션을 개발하고 실행할 수 있는 훌륭한 솔루션처럼 보인다. 이제 Kubernetes용 애플리케이션을 빌드하고 원하는 클라우드에서 실행할 수 있다!
>
> 실제로는 애플리케이션 클러스터가 애플리케이션 런타임 계층의 일부로 유용할 수 있지만 전체 런타임 플랫폼을 생성하려면 훨씬 더 많은 작업이 필요하다. 그리고 기본 클라우드 플랫폼에서 진정한 추상화를 달성하는 것은 쉬운 일이 아니다.
>
> 애플리케이션은 스토리지와 네트워킹을 포함하여 클러스터에서 제공하는 컴퓨팅 이외의 다른 리소스에 접근해야 한다. 이러한 리소스는 추상화 솔루션을 구축하지 않는 경우 플랫폼마다 다르게 제공된다.
>
> 또한 모니터링, ID 관리, 비밀 관리와 같은 서비스를 제공해야 한다. 다시 말하지만, 각 클라우드 플랫폼에서 다른 서비스를 사용하거나 각 클라우드에서 배포하고 관리할 수 있는 서비스 또는 추상화 계층을 구축해야 한다.
>
> 애플리케이션 클러스터는 실제로 전체 애플리케이션 호스팅 플랫폼의 작은 부분이지만 핵심 Kubernetes 시스템을 구성하는 버전, 구현 방법, 도구가 서로 달라서 클라우드마다 차이가 존재한다.

14.1.2 패키징된 클러스터 배포

많은 팀은 관리형 클러스터를 사용하는 것보다 애플리케이션 클러스터를 자체적으로 설치하고 관리하는 것을 선호한다. Kubernetes는 가장 널리 사용되는 핵심 클러스터 솔루션이다.

kops, Kubeadm, kubespray와 같은 설치 프로그램을 사용하여 프로비저닝한 인프라에 Kubernetes를 배포할 수 있다.

다른 서비스와 기능을 패키징한 Kubernetes 배포판도 있다. 다음은 수십 개의 배포판 중 일부를 나열한 것이다.[1]

---

1 *https://oreil.ly/HR9VS*에서 인증된 Kubernetes 배포 목록을 찾을 수 있다.

- HPE 컨테이너 플랫폼(Hewlett Packard)

- OpenShift(Red Hat)

- PKS(Pivotal 컨테이너 서비스)(VMware/Pivotal)

- Rancher RKE

일부 제품은 자체 컨테이너 형식, 애플리케이션 스케줄링, 오케스트레이션 서비스로 시작했다. 하지만 많은 벤더가 자체 솔루션을 계속 개발하기보다는 압도적으로 인기가 높은 Docker와 Kubernetes로 핵심 제품을 리빌드하기로 결정했다.

그러나 소수의 제품은 Kubernetes borg로 흡수되는 것에 저항했다. 여기에는 HashiCorp Nomad와 Apache Mesos가 포함되며, 둘 다 서로 다른 컴퓨팅 리소스에서 컨테이너 인스턴스와 비컨테이너 애플리케이션을 오케스트레이션할 수 있다. Cloud Foundry Application Runtime(CFAR)에는 자체 컨테이너 오케스트레이션(Diego)이 있지만 Kubernetes와 함께 사용할 수도 있다.[2]

14.2 애플리케이션 클러스터를 위한 스택 토폴로지

애플리케이션 클러스터는 서로 다른 부품으로 구성된다. 하나의 부품셋은 클러스터를 관리하는 애플리케이션과 서비스다. 다음은 클러스터 관리 서비스의 일부다.

- **스케줄러**: 각 애플리케이션에서 실행할 인스턴스의 수와 실행할 위치를 결정한다.
- **모니터링**: 애플리케이션 인스턴스의 문제를 감지하여 애플리케이션 인스턴스를 다시 시작하거나 이동시킨다.
- **구성 레지스트리**: 클러스터를 관리하고 애플리케이션을 구성하는 데 필요한 정보를 저장한다.
- **서비스 검색**: 애플리케이션과 서비스가 애플리케이션 인스턴스의 현재 위치를 찾을 수 있도록 한다.
- **관리 API와 UI**: 도구와 사용자가 클러스터와 상호작용할 수 있도록 한다.

많은 클러스터 배포판은 애플리케이션 인스턴스를 호스팅하는 서비스와 분리된 전용 서버에서 관리 서비스를 실행한다. 이러한 서비스는 가용성을 위해 클러스터로도 실행될 수 있어야 한다.

---

2   자세한 내용은 *https://oreil.ly/Nptwe*을 참고하자.

애플리케이션 클러스터에서 또 다른 중요한 부분은 애플리케이션 호스팅 노드다. 노드는 스케줄러가 애플리케이션 인스턴스를 실행하는 서버 풀이다. 서버 인스턴스의 수와 위치를 관리하기 위해 애플리케이션 호스팅 노드를 서버 클러스터로 설정하는 것은 일반적인 방법이다. 서비스 메시는 애플리케이션 인스턴스와 함께 호스트 노드에서 사이드카 프로세스를 실행할 수 있다(3.3절 참고).

예제 애플리케이션 클러스터(그림 14-2)는 클러스터 관리 서비스를 실행하는 서버, 애플리케이션 인스턴스를 실행하는 서버 클러스터 및 네트워크 주소 블록을 포함한다.

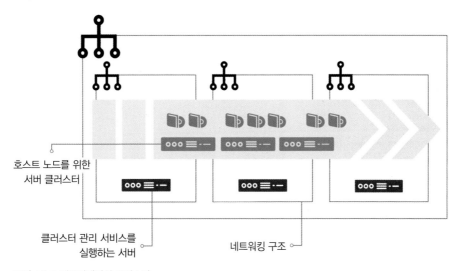

호스트 노드를 위한
서버 클러스터

클러스터 관리 서비스를
실행하는 서버

네트워킹 구조

그림 14-2 애플리케이션 클러스터

애플리케이션 클러스터의 네트워킹 구조는 평면적일 수 있다. 클러스터 서비스는 애플리케이션 인스턴스에 네트워크 주소를 할당한다. 또한 이를 위해 자주 서비스 메시를 사용하여 암호화와 네트워크 연결 관리를 포함한 네트워크 보안을 처리해야 한다.

우리는 인프라 스택을 사용하여 이 인프라를 프로비저닝한다. 5장에서는 스택의 크기와 내용의 범위가 변경의 속도와 위험에 영향을 준다고 설명했다.

5.2절에서는 스택 전체에 리소스를 배열하기 위한 패턴을 나열했다. 지금부터 살펴볼 예는 이러한 패턴이 클러스터 인프라에 어떻게 적용되는지 보여준다.

14.2.1 서비스형 클러스터를 사용하는 모놀리식 스택

가장 간단한 설계는 단일 스택에서 클러스터의 모든 부분을 단일 스택 안티패턴에 따라 정의하는 것이다. 모놀리식 구조는 규모에 따라 안티패턴이 되지만 작고 단순한 클러스터로 시작하는 단일 스택에서 유용하다.

[예제 14-1]에서는 AWS EKS, AWS ECS, Azure AKS, Google GKE와 유사한 클러스터를 서비스로 사용한다. 따라서 코드는 클러스터를 정의하지만 인프라 플랫폼이 하위 레벨을 처리하기 때문에 클러스터 관리 서비스를 실행하기 위해 서버를 프로비저닝할 필요가 없다.

예제 14-1 클러스터의 모든 것을 정의하는 스택 코드

```
address_block:
  name: cluster_network
  address_range: 10.1.0.0/16"
  vlans:
    - vlan_a:
        address_range: 10.1.0.0/8
    - vlan_b:
        address_range: 10.1.1.0/8
    - vlan_c:
        address_range: 10.1.2.0/8

application_cluster:
  name: product_application_cluster
  address_block: $address_block.cluster_network

server_cluster:
  name: "cluster_nodes"
  min_size: 1
  max_size: 3
  vlans: $address_block.cluster_network.vlans
  each_server_node:
    source_image: cluster_node_image
    memory: 8GB
```

이 예에서는 네트워킹 경로, 보안 정책, 모니터링과 같이 실제 클러스터가 포함할 수 있는 많은 것을 생략한다. 그러나 호스트 노드에 대한 네트워킹, 클러스터 정의, 서버 풀의 중요한 요소가 모두 동일한 프로젝트에 있음을 보여준다.

14.2.2 패키징된 클러스터 솔루션을 위한 모놀리식 스택

[예제 14-1]의 코드는 인프라 플랫폼에서 제공하는 애플리케이션 클러스터 서비스를 사용한다. 많은 팀은 패키징된 애플리케이션 클러스터 솔루션을 사용하는데 이러한 솔루션에는 클러스터 관리 소프트웨어를 서버에 배포하는 설치 프로그램이 있다(14.1절 참고).

이러한 솔루션을 인프라 스택은 사용할 때 설치 프로그램이 클러스터를 배포하고 구성하는 데 필요한 인프라를 프로비저닝한다. 설치 프로그램을 실행하는 것은 별도의 단계로 취급해야 한다. 그래야 애플리케이션 클러스터와 별도로 인프라 스택을 테스트할 수 있다. 클러스터의 구성을 코드로 정의할 수 있다면 업데이트와 변경을 쉽고 안전하게 딜리버리하기 위한 테스트와 파이프라인을 통해 해당 코드를 적절하게 관리할 수 있다.

서버 구성 코드(11.3절 참고)를 사용하여 클러스터 관리 시스템을 서버에 배포하는 것은 유용하다. 일부 패키지 솔루션은 OpenShift용 Ansible과 같은 표준 구성 도구를 사용하므로 이를 스택 빌드 프로세스에 통합할 수 있다. [예제 14-2]의 코드를 [예제 14-1]의 모놀리식 스택 코드에 추가하면 클러스터 관리 애플리케이션 서버를 생성할 수 있다.

예제 14-2 클러스터 관리 서버를 생성하는 코드

```
virtual_machine:
  name: cluster_manager
  source_image: linux-base
  memory: 4GB
  provision:
    tool: servermaker
    parameters:
      maker_server: maker.shopspinner.xyz
      role: cluster_manager
```

이 코드는 가상의 servermaker 명령을 실행하고 cluster_manager 역할을 적용하여 서버를 구성한다.

14.2.3 모놀리식 애플리케이션 클러스터 스택용 파이프라인

스택이 하나만 있으므로 하나의 파이프라인이 애플리케이션 클러스터 인스턴스의 코드 변경을

테스트하고 딜리버리한다. 그러나 호스트 노드와 애플리케이션 자체에 대한 서버 이미지를 비롯한 다른 요소가 관련된다. [그림 14-3]은 이러한 파이프라인의 잠재적인 설계를 보여준다.

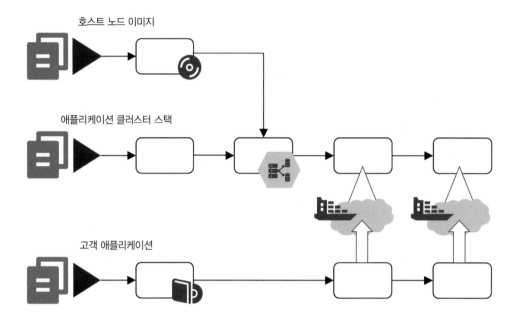

그림 14-3 모놀리식 스택을 사용하는 클러스터용 파이프라인

[그림 14-3]의 상단에 위치한 파이프라인(그림 14-4)은 13.4절에서 설명한 것처럼 호스트 노드의 서버 이미지를 빌드한다. 이 파이프라인의 결과는 분리된 테스트를 거친 서버 이미지다. 해당 이미지의 테스트는 컨테이너 관리 소프트웨어가 설치되어 있고 보안 정책을 준수하는지 확인한다.

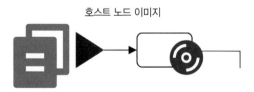

그림 14-4 호스트 노드 서버 이미지의 파이프라인

[그림 14-3] 하단 파이프라인(그림 14-5)은 클러스터에 배포되는 애플리케이션을 위한 것이다. 실제로 별도로 배포된 모든 애플리케이션은 하나 또는 여러 개의 파이프라인을 가질 수 있다. 이 파이프라인에는 애플리케이션을 자체적으로 빌드하고 테스트하기 위한 초기 단계가 하나 이상 포함되어 있다. 그런 다음 각 환경의 클러스터에 애플리케이션을 배포하는 단계를 진행한다. 배포된 애플리케이션을 테스트하고 검토한 후에는 이러한 환경에서 프로덕션으로 사용할 수 있다. 애플리케이션용 파이프라인은 클러스터 인스턴스용 파이프라인과 매우 느슨하게 연결되어 있다. 우리는 클러스터 업데이트 후 애플리케이션 테스트 단계를 트리거하도록 선택할 수 있다. 이렇게 하면 애플리케이션별로 테스트를 실행하여 클러스터 변경으로 인해 애플리케이션에 발생하는 모든 문제를 찾을 수 있다.

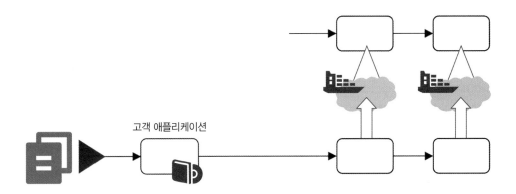

그림 14-5 클러스터에 애플리케이션을 제공하기 위한 파이프라인

[그림 14-6]의 애플리케이션 클러스터 스택에 대한 파이프라인은 일부 구문 검사를 실행하는 오프라인 단계로 시작되고 스택 코드를 인프라 플랫폼의 모의 로컬^{mock}에 적용한다(9.3절 참고). 이러한 테스트는 인프라 플랫폼 리소스를 사용할 필요 없이 코딩 레벨에서 문제를 포착할 수 있으므로 빠르게 실행된다.

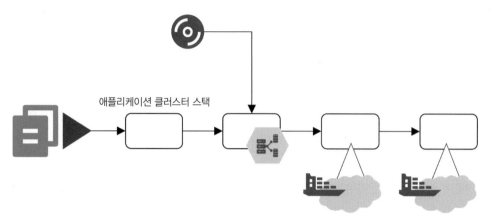

그림 14-6 클러스터 스택 코드용 파이프라인

이 파이프라인의 두 번째 단계는 온라인 단계(9.4절 참고)로 인프라 플랫폼에서 스택 인스턴스를 생성한다. 인스턴스는 지속적이거나 임시적일 수 있다(9.6절 참고). 이 단계의 테스트는 클러스터 관리 서비스가 올바르게 생성됐는지와 서비스에 접근할 수 있는지를 확인한다. 예를 들어 클러스터 관리 엔드포인트에 대한 접근이 불가능한지를 확인하는 등 보안 문제를 테스트할 수도 있다.[3]

이 모놀리식 클러스터 스택에는 호스트 노드 서버를 생성하는 코드가 포함되어 있기 때문에 온라인 단계에서도 이를 테스트할 수 있다. 테스트는 샘플 애플리케이션을 클러스터에 배포하고 애플리케이션이 작동 중임을 증명한다. 실제 애플리케이션이 아닌 샘플 애플리케이션을 사용하면 단순하게 유지할 수 있다는 장점이 있다. 최소한의 의존성과 구성 모음을 사용하여 테스트의 실패가 실제 애플리케이션 배포의 복잡성 때문이 아니라 클러스터 프로비저닝 문제로 인해 발생하는지 확인할 수 있다.

이 파이프라인 단계는 무겁다. 클러스터 구성과 호스트 노드 서버 클러스터를 모두 테스트하고 클러스터 컨텍스트에서 서버 이미지 또한 테스트한다. 이 단계를 실패하게 만드는 요소가 많기 때문에 문제를 해결하고 오류를 수정하는 것이 복잡하다.

이 단계는 테스트를 실행하는 것보다 프로비저닝을 하는 것에 훨씬 더 긴 시간이 소요된다. 이

---

3 Kubernetes는 역사적으로 인증 없이 관리 API를 사용하는 것에 대한 문제가 있었다. 가이드에 따라 클러스터를 보호하기 위한 조치를 취하고 있는지 확인하고 테스트를 작성하여 해커가 공격할 기회를 제공하는 코드와 구성 변경을 중지해야 한다.

두 가지 문제, 즉 한 단계에서 다양한 항목을 테스트하는 문제와 프로비저닝에 긴 시간이 걸리는 문제는 클러스터를 멀티 스택으로 나누는 주요 원인이다.

14.2.4 클러스터를 위한 멀티 스택

클러스터의 인프라 코드를 여러 스택으로 나누면 변경 프로세스의 안정성과 속도가 향상될 수 있다. 다른 스택의 인스턴스를 프로비저닝할 필요 없이 개별적으로 프로비저닝하고 테스트할 수 있도록 각 스택을 설계하는 것을 목표로 한다.

먼저 [예제 14-3]과 같이 호스트 노드 서버 풀을 별도의 스택으로 가져와야 한다. 우리는 애플리케이션 클러스터 없이 이 스택의 인스턴스를 프로비저닝하고 테스트할 수 있다. 플랫폼은 이미지에서 서버를 성공적으로 부팅하고 네트워킹 경로가 올바르게 작동하는지 테스트한다. 또한 안정성을 테스트하기 위해 한 서버에 의도적으로 문제를 일으켜 플랫폼이 자동으로 서버를 교체하는지 확인할 수 있다.

예제 14-3 호스트 노드의 서버 풀을 정의하는 스택 코드

```
server_cluster:
  name: "cluster_nodes"
  min_size: 1
  max_size: 3
  vlans: $address_block.host_node_network.vlans
  each_server_node:
    source_image: cluster_node_image
    memory: 8GB

address_block:
  name: host_node_network
  address_range: 10.2.0.0/16"
  vlans:
    - vlan_a:
        address_range: 10.2.0.0/8
    - vlan_b:
        address_range: 10.2.1.0/8
    - vlan_c:
        address_range: 10.2.2.0/8
```

이 코드는 모놀리식 스택을 사용하는 이전 코드와 달리 호스트 노드에 대해 별도의 VLAN을 추가한다(예제 14-1). 호스트 노드와 클러스터 관리를 서로 다른 네트워크 세그먼트로 분할하는 것이 좋으며 이전 모놀리식 스택 내에서도 수행할 수 있다. 스택을 분리하면 두 스택 간의 결합을 느슨하게 할 수 있다.

스택을 분리하면 [그림 14-7]과 같이 호스트 노드 클러스터 스택에 대한 신규 파이프라인이 추가된다.

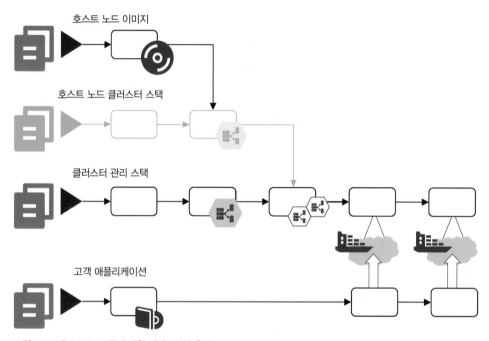

그림 14-7 호스트 노드 풀에 대한 파이프라인 추가

결합된 파이프라인에는 몇 가지 단계가 더 있지만 단일 파이프라인보다 더 가볍고 빠르다. 클러스터 관리 스택의 온라인 테스트 단계([그림 14-8]에서 강조된 부분)는 모놀리식 스택 파이프라인의 온라인 단계보다 빠른 클러스터 관리 인프라만 프로비저닝한다. 이 스택은 더 이상 호스트 노드 서버 이미지의 파이프라인에 의존하지 않으며 서버 노드를 포함하지 않는다. 따라서 이 단계의 테스트를 통해 클러스터 관리가 올바르게 구성되고 보호되는지 확인할 수 있다.

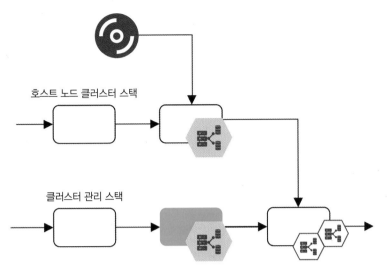

그림 14-8 클러스터 파이프라인에 대한 온라인 테스트 단계

수정된 설계는 [그림 14-9]와 같이 스택 통합 단계에서 호스트 노드 서버 스택의 파이프라인과 클러스터 관리 스택의 파이프라인을 결합한다.

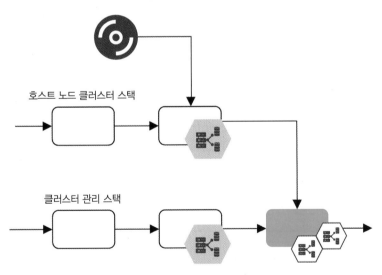

그림 14-9 클러스터에 대한 스택 통합 테스트 단계

이는 두 스택의 인스턴스를 함께 프로비저닝하고 테스트하는 온라인 테스트 단계다. 이러한 테스트는 두 스택의 조합에서만 발생하는 문제에 초점을 맞추기 때문에 이전 단계의 테스트를 복제해서는 안 된다. 이 단계에서는 샘플 애플리케이션을 배포하고 클러스터에서 올바르게 실행되는지 검증한다. 또한 테스트 애플리케이션에서 실패를 트리거하고 추가 인스턴스를 만들기 위해 필요한 조건을 생성하여 안정성과 확장성을 테스트한다.

우리는 관리 스택에서 공통 네트워크 인프라를 분리하는 것과 같이 더 많은 스택으로 분할할 수 있다. 15장과 17장에서는 스택의 인프라 분리와 통합에 대해 더 자세히 설명한다.

14.3 애플리케이션 클러스터를 위한 공유 전략

얼마나 많은 클러스터를 실행해야 할까?

클러스터는 얼마나 커야 할까?

각 클러스터는 어느 정도의 규모로 실행해야 할까?

이론적으로 클러스터 인스턴스 내에서 단일 클러스터를 실행하고 환경과 여러 애플리케이션의 경계를 나타낼 수 있다. 그러나 단일 클러스터는 실용적이지 않으며 그 이유는 다음과 같다.[4]

변경 관리

클러스터는 업데이트되고, 업그레이드되고, 수정되고, 변경되어야 한다. 따라서 서비스를 중단하지 않고 변경을 테스트할 수 있는 곳이 필요하다. 서비스를 중지해야 하거나 위험이 있는 변경의 경우 팀, 애플리케이션, 리전의 요구사항을 모두 만족하는 시간대에 스케줄링하는 것이 어렵다. 멀티 클러스터를 실행하면 유지보수 기간을 더 쉽게 예약할 수 있고 실패한 변경의 영향을 줄일 수 있다.

분리

많은 클러스터 구현에서 애플리케이션, 데이터, 구성을 충분히 분리하지 않는다. 또한 클러스터 구현에서 실행되는 서비스에 따라 클러스터마다 서로 다른 거버넌스 체제를 가질 수 있다.

---

4 롭 허슈펠드(Rob Hirschfeld)는 클러스터의 크기와 공유 사이의 상충관계를 탐구하는 기사를 썼다(*https://oreil.ly/8NUDP*).

예를 들어 신용카드 번호를 처리하는 서비스는 규정 준수 요구사항이 더 엄격하므로 별도의 클러스터에서 실행하면 다른 클러스터의 요구사항이 간소화된다.

구성 가능성

일부 애플리케이션 또는 팀은 사용하는 클러스터마다 서로 다른 구성 요구사항을 갖는다. 별도의 클러스터 인스턴스를 제공하면 구성 충돌이 감소한다.

성능과 확장성

클러스터를 생성하는 솔루션마다 다양한 확장 특성을 갖는다. 긴 지연 시간^{latency}은 대응하기 어렵기 때문에 넓은 지리적 범위를 갖는 애플리케이션은 단일 클러스터로 실행하는 것이 비현실적이다. 여러 애플리케이션이 단일 클러스터에서 확장될 때 애플리케이션 간에 리소스 제한 또는 경합 문제가 생길 수 있다.

가용성

단일 클러스터는 단일 장애점으로 간주된다. 멀티 클러스터를 실행하면 다양한 실패 시나리오에 대응하는 데 도움이 된다.

클러스터 인스턴스의 크기를 조정하고 공유하기 위한 몇 가지 잠재적인 전략이 있다. 시스템에 적합한 전략을 선택하려면 변경 분리, 구성 가능성, 성능, 규모, 분산, 가용성에 대한 요구사항을 고려해야 한다. 그런 다음 요구사항에 맞추어 애플리케이션 클러스터링 솔루션을 테스트한다.

14.3.1 모든 것을 위한 하나의 큰 클러스터

단일 클러스터는 멀티 클러스터보다 관리하기 더 쉽다. 그러나 단일 클러스터만으로는 변경을 관리하기에 부족하다. 따라서 별도로 최소 하나 이상의 클러스터 인스턴스를 사용하여 변경을 테스트하고 파이프라인을 사용해야 한다. 그리고 프로덕션 클러스터에 적용하기 전에 클러스터 구성 변경을 배포하고 테스트해야 한다.

14.3.2 딜리버리를 위한 별도의 클러스터

소프트웨어 딜리버리 프로세스의 각 부분마다 별도의 클러스터를 실행할 수 있다. 이 작업은 환경별로 하나의 클러스터를 실행하는 것만큼 간단한 방법이다(그림 14-10).

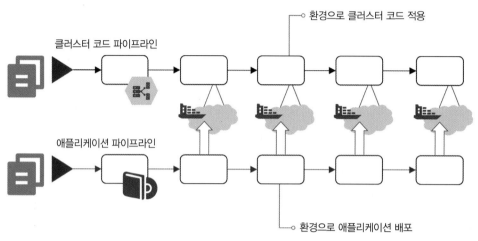

그림 14-10 각 애플리케이션의 배포 환경마다 하나의 클러스터를 관리하는 파이프라인

모든 환경마다 별도로 클러스터를 할당하는 방법은 리소스를 공유하는 여러 환경의 애플리케이션에서 발생할 수 있는 불일치를 방지한다. 그러나 모든 딜리버리 단계의 각 인스턴스를 유지보수하는 것은 어렵고 비용이 많이 든다. 예를 들어 딜리버리 프로세스에서 테스트 인스턴스를 동적으로 생성하는 경우 이를 실행하기 위해 클러스터 인스턴스를 동적으로 생성해야 하며 이는 매우 느릴 수 있다.

딜리버리 단계마다 클러스터를 분리하는 방법의 변형은 여러 단계의 클러스터를 공유하는 것이다. 예를 들어 거버넌스 요구사항에 따라 다른 클러스터를 사용할 수 있다. [그림 14-11]에는 세 개의 클러스터가 있다. 개발 클러스터는 사람들이 더 많은 탐색적 테스트 시나리오를 위해 다양한 데이터셋을 만들고 사용하는 인스턴스를 실행하기 위한 클러스터다. 스테이징 클러스터는 테스트 데이터셋이 관리되는 더 엄격한 딜리버리 단계를 위한 클러스터이고, 프로덕션 클러스터는 스테이징과 프로덕션 환경을 호스팅하는 클러스터다. 두 클러스터 모두 고객 데이터를 포함하므로 더 엄격한 거버넌스 요구사항이 있다.

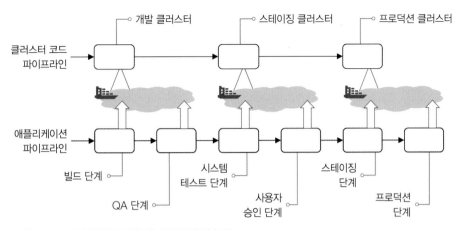

그림 14-11 여러 환경에서 공유되는 클러스터 인스턴스

공유 클러스터에서 여러 환경을 호스팅할 때 각 환경을 최대한 분리된 상태로 유지하는 것을 목표로 해야 한다. 이상적으로는 애플리케이션과 운영 서비스가 다른 환경의 인스턴스를 보거나 상호작용할 수 없어야 한다. 애플리케이션 클러스터링 솔루션이 애플리케이션을 분리하기 위해 제공하는 많은 메커니즘은 강력한 방법이 아니다. 예를 들어 환경을 나타내기 위해 인스턴스에 태그를 지정할 수 있지만 이는 순전히 규칙일 뿐이다. 애플리케이션을 분리하는 더 강력한 방법을 찾아야 한다.

14.3.3 거버넌스 클러스터

일반적인 프로세스의 단계마다 거버넌스 요구사항이 다르기 때문에 딜리버리 프로세스의 각 부분이 별도의 클러스터를 갖는 것은 장점이 있다. 프로덕션에서 실행되는 서비스는 비즈니스에서 가장 중요하고 데이터가 매우 민감하기 때문에 프로덕션 요구사항이 더 엄격하다.

시스템의 다른 부분에는 딜리버리 단계 전반에 걸쳐 다른 거버넌스와 규정 준수 요구사항이 있다. 가장 일반적인 예는 PCI 표준[5]의 적용을 받는 신용카드 번호를 처리하는 서비스다. 다른 예로는 일반 데이터 보호 규칙 General Data Protection Regulation (GDPR)[6]과 같은 제도가 적용될 수 있는 고객 개인 데이터를 처리하는 서비스를 들 수 있다.

---

5 *https://oreil.ly/FUMrX*

6 *https://gdpr-info.eu/*

전용 클러스터에 더 엄격한 표준이 적용되는 호스팅 서비스는 규정 준수와 감사를 단순화하고 강화한다. 이러한 클러스터에서 실행되는 애플리케이션과 코드 변경 딜리버리는 더 강력하게 제어된다. 규정 준수 요구사항이 덜 엄격한 클러스터 호스팅 서비스는 거버넌스 프로세스와 제어를 간소화한다.

예를 들어 두 개의 클러스터가 있다고 가정하자. 하나는 규제 대상 서비스에 대한 개발, 테스트, 프로덕션 호스팅에 사용되고 다른 하나는 규제되지 않은 서비스에 사용된다. 또는 [그림 14-12]와 같이 딜리버리 단계와 규정 요구사항에 따라 클러스터 인스턴스를 분할할 수 있다.

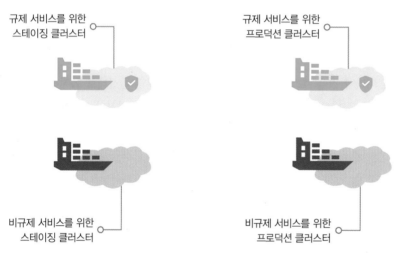

그림 14-12 딜리버리 단계와 규정 요구사항에 따른 별도의 클러스터

14.3.4 팀 클러스터

멀티 클러스터를 구성하는 또 다른 이유는 팀 소유권 문제와 관련이 있다. 각 팀은 서로 다른 호스팅 요구사항을 갖는 다양한 유형의 애플리케이션과 서비스를 제공하고 실행할 책임이 있다. 예를 들어 대고객 서비스를 소유한 팀은 내부용 서비스를 소유한 팀과 거버넌스와 가용성에 대한 요구사항이 다를 수 있다. 팀에 할당된 클러스터는 조직과 애플리케이션의 요구사항에 맞게 최적화될 수 있다.

14.3.5 서비스 메시

서비스 메시는 분산 시스템의 부분 간 연결을 동적으로 관리하는 분산 서비스 네트워크다. 네트워크 기능이 인프라 계층에서 애플리케이션 런타임 계층(3.1절 참고)으로 이동한다. 일반적인 서비스 메시 구현에서 각 애플리케이션 인스턴스는 다른 인스턴스와의 통신을 사이드카 프로세스에 위임한다(그림 14-13).

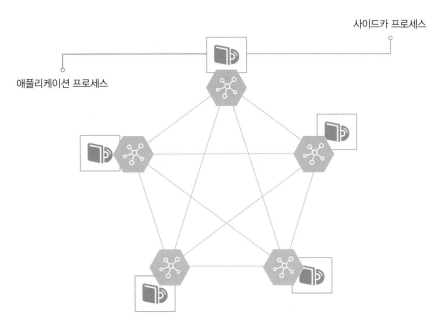

그림 14-13 사이드카는 서비스 메시의 다른 프로세스와 통신할 수 있다.

서비스 메시가 애플리케이션에 제공할 수 있는 서비스는 다음과 같다.

라우팅

현재 실행 중인 애플리케이션의 가장 적절한 인스턴스로 트래픽을 전달한다. 서비스 메시를 사용한 동적 라우팅은 21.3절에서 설명하는 것과 같이 blue-green과 카나리 같은 고급 배포 시나리오를 가능하게 한다.

가용성

요청 수를 제한하는 규칙을 시행한다. 예를 들어 회로 차단기 circuit breaker[7]가 있다.

보안

인증서를 포함한 암호화를 처리한다.

인증

특정 서비스를 어떤 서비스에 연결할 수 있는지에 대한 규칙을 적용한다. 동등 계층 간 통신망 peer-to-peer (P2P) 인증에 사용되는 인증서를 관리한다.

관찰 가능성, 모니터링, 트러블슈팅 troubleshooting

사람들이 복잡한 분산 시스템을 통해 요청을 추적할 수 있도록 연결과 여러 이벤트를 기록한다.

서비스 메시는 애플리케이션 호스팅 클러스터와 함께 잘 작동한다. 애플리케이션 클러스터는 하위 레벨 리소스에서 분리된 컴퓨팅 리소스를 동적으로 제공한다. 서비스 메시는 하위 레벨 네트워킹 리소스에서 분리된 애플리케이션 통신을 동적으로 관리한다. 이 모델의 장점은 다음과 같다.

- 일반적인 문제를 애플리케이션에서 사이드카로 이동하여 애플리케이션 개발을 단순화한다.
- 모든 애플리케이션과 서비스에서 코드를 변경할 필요 없이 사이드카에 업데이트를 배포하기만 하면 시스템 전체에서 공통된 문제를 더 쉽게 구축하고 개선할 수 있다.
- 애플리케이션 인스턴스(예를 들어 컨테이너)를 배포하고 구성하는 동일한 오케스트레이션과 스케줄링 시스템이 사이드카 인스턴스와 함께 배포하고 구성할 수 있기 때문에 애플리케이션 배포의 동적 특성을 처리할 수 있다.

서비스 메시의 몇 가지 예로 HashiCorp Consul, Envoy, Istio, Linkerd가 있다.

서비스 메시는 가장 일반적으로 컨테이너화된 시스템과 연결된다. 그러나 컨테이너화되지 않은 시스템에서도 모델을 구현할 수 있다. 예를 들어 사이드카 프로세스를 가상 머신에 배포할 수 있다.

---

7 https://oreil.ly/thM6m

서비스 메시는 복잡성을 추가한다. 마이크로서비스와 같은 클라우드 네이티브 아키텍처 모델과 마찬가지로 서비스 메시는 개별 애플리케이션의 개발을 단순화하기 때문에 매력적이다. 그러나 복잡성은 사라지지 않는다. 인프라로 이동했을 뿐이다. 따라서 조직은 가파른 학습 프로세스에 대한 준비를 포함하여 서비스 메시를 관리할 준비가 되어 있어야 한다.

인프라 수준에서 구현된 네트워킹과 서비스 메시에서 구현된 네트워킹 간에 명확한 경계를 유지하는 것이 중요하다. 좋은 설계와 구현 원칙이 없으면 문제가 중복되고 섞일 수 있다. 시스템은 이해하기 어렵고 변경에 대한 위험이 높아지며 문제를 해결하기가 더 힘들어진다.

14.4 FaaS 서버리스용 인프라

3장에서는 플랫폼이 애플리케이션에 컴퓨팅 리소스를 제공할 수 있는 한 가지 방법으로 FaaS 서버리스를 설명했다. 애플리케이션 코드의 일반적인 모델은 컨테이너나 서버에서 지속적으로 실행된다. FaaS는 이벤트나 일정에 따라 요청을 받으면 애플리케이션 코드를 실행한다.

FaaS 코드는 코드가 빠르게 실행되는, 잘 정의된 단기 작업에 유용하다. 일반적인 예는 HTTP 요청을 처리하거나 메시지 큐의 오류 이벤트에 응답하는 것이다. 플랫폼은 동시에 들어오는 여러 이벤트를 처리할 때 코드의 여러 인스턴스를 병렬로 시작한다.

FaaS는 수요가 크게 변하고 수요가 최대일 때 확장되며 필요하지 않을 때는 전혀 실행되지 않는 워크로드에 효율적이다.

'서버리스'는 정확한 용어가 아니다. 코드가 서버에서 실행되기 때문이다. 서버가 개발자에게 사실상 보이지 않을 뿐이다. 컨테이너도 마찬가지이므로 소위 서버리스의 특징은 서버의 추상화 레벨이 아니다. 서버리스의 진정한 차이점은 장기 실행 프로세스가 아니라 단기 프로세스라는 점이다.

이러한 이유로 많은 사람들이 서버리스보다 FaaS라는 용어를 선호한다. FaaS는 서버리스의 다른 용도인 서비스형 백엔드^{backend as a service}(BaaS)와도 명확히 구분된다. BaaS는 외부에서 제공되는 서버리스 서비스로 정의된다.[8]

---

8 자세한 내용은 마이크 로버츠(Mike Roberts)의 'Serverless Architectures(`https://https://oreil.ly/wHE-5`)'를 참고하자.

FaaS 런타임은 애플리케이션 클러스터와 동일한 모델을 따른다. FaaS 런타임은 인프라 플랫폼에서 서비스로 제공되며, FaaS 런타임 패키지는 사용자가 인프라와 관리 도구를 프로비저닝하고 구성해야 한다.

서비스로 제공되는 FaaS 런타임의 예는 다음과 같다.

- AWS Lambda
- Azure Functions
- Google Cloud Functions

FaaS 런타임 패키지 솔루션의 예는 다음과 같다.

- Fission
- Kubeless
- OpenFaaS
- Apache OpenWhisk

앞서 설명한 서버 풀 및 관리 서비스와 마찬가지로 FaaS 패키지 솔루션의 인프라를 프로비저닝하기 위해 동일한 전략을 사용할 수 있다. FaaS 솔루션의 작동 방식을 자세히 이해하여 코드가 데이터를 유출할 가능성과 유출하는 방법을 파악해야 한다. 예를 들어 다른 FaaS 코드가 접근할 수 있는 위치에 임시 파일과 여러 잔여 파일을 남겨 보안과 규정 준수에 문제를 일으킬 수 있다. FaaS 솔루션이 데이터 분리 요구사항을 충족할 가능성과 확장 여부에 따라 FaaS 런타임의 멀티 인스턴스에 대한 실행 수준을 결정해야 한다.

클라우드 벤더가 제공하는 FaaS 서비스는 일반적으로 애플리케이션 클러스터만큼 사용자가 구성할 수 있는 것들이 많지 않다. 예를 들어 일반적으로 코드가 실행되는 호스트 서버의 크기와 특성을 지정할 필요가 없다. 따라서 정의하고 관리해야 하는 인프라 범위가 크게 줄어든다.

그러나 대부분의 FaaS 코드는 다른 서비스나 리소스와 상호작용한다. FaaS 애플리케이션을 트리거하는 인바운드 요청과 코드가 만드는 아웃바운드 요청에 대해 네트워킹을 정의해야 할 수 있다. FaaS 코드는 데이터와 메시지를 읽고 저장 장치, 데이터베이스, 메시지 큐에 데이터를 작성하며 이 모든 것을 위해 인프라 리소스를 정의하고 테스트해야 한다. 물론 FaaS 코드 또한 다른 코드와 마찬가지로 파이프라인을 사용하여 전달하고 테스트해야 한다. 따라서 FaaS

사용자는 인프라 코드를 정의하고 프로모션해야 하며 여전히 이를 애플리케이션 테스트 프로세스와 통합하는 실행 방법이 필요하다.

14.5 마치며

서비스를 지원하기 위해 컴퓨팅 인프라가 존재한다. 서비스는 런타임 환경에서 실행되는 애플리케이션 소프트웨어에 의해 제공된다. 이 장에서는 코드를 사용하여 조직의 애플리케이션을 위한 런타임 환경을 제공하는 인프라와 이를 정의하는 방법에 대해 살펴봤다.

Part **4**

인프라 설계

Part 4

인프라 설계

CHAPTER 15

핵심 실행 방법 3 시스템을 작고 간단하게 빌드한다

성공적인 시스템은 시간이 흐를수록 발전한다. 더 많은 사람이 사용하고 더 많은 사람이 개발하며 더 많은 기능이 추가된다. 시스템이 성장함에 따라 변경은 더 위험하고 복잡해진다. 이로 인해 변경 관리 프로세스가 더 복잡해지고 변경하는 데 필요한 시간이 증가한다. 변경을 위한 오버헤드는 시스템을 수정하고 개선하기 어렵게 만들며 기술 부채를 증가시켜 시스템의 품질을 떨어뜨린다.

1장에서 빠른 변경이 좋은 품질로 이어지고 좋은 품질이 빠른 변경을 가능하게 만든다고 설명한 것의 반대 버전이라고 볼 수 있다.

코드형 인프라의 세 가지 핵심 실행 방법인 모든 것을 코드로 정의하기, 코드를 지속적으로 테스트하고 딜리버리하기, 시스템을 작고 간단하게 빌드하기(1.5절 참고)를 적용하면 이러한 문제를 해결할 수 있다.

이 장에서는 시스템이 성장하는 동안에도 품질을 향상시키면서 빠른 변경 속도를 유지할 수 있도록 시스템을 더 작은 조각으로 구성하는 세 번째 핵심 실행 방법에 초점을 맞춘다. 대부분의 인프라 코딩 도구와 언어는 모듈, 라이브러리, 기타 유형의 컴포넌트를 지원한다. 그러나 인프라 설계 사고와 실행 방법은 아직 소프트웨어 설계의 성숙도 수준에 도달하지 못했다.

따라서 이 장에서는 수십 년에 걸친 소프트웨어 설계에서 배운 모듈화에 대한 설계 원칙을 코드형 인프라의 관점에서 고려한다. 그런 다음 인프라 시스템에서 다양한 유형의 컴포넌트를 살펴보고 모듈화를 위해 이러한 구성 요소를 활용하는 방법을 알아본다. 이러한 내용을 통해 인프라 컴포넌트 간의 경계를 그릴 때 고려해야 할 여러 가지 사항을 살펴볼 수 있다.

15.1 모듈화를 위한 설계

모듈화의 목표는 시스템을 더 쉽고 안전하게 변경할 수 있도록 만드는 것이다. 모듈화가 이 목표를 지원하는 몇 가지 방법이 있다. 한 가지는 특정 변경을 딜리버리해야 하는 코드의 변경 횟수를 줄이기 위해 구현의 중복을 제거하는 것이다. 또 다른 방법은 다양한 용도로 사용하기 위해 여러 방식으로 조립할 수 있는 컴포넌트를 제공하여 구현을 단순화하는 것이다.

더 쉽고 안전하게 변경할 수 있는 세 번째 방법은 시스템의 다른 부분을 변경하지 않고도 하나의 작은 컴포넌트만 변경할 수 있도록 시스템을 설계하는 것이다. 작은 조각은 큰 조각보다 더 쉽고 안전하고 빠르게 변경할 수 있다.

모듈화에 대한 대부분의 설계 규칙에는 텐션tension이 존재한다. 이를 부주의하게 따라가면 실제로 시스템을 더 취약하고 변경하기 어렵게 만들 수 있다. 1.4절의 네 가지 주요 지표는 시스템 모듈화의 효과를 고려하는 데 유용한 지표다.

15.1.1 잘 설계된 컴포넌트의 특징

컴포넌트를 설계하는 것은 시스템에서 그룹화할 요소와 분리할 요소를 결정하는 것이다. 이를 잘 수행하려면 구성 요소 간의 관계와 의존성을 이해해야 한다. 컴포넌트 설계의 두 가지 중요한 특성은 결합도coupling과 응집도cohesion다.[1] 좋은 설계의 목표는 낮은 결합도와 높은 응집도를 갖는 것이다.

결합도는 한 컴포넌트의 변경이 다른 컴포넌트의 변경을 요구하는 빈도를 나타낸다. 제로 커플링zero coupling(결합이 없는 상태)은 시스템을 구성하는 두 부분에 대한 현실적인 목표가 될 수 없다. 제로 커플링은 동일한 시스템의 일부가 아님을 의미한다. 우리는 제로 커플링이 아니라 약하고 느슨한 결합을 목표로 한다.

서버에서 소프트웨어를 업그레이드할 때 스택의 서버 인스턴스에 할당된 메모리를 늘려야 할 수 있으므로 스택과 서버 이미지가 결합된다. 그러나 서버 이미지를 업데이트할 때마다 스택의 코드를 변경할 필요는 없다. 결합이 약하면 시스템의 다른 부분이 망가질 위험 없이 컴포넌트를 쉽게 변경할 수 있다.

---

1 https://oreil.ly/Qe3Sh

응집도는 컴포넌트의 내부 요소 간 관계를 설명한다. 결합도와 마찬가지로 응집도 개념은 변경 패턴과 관련이 있다. 응집도가 낮은 스택에 정의된 리소스를 변경하는 것은 스택의 다른 리소스와 관련이 없는 경우가 많다.

두 개의 다른 스택에 의해 프로비저닝된 서버를 별도 네트워킹 구조로 정의하는 인프라 스택은 응집도가 낮다. 응집도가 높은 컴포넌트는 느슨하게 연관된 컴포넌트보다 폭발 반경이 좁다. 또한 더 작고 단순하며 깔끔하기 때문에 변경하기 쉽다.

> **NOTE 단순한 설계의 네 가지 규칙**
>
> XP와 TDD의 창시자인 켄트 벅^{Kent Beck}은 컴포넌트의 설계를 단순하게 만드는 네 가지 규칙을 제안한다.[2] 그의 규칙에 따르면 간단한 코드는 다음과 같아야 한다.
>
> - 테스트를 통과한다(해야 할 일을 수행한다).
> - 의도를 밝힌다(명확하고 이해하기 쉽게 작성한다).
> - 중복이 없다.
> - 최소한의 요소만 포함한다.

15.1.2 컴포넌트 설계 규칙

소프트웨어 아키텍처와 설계에는 결합도가 낮고 응집도가 높은 컴포넌트를 설계하기 위한 많은 원칙과 가이드가 포함된다.

중복 배제 원칙 don't repeat yourself (DRY)

이 원칙은 '모든 지식은 시스템 내에서 명확하고 권위 있는 하나의 표현을 가져야 한다'고 말한다.[3] 복제는 사람들이 다양한 곳에서 변경을 하게 만든다.

예를 들어 ShopSpinner의 모든 스택은 provisioner 사용자 계정을 사용하여 서버 인스턴스에 구성을 적용한다. 원래 계정의 로그인 세부 정보는 기본 서버 이미지를 빌드하는 코드뿐 아

---

2 *https://oreil.ly/gelGl*

3 DRY 원칙과 여러 사항은 앤드루 헌트(Andrew Hunt)와 데이비드 토머스(David Thomas)의 『실용주의 프로그래머』(인사이트, 2022)에서 확인할 수 있다.

니라 모든 스택에 지정된다. 누군가 사용자 계정의 로그인 세부 정보를 변경해야 하는 경우 코드베이스의 모든 위치에서 해당 정보를 찾아 변경해야 한다. 따라서 팀은 로그인 세부 정보를 중앙 위치로 이동시키고 각 스택과 서버 이미지 빌더는 해당 위치를 참조한다.

> **CAUTION** 유용한 복제
>
> DRY 원칙은 리터럴literal 코드 라인을 복제하는 것과 다른 개념의 구현을 복제하는 것을 권장하지 않는다. 여러 컴포넌트가 공유 코드에 의존하게 되면 긴밀한 결합이 생성되어 변경하기 어렵다.
>
> 필자는 비슷한 형태의 코드를 중앙 집중화해야 한다고 주장하는 팀을 본 적이 있다. 이 팀은 단일 모듈을 사용하여 모든 가상 서버를 생성한다. 실제로 애플리케이션 서버, 웹 서버, 빌드 서버와 같이 다양한 용도로 생성된 서버는 일반적으로 다르게 정의해야 한다. 다양한 유형의 서버를 모두 생성해야 하는 모듈은 지나치게 복잡해질 수 있다.
>
> 코드가 중복되어 중앙 집중화되어야 하는지 여부를 고려할 때 코드가 실제로 동일한 개념을 나타내는지를 생각해야 한다. 코드의 한 인스턴스를 변경하면 항상 다른 인스턴스도 변경되어야 할까?
>
> 또한 두 개의 코드 인스턴스를 동일한 변경 주기로 묶는 것이 좋은 아이디어인지 고려해야 한다. 조직의 모든 애플리케이션 서버를 동시에 업그레이드하는 것은 비현실적이다.

재사용은 결합도를 증가시킨다. 따라서 재사용에 대한 좋은 경험칙은 컴포넌트 내에서 재사용하지 않고 컴포넌트 간에 재사용하는 것이다.

구성 규칙 rule of composition

구성 가능한 시스템을 만들려면 독립적인 조각을 만들어야 한다. 의존관계인 두 조각이 있을 때, 한 조각이 다른 조각에 영향을 주지 않고 쉽게 교체될 수 있어야 한다.[4]

ShopSpinner팀은 서로 다른 스택에서 프로비저닝하는 단일 Linux 애플리케이션 서버 이미지로 시작하고 나중에 Windows 애플리케이션 서버 이미지를 추가한다. 이 팀은 주어진 스택에서 서버 이미지를 프로비저닝하는 코드를 설계하여 주어진 애플리케이션에 필요한 경우 두 서버 이미지 간의 전환을 쉽게 한다.

---

4 구성 규칙은 유닉스 철학의 기본 규칙이다(https://oreil.ly/2szfb).

단일 책임 원칙 single responsibility principle(SRP)

SRP는 주어진 컴포넌트가 한 가지에 대해 책임을 져야 한다고 말한다. 아이디어는 각 컴포넌트에 초점을 맞춰 콘텐츠가 응집력을 갖도록 하는 것이다.[5]

서버, 구성 라이브러리, 스택 컴포넌트, 스택 등의 인프라 컴포넌트는 하나의 목적을 위해 구성해야 하며 목적은 계층화될 수 있다. 애플리케이션을 위한 인프라를 제공하는 것은 인프라 스택에서 달성할 수 있는 단일 목적이다. 이 목적을 스택 라이브러리에 구현된 애플리케이션의 보안 트래픽 라우팅, 서버 이미지로 구현된 애플리케이션 서버, 스택 모듈로 구현된 데이터베이스 인스턴스로 나눌 수 있다. 각 레벨의 컴포넌트에는 이해하기 쉬운 하나의 목적이 있다.

도메인 개념 중심 설계

사람들은 자주 기술적 개념을 중심으로 컴포넌트를 구축해도 괜찮을 것이라고 생각한다. 예를 들어 서버를 정의하기 위한 컴포넌트를 만들고 서버가 필요한 모든 스택에서 이를 재사용하고자 한다. 이는 좋은 아이디어처럼 보일 수 있지만 실제로 공유 컴포넌트는 사용하는 모든 코드를 연결한다.

더 나은 방법은 도메인 개념을 중심으로 컴포넌트를 구축하는 것이다. 애플리케이션 서버는 여러 애플리케이션에 재사용할 수 있는 도메인 개념이다. 빌드 서버는 다른 팀에 고유한 인스턴스를 제공하기 위해 재사용할 수 있는 또 다른 도메인 개념이다. 따라서 이러한 서버는 기술적인 개념 중심으로 컴포넌트가 설계된 서버보다 더 나은 구성 요소를 만든다.

디미터의 법칙 Law of Demeter

최소 지식 원칙 the principle of least knowledge 이라고도 하는 디미터의 법칙은 한 컴포넌트가 다른 컴포넌트의 구현 방식에 대해 알지 못해야 한다는 것이다. 이 규칙은 컴포넌트 간의 명확하고 간단한 인터페이스를 제공한다.

ShopSpinner팀은 처음에 애플리케이션 서버 클러스터를 정의하는 스택과 해당 클러스터의 로드 밸런서 및 방화벽 규칙을 정의하는 공유 네트워킹 스택을 사용하여 이 규칙을 위반한다. 공유 네트워킹 스택은 애플리케이션 서버 스택을 너무 자세히 알고 있다.

---

5 필자의 동료 제임스 루이스는 '마이크로서비스가 얼마나 커야 하는가'라는 질문에 SRP를 적용한다. 그는 컴포넌트가 개념적으로 머릿속에 들어가야 한다고 말한다. 이는 소프트웨어 컴포넌트뿐만 아니라 인프라에도 적용된다.

공급자와 소비자

컴포넌트 간에 의존성이 있는 관계에서 공급자 컴포넌트는 소비자 컴포넌트가 사용하는 리소스를 생성하거나 정의한다.

공유 네트워킹 스택은 서브넷과 같은 네트워크 주소 블록을 생성하는 공급자가 될 수 있다. 애플리케이션 인프라 스택은 공급자가 관리하는 서브넷 내에서 서버와 로드 밸런서를 프로비저닝하는 공유 네트워킹 스택의 소비자가 될 수 있다.

이 장의 핵심 주제는 인프라 컴포넌트 간의 인터페이스를 정의하고 구현하는 것이다.

순환 의존성 circular dependency 제거

소비자에게 리소스를 제공하는 컴포넌트에서 관계를 추적할 때 순환이 발견되어서는 안 된다. 다시 말해, 공급자 컴포넌트는 자신의 직접 또는 간접 소비자의 리소스를 사용해서는 안 된다.

공유 네트워킹 스택의 ShopSpinner 예제에는 순환 의존성이 있다. 애플리케이션 서버 스택은 클러스터의 서버를 공유 네트워킹 스택의 네트워킹 구조에 할당한다. 공유 네트워킹 스택은 애플리케이션 서버 스택 중 특정 서버 클러스터의 로드 밸런서와 방화벽 규칙을 생성한다.

ShopSpinner팀은 애플리케이션 서버 스택과 관련된 네트워킹 요소를 애플리케이션 스택으로 이동하여 순환 의존성을 수정하고 네트워킹 스택이 가지고 있는 다른 컴포넌트에 대한 지식을 줄일 수 있다. 네트워킹 스택 요소는 더 이상 다른 스택의 요소와 밀접하게 관련되지 않기 때문에 응집도와 결합도가 개선된다.

15.1.3 테스트를 통한 설계 결정

8장과 9장에서는 사람들이 변경 작업을 수행할 때 인프라 코드를 지속적으로 테스트하는 방법을 설명했다. 테스트에 대한 집중은 인프라 컴포넌트의 테스트 가능성을 필수적인 설계 고려사항으로 만든다.

변경 딜리버리 시스템은 모니터링 에이전트를 설치하는 서버 구성 모듈에서 컨테이너 클러스터를 구축하는 스택 코드에 이르기까지 모든 레벨에서 인프라 코드를 생성하고 테스트할 수 있어야 한다. 파이프라인 단계는 분리된 각 컴포넌트의 인스턴스를 신속하게 생성할 수 있어야 한다. 이 레벨의 테스트는 의존성이 얽혀 있는 스파게티 코드베이스나 프로비저닝하는 데 30

분이 걸리는 대규모 컴포넌트에서는 불가능하다.

이러한 문제는 인프라 코드에 효과적인 자동화 테스트 체제를 도입하려는 많은 계획을 방해한다. 잘못 설계된 시스템에서 자동화된 테스트를 작성하고 실행하는 것은 어렵다.

이것은 더 나은 설계를 가능하게 하기 때문에 자동화된 테스트의 비밀스러운 이점이라고 볼 수 있다. 코드를 지속적으로 테스트하고 제공하는 유일한 방법은 낮은 결합도와 높은 응집도를 갖는 깨끗한 시스템 설계를 구현하고 유지하는 것이다.

느슨하게 결합된 서버 구성 모듈에 대한 자동화된 테스트를 구현하는 것, 더 깨끗하고 간단한 인터페이스를 사용하여 모의 모듈을 빌드하고 사용하는 것이 더 쉽다(9.5절 참고). 따라서 파이프라인에서 잘 정의된 작은 스택을 더 빠르게 프로비저닝하고 테스트할 수 있다.

15.2 인프라 모듈화

인프라 시스템은 3장에서 설명한 것처럼 각기 다른 부분으로 구성될 수 있는 다양한 유형의 컴포넌트를 포함한다. 서버 구성 모듈 집합을 참조하는 서버 구성 역할을 사용하여 이미지에서 서버 인스턴스를 빌드할 수 있으며, 이는 차례로 코드 라이브러리를 가져온다. 인프라 스택은 서버 인스턴스로 구성될 수 있으며 스택 코드 모듈 또는 라이브러리를 사용할 수 있다. 그리고 여러 스택을 결합하여 더 큰 환경을 구성할 수 있다.

15.2.1 스택 컴포넌트 vs. 컴포넌트로서의 스택

5장에서 정의한 인프라 스택은 인프라의 배포 가능한 핵심 단위다. 스택은 양자 아키텍처 Architectural Quantum 의 한 예이며 Ford, Parsons, Kua는 시스템이 올바르게 작동하기 위해 필요한 모든 구조적 요소를 포함하고 기능 응집도가 높아 독립적으로 배포 가능한 컴포넌트다. 즉, 스택은 자체적으로 프로덕션에 푸시할 수 있는 컴포넌트로 정의된다.

앞서 언급했듯이 스택은 구성 요소의 집합으로 만들어질 수 있으며 스택 자체가 컴포넌트일 수 있다. 서버는 스택의 잠재적인 컴포넌트로, 이 장의 뒷부분에서 자세히 살펴본다. 대부분의 스택 관리 도구는 스택 코드를 모듈에 넣거나 라이브러리를 사용하여 스택 컴포넌트를 생성하는 것을 지원한다.

[그림 15-1]은 네트워킹 구조를 정의하는 공유 코드 모듈을 사용하는 두 개의 스택, 스택 A와 스택 B를 보여준다.

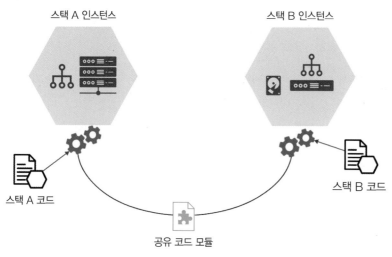

그림 15-1 두 스택에서 사용하는 공유 코드 모듈

16장에서는 스택 코드 모듈과 라이브러리를 사용하기 위한 몇 가지 패턴과 안티패턴에 대해 설명한다.

스택 모듈과 라이브러리는 코드를 재사용하게 한다. 그러나 스택을 쉽게 변경할 수 있도록 하는 데는 그다지 도움이 되지 않는다. 필자는 팀이 코드를 모듈로 분해하여 모놀리식 스택(5.2절 참고)을 개선하려는 것을 보았다. 모듈을 사용하면 코드를 더 쉽게 추적할 수 있지만 각 스택 인스턴스는 여전히 크고 복잡하다.

[그림 15-2]는 별도의 모듈로 분리된 코드가 스택 인스턴스로 결합되는 것을 보여준다.

각 스택 인스턴스와 함께 요소를 추가하는 것 외에도 다른 스택에서 사용되는 모듈은 해당 스택 간의 결합을 생성한다. 한 스택의 요구사항을 수용하도록 모듈을 변경하면 해당 모듈을 사용하는 다른 스택에 영향을 미칠 수 있다. 이러한 결합은 변경을 더 복잡하게 만든다.

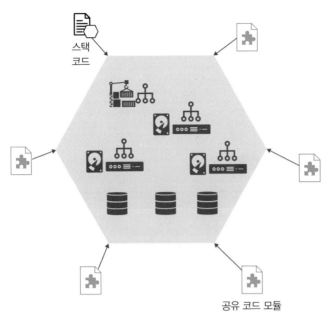

스택
코드

공유 코드 모듈

그림 15-2 스택 모듈은 스택 인스턴스에 복잡성을 추가한다.

대규모 스택을 더 쉽게 관리할 수 있는 효과적인 방법은 하나의 스택을 여러 스택으로 나누는 것이다. 각 스택은 서로 독립적으로 프로비저닝되고, 관리되고, 변경될 수 있다. 5.2절에서는 스택의 크기와 내용을 고려한 몇 가지 패턴을 설명하고, 17장에서는 스택 간 의존성을 관리하는 방법에 대해 자세히 설명한다.

15.2.2 스택에서 서버 사용하기

서버는 일반적인 유형의 스택 컴포넌트다. 11장에서는 서버의 다양한 컴포넌트와 생명 주기에 대해 설명한다. 스택 코드는 일반적으로 역할을 지정하여 서버 이미지(13장 참고)와 서버 구성 모듈(11.3절 참고)의 일부 조합을 통해 서버를 구성한다.

ShopSpinner팀의 코드베이스에는 서버 이미지를 스택의 컴포넌트로 사용하는 예가 포함된다. [그림 15-3]과 같이 `cluster_of_host_nodes`라는 스택이 있으며, 이 스택은 컨테이너 호스트 노드 역할을 하는 서버 클러스터를 구축한다.

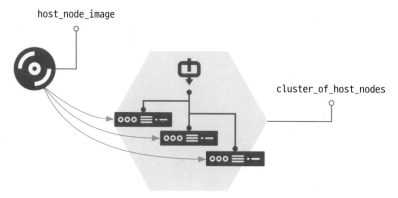

그림 15-3 스택의 공급자인 서버 이미지

서버 클러스터를 정의하는 코드는 서버 이미지 host_node_image의 이름을 명시한다.

```
server_cluster:
  name: "cluster_of_host_nodes"
  min_size: 1
  max_size: 3
  each_server_node:
    source_image: host_node_image
    memory: 8GB
```

팀은 파이프라인을 사용하여 서버 이미지의 변경을 빌드하고 테스트한다. 또 다른 파이프라인
은 테스트를 통과한 최신 버전의 host_node_image와 통합하여 cluster_of_host_nodes의 변경
을 테스트한다(그림 15-4).

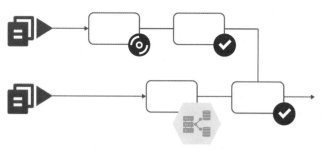

cluster_of_host_nodes를 위한 파이프라인

그림 15-4 서버 이미지와 서버 이미지의 소비자 스택을 통합하는 파이프라인

그러나 이 예제에는 약간의 문제가 있다. `cluster_of_host_nodes` 스택의 첫 번째 파이프라인 단계는 `host_node_image`를 사용하지 않는다. 하지만 스택 코드 예제에는 서버 이미지의 이름이 포함되어 있어 온라인 테스트 단계(9.4절 참고)로 실행할 수 없다. 이미지 없이 스택 코드를 테스트하는 것이 유용할 수 있으므로 팀은 무거운 전체 호스트 노드 서버를 프로비저닝하지 않고도 스택 코드의 문제를 찾을 수 있다.

ShopSpinner팀은 스택 파라미터를 대신 사용하여 스택 코드에서 하드코딩된 `host_node_image`를 추출하여 문제를 해결한다(7장 참고). 이 코드는 테스트하기 더욱 쉽다.

```
server_cluster:
  name: "cluster_of_host_nodes"
  min_size: 1
  max_size: 3
  each_server_node:
    source_image: ${HOST_NODE_SERVER_IMAGE}
    memory: 8GB
```

`cluster_of_host_nodes` 스택의 온라인 테스트 단계는 제거된 서버 이미지의 ID로 `HOST_NODE_SERVER_IMAGE` 파라미터를 설정할 수 있다. 팀은 이 단계에서 테스트를 실행하여 서버 클러스터가 올바르게 작동하는지 검증한다. 그리고 클러스터 확장 및 축소하고 실패한 인스턴스를 복구한다. 제거된 서버 이미지는 테스트 더블의 예로 볼 수 있다(9.5절 참고).

서버 이미지에 하드코딩된 참조를 파라미터로 바꾸면 결합도가 낮아진다. 이것은 또한 구성 규칙을 따른다. 팀은 다른 서버 이미지를 사용하여 `cluster_of_host_nodes`의 인스턴스를 쉽게 만들 수 있다. 이는 팀원이 클러스터에 대해 다른 OS를 테스트하고 점진적으로 교체하는 경우에 유용하다.

비공유 인프라

분산 컴퓨팅 분야에서 비공유 아키텍처shared-nothing architecture는 노드 외부의 리소스에 대한 경합을 추가하지 않고도 시스템에 신규 노드를 추가할 수 있도록 하여 확장을 가능하게 한다.

일반적인 반증은 프로세서가 하나의 디스크를 공유하는 시스템 아키텍처다. 공유 디스크에 대한 경합은 더 많은 프로세서를 추가할 때 시스템의 확장성을 제한한다. 설계에서 공유 디스크를 제거하면 프로세서를 추가하여 시스템을 선형에 가깝게 확장할 수 있다.

인프라 코드가 있는 비공유 설계는 리소스를 공유 스택에서 이를 필요로 하는 각 스택으로 이동시켜 공급자-소비자 관계를 제거한다. 예를 들어 ShopSpinner팀은 애플리케이션 인프라 스택과 공유 네트워킹 스택을 단일 스택으로 결합할 수 있다.

애플리케이션 인프라의 각 인스턴스에는 고유한 전체 네트워킹 구조 집합이 있다. 이렇게 하면 네트워킹 구조가 복제되지만 각 애플리케이션 인스턴스는 다른 인스턴스로부터 독립적으로 유지된다. 분산 시스템 아키텍처와 마찬가지로 이는 확장에 대한 제한을 없앤다. 예를 들어 ShopSpinner팀은 단일 공유 네트워킹 스택에 할당된 주소 공간을 사용하지 않고도 필요한 만큼 애플리케이션 인프라 인스턴스를 추가할 수 있다.

그러나 비공유 인프라 코드 설계를 사용하는 더 일반적인 이유는 애플리케이션 스택의 네트워킹 리소스를 더 쉽게 수정하고, 리빌드하고, 복구하기 위해서다. 공유 네트워킹 스택 설계는 네트워킹 작업의 폭발 반경과 관리 작업의 오버헤드를 증가시킨다.

비공유 인프라는 또한 각 스택을 개별적으로 보호할 수 있으므로 제로 트러스트 보안 모델(3.3절 참고)을 지원한다.

비공유 설계에서는 모든 것을 하나의 스택 인스턴스에 넣을 필요가 없다. ShopSpinner팀은 네트워킹과 애플리케이션 인프라를 단일 스택에 결합하는 대신 이전과 같이 서로 다른 스택에 정의하되, 애플리케이션 스택의 각 인스턴스에 대해 별도의 네트워킹 스택 인스턴스를 생성하는 방법을 사용한다(그림 15-5).

이 방법을 사용하면 애플리케이션 스택 인스턴스가 다른 스택과 네트워킹을 공유하지 않지만 두 부분을 독립적으로 관리할 수 있다. 한계점은 모든 네트워킹 스택 인스턴스가 여전히 동일한 코드로 정의된다는 것이다. 따라서 코드 변경 시 인스턴스가 손상되지 않도록 추가 작업이 필요하다.

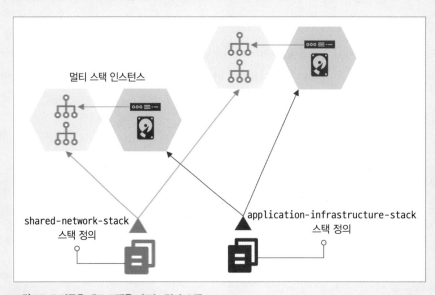

그림 15-5 비공유 배포 모델을 따르는 멀티 스택

15.3 컴포넌트 간 경계

다른 시스템과 마찬가지로 인프라를 분할하기 위해서는 이음새seam를 찾아야 한다. 이음새는 해당 위치에서 수정하지 않고 시스템의 작동을 변경할 수 있는 곳이다.[6] 아이디어는 간단하고 깨끗한 통합점을 만들 수 있는 시스템 부품 사이의 경계를 찾는 것이다.

이제부터 설명하는 각 전략은 변경 패턴, 조직 구조, 보안, 거버넌스, 복원력resilience, 확장성과 같은 특정 관심사를 기반으로 인프라 요소를 그룹화한다. 대부분의 아키텍처 원칙 및 실행 방법과 마찬가지로 이러한 전략들은 변경 최적화로 귀결된다. 시스템을 더 쉽고, 안전하고, 빠르게 변경할 수 있도록 컴포넌트를 설계하는 방법에 대해 살펴보자.

15.3.1 자연스러운 변경 패턴에 따른 경계

변경을 위해 구성 요소의 경계를 최적화하는 가장 기본적인 접근 방식은 컴포넌트의 자연스러운 변경 패턴을 이해하는 것이다. 이것은 이음새를 찾는 것의 이면에 있는 아이디어다. 이음새는 자연스러운 경계를 나타낸다.

기존 시스템을 사용하면 변경 이력을 검토하여 일반적으로 함께 변경되는 사항을 알 수 있다. 코드 커밋과 같은 세부적인 변경은 가장 유용한 인사이트를 제공한다. 가장 효율적인 팀은 빈번한 커밋을 최적화하여 각각을 완전히 통합하고 테스트한다. 단일 커밋과 함께 변경되는 컴포넌트 또는 컴포넌트 간에 밀접하게 관련된 커밋을 이해하면 코드가 더 높은 응집도와 더 낮은 결합도를 갖도록 리팩터링하는 방법의 패턴을 찾을 수 있다.

티켓, 스토리, 프로젝트와 같은 더 높은 수준의 작업을 조사하면 시스템의 어떤 부분이 일련의 변경과 자주 연관되는지 이해하는 데 도움이 된다. 그러나 작고 빈번한 변경에 맞추어 최적화해야 한다. 따라서 대규모 변경 계획의 맥락에서 증분 변경이 가능하도록 독립적으로 이루어질 수 있는 변경을 자세히 파악해야 한다.

---

6 마이클 페더스(Michael Feathers)는 『레거시 코드 활용 전략』(에이콘출판사, 2018)에서 '이음새'라는 용어를 소개했다. 더 많은 정보는 *https://oreil.ly/Y4EwT*에서 볼 수 있다.

15.3.2 컴포넌트 생명 주기에 따른 경계

인프라의 각 부분은 서로 다른 생명 주기를 가질 수 있다. 예를 들어 클러스터의 서버(3.3절 참고)는 하루에도 여러 번 동적으로 생성되고 소멸한다. 데이터베이스 스토리지 볼륨은 그보다 덜 자주 변경된다.

인프라 리소스를 생명 주기에 따라 배포 가능한 컴포넌트, 특히 인프라 스택으로 구성하면 관리를 단순화할 수 있다. 네트워킹 경로, 서버 클러스터, 데이터베이스 인스턴스로 구성된 ShopSpinner 애플리케이션 서버 인프라 스택을 고려해보자.

이 스택의 서버는 최소한 매주 업데이트되며 최신 OS 패치(13장 참고)가 포함된 신규 서버 이미지를 사용하여 리빌드된다. 데이터베이스 저장 장치는 거의 변경되지 않지만 애플리케이션의 인스턴스를 복구하거나 복제하기 위해 신규 인스턴스를 구축할 수 있다. 팀은 가끔 다른 스택의 네트워킹을 변경하므로 이 스택에서 애플리케이션별 라우팅을 업데이트해야 한다.

단일 스택에서 이러한 요소를 정의하면 위험이 발생할 수 있다. 예를 들어 애플리케이션 서버 이미지를 업데이트하는 것이 실패할 수 있는데, 이 문제를 해결하려면 데이터베이스 저장 장치를 포함한 전체 스택을 리빌드해야 할 수 있다. 이 경우 신규 인스턴스로 복원하기 위해 데이터를 백업해야 한다(2.15절 참고). 이를 단일 스택 내에서 관리하는 것도 가능하지만 [그림 15-6]과 같이 데이터베이스 저장소가 별도의 스택에 정의되어 있으면 더 간단하다.

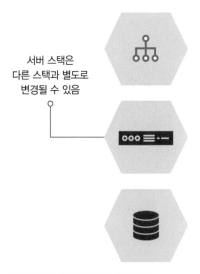

서버 스택은
다른 스택과 별도로
변경될 수 있음

그림 15-6 스택마다 다른 수명 주기

이러한 마이크로 스택(5.2절 참고)은 다른 것에 직접적인 영향을 미치지 않고 변경된다. 이 패턴은 스택별로 관리 이벤트를 활성화한다. 예를 들어 데이터베이스 스토리지 스택이 변경되면 데이터 백업이 트리거될 수 있다. 마이크로 스택이 아니라 결합 스택인 경우 스토리지 스택을 제외한 다른 요소가 변경될 때마다 트리거하기에는 너무 많은 비용이 들 수 있다.

생명 주기에 대한 스택 경계 최적화는 파이프라인의 자동화된 테스트에 특히 유용하다. 파이프라인 단계는 사람들이 인프라 변경 작업을 하는 동안 여러 번 실행되기 때문에 빠른 피드백을 제공하고 좋은 작업 리듬을 유지하도록 최적화해야 한다. 인프라 요소를 생명 주기에 따라 별도의 스택으로 구성하면 테스트를 위한 변경을 적용하기 위해 소요되는 시간을 줄일 수 있다.

예를 들어 애플리케이션 서버에 연관된 인프라 코드에서 작업할 때 일부 파이프라인 단계는 매번 스택을 리빌드할 수 있다(9.6절 참고). 네트워킹 구조 또는 대용량 데이터 저장 장치를 리빌드하는 것은 느릴 수 있고 많은 변경이 필요하지 않을 수 있다. 이 경우 앞에서 설명한 마이크로 스택 설계(그림 15-6)는 테스트와 딜리버리 프로세스를 간소화한다.

생명 주기에 따라 스택을 분리하는 세 번째 사용 사례는 비용 관리다. 필요하지 않은 인프라를 종료, 삭제, 리빌드하는 것은 퍼블릭 클라우드 비용을 관리하는 일반적인 방법이다. 그러나 데이터 저장과 같은 일부 요소는 리빌드하기 더 어렵다. 비용을 줄이기 위해 다른 스택이 삭제되는 동안 이를 자체 스택으로 분할하여 실행 상태로 둘 수 있다.

15.3.3 조직 구조에 따른 경계

콘웨이Conway의 법칙에 따르면 시스템은 시스템을 생성하는 조직의 구조를 반영하는 경향이 있다.[7] 팀은 일반적으로 소프트웨어와 인프라를 완전히 소유하는 것이 더 쉽다는 것을 알게 되고 자연스럽게 다른 팀이 소유한 시스템의 일부와 더 엄격하게 경계를 짓는다.

콘웨이의 법칙은 인프라를 포함한 시스템 설계에서 두 가지 일반적인 의미를 갖는다. 하나는 여러 팀이 함께 변경해야 하는 컴포넌트를 설계하지 않는 것이다. 다른 하나는 역 콘웨이 전략inverse Conway maneuver[8]에 따라 원하는 아키텍처 경계를 반영하도록 팀을 구성하는 것이다.

---

7   전체 정의는 다음과 같다. '(넓은 정의의) 시스템을 설계하는 모든 조직은 조직의 커뮤니케이션 구조를 모방한 설계를 생성할 것이다.'
8   https://oreil.ly/_dI92

특히 인프라의 경우 인프라를 사용하는 팀의 구조에 맞게 설계를 조정하는 것은 가치가 있다. 대부분의 조직에서 설계를 조정해야 하는 것으로는 제품이나 서비스 라인, 애플리케이션이 있다. DBaaS 서비스(3.3절 참고)와 같이 여러 팀이 사용하는 인프라의 경우에도 팀별로 개별 인스턴스를 관리할 수 있도록 인프라를 설계할 수 있다.

인프라 인스턴스를 사용하는 팀에 맞게 조정하면 변경의 영향을 적게 받는다. 공유 인스턴스를 사용하는 모든 팀과 다운타임을 협상할 필요 없이 팀별로 다운타임을 정할 수 있다.

15.3.4 복원력을 지원하는 경계 생성

시스템에서 문제가 발생하면 인프라 스택과 같이 독립적으로 배포 가능한 컴포넌트를 리빌드할 수 있다. 스택 내의 요소를 수동으로 수정하거나 리빌드하여 인프라 수술을 진행할 수 있다. 인프라 수술에는 인프라에 대한 이해도가 높은 사람이 신중하게 개입해야 한다. 단순한 실수가 상황을 훨씬 더 악화시킬 수 있다.

어떤 사람들은 인프라 수술을 자랑스럽게 여기지만 인프라 관리 시스템의 격차를 보완하기 위한 대비책에 불과하다.

수작업으로 하는 인프라 수술의 대안은 잘 정의된 프로세스와 도구를 사용하여 컴포넌트를 리빌드하는 것이다. 변경과 업데이트를 적용하는 데 사용하는 것과 동일한 자동화 프로세스를 트리거하여 스택 인스턴스를 리빌드할 수 있어야 한다. 이렇게 할 수 있다면 한밤중에 문제가 발생했을 때 가장 뛰어난 인프라 의사를 깨울 필요가 없다. 대부분의 경우 자동으로 복구를 트리거한다.

인프라 컴포넌트를 신속하게 리빌드하고 복구할 수 있도록 설계해야 한다. 생명 주기에 따라 리소스를 컴포넌트로 구조화하면 리빌드와 복구 사용 사례도 고려할 수 있다.

영구 데이터를 포함하는 인프라를 분할하는 이전 예(그림 15-6)에서 이를 수행한다. 데이터 저장소를 리빌드하는 프로세스에는 데이터를 자동으로 저장하고 로드하는 단계가 포함되어야 하며, 이것은 재해 복구 시나리오에 유용하다. 이에 대한 자세한 내용은 21.5절에서 확인할 수 있다.

리빌드 프로세스를 기반으로 인프라를 컴포넌트로 분할하면 복구를 단순화하고 최적화하는 데 도움이 된다. 복원력에 대한 또 다른 접근 방식은 인프라의 각 부분에서 여러 인스턴스를 실행하는 것이다. 이중화^{redundancy} 전략도 확장에 도움이 될 수 있다.

15.3.5 확장을 지원하는 경계 생성

시스템을 확장하는 일반적인 전략은 일부 컴포넌트에 추가 인스턴스를 만드는 것이다. 수요가 더 많은 기간에 인스턴스를 추가할 수 있으며 다른 리전에 인스턴스를 배포할 수도 있다.

대부분의 클라우드 플랫폼은 부하 변화에 따라 서버 클러스터(3.3절 참고)를 자동으로 확장하고 축소할 수 있다. FaaS 서버리스의 주요 이점(14.4절 참고)은 필요할 때만 코드 인스턴스를 실행한다는 점이다.

그러나 데이터베이스, 메시지 큐, 저장 장치와 같은 인프라의 다른 요소는 컴퓨팅이 확장될 때 병목 현상의 원인이 된다. 그리고 소프트웨어 시스템의 다른 부분은 인프라를 떠나서도 병목 현상의 원인이 될 수 있다.

예를 들어 ShopSpinner팀은 대부분의 사용자 트래픽이 피크 시간에 시스템에 도달하기 때문에 더 높은 부하에 대처하기 위해 제품 검색 서비스 스택의 여러 인스턴스를 배포할 수 있다. 그러나 팀은 프런트엔드 트래픽 라우팅 스택의 단일 인스턴스를 유지하고 애플리케이션 서버 인스턴스가 연결되는 데이터베이스 스택의 단일 인스턴스를 유지한다(그림 15-7).

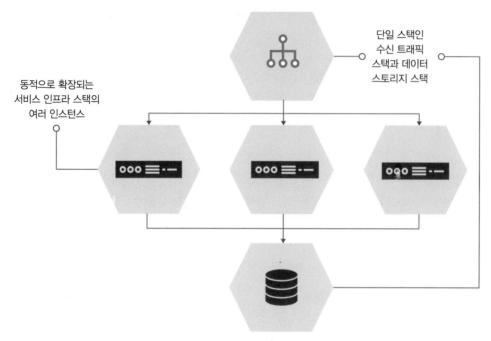

그림 15-7 서로 다른 스택에서 인스턴스 확장하기

주문 및 고객 프로필 관리 서비스와 같은 시스템의 다른 부분은 제품 검색 서비스와 함께 확장할 필요가 없다. 이러한 서비스를 서로 다른 스택으로 분할하면 확장이 필요한 스택을 더 빠르게 확장할 수 있다. 이렇게 하면 전체를 복제했을 때 발생하는 낭비를 줄일 수 있다.

수평적 그룹화보다 수직적 그룹화하기

전통적으로 많은 설계자는 시스템을 기능적으로 구성했다. 네트워킹 항목은 함께 있고, 데이터베이스 항목도 함께 있고, OS 항목 역시 함께 있게 된다. 이는 콘웨이의 법칙에서 예측한 바와 같이 조직 설계의 결과다. 팀이 기술적, 기능적 전문 분야를 중심으로 조직되면 각 팀이 관리할 대상에 따라 인프라를 나눈다.

이 방법의 함정은 사용자에게 제공되는 서비스가 많은 기능을 가로지른다는 것이다. 이것은 [그림 15-8]과 같이 수평적 기능 계층을 가로지르는 수직적 서비스로 표시할 수 있다.

시스템 요소를 가로질러 기능으로 분류된 인프라 스택으로 구성하는 것은 두 가지 단점이 있다. 첫 번째는 하나의 서비스에 대한 인프라를 변경하려면 여러 스택을 변경해야 한다는 것이다. 이러한 변경은 의존성이 공급자 스택에 나타나기 전에 소비자 스택에 유입되지 않도록 주의 깊게 조정해야 한다.

328 4부 인프라 설계

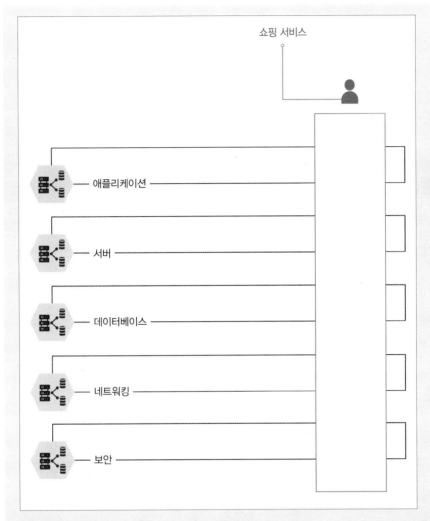

그림 15-8 각 서비스의 인프라는 여러 스택으로 분할된다.

단일 서비스에 대한 인프라의 소유권을 여러 팀에 분산시키면 한 서비스의 변경이 상당한 통신 오버헤드와 프로세스를 추가한다.

두 번째 단점은 서비스 사이에 스택이 공유될 때 나타난다. [그림 15-9]에서 서버팀은 여러 서비스를 위한 서버가 있는 단일 스택 인스턴스를 관리한다.

팀이 하나의 서비스에 대해 서버를 변경하면 5.2절에서 설명한 것처럼 스택의 경계가 변경의 폭발 반경을 나타내기 때문에 다른 서비스가 중단될 위험이 있다.

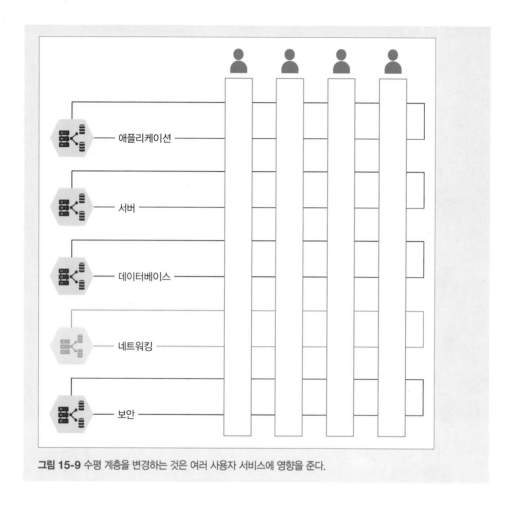

그림 15-9 수평 계층을 변경하는 것은 여러 사용자 서비스에 영향을 준다.

15.3.6 보안과 거버넌스 문제에 대한 경계 조정

보안, 규정 준수, 거버넌스는 데이터, 트랜잭션, 서비스 가용성을 보호한다. 시스템의 각 부분에는 서로 다른 규칙이 있다. 예를 들어 신용카드 번호 또는 지불 처리를 관리하는 시스템은 PCI 보안 표준이 요구하는 사항을 지켜야 한다. 따라서 고객과 직원의 개인 데이터는 더 엄격한 통제에 따라 처리된다.

많은 조직이 호스팅하는 서비스, 데이터에 적용되는 규정과 정책에 따라 인프라를 나눈다. 이렇게 하면 주어진 인프라 컴포넌트에 취해진 조치를 평가하기 위한 명확성이 확보된다. 변경을 딜리버리하는 프로세스는 거버넌스 요구사항에 맞게 조정될 수 있다. 예를 들어 프로세스는 검토와 승인을 시행하고 기록하며 감사를 단순화하는 변경 보고서를 생성할 수 있다.

> **CAUTION** **네트워크 경계는 인프라 스택의 경계가 아니다.**
>
> 사람들은 보통 인프라를 네트워크 보안 영역으로 나눈다. 프런트엔드 영역에서 실행되는 시스템은 방화벽과 여러 메커니즘으로 보호되는 공용 인터넷에서 직접 접근할 수 있다. 예를 들어 애플리케이션 호스팅과 데이터베이스를 위한 영역은 추가적인 보안 계층이 있는 특정 영역에서만 접근할 수 있다.
>
> 이러한 경계는 네트워크에 기반한 공격을 방지하기 때문에 중요하지만 일반적으로 인프라 코드를 배포 가능한 단위로 조직화하기에는 적합하지 않다. 웹 서버 및 로드 밸런서용 코드를 '프런트엔드' 스택에 넣어도 애플리케이션 서버나 데이터베이스용 코드를 악의적으로 변경하는 것에 대한 방어 계층이 생성되지 않는다. 인프라 코드와 도구를 악용하는 위협 모델은 네트워크를 공격하는 위협 모델과 다르다.
>
> 반드시 인프라 코드를 사용하여 계층화된 네트워크 경계를 생성해야 한다.[9] 그러나 네트워크 보안 모델을 인프라 코드 구조화에 적용하는 것이 좋을 것이라고 가정해서는 안 된다.

15.4 마치며

이 장에서는 코드로 정의된 더 크고 복잡한 인프라를 더 작은 조각으로 나누어 관리하는 방법을 다루었다. 앞에서 설명했던 내용을 바탕으로 한 인프라의 조직 단위(스택과 서버)와 코드로 정의하고 지속적으로 테스트하는 여러 실행 방법을 살펴봤다.

---

9 3.3절에서 언급했듯이 순수한 경계 기반의 보안 모델보다 제로 트러스트 모델을 고려해야 한다.

CHAPTER 16

컴포넌트에서 스택 빌드하기

15장에서는 잘 설계된 컴포넌트가 어떻게 인프라 시스템을 더 쉽고 안전하게 변경할 수 있도록 만드는지 설명했다. 이러한 내용은 이 책의 주제 '빠른 변경 속도는 시스템의 품질을 지속적으로 개선하고 품질이 향상된 시스템은 더 빠른 변경을 가능하게 한다'를 뒷받침한다.

이 장에서는 인프라 스택의 모듈화, 즉 스택을 더 작은 코드 조각으로 나누는 것에 초점을 맞춘다. 우리는 다음과 같은 이유로 스택 모듈화를 고려해야 한다.

재사용

다른 스택에서 재사용할 수 있도록 특정 구조를 컴포넌트에 구현하는 방법을 제공한다.

구성

하나의 개념에 대한 서로 다른 구현을 교환할 수 있는 기능을 만들어 스택을 유연하게 구축할 수 있다.

테스트 가능성

스택을 통합하기 전에 개별적으로 테스트할 수 있는 조각으로 나누어 테스트 속도와 집중도를 높인다. 재배치 가능한 컴포넌트의 경우 테스트 더블(9.5절 참고)로 교체하여 테스트를 분리하고 테스트 속도를 더욱 향상시킬 수 있다.

공유

구성 가능하고 재사용할 수 있으며 잘 테스트된 컴포넌트를 여러 팀에 공유하여 사람들이 더 나은 시스템을 빨리 구축할 수 있도록 한다.

15.2절에서 언급했듯이 스택을 모듈과 라이브러리로 나누면 코드가 간단해진다. 하지만 스택 인스턴스는 더 작아지거나 단순해지지 않는다. 스택 컴포넌트는 스택 인스턴스에 추가되는 인프라 리소스의 수와 복잡성을 모호하게 하여 상황을 악화시킬 가능성이 있다.

따라서 사용 중인 추상화, 라이브러리, 플랫폼 아래에 무엇이 있는지 이해해야 하며 이는 여러분이 더 높은 수준의 작업에 집중할 수 있게 해준다. 그러나 추상화, 라이브러리, 플랫폼을 사용하더라도 시스템이 어떻게 구현되는지 완전히 이해하기 위해 노력해야 한다.

16.1 스택 컴포넌트를 위한 인프라 언어

4장에서는 다양한 유형의 인프라 코드 언어에 대해 설명한다. 스택 정의를 위한 두 가지 주요 언어는 선언형과 명령형으로 분류된다(4.3절 참고). 여기서는 각각의 언어가 서로 다른 유형의 코드에 적합하다고 설명한다.

언어의 유형을 잘못 선택하면 코드가 스택 컴포넌트와 충돌하는 경우가 많고 선언형 언어와 명령형 언어가 뒤섞이게 된다. 앞서 설명한 것처럼 이것은 나쁜 사례다.

사용할 언어를 결정하는 것은 사용 중인 인프라 스택 관리 도구와 해당 도구가 지원하는 언어에 따라 결정된다.[1]

이 장의 뒷부분에서 설명하는 패턴은 특정 스택과 해당 컴포넌트로 달성하고자 하는 목표에 대해 생각해볼 것을 권장한다. 사용해야 하는 언어의 유형과 스택 도구의 유형을 따져보려면 언어 유형에 따라 두 가지 스택 컴포넌트 클래스를 고려해야 한다.

---

[1] 이 글을 쓰는 시점인 2020년 중반, 도구 개발업체들은 언어 유형을 중심으로 전략을 빠르게 발전시키고 있다. 필자는 앞으로 몇 년 동안 스택 컴포넌트화가 성숙해지기를 바란다.

16.1.1 모듈과 함께 선언형 코드 재사용하기

선언형 언어를 포함한 대부분의 스택 관리 도구는 동일한 언어를 사용하여 공유 컴포넌트를 작성할 수 있도록 지원한다. CloudFormation에는 중첩 스택^{nested stack}이, Terraform에는 모듈이 있는데 이러한 모듈에 파라미터를 전달할 수 있으며 Terraform의 HCL 표현식 하위 언어와 같이 최소한의 범위에서 프로그래밍도 가능하다. 그러나 기본적으로 선언형 언어이기 때문에 이 언어로 작성된 거의 모든 복잡한 논리는 수준이 낮다.

따라서 선언형 코드 모듈은 비슷한 인프라 컴포넌트를 정의하는 데 가장 적합하다. 선언형 코드 모듈은 인프라 플랫폼에서 제공하는 리소스를 래핑하고 단순화하는 퍼사드^{facade} 모듈에 적합하다. 퍼사드 모듈은 더 복잡한 경우에 사용하면 지저분해져 스파게티 모듈을 만든다.

8.2절에서 언급했듯이 선언형 모듈을 테스트하는 것은 매우 간단해야 한다. 선언형 모듈을 적용한 결과는 크게 다르지 않기 때문에 포괄적인 테스트 커버리지는 필요하지 않다. 그렇다고 해서 이러한 모듈을 테스트하지 않아도 된다는 것은 아니다. 모듈이 여러 선언을 결합하여 더 복잡한 엔티티를 만드는 경우 요구사항을 충족하는지 테스트해야 한다.

16.1.2 라이브러리를 사용하여 동적으로 스택 요소 생성하기

Pulumi와 AWS CDK 같은 일부 스택 관리 도구는 범용적인 명령형 언어를 사용한다. 이러한 언어를 사용하여 스택 프로젝트 코드에서 호출할 수 있는 재사용 가능한 라이브러리를 작성할 수 있다. 라이브러리는 사용 방식에 따라 인프라 리소스를 동적으로 프로비저닝하는 것과 같은 더 복잡한 논리를 포함할 수 있다.

예를 들어 ShopSpinner팀의 인프라에는 다양한 애플리케이션 서버 인프라 스택이 포함된다. 각 스택은 해당 애플리케이션을 위한 애플리케이션 서버와 네트워킹 구조를 프로비저닝한다. 일부 애플리케이션은 공용이고 나머지 애플리케이션은 내부용이다.

두 경우 모두 인프라 스택은 서버에 IP 주소와 DNS 이름을 할당하고 관련 게이트웨이에서 네트워킹 경로를 생성해야 한다. IP 주소와 DNS 이름은 애플리케이션이 공용인지 내부용인지에 따라 다르다. 그리고 공용 애플리케이션에는 연결을 허용하기 위한 방화벽 규칙이 필요하다.

checkout_service 스택은 공용 애플리케이션을 호스팅한다.

```
application_networking = new ApplicationServerNetwork(PUBLIC_FACING, "checkout")

virtual_machine:
  name: appserver-checkout
  vlan: $(application_networking.address_block)
  ip_address: $(application_networking.private_ip_address)
```

스택 코드는 필요한 인프라 요소를 프로비저닝하거나 참조하는 application_networking 라이
브러리에서 ApplicationServerNetwork 객체를 생성한다.

```
class ApplicationServerNetwork {

  def vlan;
  def public_ip_address;
  def private_ip_address;
  def gateway;
  def dns_hostname;

  public ApplicationServerNetwork(application_access_type, hostname) {
    if (application_access_type == PUBLIC_FACING) {
      vlan = get_public_vlan()
      public_ip_address = allocate_public_ip()
      dns_hostname = PublicDNS.set_host_record(
        "${hostname}.shopspinners.xyz",
        this.public_ip_address
      )
    } else {
      // Similar stuff but for a private VLAN
    }

    private_ip_address = allocate_ip_from(this.vlan)
    gateway = get_gateway(this.vlan)
    create_route(gateway, this.private_ip_address)

    if (application_access_type == PUBLIC_FACING) {
      create_firewall_rule(ALLOW, '0.0.0.0', this.private_ip_address, 443)
    }
  }
}
```

이 슈도코드는 서버를 이미 존재하는 공용 VLAN에 할당하고 VLAN의 주소 범위에서 사설 IP

주소를 설정한다. 또한 이 예제에서는 checkout.shopspiners.xyz가 될 서버에 대한 공용 DNS 항목을 설정한다. 라이브러리는 사용된 VLAN을 기반으로 게이트웨이를 찾기 때문에 내부적으로 마주하는 애플리케이션에서는 다를 수 있다.

16.2 스택 컴포넌트 패턴

다음의 패턴 및 안티패턴 모음은 스택 컴포넌트를 설계하고 기존 컴포넌트를 평가하기 위한 아이디어를 제공한다. 모듈과 라이브러리를 빌드하거나 빌드하지 말아야 하는 방법을 나타내는 목록이 아니라 이러한 주제에 대해 생각하기 위한 출발점이다.

패턴 퍼사드 모듈

퍼사드 모듈은 래퍼 모듈로도 알려져 있다.

예제 16-1 퍼사드 모듈을 사용한 코드

```
use module: shopspinner-server
  name: checkout-appserver
  memory: 8GB
```

모듈은 파라미터를 사용하여 래핑하는 리소스를 호출하고 리소스에 필요한 다른 파라미터값을 하드코딩한다(예제 16-2).

예제 16-2 퍼사드 모듈을 위한 코드

```
declare module: shopspinner-server
  virtual_machine:
    name: ${name}
    source_image: hardened-linux-base
    memory: ${memory}
    provision:
```

```
    tool: servermaker
    maker_server: maker.shopspinner.xyz
    role: application_server
network:
    vlan: application_zone_vlan
```

이 모듈을 사용하면 호출자^{caller}가 서버의 이름과 메모리의 양을 지정하여 가상 서버를 만든다. 모듈을 사용하여 생성된 모든 서버는 모듈에서 정의한 소스 이미지, 역할, 네트워킹을 사용한다.

동기

퍼사드 모듈은 인프라 리소스의 일반적인 사용 사례를 단순화하고 표준화한다. 퍼사드 모듈을 사용하는 스택 코드는 더 간단하고 읽기 쉬워야 한다. 모듈 코드의 품질 개선은 해당 모듈을 사용하는 모든 스택에서 빠르게 이용할 수 있다.

적용성

퍼사드 모듈은 일반적으로 기본 인프라 리소스와 관련된 간단한 사용 사례에 가장 적합하다.

결과

퍼사드 모듈은 기본 인프라 리소스를 사용하는 방법을 제한한다. 이렇게 하면 옵션을 단순화하는 것과 더 우수하고 안전한 구현을 표준화하는 것이 쉬워진다. 그러나 유연성을 제한하므로 모든 사용 사례에 적용할 수 없다.

모듈은 인프라 리소스를 직접 지정하는 코드와 스택 코드 사이에 있는 추가 코드 계층이다. 이 계층은 코드를 유지보수, 디버깅, 개선하는 데 약간의 오버헤드를 추가한다. 또한 스택 코드를 이해하기 어렵게 만들 수 있다.

구현

퍼사드 모듈을 구현하려면 일반적으로 많은 하드코딩된 값과 모듈을 사용하는 코드에서 전달되는 작은 값으로 인프라 리소스를 지정해야 한다. 선언형 인프라 언어는 퍼사드 모듈에 적합하다.

관련 패턴

난독화^obfuscation 모듈은 많은 것을 숨기지 않는 퍼사드 모듈로, 큰 가치를 더하지 않으면서 복잡도를 높인다. 번들 모듈은 여러 관련 인프라 리소스를 선언하므로 더 많은 부품이 있는 퍼사드 모듈과 같다.

안티패턴 난독화 모듈

난독화 모듈은 스택 언어나 인프라 플랫폼에 의해 정의된 인프라 요소에 관련 코드를 래핑하지만 단순화하거나 특정 값을 추가하지는 않는다. 최악의 경우 모듈이 코드를 복잡하게 만든다 (예제 16-3).

예제 16-3 난독화 모듈을 사용한 코드

```
use module: any_server
  server_name: checkout-appserver
  ram: 8GB
  source_image: base_linux_image
  provisioning_tool: servermaker
  server_role: application_server
  vlan: application_zone_vlan
```

모듈 자체에서 [예제 16-4]와 같이 파라미터를 스택 관리 도구의 코드에 직접 전달한다.

예제 16-4 난독화 모듈을 위한 코드

```
declare module: any_server
  virtual_machine:
    name: ${server_name}
    source_image: ${origin_server_image}
    memory: ${ram}
    provision:
      tool: ${provisioning_tool}
      role: ${server_role}
    network:
      vlan: ${server_vlan}
```

동기

난독화 모듈은 잘못된 퍼사드 모듈일 수 있다. 때때로 사람들은 DRY 원칙[2]을 따르는 것을 목표로 이러한 종류의 모듈을 작성한다. 사용자는 가상 서버, 로드 밸런서, 보안 그룹과 같은 공통 인프라 요소를 정의하는 코드가 코드베이스의 여러 위치에서 사용되는 것을 확인하고 요소 유형을 한 번 선언한 다음 모든 곳에서 사용하는 모듈로 만든다. 그러나 각 요소는 코드의 다른 부분에서 다르게 사용되기 때문에 모듈에서 많은 수의 파라미터를 노출해야 한다.

다른 사용자는 인프라 요소를 참조하기 위해 자신의 언어를 설계하고 스택 도구에서 제공하는 언어를 '개선'하기 위해 난독화 모듈을 만든다.

적용성

의도적으로 난독화 모듈을 작성하는 사람은 없다. 주어진 모듈이 난독화되어 있는지 또는 퍼사드 모듈인지에 대해 논쟁할 수 있으며 이러한 논쟁은 유용하다. 모듈이 실제로 값을 추가하는지 여부를 고려하고 그렇지 않은 경우에는 스택 언어를 직접 사용하는 코드로 리팩터링해야 한다.

결과

스택 도구에서 제공하는 구성을 직접 사용하는 대신 모듈 코드를 작성, 사용, 유지보수하면 오버헤드가 추가된다. 관리해야 하는 코드, 학습에 필요한 오버헤드, 빌드와 딜리버리 프로세스를 위해 추가 컴포넌트가 필요한 것이다. 컴포넌트는 오버헤드로 인한 비용을 상쇄할 수 있을 만큼의 충분한 가치를 창출해야 한다.

구현

모듈이 정의하는 리소스를 단순화하지도 않고 기본 스택 언어 코드에 어떠한 가치도 더하지 않는 경우라면 스택 언어를 직접 사용하는 방법을 고려해야 한다.

관련 패턴

난독화 모듈은 퍼사드 모듈과 유사하지만 기본 코드를 두드러지게 단순화하지는 않는다.

---

2 옮긴이_ 'Don't Repeat Yourself(반복하지 마라)'의 첫 글자를 따서 만든 약어다. 소스 코드에서 동일한 코드를 반복하는 것을 피해야 한다는 의미로, 개발 습관에 관한 원칙이다.

`안티패턴` 비공유 모듈

비공유 모듈은 여러 스택에서 재사용되지 않고 코드베이스에서 한 번만 사용된다.

동기

사람들은 일반적으로 스택 프로젝트 내에서 코드를 구성하는 방법으로 비공유 모듈을 만든다.

적용성

스택 프로젝트의 코드가 늘어나면 코드를 모듈로 나누고 싶을 수 있다. 각 모듈에 대한 테스트를 작성할 수 있도록 코드를 분할하면 코드 작업이 더 쉬워진다. 더 좋은 방법은 코드베이스를 개선하는 것이다.

결과

단일 스택의 코드를 모듈로 구성하면 버전 관리와 여러 작은 부품을 포함하여 코드베이스에 오버헤드가 추가된다. 재사용할 필요가 없을 때 재사용 가능한 모듈을 구축하는 것은 YAGNI[3]의 한 예이며, 미래에 필요할 수도 있고 필요하지 않을 수도 있는 이점을 얻기 위해 지금 노력을 기울여야 한다.

구현

스택 프로젝트가 너무 커지면 코드를 모듈로 옮기기 위한 몇 가지 대안을 고려해야 한다. 일반적으로는 적절한 스택 구조 패턴을 사용하여 스택을 여러 스택으로 분할하는 것이 좋다(17장 참고). 스택이 상당히 응집력이 있는 경우(15.1절 참고)라면 코드를 다른 파일로 구성하거나 필요에 따라 다른 폴더로 구성할 수 있다. 이렇게 하면 다른 옵션에 대한 오버헤드 없이 코드를 더 쉽게 탐색하고 이해할 수 있다.

---

3 옮긴이_'You Aren't Gonna Need It(필요한 작업만 해라)'의 첫 글자를 딴 것으로, 프로그래머가 필요하다고 판단할 때까지 기능을 추가하지 않는 것이 좋다는 개발 원칙이다(https://oreil.ly/nQBTm).

소프트웨어 재사용에 대한 3의 법칙에 따르면 사용할 수 있는 곳이 세 곳인 경우에는 재사용 가능한 컴포넌트로 전환해야 한다.[4]

연관 패턴

비공유 모듈은 퍼사드 모듈과 같은 하위 레벨 인프라 요소나 인프라 도메인 엔티티와 같은 상위 레벨 엔티티에 밀접하게 매핑될 수 있다.

패턴 번들 모듈

번들 모듈은 간소화된 인터페이스로 관련 인프라 리소스 모음을 선언한다. 스택 코드는 모듈을 사용하여 프로비저닝해야 할 항목을 정의한다.

```
use module: application_server
  service_name: checkout_service
  application_name: checkout_application
  application_version: 1.23
  min_cluster: 1
  max_cluster: 3
  ram_required: 4GB
```

모듈 코드는 일반적으로 핵심 리소스를 중심으로 여러 인프라 리소스를 선언한다. [예제 16-5]에서 리소스는 서버 클러스터지만 로드 밸런서와 DNS 항목도 포함한다.

예제 16-5 애플리케이션 서버용 모듈 코드

```
declare module: application_server

  server_cluster:
    id: "${service_name}-cluster"
    min_size: ${min_cluster}
    max_size: ${max_cluster}
    each_server_node:
```

---

4 3의 법칙은 로버트 글라스(Robert Glass)의 책 『Facts and Fallacies of Software Engineering』(Addison-Wesley, 2002) 에 정의되어 있다. 제프 애트우드(Jeff Atwood)는 재사용의 망상에 대한 자신의 게시물에서 3의 법칙에 대해 언급했다(*https:// oreil.ly/TBkQC*).

```
      source_image: base_linux
      memory: ${ram_required}
      provision:
        tool: servermaker
        role: appserver
        parameters:
          app_package: "${checkout_application}-${application_version}.war"
          app_repository: "repository.shopspinner.xyz"

  load_balancer:
    protocol: https
    target:
      type: server_cluster
      target_id: "${service_name}-cluster"

  dns_entry:
    id: "${service_name}-hostname"
    record_type: "A"
    hostname: "${service_name}.shopspinner.xyz"
    ip_address: {$load_balancer.ip_address}
```

동기

번들 모듈은 인프라 리소스의 응집력 있는 컬렉션을 정의하는 방법으로 유용하며, 장황하고 중복되는 코드를 방지한다. 이러한 모듈은 다양한 필수 요소와 공통의 목적을 위해 필수 요소들을 연결하는 방법에 대한 지식을 포착하는 데 유용하다.

적용성

번들 모듈은 선언형 스택 언어로 작업하는 경우, 관련 리소스가 다양한 용도로 사용되지 않는 경우에 적합하다. 모듈이 다른 리소스를 생성하거나 용도에 따라 다르게 구성되어야 하는 경우에는 별도의 모듈을 생성하거나 명령형 언어로 전환하여 인프라 도메인 엔티티를 생성해야 한다.

결과

번들 모듈은 일부 상황에서 필요한 것보다 더 많은 리소스를 프로비저닝한다. 모듈 사용자는 모듈이 제공하는 내용을 이해하고 있어야 하며 사용 사례가 지나치게 다양한 경우에는 모듈 사용을 피해야 한다.

관련 패턴

퍼사드 모듈은 단일 인프라 리소스를 래핑하는 반면 번들 모듈은 본질적으로 선언형이지만 여러 리소스를 포함한다. 인프라 도메인 엔티티는 번들 모듈과 유사하지만 인프라 리소스를 동적으로 생성한다. 스파게티 모듈은 도메인 엔티티이길 원하지만 선언형 언어의 한계로 인해 제대로 기능하지 못하는 번들 모듈이다.

안티패턴 스파게티 모듈

스파게티 모듈은 주어진 파라미터에 따라 눈에 띄게 다른 결과를 생성하는 지점까지 구성할 수 있다. 너무 많은 부품이 있기 때문에 모듈의 구현이 지저분하고 이해하기 어렵다(예제 16-6).

예제 16-6 스파게티 모듈 예

```
declare module: application-server-infrastructure
  variable: network_segment = {
    if ${parameter.network_access} = "public"
      id: public_subnet
    else if ${parameter.network_access} = "customer"
      id: customer_subnet
    else
      id: internal_subnet
    end
  }

  switch ${parameter.application_type}:
    "java":
      virtual_machine:
        origin_image: base_tomcat
        network_segment: ${variable.network_segment}
        server_configuration:
        if ${parameter.database} != "none"
          database_connection: ${database_instance.my_database.connection_string}
        end
        ...
    "NET":
      virtual_machine:
        origin_image: windows_server
```

```
          network_segment: ${variable.network_segment}
          server_configuration:
          if ${parameter.database} != "none"
            database_connection: ${database_instance.my_database.connection_string}
          end
          ...
     "php":
       container_group:
         cluster_id: ${parameter.container_cluster}
         container_image: nginx_php_image
         network_segment: ${variable.network_segment}
         server_configuration:
         if ${parameter.database} != "none"
           database_connection: ${database_instance.my_database.connection_string}
         end
         ...
   end

   switch ${parameter.database}:
     "mysql":
       database_instance: my_database
         type: mysql
         ...
     ...
```

이 예제 코드는 생성하는 서버를 세 개의 다른 네트워크 세그먼트 중 하나에 할당한 다음 선택적으로 데이터베이스 클러스터를 생성하고 연결 문자열을 서버 구성에 전달한다. 경우에 따라 가상 서버가 아닌 컨테이너 인스턴스 그룹을 생성한다. 이 모듈은 계획적이거나 체계적이지 않고 너무 직관적이다.

동기

다른 안티패턴과 마찬가지로 사람들은 흔히 시간이 지나면서 의도치 않게 스파게티 모듈을 만든다. 표면적으로 유사해보이는 다양한 사용 사례를 처리하기 위해 복잡도가 높은 퍼사드 모듈이나 번들 모듈을 생성할 수 있다.

스파게티 모듈은 종종 선언형 언어를 사용하여 인프라 도메인 엔티티를 구현하려고 시도한 결과로 만들어진다.

결과

너무 많은 일을 하는 모듈은 범위가 좁은 모듈보다 유지보수가 어렵다. 모듈이 더 많은 일을 하고 인프라에 더 많은 변형이 있을수록 아무것도 손상시키지 않고 모듈을 변경하기가 더 어려워진다. 또한 이러한 모듈은 테스트하기 더 어렵다. 8장에서 설명했듯이 더 나은 코드 설계는 테스트하기가 더 쉽다. 결과적으로 자동화된 테스트를 작성하고 모듈을 개별적으로 테스트하기 위한 파이프라인을 구축하기 어렵다는 것은 스파게티 모듈이 있다는 신호다.

구현

스파게티 모듈 코드에는 보통 여러 상황에서 다양한 사양을 적용하는 조건문이 포함된다. 예를 들어 데이터베이스 클러스터 모듈은 프로비저닝할 데이터베이스를 선택하기 위해 파라미터를 사용할 수 있다.

스파게티 모듈이 있다는 것을 깨달았다면 모듈을 리팩터링해야 한다. 더 세분화된 임무를 가진 다른 모듈로 분할할 수 있다. 예를 들어 단일 애플리케이션 인프라 모듈을 애플리케이션 인프라의 각 부분에 대해 서로 다른 모듈로 분해할 수 있다. [예제 16-7]은 이러한 방식으로 분해된 모듈을 사용하는 스택을 나타낸다.

예제 16-7 단일 스파게티 모듈이 아닌 분해 모듈을 사용하는 스택

```
use module: java-application-servers
  name: checkout_appserver
  application: "shopping_app"
  application_version: "4.20"
  network_segment: customer_subnet
  server_configuration:
    database_connection: ${module.mysql-database.outputs.connection_string}

use module: mysql-database
  cluster_minimum: 1
  cluster_maximum: 3
  allow_connections_from: customer_subnet
```

각 모듈은 원래의 스파게티 모듈보다 작고 단순하며 유지보수와 테스트가 더 쉽다.

스파게티 모듈은 일반적으로 선언형 코드를 사용하여 인프라 도메인 엔티티를 구축하려는 시도로 간주된다. 또한 다양한 사용 사례를 처리하기 위해 확장을 시도한 퍼사드 모듈이나 번들 모듈일 수도 있다.

패턴 인프라 도메인 엔티티

인프라 도메인 엔티티는 여러 하위 레벨 인프라 리소스를 결합하여 상위 레벨의 스택 컴포넌트를 구현한다. 상위 레벨 개념에 대한 예로는 애플리케이션을 실행하기 위해 필요한 인프라가 있다.

다음 코드는 자바 애플리케이션 인프라 인스턴스를 구현하는 라이브러리가 스택 프로젝트 코드에서 어떻게 사용되는지를 보여준다.

```
use module: application_server
  service_name: checkout_service
  application_name: checkout_application
  application_version: 1.23
  traffic_level: medium
```

이 코드는 배포할 애플리케이션, 버전, 트래픽 수준을 정의한다. 도메인 엔티티 라이브러리 코드는 번들 모듈 예제(예제 16-5)와 유사해보이지만 traffic_level 파라미터에 따라 리소스를 프로비저닝하는 동적 코드를 포함한다.

```
...
  switch (${traffic_level}) {
    case ("high") {
      $appserver_cluster.min_size = 3
      $appserver_cluster.max_size = 9
    } case ("medium") {
      $appserver_cluster.min_size = 2
      $appserver_cluster.max_size = 5
    } case ("low") {
      $appserver_cluster.min_size = 1
      $appserver_cluster.max_size = 2
    }
```

```
    }
 ...
```

동기

도메인 엔티티는 사람들이 상위 레벨 요구사항을 기반으로 인프라를 정의하고 구축하기 위해 사용할 수 있는 추상화 계층(16.3절 참고)의 일부인 경우가 많다. 인프라 플랫폼팀은 다른 팀이 스택 조립에 사용할 수 있는 컴포넌트를 빌드한다.

적용성

인프라 도메인 엔티티는 인프라 리소스를 동적으로 프로비저닝하므로 선언형 언어가 아닌 명령형 언어로 작성해야 한다. 그 이유에 대한 자세한 내용은 4.3절을 참고하자.

구현

구체적인 수준에서 인프라 도메인 엔티티를 구현하는 것은 코드를 작성하는 문제다. 그러나 사람들이 배우고 유지하기 쉬운 고품질 코드베이스를 만드는 가장 좋은 방법은 설계 주도 접근 방식을 취하는 것이다.

소프트웨어 아키텍처와 설계에서 배운 교훈을 바탕으로 그림을 그리는 것이 좋다. 인프라 도메인 엔티티 패턴은 소프트웨어 시스템의 비즈니스 도메인에 대한 개념적 모델을 생성하고 이를 사용하여 시스템 자체의 설계를 주도하는 도메인 주도 설계 domain driven design (DDD)에서 파생된다.[5] 소프트웨어로 설계되고 구축된 인프라는 그 자체로 하나의 도메인으로 간주되어야 한다. 도메인은 소프트웨어를 구축하고, 딜리버리하고, 실행한다.

특히 강력한 접근 방식은 조직이 DDD를 사용하여 비즈니스 소프트웨어의 아키텍처를 설계한 다음 해당 소프트웨어를 구축하고 실행하기 위해 사용되는 시스템과 서비스를 포함하도록 도메인을 확장하는 것이다.

---

5 에릭 에번스(Eric Evans)의 『도메인 주도 설계』(위키북스, 2011)를 참고하자.

번들 모듈은 인프라 리소스의 응집력 있는 컬렉션을 생성한다는 점에서 도메인 엔티티와 유사하다. 그러나 번들 모듈은 일반적으로 큰 변형 없이 상당히 정적인 리소스 집합을 생성한다. 번들 모듈의 접근 방식은 상향식으로, 보통 생성할 인프라 리소스부터 시작한다. 도메인 엔티티는 사용 사례에 필요한 것부터 시작하는 하향식 접근 방식이다.

인프라 스택을 위한 대부분의 스파게티 모듈은 동적 논리를 구현하기 위해 선언형 코드를 푸시한 결과다. 그러나 때로는 인프라 도메인 엔티티가 지나치게 복잡해질 수 있다. 응집력이 낮은 도메인 엔티티는 스파게티 모듈이 된다.

16.3 추상화 계층 빌드

추상화 계층은 하위 레벨 리소스에 대한 단순화된 인터페이스를 제공한다. 재사용 가능하고 조립 가능한 스택 컴포넌트 집합은 인프라 리소스에 대한 추상화 계층 역할을 한다. 컴포넌트는 인프라 플랫폼에 의해 노출된 하위 레벨 리소스를 상위 레벨 작업에 집중하는 사람에게 유용한 엔티티로 조합하는 방법을 구현할 수 있다.

예를 들어 애플리케이션팀은 애플리케이션 서버, 데이터베이스 인스턴스, 메시지 큐에 대한 액세스를 포함하는 환경을 정의해야 할 수 있다. 팀은 라우팅과 인프라 리소스 권한에 대한 조합 규칙의 세부사항을 추상화하는 컴포넌트를 사용할 수 있다.

컴포넌트는 하위 레벨 리소스를 구현할 수 있는 기술과 경험이 있는 팀에게도 유용하다. 추상화는 사람들이 특정 레벨에서 문제에 집중할 수 있도록 다양한 관심사를 분리하는 데 도움이 된다. 또한 필요에 따라 기본 컴포넌트를 이해하고 잠재적으로 개선하거나 확장하기 위해 드릴 다운drill down[6]할 수 있어야 한다.

퍼사드 모듈이나 번들 모듈과 같이 더 정적인 컴포넌트를 사용하여 일부 시스템의 추상화 계층을 구현할 수 있다. 그러나 계층의 컴포넌트가 더 유연해야 하므로 인프라 도메인 엔티티와 같은 동적 컴포넌트가 더 유용하다.

---

6 옮긴이_가장 요약된 레벨에서 가장 상세한 레벨까지 차원의 계층에 따라 분석에 필요한 요약 수준을 바꿀 수 있는 기능이다.

라이브러리와 여러 컴포넌트를 빌드할 때 추상화 계층이 유기적으로 나타날 수 있다. 그러나 계층의 컴포넌트가 함께 잘 작동하고 응집력 있는 더 높은 수준의 설계와 표준을 갖는 것이 유용하다.

추상화 계층의 컴포넌트는 일반적으로 하위 레벨 인프라 언어를 사용하여 구축된다. 많은 팀은 추상화 계층으로 스택을 정의하기 위해 더 높은 레벨의 언어를 구축하는 것이 유용하다고 생각한다. 그 결과 애플리케이션 런타임 환경의 일부에 대한 요구사항을 지정하는 상위 레벨의 선언형 언어가 구축되는 경우가 많으며 이는 하위 레벨의 필수 언어로 작성된 동적 컴포넌트를 호출한다.

> **NOTE** **애플리케이션 추상화 모델**
> 오픈 애플리케이션 모델은 애플리케이션, 런타임, 인프라를 분리하는 표준 아키텍처를 정의하려는 시도다.

16.4 마치며

컴포넌트에서 스택을 빌드하는 것은 여러 사람과 팀이 공동으로 인프라에서 작업하고 스택을 사용하는 경우에 유용하다. 그러나 추상화 계층 및 컴포넌트 라이브러리와 함께 오는 복잡성에 주의해야 하고 시스템의 규모와 복잡성에 맞게 이러한 컴포넌트의 사용을 조정해야 한다.

CHAPTER 17

스택을 컴포넌트로 사용하기

스택은 일반적으로 인프라 시스템의 최상위 컴포넌트다. 독립적으로 정의되고, 프로비저닝되고, 변경될 수 있는 가장 큰 단위다. 재사용 가능한 스택 패턴(6.2절 참고)은 스택을 인프라를 공유하고 재사용하기 위한 기본 단위로 취급하도록 권장한다.

작은 스택으로 구성된 인프라는 모듈과 라이브러리로 구성된 큰 스택보다 민첩하다. 작은 스택은 큰 스택보다 더 빠르고 쉽고 안전하게 변경 가능하다. 따라서 이 전략은 빠르게 변경하여 품질을 개선하고 높은 품질이 빠른 변경을 가능하게 하는 선순환을 만든다.

여러 스택으로 시스템을 구축하려면 각 스택을 적절한 크기로 설계하고 뛰어난 응집력과 느슨한 결합을 갖도록 해야 한다. 15장의 조언은 여러 유형의 인프라 컴포넌트뿐만 아니라 스택과도 관련이 있다. 스택에 대한 도전적인 과제는 긴밀한 결합 없이 스택 간의 통합을 구현하는 것이다.

스택 간의 통합에는 일반적으로 다른 스택이 사용하는 리소스를 관리하는 스택이 포함된다. 스택 간 리소스 검색과 통합을 구현하는 데 널리 사용되는 기술이 많이 있지만 대부분이 긴밀한 결합을 만들어 변경을 더 어렵게 한다. 따라서 이 장에서는 각각의 접근 방식이 결합에 어떤 영향을 주는지에 대해 탐구한다.

17.1 스택 간 의존성 검색

ShopSpinner 시스템에는 shared-network-stack에서 관리하는 네트워킹 요소와 통합되는 소비자 스택 application-infrastructure-stack이 포함된다. 네트워킹 스택은 VLAN을 선언한다.

```
vlan:
  name: "appserver_vlan"
  address_range: 10.2.0.0/8
```

애플리케이션 스택은 VLAN에 할당된 애플리케이션 서버를 정의한다.

```
virtual_machine:
  name: "appserver-${ENVIRONMENT_NAME}"
  vlan: "appserver_vlan"
```

이 예제는 두 스택 간의 의존성을 하드코딩하여 매우 긴밀한 결합을 생성한다. 네트워킹 스택의 인스턴스 없이 애플리케이션 스택 코드의 변경을 테스트하는 것은 불가능하다. 네트워킹 스택 변경은 VLAN 이름을 사용하는 다른 스택의 의존성에 의해 제한된다.

복원력을 위해 VLAN을 더 추가하기로 결정한 경우 네트워킹 스택은 자신을 호출하는 스택에 대해, 그리고 네트워킹 스택을 호출하는 스택은 이 스택에 포함된 네트워킹 스택 대해 함께 변경을 진행해야 한다.[1] 그렇지 않으면 원래의 이름을 남기게 되어 코드와 인프라를 이해하고 유지보수하기 어려워진다.

```
vlans:
  - name: "appserver_vlan"
    address_range: 10.2.0.0/8
  - name: "appserver_vlan_2"
    address_range: 10.2.1.0/8
  - name: "appserver_vlan_3"
    address_range: 10.2.2.0/8
```

하드코딩 통합점은 다른 환경과 마찬가지로 여러 인프라 인스턴스를 유지보수하기 어렵게 만들 수 있다. 이는 특정 리소스에 대한 인프라 플랫폼의 API에 따라 달라진다. 예를 들어 다른

---

1 이러한 유형의 변경을 관리하는 데 방해가 되지 않는 방법은 21.3절에서 설명한다.

클라우드 계정에서 각 환경에 대한 인프라 스택 인스턴스를 생성한 다음 각 계정의 스택 인스턴스가 동일한 VLAN 이름을 사용할 수 있다. 그러나 여러 환경의 서로 다른 리소스 이름과 통합해야 하는 경우가 많다.

따라서 하드코딩 의존성을 피해야 하며 의존성을 발견하기 위해 다음과 같은 패턴을 사용하는 것이 좋다.

패턴 리소스 매칭

소비자 스택은 리소스 매칭 resource matching 을 사용하여 이름, 태그, 기타 식별 가능한 특성과 일치하는 인프라 리소스를 찾아 의존성을 검색한다. 예를 들어 공급자 스택은 VLAN에 속한 리소스 유형과 VLAN 환경에 따라 VLAN의 이름을 지정할 수 있다(그림 17-1).

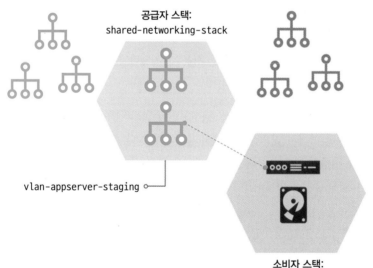

그림 17-1 의존성 검색을 위한 리소스 매칭

이 예제에서 vlan-appserver-staging은 스테이징 환경의 애플리케이션 서버를 위한 것이다. application-infrastructure-stack 코드는 네이밍 패턴을 일치시켜 이 리소스를 찾는다.

```
virtual_machine:
  name: "appserver-${ENVIRONMENT_NAME}"
  vlan: "vlan-appserver-${ENVIRONMENT_NAME}"
```

7장에서 설명한 것과 같이 코드를 적용하면 `ENVIRONMENT_NAME`값이 스택 관리 도구에 전달된다.

동기

리소스 매칭은 대부분의 스택 관리 도구와 언어로 쉽게 구현할 수 있다. 패턴은 대부분 하드코딩된 의존성을 제거하여 결합도를 낮춘다.

또한 리소스 매칭은 도구의 결합을 방지한다. 공급자 인프라와 소비자 스택은 다른 도구로 구현될 수 있다.

적용성

공급자와 소비자 코드를 모두 관리하는 팀이 의존성으로 사용해야 하는 리소스를 명확하게 이해하고 있다면 의존성을 검색하기 위해 리소스 매칭을 사용할 수 있다. 팀 간의 의존성을 깨는 문제가 발생하면 다른 패턴으로 전환하는 것이 좋다.

리소스 매칭은 대규모 조직 또는 여러 조직에서 유용하며 팀마다 인프라를 관리하기 위해 서로 다른 도구를 사용할 수 있지만 여전히 인프라 레벨에서 통합해야 한다. 조직에서 단일 도구를 사용하는 경우에도 리소스 매칭은 해당 도구에 대한 의존성을 줄여 시스템의 다른 부분에 대해 새로운 도구를 사용할 수 있는 옵션을 만들어준다.

구현

매칭을 통해 인프라 리소스를 검색하는 방법은 여러 가지다. 가장 간단한 방법은 앞서 살펴본 예제 코드와 같이 리소스 이름에 변수를 사용하는 것이다.

```
virtual_machine:
  name: "appserver-${ENVIRONMENT_NAME}"
  vlan: "vlan-appserver-${ENVIRONMENT_NAME}"
```

문자열 vlan-appserver-${ENVIRONMENT_NAME}은 환경의 관련 VLAN과 일치한다.

대부분의 스택 언어에는 리소스 이름 이외의 다른 속성과 연결시키는 기능이 있다. Terraform 에는 데이터 소스가 있고 AWS CDK는 리소스 가져오기를 지원한다.

슈도코드를 사용한 이 예제에서 공급자는 VLAN에 태그를 할당한다.

```
vlans:
  - appserver_vlan
    address_range: 10.2.0.0/8
    tags:
      network_tier: "application_servers"
      environment: ${ENVIRONMENT_NAME}
```

소비자 코드는 다음과 같은 태그를 사용하여 필요한 VLAN을 찾는다.

```
external_resource:
  id: appserver_vlan
  match:
    tag: name == "network_tier" && value == "application_servers"
    tag: name == "environment" && value == ${ENVIRONMENT_NAME}

virtual_machine:
  name: "appserver-${ENVIRONMENT_NAME}"
  vlan: external_resource.appserver_vlan
```

관련 패턴

리소스 매칭 패턴은 스택 데이터 조회 패턴과 유사하다. 주요 차이점은 리소스 매칭이 공급자 와 소비자 스택에서 동일한 스택 도구의 구현에 의존하지 않는다는 점이다.

패턴 스택 데이터 조회

스택 데이터 조회는 원격 상태 파일 조회, 스택 참조 조회, 스택 리소스 조회라고도 한다.

스택 데이터 조회는 공급자 스택을 관리하는 도구에서 유지보수하는 데이터 구조를 사용하여 공급자 리소스를 찾는다(그림 17-2).

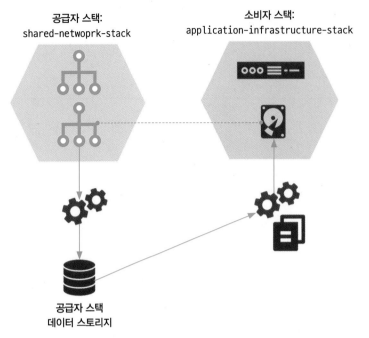

공급자 스택:
shared-netwoprk-stack

소비자 스택:
application-infrastructure-stack

공급자 스택
데이터 스토리지

그림 17-2 의존성 검색을 위한 스택 데이터 조회

많은 스택 관리 도구는 스택 코드에서 내보낸 값을 포함하는 스택 인스턴스의 데이터 구조를
유지한다. 예로는 Terraform와 Pulumi 원격 상태 파일이 있다.

동기

스택 관리 도구 벤더는 스택 데이터 조회 기능을 사용하여 다양한 프로젝트를 쉽게 통합할 수
있도록 지원한다. 스택 간 데이터 공유를 구현하려면 대부분 공급자 스택이 다른 스택에서 사
용할 리소스를 명시적으로 선언해야 한다. 이렇게 하면 소비자 스택이 공급자가 모르게 리소스
에 종속되는 것을 방지할 수 있다.

적용성

스택 데이터 조회 기능을 사용하여 스택 간의 의존성을 검색하는 것은 시스템의 모든 인프라가
동일한 도구를 사용하여 관리될 때 작동한다.

결과

스택 데이터 조회는 단일 스택 관리 도구에 종속되는 경향이 있다. 이 패턴은 다른 도구와 함께 사용할 수 있지만 구현이 복잡해질 수 있다.

이 패턴은 종종 동일한 스택 도구의 다른 버전에서 중단된다. 도구 업그레이드에는 스택 데이터 구조 변경이 포함될 수 있는데 이 경우 공급자 스택을 최신 버전의 도구로 업그레이드할 때 문제가 발생한다. 이렇게 되면 소비자 스택을 신규 버전으로 업그레이드할 때까지 이전 버전의 도구가 업그레이드된 공급자 스택에서 리소스의 값을 추출하지 못할 수 있다. 따라서 스택 전체에 걸쳐 스택 도구 업그레이드를 점진적으로 롤아웃roll out할 수 없으며 잠재적으로 시스템 전체에 대한 중단 없는 업그레이드가 강제 실행된다.

구현

스택 데이터 조회의 구현은 스택 관리 도구와 해당 도구의 정의 언어 기능을 사용한다.

Terraform은 원격 상태 파일에 출력값을 저장한다. Pulumi는 StackReference를 사용하여 소비자 스택에서 참조할 수 있는 상태 파일에 리소스 세부 정보를 저장한다. CloudFormation은 스택 간에 스택 출력값을 내보내고 가져올 수 있으며 AWS CDK에서도 이 값에 액세스할 수 있다.[2]

공급자는 일반적으로 소비자에게 제공하는 리소스를 명시적으로 선언한다.

```
stack:
  name: shared_network_stack
  environment: ${ENVIRONMENT_NAME}

vlans:
  - appserver_vlan
    address_range: 10.2.0.0/8

export:
  - appserver_vlan_id: appserver_vlan.id
```

---

2   AWS CDK 개발자 가이드를 참조한다(https://oreil.ly/jWSJG).

소비자는 공급자 스택에 대한 참조를 선언하고 이 참조를 사용하여 해당 스택에서 내보낸 VLAN 식별자를 참조한다.

```
external_stack:
  name: shared_network_stack
  environment: ${ENVIRONMENT_NAME}

virtual_machine:
  name: "appserver-${ENVIRONMENT_NAME}"
  vlan: external_stack.shared_network_stack.appserver_vlan.id
```

이 예제는 스택 코드 내부에 외부 스택에 대한 참조를 포함한다. 또 다른 옵션은 스택 코드가 의존성 검색과 덜 결합되도록 의존성 주입^{dependency injection}(DI)을 사용하는 것이다. 오케스트레이션 스크립트는 공급자 스택에서 출력값을 조회하여 스택 코드에 파라미터로 전달한다.

스택 데이터 조회는 공급자 스택을 관리하는 도구와 연결되어 있지만 일반적으로 스크립트에서 이러한 값을 추출할 수 있으므로 [예제 17-1]처럼 다른 도구와 함께 사용할 수 있다.

예제 17-1 스택 도구를 사용하여 스택 인스턴스의 데이터 구조에서 리소스 ID 검색

```
#!/usr/bin/env bash

VLAN_ID=$(
  stack value \
    --stack_instance shared_network-staging \
    --export_name appserver_vlan_id
)
```

이 코드는 검색할 스택 인스턴스(shared_network-staging), 읽고 출력할 익스포트^{exported} 변수(appserver_vlan_id)를 지정하여 가상의 stack 명령을 실행한다. 셸 명령은 VLAN의 ID인 명령의 출력을 VLAN_ID라는 셸 변수에 저장한다. 이렇게 하면 스크립트는 이 변수를 다양한 방식으로 사용할 수 있다.

관련 패턴

주요 대체 패턴으로는 리소스 매칭과 레지스트리 조회가 있다.

패턴 **통합 레지스트리 조회**

통합 레지스트리 integration registry 라고도 한다.

소비자 스택은 통합 레지스트리 조회를 사용하여 공급자 스택에서 게시한 리소스를 검색할 수 있다(그림 17-3). 두 스택 모두 알려진 위치를 사용하여 값을 저장하고 읽는 레지스트리를 참조한다.

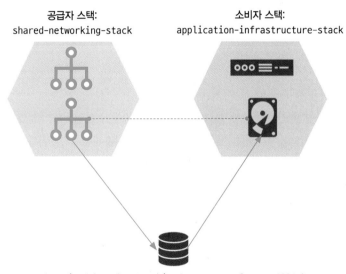

```
/staging/shared-networking/appserver_vlan = v1234ab
```

그림 17-3 의존성 검색을 위한 통합 레지스트리 조회

많은 스택 도구는 정의 코드 내부의 다양한 유형의 레지스트리에서 값 저장과 검색을 지원한다. shared-networking-stack 코드는 값을 설정한다.

```
vlans:
  - appserver_vlan
    address_range: 10.2.0.0/8

registry:
  host: registry.shopspinner.xyz
  set:
    /${ENVIRONMENT_NAME}/shared-networking/appserver_vlan: appserver_vlan.id
```

그러면 application-infrastructure-stack 코드가 값을 검색하고 사용한다.

```
registry:
  id: stack_registry
  host: registry.shopspinner.xyz
  values:
    appserver_vlan_id: /${ENVIRONMENT_NAME}/shared-networking/appserver_vlan

virtual_machine:
  name: "appserver-${ENVIRONMENT_NAME}"
  vlan: stack_registry.appserver_vlan_id
```

동기

구성 레지스트리를 사용하면 다양한 인프라 스택에 대한 스택 관리 도구가 분리된다. 각 팀은 동일한 구성 레지스트리 서비스와 값을 저장하기 위한 네이밍 규칙을 사용하는 데 동의하기만 하면 다른 도구를 사용할 수 있다. 또한 이러한 분리를 통해 한 번에 한 스택씩 점진적으로 도구를 업그레이드하고 변경할 수 있다.

구성 레지스트리를 사용하면 스택 간의 통합점이 명시적으로 정해진다. 소비자 스택은 공급자 스택에서 명시적으로 게시한 값만 사용할 수 있으므로 공급자팀은 리소스를 구현하는 방법을 자유롭게 변경할 수 있다.

적용성

통합 레지스트리 조회 패턴은 각 팀이 서로 다른 기술을 사용할 수 있는 대규모 조직에 유용하다. 도구에 의존하게 되는 것을 우려하는 조직에도 유용하다.

예를 들어 시스템이 이미 구성 레지스트리를 사용하고 스택 파라미터 레지스트리 패턴에 따라 스택 인스턴스에 구성값을 제공하는 경우 동일한 레지스트리를 사용하는 것이 스택 통합을 위해 합리적일 수 있다(7.3절 참고).

결과

구성 레지스트리는 통합 레지스트리 조회 패턴을 채택할 때 중요한 서비스가 된다. 레지스트리를 사용할 수 없는 경우 리소스를 프로비저닝하거나 복구하지 못할 수 있다.

구현

구성 레지스트리는 이 패턴을 사용하기 위한 전제 조건이다. 레지스트리에 대한 설명은 7장을 참고하자. 일부 인프라 도구 벤더는 7.3절에서 언급한 것과 같이 레지스트리 서버를 제공한다. 사용하는 도구와 향후 사용할 도구가 어떤 레지스트리 제품이든 제대로 지원하는지 확인해야 한다.

특히 레지스트리를 사용하여 여러 팀에 걸쳐 인프라를 통합할 때 파라미터 네이밍에 대한 명확한 규칙을 설정하는 것이 중요하다. 많은 조직은 레지스트리 제품이 간단한 키-값 메커니즘을 구현하는 경우에도 디렉터리나 폴더 구조와 유사한 계층적 네임스페이스^{namespace}를 사용한다. 구조에는 일반적으로 아키텍처 단위(예를 들어 서비스, 애플리케이션, 아티팩트), 환경, 지리, 팀에 대한 컴포넌트가 포함된다.

예를 들어 ShopSpinner는 리전을 기반으로 하는 계층적 경로를 사용할 수 있다.

```
/infrastructure/
├── au/
│   ├── shared-networking/
│   │   └── appserver_vlan=
│   └── application-infrastructure/
│       └── appserver_ip_address=
└── eu/
    ├── shared-networking/
    │   └── appserver_vlan=
    └── application-infrastructure/
        └── appserver_ip_address=
```

이 예제에서 유럽 리전에 대한 애플리케이션 서버의 IP 주소는 `/infrastructure/eu/application-infrastructure/appserver _ip_address` 위치에서 찾을 수 있다.

관련 패턴

통합 레지스트리 조회 패턴과 마찬가지로 스택 데이터 조회 패턴은 레지스트리에서 값을 저장하고 검색한다. 스택 데이터 조회 패턴은 스택 관리 도구에 특정한 데이터 구조를 사용하는 반면 통합 레지스트리 조회 패턴은 범용 레지스트리 구현을 사용한다. 파라미터 레지스트리 패턴(7.3절 참고)은 스택이 주어진 스택 인스턴스에서 사용하기 위해 레지스트리에서 값을 가져온다는 점에서 본질적으로 이 패턴과 동일하다. 유일한 차이점은 파라미터 레지스트리 패턴의 경우에는 값을 다른 스택에서 가져오고 스택 간에 인프라 리소스를 통합하기 위해 명시적으로 사용된다는 점이다.

의존성 주입

지금까지 설명한 패턴들은 소비자가 공급자 스택에서 관리하는 리소스를 검색하는 전략을 설명한다. 대부분의 스택 관리 도구는 스택 정의 코드에서 이러한 패턴을 직접 사용하도록 지원한다. 그러나 스택의 리소스를 정의하는 코드와 통합할 리소스를 검색하는 코드를 분리해야 한다는 주장이 있다.

의존성 매칭 패턴에 대한 이전 예제의 스니펫을 고려해보자.

```
external_resource:
  id: appserver_vlan
  match:
    tag: name == "network_tier" && value == "application_servers"
    tag: name == "environment" && value == ${ENVIRONMENT_NAME}

virtual_machine:
  name: "appserver-${ENVIRONMENT_NAME}"
  vlan: external_resource.appserver_vlan
```

이 코드의 필수 부분은 가상 머신의 선언이다. 스니펫의 다른 모든 내용은 가상 머신의 구성값을 조합하기 위한 구현 세부사항이다.

a. 의존성과 정의 코드 혼합 문제

의존성 검색을 스택 정의 코드와 결합하면 코드를 읽거나 작업할 때 인지 오버헤드가 추가된다. 이 오버헤드가 여러분이 작업을 끝내지 못하게 만드는 것은 아니지만 미묘한 마찰을 추가한다.

스택 프로젝트에서 코드를 별도의 파일로 분할하여 인지 오버헤드를 제거할 수 있다. 그러나 스택 정의 프로젝트에 검색 코드를 포함하는 것의 또 다른 문제는 스택을 의존성 메커니즘에 연결한다는 것이다.

의존성 메커니즘에 대한 결합의 유형과 깊이, 결합이 미치는 영향의 종류는 메커니즘과 구현 방법에 따라 다르다. 공급자 스택과 구성 레지스트리 같은 서비스와의 결합을 피하거나 최소화해야 한다.

의존성 관리와 정의를 결합하면 스택 인스턴스를 만들고 테스트하기 어렵다. 테스트에 대한 많은 접근 방식은 빠르고 빈번한 테스트를 가능하게 하기 위해 임시 인스턴스(9.6절 참고)나 테스트 더블(9.5절 참고)과 같은 사례를 사용한다. 이러한 사례는 의존성 설정에 너무 많은 작업이나 긴 시간이 필요한 경우에는 사용하기 어렵다.

의존성 검색에 대한 특정 가정을 스택 코드로 하드코딩하면 재사용 가능성이 낮아진다. 예를 들어 여러분이 사용할 핵심 애플리케이션 서버 인프라 스택을 생성하는 경우 다른 팀에서는 의존성을 구성하고 관리하는 데 다른 방법을 사용하고 싶을 수 있다. 일부 팀은 다른 공급자 스택을 교체하고 싶어할 수 있다. 예를 들어 공용 애플리케이션과 내부 애플리케이션에 서로 다른 네트워킹 스택을 사용할 수 있다.

b. 검색에서 의존성 분리하기

의존성 주입은 컴포넌트가 자체적으로 의존성을 발견하지 않고 의존성을 받는 기술이다. 인프라 스택 프로젝트는 7장에서 설명한 인스턴스 구성 파라미터와 동일한 파라미터로 의존하는 리소스를 선언한다. 스택 관리 도구를 오케스트레이션하는 스크립트 또는 여러 도구(19.3절 참고)는 의존성을 발견하고 스택에 전달한다.

이 장의 앞부분에서 의존성 검색 패턴 설명에 사용된 application-infrastructure-stack 예제가 DI에서 어떻게 보일지 고려해보자.

```
parameters:
  - ENVIRONMENT_NAME
  - VLAN

virtual_machine:
  name: "appserver-${ENVIRONMENT_NAME}"
  vlan: ${VLAN}
```

예제 코드는 인스턴스에 코드를 적용할 때 설정해야 하는 두 개의 파라미터를 선언한다. ENVIRONMENT_NAME 파라미터는 애플리케이션 서버용 가상 머신의 이름으로 사용되는 단순 스택 파라미터이고 VLAN 파라미터는 가상 머신에게 할당하는 VLAN 식별자를 나타낸다.

이 스택의 인스턴스를 관리하려면 VLAN 파라미터값을 검색하고 제공해야 한다. 오케스트레이션 스크립트는 이 장에서 설명한 패턴을 사용하여 이러한 작업을 수행한다. 스택 관리 도구를 사용하여 공급자 스택 프로젝트의 출력을 찾고 태그를 기반으로 파라미터를 설정하거나 레지스트리에서 값을 조회할 수 있다.

스택 데이터 조회를 사용하는 예제 스크립트(17.1절 참고)는 [예제 17-1]과 같이 스택 도구를 사용하여 공급자 스택 인스턴스의 VLAN ID를 검색한 다음 해당 값을 소비자 스택 인스턴스의 스택 명령어에 전달한다.

```bash
#!/usr/bin/env bash

ENVIRONMENT_NAME=$1

VLAN_ID=$(
  stack value \
    --stack_instance shared_network-${ENVIRONMENT_NAME} \
    --export_name appserver_vlan_id
)

stack apply \
  --stack_instance application_infrastructure-${ENVIRONMENT_NAME} \
  --parameter application_server_vlan=${VLAN_ID}
```

첫 번째 명령어는 shared_network-${ENVIRONMENT_NAME}이라는 공급자 스택 인스턴스에서 추출한 appserver_vlan_id값을 소비자 스택 application_infrastructure-${ENVIRONMENT_NAME}에 파라미터로 전달한다.

이 방법의 이점은 스택 정의 코드가 더 간단하고 다른 코드에서도 사용할 수 있다는 점이다. 노트북에서 스택 코드를 변경하고자 할 때 원하는 VLAN값을 전달할 수 있다. 로컬 모의 API(9.3절 참고)나 개인 인프라 인스턴스(20.3절 참고)를 사용하여 코드를 적용할 수 있다. 이러한 상황에서 제공하는 VLAN은 매우 간단하다.

더 생산적인 환경에서 VLAN은 더 포괄적인 네트워크 스택의 일부가 된다. 이 기능을 사용하면 서로 다른 공급자 구현을 교체할 수 있는 초기 파이프라인 단계가 빠르게 실행되며 소비자 컴포넌트를 개별적으로 테스트할 수 있다. 또한 이후 단계에서 더 포괄적으로 통합된 시스템을 테스트하는 프로그레시브 테스트(8.3절 참고)를 쉽게 구현할 수 있다.

> **NOTE** **DI의 기원**
>
> DI는 2000년대 초반 객체지향object-oriented(OO) 소프트웨어 설계에서 시작되었다. 익스트림 프로그래밍 지지자들은 단위 테스트와 TDD가 DI용으로 작성된 소프트웨어를 사용하는 것이 훨씬 쉽다는 것을 발견했다. PicoContainer[3]와 스프링 프레임워크[4] 같은 자바 프레임워크는 DI를 개척했다. 마틴 파울러의 2004년 기사 「제어 컨테이너와 의존성 주입 패턴의 반전」[5]은 OO 소프트웨어 설계에 대한 접근 방식의 근거를 설명한다.

17.2 마치며

느슨하게 결합되고 크기가 적절하며 잘 설계된 스택에서 인프라를 구성하면 시스템을 더 쉽고 빠르고 안전하게 변경할 수 있다. 이렇게 하려면 인프라 모듈화에 대한 일반적인 설계 가이드를 따라야 한다(15장 참고). 또한 리소스를 공유하고 제공할 때 스택이 서로 너무 밀접하게 결합되지 않도록 해야 한다.

---

3 *https://oreil.ly/jF07b*

4 *https://oreil.ly/qGt9g*

5 *https://oreil.ly/1eMFQ*

Part **5**

인프라 딜리버리

Part 5

인프라 딜리버리

CHAPTER 18

인프라 코드 구조화하기

인프라 코드베이스에는 스택 정의, 서버 구성, 모듈, 라이브러리, 테스트, 구성, 유틸리티를 비롯한 다양한 유형의 코드가 포함된다.

> 프로젝트 전체 그리고 프로젝트 내에서 이 코드를 어떻게 구성해야 할까?
>
> 저장소에서 프로젝트를 어떻게 구성해야 할까?
>
> 인프라와 애플리케이션 코드는 함께 있어야 할까 아니면 분리되어야 할까?
>
> 여러 부분을 가진 시스템 코드는 어떻게 구성해야 할까?

18.1 프로젝트와 저장소 구성

여기서 프로젝트는 시스템의 개별 컴포넌트를 빌드하는 데 사용되는 코드 모음이다. 단일 프로젝트 또는 해당 컴포넌트가 얼마나 많은 양을 포함할 수 있는지에 대한 엄격한 규칙은 없다. 5.2절에서는 예를 들어 인프라 스택에 대한 다양한 범위의 레벨을 설명한다.

프로젝트는 코드베이스의 다른 프로젝트에 의존할 수 있다. 이상적으로는 이러한 의존성과 프로젝트 간의 경계가 잘 정의되어 있으며 프로젝트 코드가 구성되는 방식을 명확하게 반영한다.

콘웨이의 법칙(15.3절 참고)에 따르면 조직의 구조와 조직이 구축하는 시스템 사이에는 직접적인 관계가 있다. 팀 구조와 시스템 소유권 그리고 이러한 시스템을 정의하는 코드가 제대로 정리되지 않으면 마찰이 발생하고 효율이 떨어진다.

17장에서 스택에 대해 설명한 것처럼 프로젝트 간 경계를 구분하는 것의 반대 측면은 프로젝트 간에 의존성이 있을 때 프로젝트를 통합하는 것이다.

서로 다른 의존성을 프로젝트와 통합할 수 있는 방법과 시기에 대한 논의는 19.2절에서 다룬다.

코드를 어떻게 구성할지에 대한 문제에는 두 가지 관점이 있다. 하나는 스택, 서버 구성, 서버 이미지, 구성, 테스트, 딜리버리 도구, 애플리케이션 등에 대한 코드를 넣을 위치다. 다른 하나는 소스 코드 저장소에서 프로젝트를 정렬하는 방법이다. 마지막 질문이 조금 더 간단하므로 여기에서 시작하자.

18.1.1 하나의 저장소? 여러 저장소?

여러 개의 코드 프로젝트가 있을 경우 프로젝트를 소스 제어 시스템의 단일 저장소에 모두 넣어야 할까? 아니면 둘 이상에 분산해야 할까?

둘 이상의 저장소를 사용할 경우 프로젝트마다 자체 저장소가 있어야 할까? 아니면 일부 프로젝트를 공유 저장소로 그룹화해야 할까?

여러 프로젝트를 저장소로 정렬할 경우 그룹화할 프로젝트와 분리할 프로젝트를 어떻게 결정해야 할까?

다음과 같은 상충관계를 고려해야 한다.

- 프로젝트를 여러 저장소로 분리하면 코드 레벨에서 경계를 더 쉽게 유지보수할 수 있다.
- 여러 팀이 단일 저장소에서 코드 작업을 하면 오버헤드가 추가되고 충돌이 발생할 수 있다.
- 여러 저장소에 코드를 배포하면 여러 저장소에 걸친 변경 작업이 복잡해질 수 있다.
- 동일한 저장소에 보관된 코드는 버전닝할 수 있고 브랜치될 수 있으므로 프로젝트 통합과 딜리버리 전략이 간소화된다.
- Git, Perforce, Mercurial과 같은 다양한 소스 코드 관리 시스템은 복잡한 시나리오를 지원하기 위해 성능, 확장성, 기능을 서로 다른 방법으로 제공한다.

이러한 내용을 염두에 두고 여러 저장소에 프로젝트를 구성하기 위한 주요 옵션을 살펴보자.

18.1.2 모든 것을 위한 단일 저장소

일부 팀, 심지어 대규모 조직에서도 모든 코드가 포함된 단일 저장소를 유지보수한다. 이 경우 사용 수준에 맞게 확장할 수 있는 소스 제어 시스템 소프트웨어가 필요하다. 일부 소프트웨어는 크기, 기록, 사용자 수, 활동 수준이 증가할수록 코드베이스를 처리하기가 어려워진다.[1] 따라서 저장소 분할은 성능 관리의 문제다.

단일 저장소를 사용하는 것이 더 쉽다. 작업에 필요한 모든 프로젝트를 확인할 수 있고, 모든 프로젝트에 대해 일관된 버전을 가지고 있다는 것이 보장되기 때문이다. 일부 버전 관리 소프트웨어는 사용자가 저장소의 하위 집합과 작업할 수 있는 스파스 체크아웃sparse-checkout 기능을 제공한다.

모노리포: 하나의 저장소, 하나의 빌드

단일 저장소는 빌드 타임build-time 통합과 함께 잘 작동한다(19.2절 참고). 모노리포monorepo 전략은 단일 저장소에서 유지보수되는 프로젝트에 대해 빌드 타임 통합 패턴을 사용한다. 모노리포의 단순한 버전은 [그림 18-1]과 같이 저장소의 모든 프로젝트를 빌드한다.

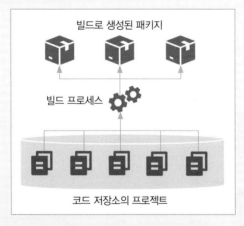

그림 18-1 저장소의 모든 프로젝트를 함께 빌드

프로젝트가 함께 구축되더라도 애플리케이션 패키지, 인프라 스택, 서버 이미지와 같은 여러 아티팩트가 생성될 수 있다.

---

1 Facebook, Google, Microsoft는 매우 큰 저장소를 사용한다. 세 회사 모두 버전 관리 소프트웨어를 커스터마이징하거나 자체적으로 개발했다. 자세한 내용은 *https://oreil.ly/2KBk8*을 참고하자. 이러한 히스토리에 대한 Google의 접근 방식의 인사이트는 폴 해먼트(Paul Hammant)의 'Scaled trunk-based development(*https://oreil.ly/Dc21t*)'를 참고해볼 수 있다.

하나의 저장소, 여러 개의 빌드

모든 프로젝트를 단일 저장소에 보관하는 조직이라고 해서 반드시 모든 프로젝트에서 단일 빌드를 실행할 필요는 없다. 이러한 조직에서는 시스템의 다른 하위 집합을 빌드하기 위해 몇 가지 다른 빌드를 갖는다(그림 18-2).

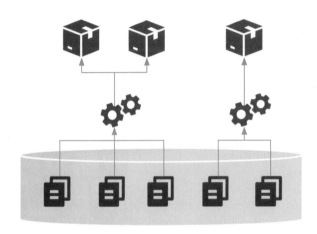

그림 18-2 하나의 저장소에서 다양한 프로젝트 조합 구축

이러한 빌드는 일부 프로젝트를 공유한다. 예를 들어 두 개의 서로 다른 빌드가 동일한 공유 라이브러리를 사용할 수 있다(그림 18-3).

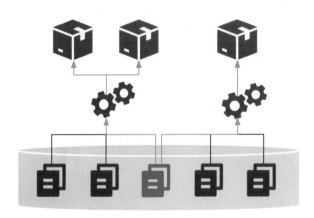

그림 18-3 단일 저장소의 빌드 간 컴포넌트 공유

여러 프로젝트를 관리할 때의 한 가지 문제점은 프로젝트 간의 경계가 흐려질 수 있다는 점이다. 팀에서는 다른 프로젝트에 있는 파일을 직접 참조하면서 프로젝트 코드를 작성할 수 있는데, 이렇게 하면 결합도가 높아지고 의존성에 대한 가시성이 떨어진다. 한 프로젝트의 파일을 변경하면 다른 프로젝트와 예기치 않은 충돌이 발생할 수 있기 때문에 시간이 지날수록 프로젝트가 엉키고 유지보수하기 어려워진다.

18.1.3 각 프로젝트를 위한 개별 저장소

각 프로젝트가 별도의 저장소를 갖는 마이크로리포^{microrepo} 전략은 또 다른 극단적 전략이다(그림 18-4).

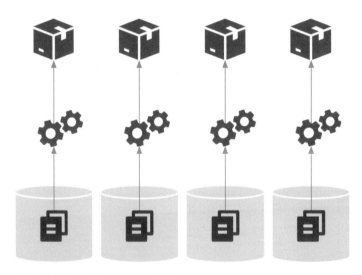

그림 18-4 별도의 저장소에 있는 프로젝트

이 전략은 프로젝트를 통합하기 전 각각의 프로젝트를 별도로 빌드하고 테스트하는 파이프라인이 있는 경우에 유용하며 프로젝트 간의 명확한 분리를 보장한다. 누군가 두 개의 프로젝트를 체크아웃^{checkout}하고 여러 프로젝트에서 파일을 변경하면 파이프라인이 실패하여 문제가 노출된다.

먼저 모든 빌드를 체크아웃하여 별도의 저장소에서 관리되는 프로젝트에 대해 빌드 타임 통합을 사용할 수 있다(그림 18-5).

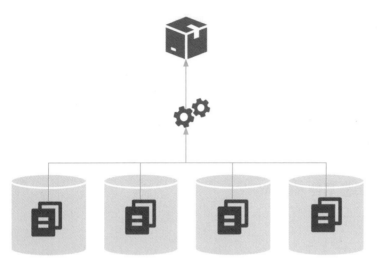

그림 18-5 여러 저장소에 걸친 하나의 빌드

실제로 코드가 함께 버저닝되기 때문에 단일 저장소의 여러 프로젝트에 걸쳐 빌드하는 것이 더 실용적이다. 단일 빌드의 변경을 여러 저장소로 푸시하면 전달 프로세스가 복잡해진다. 딜리버리 단계에서는 일관된 빌드를 생성하기 위해 체크아웃해야 하는 저장소의 버전을 확인할 방법이 필요하다.

단일 프로젝트 저장소는 딜리버리 타임^{delivery-time}과 어플라이 타임^{apply-time} 프로젝트 통합을 지원할 때 가장 잘 작동한다. 하나의 저장소를 변경하면 프로젝트의 딜리버리 프로세스가 트리거되어 작업 흐름에서 나중에 다른 프로젝트와 함께 수행된다.

18.1.4 여러 프로젝트를 위한 멀티 저장소

일부 조직에서는 모든 것을 위한 단일 저장소 또는 각 프로젝트를 위한 개별 저장소와 같이 극단적인 전략을 사용하지만 대부분은 둘 이상의 프로젝트가 포함된 멀티 저장소를 유지한다(그림 18-6).

여러 프로젝트를 저장소로 그룹화하는 것은 모노리포나 마이크로리포와 같은 전략에 의해 주도되는 것이 아니라 유기적으로 만들어진다. 그러나 작업이 얼마나 원활하게 돌아가는지에 영향을 미치는 몇 가지 요인이 있다.

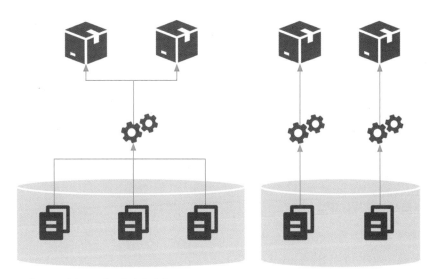

그림 18-6 여러 프로젝트와 멀티 저장소

다른 저장소 구성 전략에 대한 논의에서 볼 수 있듯이 한 가지 요인은 프로젝트 분류 방법과 빌드 및 딜리버리 전략에 달려있다. 프로젝트 간에 밀접한 관련이 있고 특히 빌드 타임에 프로젝트를 통합해야 한다면 프로젝트를 단일 저장소에 보관해야 한다. 딜리버리 경로가 밀접하게 통합되지 않은 경우 프로젝트를 개별 저장소로 분리하는 것을 고려해야 한다.

또 다른 요인은 팀 소유권이다. 여러 사람과 팀이 동일한 저장소의 서로 다른 프로젝트에서 작업하면 저장소 내부가 지저분해진다. 변경 로그에 관련 없는 작업 흐름을 가진 여러 팀의 커밋 기록이 뒤섞이기 때문이다. 일부 조직에서는 코드에 대한 액세스를 제한한다. 소스 제어 시스템에 대한 접근 제어는 흔히 저장소에 의해 관리되며 이는 어떤 프로젝트를 어디로 보낼지 결정하는 또 다른 요인이 된다.

단일 저장소 전략에서 언급했듯이 저장소 내의 프로젝트는 파일 의존성과 더 쉽게 얽힌다. 따라서 팀은 아키텍처와 설계 관점에 따라 더 강력한 경계가 필요한 곳에서 프로젝트를 여러 저장소에 나눌 수 있다.

18.2 다양한 유형의 코드 구성

인프라 코드베이스의 여러 프로젝트는 애플리케이션, 인프라 스택, 서버 구성 모듈, 라이브러리와 같은 시스템 요소의 다양한 유형을 정의한다. 그리고 이러한 프로젝트에는 선언, 명령형 코드, 구성값, 테스트, 유틸리티 스크립트를 비롯한 여러 유형의 코드가 포함된다. 이러한 것을 조직화하기 위한 전략이 있다면 코드베이스를 유지보수하는 데 도움이 된다.

18.2.1 프로젝트 지원 파일

일반적으로 특정 프로젝트의 지원 코드는 해당 프로젝트의 코드와 함께 있어야 한다. 스택의 일반적인 프로젝트 레이아웃은 [예제 18-1]과 같다.

예제 18-1 프로젝트의 폴더 레이아웃

```
├── build.sh
│   ├── src/
│   ├── test/
│   ├── environments/
│   └── pipeline/
```

이 프로젝트의 폴더 구조에는 다음과 같은 구성이 포함된다.

src/

인프라 스택 코드. 프로젝트의 핵심 부분이다.

test/

테스트 코드. 이 폴더는 오프라인, 온라인 테스트와 같이 여러 단계에서 실행되는 테스트를 위한 하위 폴더로 나눌 수 있다. 정적 분석, 성능 테스트, 기능 테스트와 같이 다양한 도구를 사용하는 테스트는 전용 하위 폴더를 가질 수 있다.

environments/

구성. 각 스택 인스턴스의 구성값이 포함된 별도의 파일을 포함한다.

pipeline/

딜리버리 구성. 딜리버리 파이프라인 도구에서 딜리버리 단계를 생성하기 위한 구성 파일을 포함한다(8.4절 참고).

build.sh/

빌드 작업을 구현하는 스크립트. 이러한 스크립트에 대한 설명은 19.3절을 참고하자.

물론 이것은 예일 뿐이다. 사람들은 저마다 프로젝트를 다르게 구성하고 여기에 표시된 것 이외에도 많은 것들을 프로젝트에 포함시킨다.

핵심은 프로젝트와 분명한 관계가 있는 파일은 프로젝트와 함께 있어야 한다는 것이다. 이렇게 하면 누군가가 프로젝트 버전을 체크아웃할 때 인프라 코드, 테스트, 딜리버리가 모두 동일한 버전이기 때문에 함께 작동해야 한다는 것을 파악할 수 있다. 테스트가 별도의 프로젝트에 저장되어 있으면 테스트 중인 코드에 잘못된 버전의 테스트를 실행하여 불일치가 발생하기 쉽다.

그러나 일부 테스트, 구성, 기타 파일은 단일 프로젝트와 관련이 없을 수도 있다. 이러한 파일은 어떻게 처리해야 할까?

18.2.2 크로스 프로젝트 테스트

프로그레시브 테스트(8.3절 참고)에는 [그림 18-7]과 같이 다른 프로젝트와 통합 테스트를 수행하기 전에 각 프로젝트를 별도로 테스트하는 것이 포함된다.

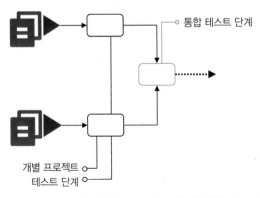

통합 테스트 단계

개별 프로젝트
테스트 단계

그림 18-7 프로젝트를 개별적으로 테스트한 다음 통합 테스트 진행

각 프로젝트의 개별 테스트 단계에서 실행할 테스트 코드를 편하게 넣을 수 있다. 하지만 통합 테스트 단계의 테스트 코드는 어떨까? 테스트를 특정 프로젝트에 넣거나 통합 테스트를 위한 별도의 프로젝트를 만들 수 있다.

프로젝트 내에서 통합 테스트 유지

여러 프로젝트를 통합하는 경우에는 한 프로젝트가 특정 유형의 테스트의 명백한 진입점이 된다. 예를 들어 많은 기능 테스트는 전체 시스템이 작동하는지 증명하기 위해 프런트엔드 시스템에 연결한다. 데이터베이스와 같은 백엔드 컴포넌트가 올바르게 구성되지 않은 경우 프런트엔드 서비스가 컴포넌트에 연결할 수 없으므로 테스트가 실패한다.

이 경우 통합 테스트 코드는 프런트엔드 서비스를 프로비저닝하는 프로젝트와 함께 수월하게 유지된다. 예를 들어 해당 서비스의 호스트 이름과 포트를 알아야 하는 것처럼 테스트 코드가 해당 서비스에 결합될 가능성이 높다.

이러한 테스트를 이전 딜리버리 단계에서 실행되는 테스트(예를 들어 테스트 더블)와 분리하여 각 테스트셋을 프로젝트의 개별 하위 폴더에 보관할 수 있다.

통합 테스트는 공급자 프로젝트보다 다른 프로젝트를 사용하는 프로젝트(소비자)에도 적합하다(9.5절 참고). ShopSpinner 예제에는 애플리케이션 인프라 인스턴스를 정의하고 다른 스택에 정의된 네트워킹 구조를 공유하는 스택 프로젝트가 포함된다.

공유 네트워킹 스택 프로젝트에 통합 테스트를 넣는 것은 의존성의 방향과 맞지 않다. 네트워크 프로젝트는 통합이 올바르게 작동하는지 테스트하기 위해 애플리케이션 스택과 이를 사용하는 스택의 구체적인 정보를 알아야 한다. 애플리케이션 인프라 스택은 공유 네트워킹 스택에 대해 이미 알고 있으므로 애플리케이션 스택 코드와 통합 테스트를 유지하면 프로젝트 간의 의존성 루프를 피할 수 있다.

18.2.3 전용 통합 테스트 프로젝트

대안은 통합 테스트를 위한 별도의 프로젝트를 만드는 것이다. 아마도 각 통합 테스트 단계마다 하나의 프로젝트를 가질 수 있을 것이다. 이는 콘웨이의 법칙에서 예측한 대로 다른 팀에서 통합 테스트를 소유하고 있을 때 일반적인 방법이다. 프로젝트가 통합 테스트와 일치하는지 확실하지 않을 때 이 방법으로 통합 테스트를 수행한다.

통합 테스트 모음을 테스트할 코드와 별도로 두면 버전 관리가 어렵다. 사람들이 주어진 시스템 코드 버전과 실행할 통합 테스트 버전을 혼동할 수 있다. 이를 피하기 위해 코드와 테스트를 분리하지 않은 채로 함께 작성하고 변경해야 한다. 그리고 프로젝트 버전을 연관시키는 방법을 구현해야 한다. 예를 들어 딜리버리 타임 통합 패턴에 설명된 팬인 접근 방식을 사용할 수 있다 (19.2절 참고).

18.2.4 도메인 개념으로 코드 구성하기

하나의 프로젝트 안에 있는 코드는 여러 부분을 포함할 수 있다. ShopSpinner 예제의 애플리케이션 인프라 프로젝트는 서버 클러스터 및 데이터베이스 인스턴스 각각에 대한 네트워킹 구조와 보안 정책을 정의한다. 대부분의 팀은 [예제 18-2]와 같이 자체 파일에 네트워킹 구조와 보안 정책을 정의한다.

예제 18-2 기술별로 정리된 소스 파일

```
└─ src/
        ├─ cluster.infra
        ├─ database.infra
        ├─ load_balancer.infra
        ├─ routing.infra
        ├─ firewall_rules.infra
        └─ policies.infra
```

firewall_rules.infra 파일에는 cluster.infra에 생성된 가상 머신의 방화벽 규칙과 database.infra에 정의된 데이터베이스 인스턴스의 규칙이 포함된다.

이러한 방식으로 코드를 구성하면 사용 방식보다 기능적 요소에 중점을 두게 된다. 관련된 요소가 같은 파일에 있을 때 코드를 더 쉽게 이해하고, 작성하고, 변경하고, 유지보수할 수 있다. 8개의 서비스에 접근하기 위한 30개의 방화벽 규칙이 있는 파일과, 하나의 서비스와 관련된 3개의 방화벽 규칙을 정의하는 파일을 상상해보자.

이 개념은 기술적인 개념보다는 도메인 개념을 중심으로 하는 설계 원칙을 따른다(15.1절 참고).

18.2.5 구성값 파일 구조화하기

7장에서는 스택 프로젝트에서 여러 인스턴스의 파라미터값을 관리하기 위한 구성 파일의 패턴
을 설명했다. 여기서는 여러 프로젝트에서 환경마다 별도의 구성 파일을 구조화하는 두 가지
다른 방법을 제안하는데, 하나는 관련된 프로젝트 내에 구성 파일을 저장하는 것이다.

```
├── application_infra_stack/
│   ├── src/
│   └── environments/
│       ├── test.properties
│       ├── staging.properties
│       └── production.properties
│
└── shared_network_stack/
    ├── src/
    └── environments/
        ├── test.properties
        ├── staging.properties
        └── production.properties
```

다른 하나는 환경별로 구성된 모든 스택의 구성이 포함된 별도의 프로젝트를 갖는 것이다.

```
├── application_infra_stack/
│   └── src/
│
├── shared_network_stack/
│   └── src/
│
└── configuration/
    ├── test/
    │   ├── application_infra.properties
    │   └── shared_network.properties
    ├── staging/
    │   ├── application_infra.properties
    │   └── shared_network.properties
    └── production/
        ├── application_infra.properties
        └── shared_network.properties
```

프로젝트의 코드와 함께 구성값을 저장하면 일반화되고 재사용 가능한 코드(6.2절에 따라 재

사용 가능한 스택이라고 가정한다)와 특정 인스턴스의 세부 정보가 혼합된다. 이상적으로는 환경에 대한 구성을 변경할 때 스택 프로젝트를 수정할 필요가 없다.

다른 한편으로는 구성값이 단일 구성 프로젝트에 섞이는 것보다 관련된 프로젝트 가까이에 있는 것이 구성값을 추적하고 이해하기 더 쉽다. 여전히 팀 소유권과 책임은 중요한 요소다. 인프라 코드와 구성을 분리하면 두 가지 모두에 대한 소유권과 책임을 피할 수 있다.

18.3 인프라와 애플리케이션 코드 관리

애플리케이션과 인프라 코드를 별도의 저장소에 보관해야 할까? 아니면 함께 보관해야 할까? 두 질문은 모두 맞는 것처럼 보이지만 정답은 조직의 구조와 소유권 분할에 따라 다르다.

별도의 저장소에서 인프라와 애플리케이션 코드를 관리하면 별도의 팀이 인프라와 애플리케이션을 구축하고 관리하는 운영 모델을 지원한다. 그러나 애플리케이션팀에 인프라, 특히 해당 애플리케이션과 연관된 인프라에 대한 책임이 있는 경우 문제가 발생한다.

코드를 분리하면 애플리케이션팀의 구성원에게 애플리케이션과 관련된 인프라 요소에 대한 책임이 주어지더라도 의식적인 장벽이 생긴다. 만약 그 코드가 가장 자주 사용하는 저장소가 아닌 다른 저장소에 있다면 팀원은 자주 사용하는 저장소와 같은 수준의 편안함을 느끼지 못할 것이다. 코드가 익숙하지 않거나 시스템의 다른 부분에 대한 인프라 코드와 섞여있는 경우에는 특히 더 그렇다.

코드베이스에서 팀 고유 영역에 있는 인프라 코드는 덜 위협적이다. 변경으로 인해 다른 사람의 애플리케이션이나 인프라의 기본적인 부분이 손상될 수 있다는 느낌이 덜하다.

> **NOTE** **데브옵스와 팀 구조**
> 데브옵스 운동은 조직이 개발과 운영의 전통적인 구분에 대한 대안을 실험하도록 권장한다. 애플리케이션과 인프라팀 구성에 대한 자세한 내용은 팀 토폴로지에 대한 매슈 스켈턴Matthew Skelton과 마누엘 파이스Manuel Pais 의 글[2]을 참고해볼 수 있다.

----

2 https://teamtopologies.com

18.3.1 인프라와 애플리케이션 딜리버리

애플리케이션과 인프라 코드는 함께 관리되는지 여부에 관계없이 궁극적으로 동일한 시스템에 배포되어야 한다.[3] 인프라 코드에 대한 변경은 애플리케이션 딜리버리 흐름 전체에 걸쳐 애플리케이션과 통합되고 테스트되어야 한다(그림 18-8).

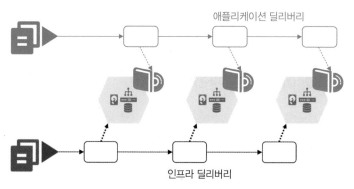

그림 18-8 인프라 코드로 관리되는 환경에서의 애플리케이션 딜리버리

반면에 대부분의 조직은 프로덕션 인프라를 별도의 사일로로 보는 오래된 관점에 머물러 있다. 흔히 한 팀에서 스테이징 또는 프로덕션 이전 환경을 포함한 프로덕션 인프라를 소유하지만 개발과 테스트 환경에 대한 책임은 없다(그림 18-9).

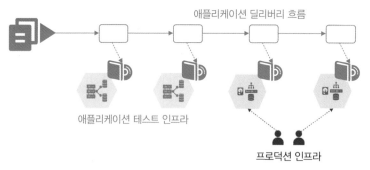

그림 18-9 프로덕션 인프라의 개별 소유권

---

3   프로젝트 통합 시기에 대한 질문과 패턴은 애플리케이션을 인프라와 통합하는 것과 관련이 있다. 이에 대한 자세한 내용은 19.2절을 참고하자.

이러한 분리는 애플리케이션 딜리버리와 인프라 변경에서 마찰을 유발한다. 팀은 딜리버리 프로세스가 끝날 때까지 시스템의 두 부분 간 충돌이나 격차를 발견하지 못한다. 8장에서 설명한 것처럼 변경 작업을 수행할 때 시스템의 모든 부분을 지속적으로 통합하고 테스트하는 것이 높은 품질과 안정적인 딜리버리를 보장하는 가장 효과적인 방법이다.

따라서 딜리버리 전략은 모든 환경에서 인프라 코드의 변경을 전달해야 한다. 인프라 변경 흐름에 대한 몇 가지 옵션이 있다.

18.3.2 인프라와 함께 애플리케이션 테스트하기

애플리케이션 딜리버리 경로를 따라 인프라 변경을 딜리버리하는 경우 자동화된 애플리케이션 테스트를 활용할 수 있다. 각 단계에서 인프라 변경을 적용한 후 애플리케이션 테스트 단계를 트리거한다(그림 18-10).

프로그레시브 테스트(8.3절 참고)는 통합 테스트를 위해 애플리케이션 테스트를 사용한다. 애플리케이션과 인프라의 여러 버전은 딜리버리 타임 통합 패턴에 따라 나머지 딜리버리 흐름을 통해 함께 연결되고 진행된다. 어플라이 타임 통합을 사용하여 진행 중인 애플리케이션 변경과 통합하지 않고 인프라 변경을 다운스트림 환경으로 푸시할 수 있다(19.2절 참고).

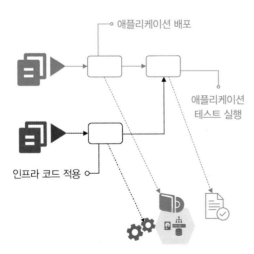

그림 18-10 인프라 테스트 단계

애플리케이션과 인프라의 변경사항은 가능한 한 빨리 적용해야 한다. 그러나 조직에서는 모든 유형의 변화로 인한 마찰을 제거하기가 쉽지 않다. 예를 들어 이해관계자가 고객용 애플리케이션의 변경사항을 더 자세히 검토해야 하는 경우에는 일상적인 인프라 변경을 우선적으로 적용해야 한다. 이렇게 하지 않으면 애플리케이션 릴리스 프로세스에서 보안 패치 같은 긴급한 변경사항과 구성 업데이트 같은 사소한 변경사항에 발목이 잡힐 수 있다.

18.3.3 통합 전 인프라 테스트

공유 애플리케이션 개발 또는 테스트 환경에 인프라 코드를 적용하다 보면 환경이 망가질 수 있는데 이는 결과적으로 다른 팀에 영향을 미친다. 따라서 인프라 코드를 공유 환경으로 승격하기 전에 자체적으로 인프라 코드를 테스트하기 위한 딜리버리 단계와 환경을 갖는 것을 권장한다.

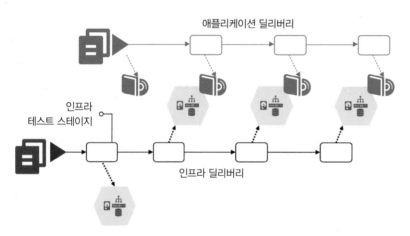

그림 18-11 인프라 테스트 단계

이 아이디어는 프로그레시브 테스트(8.3절 참고)와 딜리버리 타임 프로젝트 통합(19.2절 참고)의 구체적인 구현이다.

---

4   레드 게이트(Red Gate)의 'Using Migration Scripts in Database Deployments($https://oreil.ly/S\_jbC$)'를 참고하자.

18.3.4 인프라 코드를 사용하여 애플리케이션 배포하기

인프라 코드는 서버에 적용되는 내용을 정의한다. 애플리케이션 배포에는 서버에 무언가를 넣는 작업이 포함된다. 따라서 애플리케이션 배포 프로세스를 자동화하기 위해 인프라 코드를 작성하는 것이 합리적으로 보일 수 있다. 실제로 애플리케이션 배포와 인프라 구성의 문제를 혼합하면 복잡해진다. 애플리케이션과 인프라 간의 인터페이스는 단순하고 명확해야 한다.

RPM, .deb 파일, .msi 파일과 같은 OS 패키징 시스템은 애플리케이션을 패키징하고 배포하기 위해 정의된 인터페이스다. 인프라 코드는 배포할 패키지 파일을 지정하고 배포 도구가 대신 배포를 수행하도록 할 수 있다.

문제는 애플리케이션 배포에 여러 활동이 포함되거나 특히 여러 모듈이 포함될 때 발생한다. 언젠가 필자의 팀이 Dropwizard 자바 애플리케이션을 Linux VM에 배포하기 위해 Chef 쿡북을 작성한 적이 있다. 쿡북에는 다음과 같은 기능이 필요했다.

1. 새 애플리케이션 버전을 다운로드하고 신규 폴더에 압축을 푼다.
2. 실행 중인 경우 이전 애플리케이션 버전의 프로세스를 중지한다.
3. 필요한 경우 구성 파일을 업데이트한다.
4. 애플리케이션의 현재 버전을 가리키는 심볼릭 링크를 신규 폴더로 업데이트한다.
5. 데이터베이스 스키마 마이그레이션 스크립트를 실행한다.[4]
6. 새 애플리케이션 버전의 프로세스를 시작한다.
7. 새 프로세스가 올바르게 작동하는지 확인한다.

이 쿡북은 팀에 골칫거리였다. 때로는 이전 프로세스가 종료되지 않은 경우를 감지하지 못하거나 신규 프로세스가 시작된 지 1분 정도 지난 후에 충돌한 것을 알지 못했다.

기본적으로 이것은 선언형 인프라 코드베이스 내의 절차적 스크립트였다. RPM으로 애플리케이션을 패키징하기로 결정한 후 더 많은 성공을 거두었다. 애플리케이션 배포와 업그레이드를 위해 특별히 고안된 도구와 스크립트를 사용할 수 있었기 때문이다. 팀에서는 Chef 코드베이스에 의존하지 않는 RPM 패키징 프로세스에 대한 테스트를 작성하여 배포를 불안정하게 만드는 특정 문제에 대해 자세히 알아보았다.

인프라 코드를 사용하여 애플리케이션을 배포할 때의 또 다른 문제는 배포 프로세스에서 여러 부분을 오케스트레이션해야 한다는 것이다. 팀의 프로세스는 Dropwizard 애플리케이션을 단일 서버에 배포할 때 제대로 작동했다. 여러 서버에 걸쳐 애플리케이션 로드 밸런싱으로 전환할 때는 적합하지 않았다.

RPM 패키지로 이동한 후에도 쿡북은 여러 서버에 대한 배포 순서를 관리하지 않았다. 따라서 클러스터는 배포 작업 중에 뒤섞인 애플리케이션 버전을 실행했다. 그리고 데이터베이스 스키마 마이그레이션 스크립트는 한 번만 실행되어야 했으므로 첫 번째 서버의 배포 프로세스에서만 실행할 수 있도록 잠금을 구현해야 했다.

팀의 솔루션은 배포 작업을 서버 구성 코드로부터 떼어낸 후 중앙 배포 위치인 빌드 서버에서 애플리케이션을 푸시하는 스크립트로 옮기는 것이었다. 이 스크립트는 서버와 데이터베이스 스키마 마이그레이션에 대한 배포 순서를 관리하여 롤링^{rolling} 업그레이드를 위한 로드 밸런서의 구성을 수정하여 다운타임이 없는 배포를 구현했다.[5]

분산된 클라우드 네이티브 애플리케이션은 애플리케이션 배포를 오케스트레이션해야 하는 부담을 증가시킨다. 수십, 수백 또는 수천 개의 애플리케이션 인스턴스에 대한 변경을 조정하는 것은 실제로 인프라를 지저분하게 만든다. 팀은 Helm이나 Octopus Deploy와 같은 배포 도구를 사용하여 애플리케이션 그룹의 배포를 정의한다. 이러한 도구는 애플리케이션 집합을 배포하는 데 중점을 두어 문제를 분리하고 기본 클러스터를 코드베이스의 다른 부분에 프로비저닝하도록 한다.

그러나 가장 강력한 애플리케이션 배포 전략은 각 요소를 느슨하게 결합된 상태로 유지하는 것이다. 각 변경을 다른 변경과 독립적으로 배포하는 것이 쉬울수록 전체 시스템의 안정성이 높아진다.

18.4 마치며

코드형 인프라는 코드베이스에서 시스템 인프라의 아키텍처, 품질, 관리 용이성을 주도한다. 따라서 코드베이스는 비즈니스 요구사항과 시스템 아키텍처에 따라 구조화되고 관리되어야 한다. 또한 팀을 효율적으로 만드는 엔지니어링 원칙과 관행은 지원되어야 한다.

---

5 확장과 축소 패턴(*https://oreil.ly/RUu61*)을 사용하여 다운타임 없이 데이터베이스 스키마를 변경했다.

CHAPTER 19

인프라 코드 딜리버리하기

소프트웨어 딜리버리 수명 주기는 중요한 개념이다. 이전의 인프라 딜리버리 프로세스는 하드웨어를 변경하는 것과 같이 테스트를 먼저 거치지 않고 프로덕션 인프라를 변경했다.

그러나 코드로 인프라를 정의하면서 더 포괄적인 프로세스를 사용하여 변경을 관리할 수 있게됐다. 서버의 RAM 용량을 변경하는 것과 같이 수동으로 구축된 시스템의 변경사항을 개발 환경에서 복제하는 것은 어리석은 일이다. 그러나 변경을 코드로 구현하면 파이프라인을 사용하여 프로덕션 경로를 통해 쉽게 롤링할 수 있다(8.4절 참고). 이는 사소해보일 수 있는 변경 자체의 문제뿐만 아니라(더 많은 RAM을 추가해도 무언가가 손상될 위험이 매우 적다) 변경을 적용하는 프로세스의 문제도 포착할 수 있다. 또한 프로덕션 경로의 모든 환경이 일관되게 구성되도록 보장한다.

19.1 인프라 코드 딜리버리

파이프라인은 사람이 프로덕션 인스턴스를 변경하는 것을 시작으로 인프라 변경이 어떻게 진행되는지를 설명하는 것에 비유할 수 있다. 이 딜리버리 프로세스에 필요한 활동은 코드베이스를 구성하는 방법에 영향을 준다.

코드의 버전을 딜리버리하는 파이프라인에는 빌드, 프로모션, 적용, 유효성 검사를 비롯한 여러 유형의 활동이 있다. 파이프라인의 각 단계에는 [그림 19-1]과 같이 여러 활동이 포함된다.

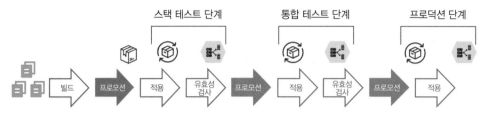

그림 19-1 인프라 코드 프로젝트 딜리버리 단계

빌드

사용할 코드 버전을 준비하고 다른 단계에서 사용할 수 있도록 한다. 빌드는 일반적으로 소스 코드가 변경될 때마다 파이프라인에서 한 번 수행된다.

프로모션

8.3절에서 설명한 것과 같이 딜리버리 단계 간에 코드 버전을 이동한다. 예를 들어 스택 프로젝트 버전이 스택 테스트 단계를 통과하면 시스템 통합 테스트 준비가 완료되었음을 나타내기 위해 프로모션될 수 있다.

적용

관련 도구를 실행하여 연관된 인프라 인스턴스에 코드를 적용한다. 인스턴스는 테스트 활동 또는 프로덕션 인스턴스에 사용되는 딜리버리 환경일 수 있다.

8.4절에서 파이프라인 설계에 대해 자세히 설명한다. 여기서는 코드를 빌드하고 프로모션하는 데 중점을 둔다.

19.1.1 인프라 프로젝트 빌드

인프라 프로젝트를 빌드하면 사용할 코드가 준비된다. 활동에는 다음과 같은 내용이 포함된다.

- 코드베이스와 외부 라이브러리에 있는 다른 프로젝트의 의존성을 포함하여 라이브러리와 같은 빌드 타임 의존성을 검색한다.
- 빌드 타임 구성을 분석한다(예를 들어 여러 프로젝트에서 공유되는 구성값을 가져온다).
- 템플릿에서 구성 파일을 생성하는 것과 같이 코드를 컴파일하거나 변환한다.

- 오프라인과 온라인 테스트를 포함하는 테스트를 실행한다(9.3절과 9.4절 참고).
- 사용할 코드를 준비하고 관련 인프라 도구가 코드를 적용하는 데 사용하는 형식으로 코드를 입력한다.
- 코드를 사용할 수 있도록 만든다.

인프라 코드를 준비하고 사용할 수 있게 만드는 몇 가지 방법이 있다. 일부 도구는 표준 아티팩트 패키지 형식 또는 저장소와 같이 이를 수행하는 방법을 직접 지원한다. 다른 도구들은 팀이 직접 도구를 사용하여 고유한 코드 딜리버리 방법을 구현할 수 있도록 한다.

19.1.2 아티팩트로 인프라 코드 패키징

일부 도구의 경우 '사용할 코드를 준비'할 때 파일을 특정 형식인 아티팩트의 패키지 파일로 조합하는 작업을 수행한다. 이 프로세스는 Ruby(gems), JavaScript(NPM), Python(pip 설치 프로그램과 함께 사용되는 Python 패키지)과 같은 범용 프로그래밍 언어에서 일반적이다. 특정 OS용 파일과 애플리케이션을 설치하기 위한 여러 패키지 형식에는 .rpm, .deb, .msi, NuGet(Windows)이 있다.

코드 프로젝트를 위한 패키지 형식이 있는 인프라 도구는 많지 않다. 그러나 일부 팀에서는 스택 코드나 서버 코드를 ZIP 파일 또는 'tarball'(gzip으로 압축된 tar 아카이브)로 번들링 bundling하여 자체 아티팩트를 구축한다. 예를 들어 서버에서 Chef 쿡북 파일을 압축 해제하는 OS 패키지 형식인 RPM 파일을 생성하여 사용한다. 다른 팀은 스택 도구 실행 파일과 함께 스택 프로젝트 코드가 포함된 Docker 이미지를 만든다.

어떤 팀은 특히 기본 패키지 형식이 없는 도구를 사용하는 경우 인프라 코드를 아티팩트로 패키징하지 않는다. 이 작업을 수행할지 여부는 코드를 게시, 공유, 사용하는 방법과 저장소의 종류에 따라 다르다.

19.1.3 저장소를 사용한 인프라 코드 딜리버리

팀은 인프라 소스 코드의 변경을 저장하고 관리하기 위해 소스 코드 저장소를 사용하고, 환경과 인스턴스에 딜리버리할 준비가 된 코드를 저장하기 위해 별도의 저장소를 사용한다. 일부 팀은 하나의 저장소를 두 가지 목적으로 사용한다.

개념적으로 빌드 단계는 두 가지 저장소 유형을 분리하여 소스 코드 저장소에서 코드를 가져와 모은 다음 딜리버리 저장소에 퍼블리싱한다(그림 19-2).

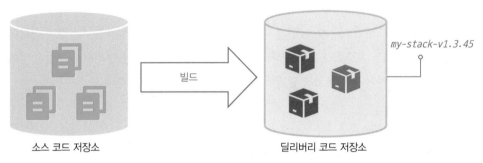

그림 19-2 빌드 단계에서 딜리버리 저장소에 코드 퍼블리싱

딜리버리 저장소는 일반적으로 주어진 프로젝트 코드의 여러 버전을 저장한다. 프로모션 단계는 프로젝트 코드의 버전을 표시하여 진행 과정을 보여준다. 예를 들어 통합 테스트 수행 여부나 프로덕션 준비 여부를 확인할 수 있다.

적용 활동은 딜리버리 저장소에서 프로젝트 코드 버전을 가져와 시스템 통합 테스트^{system integration test}(SIT) 환경이나 프로덕션 환경과 같은 특정 인스턴스에 적용한다.

딜리버리 저장소를 구현하기 위한 몇 가지 방법이 있다. 주어진 시스템은 다른 유형의 프로젝트에서 고유한 저장소 구현을 사용할 수 있다. 예를 들어 해당 도구를 사용하는 프로젝트에 대해 Chef 서버와 같은 도구별 저장소를 사용할 수 있다. 동일한 시스템에서 패키지 형식이나 특수 저장소가 없는 도구(예를 들어 Packer)를 사용하는 프로젝트에 대해 일반 파일 스토리지 서비스(예를 들어 S3 버킷)를 사용할 수 있다.

여러 유형의 딜리버리 코드 저장소 구현이 있다.

특수 아티팩트 저장소

이전 절에서 설명한 대부분의 패키지 형식은 여러 제품과 서비스가 구현할 수 있는 패키지 저장소 제품, 서비스 또는 표준을 가지고 있다. .rpm, .deb, .gem, .npm 파일을 위한 여러 저장소 제품과 호스팅 서비스가 있다.

Artifactory[1]와 Nexus[2] 같은 일부 저장소 제품은 여러 패키지 형식을 지원한다. 이 중 하나를 실행하는 팀은 ZIP 파일과 tarball 같은 아티팩트를 저장하기 위해 여러 패키지 형식을 지원하는 저장소를 사용하기도 한다. 많은 클라우드 플랫폼에는 서버 이미지 저장소와 같은 특수 아티팩트 저장소가 포함되어 있다.

ORAS^{OCI Registry As Storage} 프로젝트는 원래 Docker 이미지용으로 설계된 아티팩트 저장소를 임의 유형의 아티팩트 저장소로 사용하는 방법을 제공한다.

아티팩트 저장소가 태그나 레이블을 지원하는 경우에는 이를 프로모션에 사용할 수 있다. 예를 들어 스택 프로젝트 아티팩트를 시스템 통합 테스트 단계로 승격하려면 SIT_STAGE=true 또는 Stage=SIT로 태그를 지정할 수 있다.

다른 방법으로는 각 딜리버리 단계마다 하나의 저장소를 사용하여 저장소 서버 내에 여러 저장소를 생성할 수 있다. 아티팩트를 프로모션하려면 해당 저장소로 아티팩트를 복사하거나 이동한다.

도구별 저장소

많은 인프라 도구에는 패키징된 아티팩트를 포함하지 않는 특수 저장소가 있다. 대신 프로젝트의 코드를 서버에 업로드하고 버전을 할당하는 도구를 실행한다. 이것은 특수 아티팩트 저장소와 거의 동일한 방식으로 작동하지만 패키지 파일이 없다.

이러한 예로는 Chef Server(자체 호스팅), Chef Community Cookbooks(공개), Terraform Registry(공개 모듈)가 있다.

범용 파일 스토리지 저장소

딜리버리를 위해 인프라 코드 프로젝트를 저장하는 데 자체 형식을 사용하는 팀은 범용 파일 저장 서비스나 제품에 해당 프로젝트를 저장한다. 범용 파일 스토리지 저장소는 파일 서버, 웹 서버, 오브젝트 스토리지 서비스일 수 있다.

이러한 저장소는 릴리스에 버전 번호를 지정하는 것과 같이 아티팩트 처리를 위한 기능을 제공하지 않는다. 따라서 파일 이름에 버전 번호를 직접 할당한다(예를 들어 my-stack-v1.3.45.tgz). 아티팩트를 프로모션하기 위해 관련 딜리버리 단계의 폴더에 복사하거나 링크할 수 있다.

---

1 *https://oreil.ly/k3xmX*

2 *https://oreil.ly/mSh_i*

소스 코드 저장소에서 코드 딜리버리하기

소스 코드는 이미 소스 저장소에 있고, 많은 인프라 코드 도구에는 코드를 릴리스로 취급하기 위한 패키지 형식과 도구 체인이 없기 때문에 대부분의 팀은 단순히 소스 코드 저장소에서 환경에 코드를 적용한다.

메인 브랜치(트렁크trunk)의 코드를 모든 환경에 적용하면 다른 버전의 코드를 관리하기 어려워진다. 따라서 이 작업을 수행하는 대부분의 팀은 환경별로 브랜치를 유지보수하고 코드 버전을 관련 브랜치에 병합하여 환경으로 프로모션한다. GitOps는 이 방식을 지속적인 동기화와 결합한다(20.4절 참고).

코드 프로모션을 위해 브랜치를 사용하면 코드를 변경하는 것과 딜리버리하는 것의 구분이 흐려진다. CD의 핵심 원칙은 빌드 단계 이후에는 절대로 코드를 변경하지 않는 것이다.[3] 팀이 브랜치에서 코드를 변경하지 않겠다고 약속할 수 있지만 지키기 어려운 경우가 많다.

19.2 프로젝트 통합

18.1절에서 언급했듯이 코드베이스 내의 프로젝트는 일반적으로 프로젝트 간에 의존성이 있다. 다음 질문은 의존성이 있는 다른 버전의 프로젝트를 언제 어떻게 결합하느냐다.

예를 들어 ShopSpinner팀의 코드베이스에 있는 여러 프로젝트를 생각해보자. 두 개의 스택 프로젝트가 있다. 그 중 하나인 application-infrastructure-stack은 가상 머신 풀과 애플리케이션 트래픽에 대한 로드 밸런서 규칙을 포함하여 애플리케이션에 맞는 인프라를 정의한다. 다른 스택 프로젝트인 shared-network-stack은 애플리케이션 서버에 대한 트래픽을 허용하는 방화벽 규칙과 주소 블록(VPC와 서브넷)을 포함하여 application-infrastructure-stack의 여러 인스턴스에서 공유하는 공통 네트워킹을 정의한다.

또한 팀에는 애플리케이션 서버 소프트웨어를 구성하고 설치하는 tomcat-server, 모니터링 에이전트에 대해 동일한 작업을 수행하는 monitor-server 이렇게 두 개의 서버 구성 프로젝트가 있다.

---

3   Only build packages once(패키지를 한 번만 빌드하자). 제즈 험블의 CD 패턴(*https://oreil.ly/yXQ9j*)을 참조하자.

다섯 번째 인프라 프로젝트인 application-server-image는 tomcat-server와 monitor-server 구성 모듈을 사용하여 서버 이미지를 빌드한다(그림 19-3).

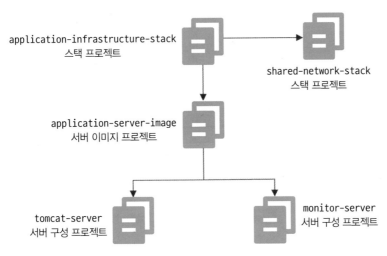

그림 19-3 인프라 프로젝트 간의 의존성 예

application-infrastructure-stack 프로젝트는 shared-network-stack에 의해 생성된 네트워킹 구조 내에 인프라를 생성한다. 또한 application-server-image 프로젝트에서 구축한 서버 이미지를 사용하여 해당 애플리케이션 서버 클러스터에 서버를 생성한다. 그리고 application-server-image는 tomcat-server와 monitor-server의 서버 구성 정의를 적용하여 서버 이미지를 빌드한다.

누군가 이러한 인프라 코드 프로젝트 중 하나를 변경하면 프로젝트 코드의 신규 버전이 생성된다. 해당 프로젝트 버전은 다른 프로젝트의 버전과 통합되어야 한다. 프로젝트 버전은 빌드 타임, 딜리버리 타임, 어플라이 타임에 통합될 수 있다.

이후에 설명하는 패턴의 ShopSpinner 예제처럼 주어진 시스템의 서로 다른 프로젝트를 서로 다른 지점에서 통합할 수 있다.

> **NOTE** **링크와 통합**
>
> 컴퓨터 프로그램의 구성 요소를 결합하는 것을 링크라고 한다. 이 장에서 설명한 것처럼 인프라 프로젝트의 링크와 통합 사이에는 유사점이 있다. 라이브러리는 빌드 타임 프로젝트 통합과 유사하게 실행 파일을 빌드할 때 정적으로 링크된다.
>
> 시스템에 설치된 라이브러리는 실행 파일에서 호출할 때마다 동적으로 연결되며 이는 어플라이 타임 프로젝트 통합과 비슷하다. 두 경우 모두 공급자나 소비자가 런타임 환경에서 다른 버전으로 변경될 수 있다.
>
> 프로그램 변경은 실행 파일의 작동에 영향을 미치는 반면 인프라 변경은 일반적으로 리소스 상태에 영향을 미치기 때문에 완전히 동일하지는 않다.

패턴 빌드 타임 프로젝트 통합

빌드 타임 프로젝트 통합 패턴은 여러 프로젝트에 걸쳐 빌드를 수행한다. 이를 위해서는 프로젝트 간의 의존성을 통합하고 프로젝트 전반에 걸쳐 코드 버전을 설정해야 한다.

빌드 프로세스는 구성^{constituent} 프로젝트를 함께 빌드하고 테스트하기 전에 각각의 구성 프로젝트를 빌드하고 테스트하는 작업을 포함하는 경우가 많다(그림 19-4). 이 패턴은 모든 프로젝트에 대해 단일 아티팩트를 생성하거나 그룹으로 버전이 지정되고, 프로모션되고, 적용되는 아티팩트 집합을 생성한다는 점에서 다른 패턴과 구분된다.

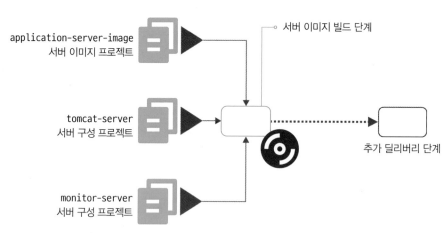

그림 19-4 빌드 타임 프로젝트 통합의 예

이 예에서 단일 빌드 단계는 여러 서버 구성 프로젝트를 사용하여 서버 이미지를 생성한다.

빌드 단계에는 개별 서버 구성 모듈을 빌드하고 테스트하는 것과 같은 여러 단계가 포함된다. 그러나 출력(서버 이미지)은 모든 구성 프로젝트의 코드로 구성된다.

동기

프로젝트를 함께 빌드하면 의존성과 관련된 모든 문제가 조기에 해결된다. 충돌에 대한 빠른 피드백이 제공되고 프로덕션으로의 딜리버리 프로세스를 통해 코드베이스 전반에 걸쳐 높은 수준의 일관성이 생성된다. 빌드 타임에 통합된 프로젝트 코드는 전체 딜리버리 주기 동안에 일관성이 유지되며 동일한 버전의 코드가 프로덕션에서 프로세스의 모든 단계에 적용된다.

적용성

다른 대안이 아닌 이 패턴을 사용하는 것은 대부분 선호도의 문제다. 어떤 절충안을 선호하는지와 프로젝트 간 빌드의 복잡성을 관리하는 팀의 능력에 따라 다른 패턴을 선택할 수 있다.

결과

런타임에 여러 프로젝트를 빌드하고 통합하는 것은 프로젝트의 수가 매우 많을 때 특히 더 복잡하다. 빌드를 구현하는 방법에 따라 피드백 시간이 길어질 수 있다.

대규모로 빌드 타임 프로젝트 통합을 사용하려면 빌드를 오케스트레이션하기 위한 정교한 도구가 필요하다. Google, Facebook과 같이 대규모 코드베이스에서 이 패턴을 사용하는 큰 조직에는 사내 도구를 유지보수하는 전담 팀이 있다.

일부 빌드 도구는 매우 많은 수의 소프트웨어 프로젝트를 빌드하는 데 사용된다. 그러나 이 방법은 프로젝트를 개별적으로 구축하는 것만큼 업계에서 널리 사용되지 않으므로 도움이 될 만한 도구와 참고 자료가 많지 않다.

프로젝트들이 함께 빌드되기 때문에 다른 패턴보다 프로젝트 사이의 경계가 잘 보이지 않는다. 이는 프로젝트 간 긴밀한 결합으로 이어질 수 있다. 그렇게 되면 작은 변경에도 코드베이스의 다른 부분이 영향을 받을 수 있으므로 변경 시간과 위험이 증가한다.

구현

모노리포라고 하는 단일 저장소에 빌드를 위한 모든 프로젝트를 저장하면 코드의 버전 관리를 통합하여 함께 빌드하는 것이 간단해진다(18.1절 참고).

Gradle, Make, Maven, MSBuild, Rake와 같은 대부분의 소프트웨어 빌드 도구는 프로젝트의 수가 적당한 경우에 빌드를 조정하기 위해 사용된다. 프로젝트 수가 매우 많다면 빌드와 테스트를 실행하는 데 시간이 오래 걸릴 수 있다.

병렬 처리는 서로 다른 스레드, 프로세스, 컴퓨팅 그리드에서 여러 프로젝트를 빌드하고 테스트하여 프로세스의 속도를 높일 수 있지만 더 많은 컴퓨팅 리소스가 필요하다.

대규모 빌드를 최적화하는 더 좋은 방법은 방향 그래프^{directed graph}를 사용하여 코드베이스의 변경된 부분에만 빌드와 테스트를 수행하는 것이다. 제대로 처리되면 커밋 후 빌드와 테스트에 필요한 시간이 줄어든다. 별도의 프로젝트에 대해 빌드를 실행하는 것보다 조금 더 걸릴 뿐이다.

대규모 멀티 프로젝트 빌드를 처리하도록 설계된 몇 가지 특수 빌드 도구가 있다. 대부분의 도구는 Google과 Facebook에서 만든 내부 도구에서 영감을 받았다. 이러한 도구에는 Bazel, Buck, Pants, Please 등이 있다.

연관 패턴

빌드 타임에 프로젝트 버전을 통합하는 것의 대안은 딜리버리 타임이나 어플라이 타임에 통합하는 것이다.

패턴은 아니지만 단일 저장소에서 여러 프로젝트를 관리하는 전략(18.1절 참고)이 이 패턴을 지원한다. [그림 19-4]는 이 패턴을 사용한 예제로, 서버 이미지를 생성할 때 서버 구성 코드를 적용한다(11.7절 참고). 불변 서버 패턴(12.1절 참고)은 딜리버리 타임 통합에 대한 빌드 타임 통합의 또 다른 예다.

이 책에서 소개하는 패턴은 아니지만 많은 프로젝트 빌드는 빌드 타임에 서드파티 라이브러리에 대한 의존성을 해결한 후 라이브러리를 다운로드하고 아티팩트와 함께 번들로 제공한다. 차이점은 해당 의존성을 사용하는 프로젝트에서 빌드 및 테스트되지 않는다는 것이다. 딜리버리 타임 프로젝트 통합의 예로 서드파티 라이브러리에 대한 의존성이 동일한 조직 내의 다른 프로젝트에서 오는 경우를 들 수 있다.

패턴 딜리버리 타임 프로젝트 통합

여러 프로젝트 간에 의존성이 있는 경우 딜리버리 타임 프로젝트 통합은 각 프로젝트를 결합하기 전에 개별적으로 빌드하고 테스트한다. 이 방법은 빌드 타임 통합보다 나중에 코드 버전을 통합한다.

프로젝트가 결합되고 테스트되면 나머지 딜리버리 주기 동안 코드가 함께 진행된다.

예를 들어 ShopSpinner의 `application-infrastructure-stack` 프로젝트는 `application-server-image` 프로젝트에 정의된 서버 이미지를 사용하여 가상 머신 클러스터를 정의한다(그림 19-5).

누군가가 인프라 스택 코드를 변경하면 9장에서 설명한 것과 같이 딜리버리 파이프라인이 스택 프로젝트를 자체적으로 빌드하고 테스트한다.

스택 프로젝트의 신규 버전이 이러한 테스트를 통과하면 자체 테스트를 통과한 마지막 서버 이미지와 통합된 스택을 테스트하는 통합 테스트 단계가 진행된다. 이 단계는 두 프로젝트의 통합점이다. 그런 다음 프로젝트 버전은 파이프라인의 이후 단계로 함께 진행된다.

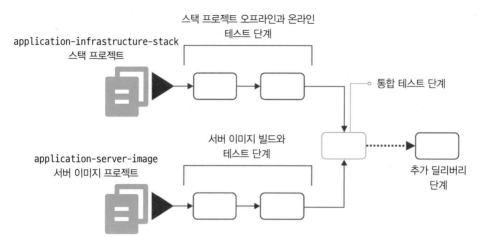

그림 19-5 딜리버리 중 프로젝트 통합의 예

동기

프로젝트를 통합하기 전에 개별적으로 빌드하고 테스트하는 것은 프로젝트 간의 경계를 명확히 구분하고 결합을 느슨하게 만드는 한 가지 방법이다.

예를 들어 ShopSpinner팀의 구성원은 application-infrastructure-stack에서 방화벽 규칙을 구현하여 application-server-image의 구성 파일에 정의된 TCP 포트를 연다. 해당 구성 파일에서 직접 포트 번호를 읽는 코드를 작성한다. 그러나 코드를 수동으로 푸시하면 다른 프로젝트의 구성 파일을 빌드 에이전트에서 사용할 수 없기 때문에 스택의 테스트 단계가 실패한다.

이 실패는 좋은 것이다. 두 프로젝트 간의 결합을 노출시키기 때문이다. 팀원은 열려는 포트 번호의 파라미터값을 사용하도록 코드를 변경하고 나중에 값을 설정할 수 있다(7장에서 설명한 패턴 사용). 코드는 프로젝트 전체에서 파일을 직접 참조하는 코드베이스보다 유지보수하기 더 쉽다.

적용성

딜리버리 타임 통합은 코드베이스의 프로젝트 간 경계가 명확해야 하지만 여전히 각 프로젝트의 버전을 함께 테스트하고 딜리버리하고자 한다. 이 패턴은 많은 수의 프로젝트로 확장하기 어렵다.

결과

딜리버리 타임 통합은 딜리버리 프로세스에 여러 버전의 다양한 프로젝트를 해결하고 조정해야 하는 복잡성을 가중시킨다. 이를 위해서는 파이프라인과 같은 정교한 딜리버리 구현이 필요하다(8.4절 참고).

구현

딜리버리 파이프라인은 팬인 파이프라인 설계를 사용하여 다양한 프로젝트를 통합한다. 서로 다른 프로젝트를 하나로 모으는 단계를 팬인 단계 또는 프로젝트 통합 단계라고 한다.[4]

단계가 다른 프로젝트를 통합하는 방법은 결합하는 프로젝트 유형에 따라 다르다. 서버 이미지를 사용하는 스택 프로젝트의 예에서 스택 코드가 적용되고 관련 이미지 버전의 참조가 전달된다. 인프라 의존성은 코드 딜리버리 저장소에서 검색된다(19.1절 참고).

결합된 프로젝트 버전의 코드 집합은 딜리버리 프로세스의 이후 단계에서 적용되어야 한다. 이를 처리하기 위한 두 가지 일반적인 방법이 있다.

한 가지 방법은 모든 프로젝트 코드를 이후 단계에서 사용할 단일 아티팩트에 번들로 묶는 것이다. 예를 들어 두 개의 서로 다른 스택 프로젝트가 통합되고 테스트되면 통합 단계에서 두 프로젝트의 코드를 단일 아카이브로 압축하여 다운스트림 파이프라인 단계로 프로모션할 수 있다. GitOps는 연관 프로젝트를 통합 단계 브랜치로 병합한 다음 해당 브랜치에서 다운스트림 브랜치로 병합한다.

또 다른 방법은 각 프로젝트의 버전 번호로 디스크립터 파일을 만드는 것이다. 다음 예를 살펴보자.

```
descriptor-version: 1.9.1

stack-project:
  name: application-infrastructure-stack
  version: 1.2.34

server-image-project:
```

----

4 팬인 패턴은 집계 아티팩트(aggregate artifact) 파이프라인 패턴(*https://oreil.ly/uezro*)과 유사하다. 어쩌면 다른 이름일 수 있다.

```
name: application-server-image
version: 1.1.1
```

딜리버리 프로세스는 디스크립터 파일을 아티팩트로 처리한다. 인프라 코드를 적용하는 각 단계는 딜리버리 저장소에서 개별 프로젝트 아티팩트를 가져온다.

세 번째 방법은 집계된 버전 번호로 관련 리소스에 태그를 지정하는 것이다.

관련 패턴

빌드 타임 프로젝트 통합 패턴은 별도의 프로젝트에서 일부 딜리버리 활동이 발생한 이후가 아닌 초기에 프로젝트를 통합한다. 어플라이 타임 프로젝트 통합 패턴은 프로젝트를 함께 사용하지만 버전을 '고정'하지 않고 각 딜리버리 단계에서 프로젝트를 통합한다.

패턴 어플라이 타임 프로젝트 통합

어플라이 타임 프로젝트 통합은 분리된 딜리버리 또는 분리된 파이프라인이라고도 한다.

어플라이 타임 프로젝트 통합에는 개별적인 딜리버리 단계에서 여러 프로젝트를 푸시하는 것이 포함된다. 누군가가 프로젝트의 코드를 변경하면 파이프라인은 업데이트된 코드를 해당 프로젝트의 딜리버리 경로에 있는 각 환경에 적용한다. 이 버전의 프로젝트 코드는 각 환경에서 서로 다른 버전의 업스트림 또는 다운스트림 프로젝트와 통합된다.

ShopSpinner 예제에서 `application-infrastructure-stack` 프로젝트는 `shared-network-stack` 프로젝트에서 생성한 네트워킹 구조에 따라 달라진다. 각 프로젝트에는 [그림 19-6]과 같이 자체 딜리버리 단계가 있다.

프로젝트 간 통합은 `application-infrastructure-stack` 코드를 환경에 적용하여 이루어진다. 이 작업은 공유 네트워킹에서 네트워킹 구조(예를 들어 서브넷)를 사용하는 서버 클러스터를 만들거나 변경한다.

이 통합은 주어진 환경에 있는 공유 네트워킹 스택의 버전에 관계없이 발생한다. 따라서 코드가 적용될 때마다 버전 통합이 별도로 발생한다.

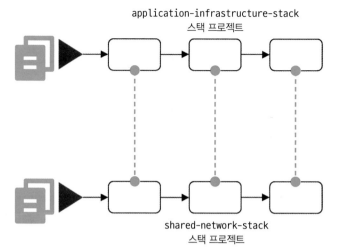

application-infrastructure-stack
스택 프로젝트

shared-network-stack
스택 프로젝트

그림 19-6 어플라이 타임에 프로젝트를 통합하는 예

동기

어플라이 타임에 프로젝트를 통합하면 프로젝트 간의 결합이 최소화된다. 각 팀은 다른 팀의 프로젝트 변경으로부터 방해받지 않고 조정할 필요 없이 시스템 변경을 프로덕션으로 푸시할 수 있다.

적용성

이러한 수준의 분리는 자율적인 팀 구조를 가진 조직에 적합하다. 또한 릴리스를 조정하고 수백 또는 수천 명의 엔지니어에게 단계적으로 배포하는 것이 어려운 대규모 시스템에도 도움이 된다.

결과

이 패턴은 프로젝트 간의 의존성을 깨뜨릴 위험을 어플라이 타임 작업으로 이동시킨다. 또한 파이프라인을 통해 일관성을 보장하지 않는다. 누군가가 파이프라인을 통해 특정 프로젝트의 변경을 다른 프로젝트의 변경보다 빠르게 푸시하면 테스트 환경에서와는 다르게 프로덕션 환경에서 다른 버전과 통합된다.

프로젝트 간의 인터페이스는 주어진 의존성의 양쪽에 있는 서로 다른 버전 간의 호환성을 최대화하기 위해 신중하게 관리되어야 한다. 따라서 이 패턴은 의존성과 인터페이스를 설계, 유지보수, 테스트하기 위해 더 많은 복잡성을 요구한다.

구현

어떤 면에서는 어플라이 타임 통합을 사용하여 분리된 빌드와 파이프라인을 설계하고 구현하는 것이 다른 패턴보다 간단하다. 각 파이프라인은 단일 프로젝트를 빌드하고, 테스트하고, 딜리버리한다.

17장에서는 다양한 인프라 스택을 통합하기 위한 전략에 대해 설명한다. 예를 들어 단계가 application-infrastructure-stack을 적용할 때 shared-network-stack에 의해 생성된 네트워킹 구조를 참조해야 한다. 17장에서는 인프라 스택 간에 식별자를 공유하는 몇 가지 기술에 대해 설명한다.

주어진 환경에서 다른 프로젝트 코드가 어떤 버전인지에 대한 보장은 없다. 따라서 팀은 프로젝트 간의 의존성을 명확하게 식별하고 콘트랙트로 처리해야 한다. shared-network-stack은 다른 프로젝트에서 사용할 수 있는 네트워킹 구조에 대한 식별자를 노출한다. 17장에 설명된 패턴 중 하나를 사용하여 표준화된 방식으로 이를 노출해야 한다.

9.5절에서 설명한 것처럼 테스트 픽스처를 사용하여 개별 스택을 테스트할 수 있다. Shop Spinner 예제에서 팀은 shared-network-stack의 인스턴스를 사용하지 않고 application-infrastructure-stack 프로젝트를 테스트하려고 한다. 네트워크 스택은 테스트 케이스 지원이 필요하지 않으며 가용성이 높고 복잡한 인프라를 정의한다. 따라서 팀의 테스트 설정은 네트워크 영역이 제거된 집합을 생성할 수 있다. 이렇게 하면 애플리케이션 스택이 네트워크 스택 구현의 세부사항을 가정하도록 발전할 위험도 줄어든다.

다른 프로젝트가 의존하는 프로젝트를 소유한 팀은 코드가 요구사항을 충족한다는 것을 증명하는 콘트랙트 테스트를 구현할 수 있다. shared-network-stack은 네트워킹 구조(서브넷)가 생성되고 다른 프로젝트에서 사용하는 메커니즘으로 해당 식별자가 노출되는지 확인할 수 있다.

콘트랙트 테스트에 명확하게 레이블이 지정되어 있는지 확인해야 한다. 누군가가 테스트를 실패하게 만드는 코드 변경을 수행하는 경우, 변경사항에 맞춰 테스트를 업데이트하기만하면 된다는 생각보다는 이로 인해 다른 프로젝트가 중단될 수 있음을 이해하고 있어야 한다.

많은 조직에서 소비자 주도 콘트랙트^{consumer-driven contract}(CDC) 테스트가 유용하다고 생각한다. 이 모델을 사용하여 공급자 프로젝트에서 생성된 리소스에 의존하는 소비자 프로젝트에서 작업하는 팀은 공급자 프로젝트의 파이프라인에서 실행되는 테스트를 작성한다. 이렇게 하면 공급자팀이 소비자팀의 기대를 이해하는 데 도움이 된다.

연관 패턴

이 패턴은 프로젝트를 매번 통합하는 것이 아니라 딜리버리 주기의 초기에 한 번만 통합한다. 딜리버리 타임 프로젝트 통합도 프로젝트를 한 번 통합하지만 처음이 아니라 딜리버리 주기의 특정 시점에 통합한다.

11.7절은 서버 프로비저닝에 사용되는 어플라이 타임 통합을 보여준다. 서버 구성 모듈과 같은 의존성은 신규 서버 인스턴스가 생성될 때마다 적용되며 보통 관련 단계로 프로모션된 최신 버전의 서버 모듈을 사용한다.

19.3 스크립트를 사용한 인프라 도구 래핑

인프라 코드를 관리하는 대부분의 팀은 인프라 도구를 조정하고 실행하기 위해 사용자 정의 스크립트를 만든다. 일부 팀에서는 Make, Rake, Gradle과 같은 소프트웨어 빌드 도구를 사용하고 또 다른 팀에서는 Bash, Python, PowerShell로 스크립트를 작성한다. 대부분의 경우 이러한 코드가 인프라를 정의하는 코드만큼 복잡해져서 팀이 디버깅과 유지보수에 많은 시간을 할애하게 된다.

팀은 빌드 타임, 딜리버리 타임, 어플라이 타임에 이러한 스크립트를 실행할 수 있다. 흔히 스크립트는 다음과 같이 프로젝트 단계에서 다양한 작업을 처리한다.

구성

구성 파라미터값을 조합하여 잠재적으로 값의 계층 구조를 해결할 수 있다. 자세한 내용은 잠시 후에 설명한다.

의존성

라이브러리, 공급자, 여러 코드를 확인하고 검색한다.

패키징

코드를 아티팩트에 패키징하거나 브랜치를 생성 또는 병합할 때 전달할 코드를 준비한다.

프로모션

아티팩트에 태그를 지정하거나, 아티팩트를 이동하거나, 브랜치를 생성 또는 병합하여 코드를 한 단계에서 다음 단계로 이동시킨다.

오케스트레이션

의존성에 따라 올바른 순서로 다양한 스택과 여러 인프라 요소를 적용한다.

실행

코드가 적용되는 인스턴스에 따라 커맨드라인 인수와 구성 파일을 조합하여 관련 인프라 도구를 실행한다.

테스트

테스트 픽스처와 데이터 프로비저닝, 결과 수집, 퍼블리싱을 포함하여 테스트를 설정하고 실행한다.

19.3.1 구성값 조합하기

구성값을 모으고 확인하는 것은 더 복잡한 래퍼 스크립트 작업으로 이어질 수 있다. 여러 딜리버리 환경, 여러 프로덕션 고객 인스턴스, 여러 인프라 컴포넌트를 포함하는 ShopSpinner 예제와 같은 시스템을 고려해보자.

컴포넌트, 환경, 고객 조합별로 하나의 파일이 있는 단순한 1레벨 구성값 집합에는 상당히 많은 파일이 필요하다. 그리고 많은 값이 중복된다.

각 컴포넌트의 모든 인스턴스에 대해 설정해야 하는 각 고객의 store_name값을 상상해보자. 팀은 공유된 값을 사용하여 한 위치에서 해당 값을 설정하고 래퍼 스크립트에 코드를 추가하여 공유 구성과 컴포넌트별 구성에서 값을 읽기로 빠르게 결정한다.

그리고 곧 주어진 환경의 모든 인스턴스에서 공유된 값이 필요하다는 것을 발견하고 세 번째 구성 집합을 생성한다. 구성 항목이 여러 구성 파일에서 다른 값을 갖는 경우 스크립트는 우선순위 계층에 따라 이를 해결해야 한다.

이러한 유형의 파라미터 계층 구조를 코딩하면 코드가 약간 지저분해진다. 따라서 새로운 파라미터를 사용하고, 적당한 값을 구성하고, 주어진 인스턴스에서 사용된 값을 추적하고, 디버깅할 때 이해하기가 더 어렵다.

구성 레지스트리를 사용하면 복잡도가 달라진다. 파일 배열에서 파라미터값을 추적하는 대신 레지스트리의 다양한 하위 트리를 통해 추적한다. 래퍼 스크립트는 구성 파일과 마찬가지로 레지스트리의 다른 부분에서 값 확인을 처리한다. 또는 스크립트를 사용하여 사전에 레지스트리 값을 설정할 수 있으므로 스크립트가 기본값 계층을 확인하여 각 인스턴스의 최종값을 설정하는 방안을 갖게 된다. 두 방법 모두 주어진 파라미터값의 원점을 설정하고 추적하는 데 골칫거리로 여겨진다.

19.3.2 래퍼 스크립트 단순화하기

필자는 팀이 인프라 코드를 개선하는 것보다 래퍼 스크립트의 버그 처리에 더 많은 시간을 보내는 것을 보았다. 이러한 상황은 분리될 수 있고 분리되어야 하는 문제, 즉 혼합과 결합에 대한 고민에서 시작된다. 고려해야 할 부분은 다음과 같다.

프로젝트 생명 주기 분할

단일 스크립트로 프로젝트 생명 주기의 빌드, 프로모션, 적용 단계의 작업을 처리해서는 안 된다. 각 작업마다 서로 다른 스크립트를 작성하고 사용해야 하며 한 단계에서 다음 단계로 정보를 전달해야 하는 위치를 명확히 알아야 한다. 모든 API 또는 콘트랙트와 마찬가지로 각 단계의 명확한 경계를 구현한다.

작업 분류

구성값 조합, 코드 패키징, 인프라 도구 실행 같이 인프라 관리와 관련된 다양한 작업을 분류한다. 다시 말하지만, 이러한 작업 간의 통합점을 정의하고 느슨하게 결합된 상태로 유지해야 한다.

프로젝트 분리

여러 프로젝트에서 작업을 조정하는 스크립트는 프로젝트 내에서 작업을 실행하는 스크립트와 분리되어야 한다. 그리고 모든 프로젝트의 작업을 자체적으로 실행할 수 있어야 한다.

래퍼 코드 무시

스크립트가 지원하는 프로젝트에 대해 아무것도 알아서는 안 된다. 래퍼 스크립트에서 수행하는 작업에 따라 인프라 코드가 달라지는 하드코딩 작업을 피해야 한다. 이상적인 래퍼 스크립트는 일반적이고 모든 인프라 프로젝트(예를 들어 특정 스택 도구를 사용하는 모든 프로젝트)에 사용된다.

래퍼 스크립트를 '실제' 코드처럼 취급하면 이 모든 것에 도움이 된다. shellcheck[5]와 같은 도구로 스크립트를 테스트하고 검증해야 한다. 구성 규칙, 단일 책임 원칙, 도메인 개념 설계와 같은 우수한 소프트웨어 설계 규칙을 스크립트에 적용한다. 15장 및 좋은 소프트웨어 설계를 위한 다른 자료를 참조하자.

19.4 마치며

인프라 코드를 딜리버리하기 위한 견고하고 안정적인 프로세스를 만드는 것은 네 가지 주요 지표의 성능을 확보하는 열쇠다(1.4절 참고). 딜리버리 시스템은 말그대로 시스템에 대한 변경을 빠르고 안정적으로 전달해야 한다.

---

5 *https://oreil.ly/TTriI*

CHAPTER 20

팀 워크플로

코드를 사용하여 인프라를 구축하고 변경하는 것은 기존 접근 방식과 근본적으로 다른 작업 방식이다. 프롬프트에서 명령을 입력하거나 라이브 구성을 직접 편집하는 대신 가상 서버와 네트워크 구성을 간접적으로 변경한다. 코드를 작성한 다음 자동화 시스템에 적용되도록 푸시하는 것은 새로운 도구나 기술을 배우는 것보다 더 큰 변화다.

코드형 인프라는 인프라 설계, 구축, 관리에 관련된 모든 사람이 일하는 방식을 바꿔놓았다. 이 장에서는 인프라 코드에서 다양한 사람이 작업하는 방법을 설명한다. 인프라 작업 프로세스에는 코드 설계, 정의, 적용이 포함된다.

코드형 인프라를 관리하는 팀을 위한 효과적인 프로세스는 다음과 같은 특징을 갖는다.

- 자동화된 프로세스는 변경을 수행하기 위한 가장 쉽고 자연스러운 방법이다.
- 사람들은 품질, 작동성operability, 정책 준수를 보장할 수 있는 명확한 방법을 가지고 있다.
- 팀은 적은 노력으로 시스템을 최신 상태로 유지한다. 적절한 상황에서는 일관성을 유지하고, 변동이 필요한 상황에서는 관리가 용이하다.
- 시스템에 대한 팀의 지식은 코드에 포함되어 있고 작업 방식은 자동화 프로세스에 명시되어 있다.
- 오류를 빠르게 확인하고 쉽게 수정할 수 있다.
- 시스템을 정의하는 코드와 이 코드를 테스트하고 딜리버리하는 자동화 프로세스를 쉽고 안전하게 변경할 수 있다.

20.1 사람들

신뢰할 수 있는 자동화된 IT 시스템은 '소일렌트 그린 Soylent Green'과 같으며 이것의 비밀 재료는 사람이다.[2] 테스트 결과를 검토하고 몇 개의 버튼을 클릭하는 것 외에는 프로덕션 시스템에서 코드를 변경하는 데 사람의 손이 필요하지 않지만 시스템을 지속적으로 구축, 수정, 조정, 개선하기 위해서는 사람이 필요하다.

대부분의 인프라 시스템은 자동화 여부와 관계없이 몇 가지 역할을 수행한다. 이러한 역할과 사람은 일대일로 매핑되지 않는 경우가 많다. 어떤 사람은 두 가지 이상의 역할을 하고 어떤 사람은 다른 사람과 역할을 공유한다.

사용자

누가 인프라를 직접 사용할까? 애플리케이션을 개발하거나 서드파티 애플리케이션을 구성하고 관리하는 애플리케이션팀에서 사용한다.

---

1 SLO, SLA, SLI에 대한 자세한 내용은 Google의 'SRE fundamentals'(`https://oreil.ly/-0NXt`)를 참고하자.

2 소일렌트 그린은 동명의 고전 디스토피아 SF 영화에 나오는 식품이다. '소일렌트 그린은 사람이다!' 필자의 변호사도 신뢰할 수 있는 자동화된 IT 시스템의 비밀 재료는 살아있는 사람이라고 지적할 것을 조언한다.

3 필자는 릴리스 프로세스의 각 단계마다 하나씩 네 가지 릴리스 테스트 환경이 있는 국제 은행의 그룹과 협력했다. 한 팀에서 각 환경에 대한 인프라를 구성하고, 다른 팀에서 애플리케이션을 배포 및 구성한 다음, 또 다른 팀에서 테스트했다. 12개의 팀 중 일부는 다른 팀이 존재한다는 사실을 몰랐다. 그 결과 릴리스 프로세스 전반에 걸쳐 시스템과 관련된 지식이 거의 공유되지 않았고 일관성도 없었다.

거버넌스 전문가

많은 사람이 보안, 규정 준수, 아키텍처, 성능, 비용 관리, 정확성을 비롯한 다양한 영역에서 환경에 대한 정책을 설정한다.

설계자

인프라를 설계하는 사람이다. 일부 조직에서는 아키텍트라고 하며 네트워킹이나 스토리지와 같은 도메인으로 나뉠 수 있다.

도구 개발자

다른 팀에서 환경을 구축하거나 실행하는 데 사용하는 서비스, 도구, 컴포넌트를 제공하는 사람이다. 예를 들어 재사용 가능한 인프라 코드 라이브러리를 만드는 모니터링팀 또는 개발자를 말한다.

빌더 builder

인프라를 구축하고 변경하는 사람이다. 스크립트 또는 인프라 코드를 적용하는 도구를 실행하여 콘솔이나 여러 인터페이스를 통해 수동으로 이러한 작업을 수행한다.

테스터

인프라를 검증하는 사람이다. 이 역할은 품질 분석가 quality analyst (QA)에 국한되지 않고 보안이나 성능과 같은 거버넌스 도메인에 대한 시스템을 테스트하거나 검토하는 사람도 포함한다.

지원

시스템이 계속해서 올바르게 실행되는지 확인하고 그렇지 않을 때 수정하는 사람이다.

[그림 20-1]은 시스템 변경 워크플로의 각 부분을 전담하는 팀이 있는 고전적인 구조를 나타낸다.

많은 역할이 네트워킹, 스토리지, 서버와 같은 다양한 인프라 도메인에 걸쳐 분할된다. 또한 보안, 규정 준수, 아키텍처, 성능과 같은 거버넌스 도메인에 걸쳐 잠재적으로 분할된다. 많은 대규모 조직이 미세 전문분야 micro-specialty의 바로크 baroque 조직 구조를 만든다.[3]

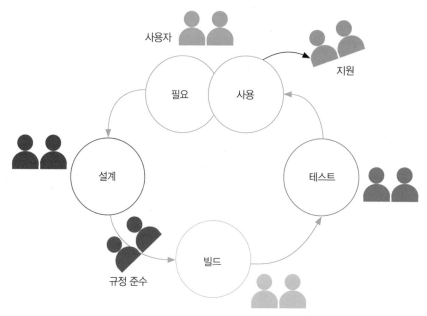

그림 20-1 워크플로의 각 부분에 대한 고전적인 팀 매핑

개인이나 팀이 이러한 역할을 수행하는 것도 일반적이다. 예를 들어 정보 보안^{InfoSec} 팀은 표준을 설정하고 검색 도구를 제공하며 보안 감사를 수행할 수 있다. 이 장의 뒷부분에서는 책임을 재편성하는 방법에 대해 살펴볼 것이다(20.5절 참고).

20.2 누가 인프라 코드를 작성할까?

다음은 누가 인프라 코드를 작성하고 편집하는지에 대한 조직의 답변이다.

빌더가 코드를 작성한다

일부 조직은 전통적인 프로세스와 팀 구조를 유지하려고 한다. 따라서 인프라를 구축(및 지원)하는 팀은 코드형 인프라 도구를 사용하여 작업을 최적화한다. 사용자가 환경을 요청하면 빌드팀이 도구와 스크립트를 사용하여 환경을 빌드한다. 빌드팀의 프로세스를 최적화해도 속도나 품질 면에서 시작부터 종료까지의 프로세스가 개선되지 않는 경향에 대한 예는 20.2절에서 확인할 수 있다.

사용자가 코드 작성한다

많은 조직에서 애플리케이션팀이 애플리케이션에서 사용하는 인프라를 정의한다. 이는 사용자의 요구를 솔루션에 맞게 조정한다. 그러나 모든 팀에는 인프라에 대한 전문지식이나 인프라 정의를 단순화하는 도구를 다룰 수 있는 사람이 포함되어야 한다. 인프라 도구를 사용하는 것에 있어서 풀어야 할 과제는 애플리케이션팀의 요구사항을 제한하는 것이 아니라 충족하는지 확인하는 것이다.

도구 개발자는 코드를 작성한다

전문가팀은 사용자가 필요한 인프라를 정의할 수 있도록 하는 플랫폼, 라이브러리, 도구를 만든다. 사용자는 코드보다 구성configuration을 더 많이 작성하는 경향이 있다. 코드를 작성하는 것에서 도구 개발자와 빌더의 차이점은 셀프 서비스에 있다. 빌더팀은 환경을 만들거나 변경해 달라는 사용자의 요청에 응답하여 코드를 작성하고, 도구 개발팀은 사용자가 자신의 환경을 생성하거나 변경하는 데 사용할 수 있는 코드를 작성한다. 도구 개발자가 구축할 수 있는 항목은 16.3절을 참고하자.

거버넌스와 테스터가 코드를 작성한다

정책과 표준을 설정하는 사람과 변경을 보장해야 하는 사람은 다른 사람이 자신의 코드를 확인하는 데 도움이 되는 도구를 만들 수 있으며, 도구 개발자가 되거나 도구 개발자와 긴밀하게 협력할 수 있다.

가치 흐름 매핑을 사용하여 워크플로 개선

가치 흐름 매핑value stream mapping은 리드 타임lead time을 분류하는 유용한 방법이므로 시간이 어디로 가는지 이해할 수 있다.[4]

대기 시간을 포함하여 다양한 활동에 소요된 시간을 측정한 후 가장 큰 차이를 만드는 영역을 개선하는 데 집중할 수 있다. 우리는 너무 자주 명백히 비효율적이지만 총 리드 타임에 거의 영향을 미치지 않는 프로세스의 일부분을 최적화한다. 예를 들어 필자는 팀이 자동화를 구현하여 서버 프로비저닝에 걸리는 시간을 8시간에서 10분으로 줄이는 것을 보았다. 서버 프로비저닝 시간이 98%나 감소한 것이다. 그러나 사용자가 일반적으

---

4 캐런 마틴(Karen Martin)과 마이크 오스터링(Mike Osterling)의 『Value Stream Mapping』(McGraw-Hill, 2013)을 참조하자.

로 신규 서버를 얻기 위해 10일을 기다린다면 10% 정도 밖에 감소하지 않은 것이다. 서버 요청 티켓이 평균 8일 동안 대기열에서 대기만 했다면 서버를 프로비저닝하는 데 걸린 시간에 집중하기보다 티켓을 오랫동안 대기 상태로 둔 워크플로를 개선하는 데 초점을 맞추어야 한다.

가치 흐름 매핑은 개선을 위한 최상의 기회를 찾을 수 있도록 작업 완료 시간을 표시한다. 개선하는 동안 시작부터 종료까지의 리드 타임과 실패율 같은 여러 지표를 계속 측정해야 한다. 이렇게 하면 전체 흐름을 악화시키는 프로세스의 한 부분을 최적화하는 데 도움이 된다.

20.3 인프라에 코드를 적용하는 방법

인프라를 변경하기 위한 일반적인 워크플로는 공유 소스 저장소의 코드로 시작한다. 팀원이 최신 버전의 코드를 작업 환경으로 가져와서 편집한다. 준비가 되면 소스 저장소에 코드를 푸시하고 신규 버전의 코드를 다양한 환경에 적용한다.

많은 사람이 인프라 자동화를 시작할 때 작업 환경의 커맨드라인에서 도구를 실행한다. 그러나 이러한 방법에는 함정이 있다.

20.3.1 로컬 워크스테이션에서 코드 적용하기

커맨드라인에서 인프라 코드를 적용하는 것은 아무도 사용하지 않는 인프라의 테스트 인스턴스에는 유용할 수 있다. 그러나 로컬 작업 환경에서 도구를 실행하면 프로덕션 환경이든 딜리버리 환경이든 인프라의 공유 인스턴스에 문제가 발생한다(6.1절 참고).

사용자는 코드를 적용하기 전에 로컬 버전의 코드를 변경할 수 있다. 변경을 공유 저장소에 푸시하기 전에 코드를 적용하면 다른 누구도 해당 버전의 코드에 접근할 수 없다. 다른 사람이 인프라를 디버깅해야 하는 경우 문제가 발생할 수 있다.

로컬 버전의 코드를 적용한 사람이 변경을 즉시 푸시하지 않으면 다른 사람이 이전 버전의 코드를 가져와 편집할 수 있다. 해당 코드를 적용하면 첫 번째 사람의 변경을 되돌릴 것이다. 이 상황은 혼란을 유발하고 해결이 어렵다(그림 20-2).

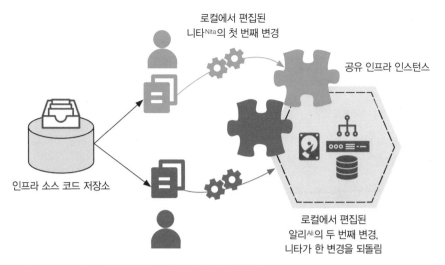

로컬에서 편집된
니타^{Nita}의 첫 번째 변경

공유 인프라 인스턴스

인프라 소스 코드 저장소

로컬에서 편집된
알리^{Ali}의 두 번째 변경,
니타가 한 변경을 되돌림

그림 20-2 코드를 로컬에서 편집하고 적용하면 충돌이 발생한다.

Terraform의 상태 잠금^{state locking[5]}과 같은 잠금 솔루션은 이러한 상황을 막지 못한다. 잠금은 두 사람이 동시에 동일한 인스턴스에 코드를 적용하는 것을 방지한다. 그러나 이 글을 쓰는 시점에서, 사람들이 각자의 차례를 기다린다면 잠금 솔루션은 다양한 버전의 코드를 적용하는 것을 막지는 못한다.

따라서 인프라 인스턴스의 경우 코드는 항상 동일한 위치에서 적용되어야 하며 각 인스턴스를 담당할 사람을 지정할 수 있다. 그러나 이것은 한 사람과 워크스테이션에 대한 의존성 위험을 포함하여 많은 함정을 갖는다. 더 나은 솔루션은 공유 인프라 인스턴스를 처리하는 중앙 시스템을 갖는 것이다.

20.3.2 중앙 집중식 서비스에서 코드 적용하기

직접 호스팅하는 애플리케이션이든 서드파티 서비스든 중앙 집중식 서비스를 사용하여 인프라 코드를 인스턴스에 적용할 수 있다. 이 서비스는 소스 코드 저장소나 아티팩트 저장소(19.1절 참고)에서 코드를 가져와 인프라에 적용한다. 또한 해당 코드 버전을 관리하기 위해 명확하고 제어 가능한 프로세스를 적용한다.

---

5 https://oreil.ly/f_QGZ

두 사람이 코드를 가져와 편집하는 경우 도구에서 사용하는 브랜치와 코드를 통합할 때 코드의 모든 차이점을 해결해야 한다. 이렇게 하면 문제가 발생했을 때 코드의 버전을 확인하고 수정하기 쉽다(그림 20-3).

각 변경은 소스 코드 저장소에서 통합된다.

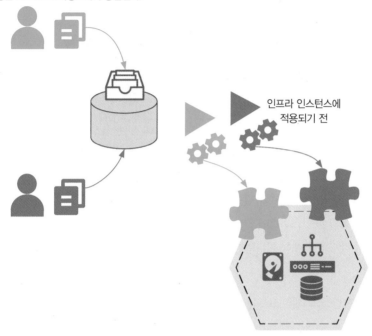

그림 20-3 중앙에서 코드를 통합하고 적용한다.

또한 중앙 서비스는 사람이 실수를 하지 않거나 워크플로를 변경하지 않는다고 가정하는 대신 인프라 도구가 일관되게 실행되도록 보장한다. 매번 동일한 버전의 도구, 스크립트, 지원 유틸리티를 사용한다.

중앙 서비스는 여러 환경에서 인프라 코드를 딜리버리하기 위한 파이프라인 모델에 적절하다 (8.4절 참고). 파이프라인을 통해 변경을 조정하는 데 사용하는 도구나 서비스가 무엇이든지 간에 인프라 도구를 실행하여 최신 버전의 코드를 각 환경에 적용해야 한다.

중앙 서비스가 인프라 코드를 실행하는 것의 또 다른 이점은 팀이 전체 프로세스를 자동화하도록 만드는 점이다. 워크스테이션에서 도구를 실행하면 도구를 실행하기 전이나 후에 수동으로 수행해야 하는 몇 가지 느슨한 단계를 남겨두기가 쉽다. 중앙 서비스는 작업이 완전히 자동화되었는지 확인하는 것 외에는 선택의 여지가 없다.

> **NOTE** **인프라 도구를 실행하는 도구와 서비스**
>
> 중앙 집중식 서비스가 인프라 코드를 적용하는 데는 몇 가지 옵션이 있다. Jenkins와 같은 빌드 서버나 GoCD, ConcourseCI와 같은 CD 도구를 사용하는 경우 인프라 도구를 실행하는 작업이나 단계를 구현할 수 있다. 이러한 도구는 소스 저장소에서 다양한 버전의 코드를 관리하고 단계 간에 코드를 프로모션한다. 또한 애플리케이션, 인프라, 시스템의 여러 부분 전반에 걸쳐 워크플로를 쉽게 통합하고 서비스의 자체 호스팅 인스턴스를 사용하거나 호스팅 제품을 사용한다. 파이프라인 서버와 소프트웨어에 대한 자세한 내용은 8.4절을 참고하자.
>
> 여러 벤더에서 인프라 도구 실행에 특화된 제품이나 서비스를 제공한다. 예를 들면 Terraform Cloud, Atlantis, Pulumi for Teams가 있다. WeaveWorks는 인프라 코드를 Kubernetes 클러스터에 적용하는 Weave Cloud를 제공한다.

20.3.3 개인 인프라 인스턴스

이 책에서 설명하는 대부분의 워크플로에서는 코드를 가져와서 편집한 다음 공유 코드 저장소에 푸시한다.[6] 그런 다음 파이프라인 딜리버리 프로세스에서 관련 환경에 적용한다.

이상적으로는 코드 변경을 공유 저장소로 푸시하기 전에 테스트한다. 이렇게 하면 변경이 예상한 대로 수행되고, 파이프라인이 온라인 테스트 단계까지 코드를 실행하기를 기다리는 것보다 더 빠르다(9.4절 참고). 또한 변경 중 하나가 파이프라인 단계에서 실패하여 코드베이스에서 작업하는 모든 사람을 방해할 때 빌드 중단을 방지하는 데 도움이 된다.

팀은 푸시하기 전에 코드 변경을 더 쉽게 테스트하기 위해 몇 가지 작업을 수행할 수 있다.

먼저, 인프라 코드에서 작업하는 사람들이 개인 인프라 인스턴스를 만들 수 있는지 확인한다. 9.3절에서 설명한 것처럼 사람들이 클라우드 플랫폼 없이 로컬에서 테스트할 수 있는 항목은 제한적이다. 인프라의 공유 'dev' 인스턴스를 실행하고 싶을 수 있지만 앞에서 설명한 것처럼 여러 사람이 공유 인스턴스에 로컬로 편집된 코드를 적용하게 되면 코드가 지저분해진다. 따

---

6 8장과 7장에서 설명한다.

라서 사람들이 개인 인프라 인스턴스를 가동하고 적극적으로 사용하지 않을 때 삭제할 수 있는 방법을 만들어야 한다.

둘째, 인프라를 작게 유지한다. 이것은 이 책에서 설명하는 세 가지 핵심 실행 방법 중 하나이다(15장 참조). 의존성을 처리하기 위해 테스트 픽스처를 사용하여 시스템 컴포넌트의 인스턴스를 자체적으로 스핀업할 수 있어야 한다(9.5절 참고). 시스템이 예외적으로 작지 않은 한 사람들이 전체 시스템을 가동해야 하는 경우에는 개인 인스턴스에서 작업하기가 어렵다.

셋째, 예를 들어 파이프라인에서 공유 인스턴스와 함께 사용되는 인프라 인스턴스를 적용하고 테스트할 때 동일한 도구와 스크립트를 사용해야 한다. 이는 다양한 위치에서 사용할 수 있는 도구와 스크립트를 위한 패키지를 만드는 데 도움이 된다.[7]

> **NOTE** **중앙에서 관리되는 개인 인스턴스**
>
> 공유 인스턴스보다 워크스테이션에서 개인 인스턴스에 코드를 적용하는 것이 더 안전하다. 그러나 개인 인스턴스에 대해 중앙 집중식 서비스를 사용하는 것도 이점이 있다. 필자는 휴가를 떠난 사람이 실행 중인 채로 남겨둔 개인 인스턴스를 없애기 위해 고군분투하는 팀원을 본 적이 있다. 저장소로 푸시하지 않은 인프라 코드의 로컬 버전을 사용하여 인스턴스를 생성했기 때문에 없애기 어려웠다.
>
> 따라서 일부 팀은 각 사람이 변경을 개인 지점에 푸시하는 관행을 만들고 중앙 서비스는 이를 테스트할 수 있는 개인 인프라 인스턴스에 적용한다. 이 방법에서 개인 브랜치는 로컬 코드처럼 실행되므로 사람들은 공유 브랜치나 트렁크에 병합될 때까지 커밋된 변경을 고려하지 않는다. 그러나 코드는 다른 사람이 부재중일 때에도 보고 사용할 수 있도록 중앙에서 관리된다.

20.3.4 워크플로의 소스 코드 브랜치

브랜치는 공유 소스 저장소의 강력한 기능으로, 사람들이 코드베이스의 다른 복사본(브랜치)을 쉽게 변경하고 준비가 되었을 때 작업을 통합할 수 있도록 한다. 팀 워크플로의 일부로 브랜치를 사용하기 위한 많은 전략과 패턴이 있다. 이에 대한 자세한 설명은 마틴 파울러의 'Patterns for Managing Source Code Branches'를 참조하자.[8]

---

7 batect(*https://batect.dev*)와 Dojo(*https://oreil.ly/v2V7j*)는 애플리케이션과 인프라 개발을 위해 반복 및 공유가 가능한 컨테이너를 구축할 수 있게 해주는 도구다.

8 *https://oreil.ly/0zgav*

코드형 인프라의 맥락에서 브랜치 전략의 차별점은 강조할 가치가 있다. 하나는 프로덕션 패턴으로 가는 경로와 브랜치를 위한 통합 패턴의 차이이고 다른 하나는 통합 빈도의 중요성이다.

팀은 프로덕션 브랜치 패턴의 경로를 사용하여 환경에 적용할 코드 버전을 관리한다. 프로덕션 패턴에 대한 일반적인 경로는 릴리스 브랜치와 환경 브랜치를 포함한다(환경 브랜치는 19.1절에서 설명했다).

브랜치를 위한 통합 패턴은 코드베이스에서 작업하는 사람이 작업을 언제, 어떻게 통합해야 하는지에 대한 방법과 이를 관리하는 방안을 설명한다. 대부분의 팀은 기능 브랜치 또는 지속적 통합을 통해 메인라인^{mainline} 통합 패턴을 사용한다.

특정 패턴이나 전략은 사용 방법보다 덜 중요하다. 팀에서 브랜치를 사용하는 것의 효율성과 관련된 가장 중요한 요소는 통합 빈도다. 즉, 모든 사람이 자신의 모든 코드를 얼마나 자주 중앙 저장소의 동일 (메인)브랜치에 병합하는지다.[9] DORA Accelerate 연구에서 팀 내의 코드는 더 높은 상업적 성과와 상관관계가 있다. 연구 결과에 따르면 팀의 모든 구성원은 적어도 하루에 한 번 모든 코드를 통합해야 한다.

> **NOTE** **병합**merge**은 통합**integration**이 아니다**
>
> 사람들은 때때로 빌드 서버가 브랜치에서 자동으로 테스트를 실행하는 것과 지속적 통합을 혼동한다. 지속적 통합의 실행 방법과 더 높은 팀 성과와의 상관관계는 모든 사람이 코드베이스에서 모든 변경을 완전히 통합하는 것을 기반으로 한다.
>
> 기능 브랜치 패턴을 사용하는 사람은 현재 메인 브랜치를 자신의 브랜치에 자주 병합할 수 있지만 일반적으로 기능 작업을 마칠 때까지 자신의 작업을 메인으로 다시 통합하지 않는다. 그리고 다른 사람이 자신의 기능 브랜치에서 같은 방식으로 작업하는 경우 모든 사람이 기능을 완료하고 변경을 메인 브랜치에 병합할 때까지 코드가 완전히 병합되지 않는다.
>
> 통합에는 양방향 병합이 포함된다. 개인은 자신의 변경을 메인 브랜치에 병합하고 메인을 다시 자신의 브랜치 또는 코드의 로컬 복사본에 병합한다. 따라서 지속적 통합은 모든 사람이 최소한 하루에 한 번 작업하면서 이 작업을 수행하는 것을 의미한다.

---

9 자세한 내용은 'Integration Frequency' 섹션을 참고하자(https://oreil.ly/1I8V3).

20.4 구성 드리프트를 방지하는 방법

2장에서는 유사한 인프라 요소가 시간이 지남에 따라 일치되지 않는 구성 드리프트의 위험을 설명했다. 팀이 작업 방식을 완전히 조정하는 대신 인프라 코딩 도구를 사용하여 이전 작업 방식의 일부를 자동화할 때 구성 드리프트가 발생하는 경우가 많다.

구성 드리프트를 방지하기 위해 워크플로에서 수행할 수 있는 몇 가지 작업이 있다.

20.4.1 자동화 지연 최소화하기

자동화 지연^{automation lag}은 인프라 코드를 적용하는 것과 같은 자동화된 프로세스를 실행하는 인스턴스 사이에 소요되는 시간이다. 프로세스가 마지막으로 실행된 이후로 재시작할 때까지 시간이 많이 소요될수록 실패할 가능성이 높아진다.[10] 누군가가 의도적으로 변경하지 않았더라도 상황은 시간이 지남에 따라 바뀐다.

코드가 변경되지 않은 경우에도 여러 가지 이유로 프로세스 간격이 길어지면 적용하지 못할 수 있다.

- 사용자가 코드를 다시 적용할 때만 중단되는 방식으로 의존성과 같은 시스템의 다른 부분을 누군가가 변경했다.
- 코드 적용에 사용되는 도구나 서비스의 업그레이드, 구성 변경이 코드와 호환되지 않는다.
- 그럼에도 변경되지 않은 코드를 적용하면 OS 패키지와 같은 타동적인 의존성에 의한 업데이트가 발생한다.
- 누군가가 수동으로 수정하거나 개선했지만 코드로 다시 푸시하는 것을 잊었다. 이후에 코드를 다시 적용하면 그 간의 변경 내용이 사라질 수 있다.

자동화 지연의 결과는 인프라 코드를 더 자주 적용할수록 실패할 가능성이 낮아진다는 것이다. 장애가 발생하면 마지막으로 성공한 실행 이후 변경된 사항이 적기 때문에 원인을 더 빨리 찾을 수 있다.

---

10 자동화 지연은 다른 유형의 자동화에도 적용된다. 예를 들어 긴 릴리스 주기가 끝날 때만 자동화된 애플리케이션 테스트 솔루션을 실행하는 경우 코드 변경과 일치하도록 테스트 솔루션을 업데이트하기 위해 며칠 또는 몇 주가 소요된다. 코드 변경을 커밋할 때마다 테스트를 실행하는 경우 코드와 일치하도록 몇 가지만 변경하면 전체 테스트 솔루션을 항상 실행할 수 있다.

20.4.2 임시방편 피하기

일부 팀에서 볼 수 있는 구시대의 작업 방식은 특정 변경을 수행하기 위해 코드를 적용하는 것이다. 인프라 코드를 사용하여 새로운 인프라를 프로비저닝할 수 있지만 기존 시스템을 변경해서는 안 된다. 인프라 코드를 작성하고 적용하여 시스템의 특정 부분을 임시로 변경할 수 있다. 예를 들어 애플리케이션 서버 중 하나에 대한 일회성 구성 변경을 코딩할 수 있다. 팀에서 코드를 사용하여 변경하고 모든 인스턴스에 코드를 적용하는 경우에도 코드를 변경할 때만 코드를 적용할 수 있다.

이러한 습관으로 인해 구성 드리프트나 자동화 지연이 발생할 수 있다.

20.4.3 지속적으로 코드 적용하기

구성 드리프트를 제거하기 위한 핵심 전략은 코드가 변경되지 않은 경우에도 인프라 코드를 인스턴스에 지속적으로 적용하는 것이다. Chef와 Puppet을 비롯한 많은 서버 구성 도구는 일반적으로 매시간마다 일정에 따라 구성을 다시 적용하도록 설계되었다.[11]

GitOps 방법론(20.4절 참고)에는 소스 코드 브랜치의 코드를 각 환경에 지속적으로 적용하는 작업이 포함된다. 각 인스턴스에 코드를 지속적으로 재적용하려면 중앙 서비스를 사용하여 코드를 적용할 수 있어야 한다(20.3절 참고).

20.4.4 불변 인프라 사용하기

불변 인프라는 다른 방식으로 구성 드리프트 문제를 해결한다. 인프라 인스턴스에 구성 코드를 자주 적용하는 대신 인스턴스를 생성할 때 한 번만 적용한다. 코드가 변경되면 신규 인스턴스를 만들고 이전 인스턴스를 교체한다.

새 인스턴스를 만들어 변경하려면 다운타임을 피하는 정교한 기술이 필요하다(21.3절 참고). 또한 이를 모든 사용 사례에 적용할 수 있는 것은 아니다. 자동화 지연은 여전히 잠재적인 문

---

11 이 개념에 대한 초기 설명은 구성 동기화(https://oreil.ly/3KZL4)를 참고해볼 수 있다.

제이므로 불변 인프라를 사용하는 팀은 피닉스[phoenix] 서버와 같이 인스턴스를 자주 리빌드하는 경향이 있다.[12]

GitOps

GitOps는 소스 코드 브랜치에서 환경으로 코드를 지속적으로 동기화하는 코드형 인프라의 변형이며 시스템을 코드로 정의하는 것을 강조한다(4장 참고).

GitOps는 인프라 코드를 테스트하고 딜리버리하는 방법을 규정하지 않지만 파이프라인을 사용하여 코드를 전달하는 것과 호환된다(8.4절 참고). 그러나 딜리버리 아티팩트의 사용을 권장하지 않으며 대신에 코드 변경을 소스 코드 브랜치에 병합하여 승격한다(19.1절 참고).

또 다른 핵심 요소는 코드를 시스템에 지속적으로 동기화하는 것이다(20.4절). 빌드 서버 작업이나 파이프라인 단계에서 코드가 변경될 때 적용하는 대신 코드를 시스템과 지속적으로 비교하여 구성 드리프트를 줄인다(2.5절 참고).

일부 팀은 프로세스를 GitOps로 설명하지만 코드를 환경에 지속적으로 동기화하지 않고 환경을 다루기 위한 브랜치만 구현한다. 이렇게 하면 임시 변경 프로세스에 쉽게 빠질 수 있으며 복사-붙여넣기 안티패턴에 따라 코드를 복사하고 붙여넣는 등 잘못된 습관을 갖게 될 수 있다(6.2절 참고).

20.5 파이프라인 기반 워크플로 거버넌스

거버넌스는 대부분의 조직, 특히 대규모 조직 및 금융, 헬스 케어와 같은 규제 산업에서 일하는 조직의 관심사다. 어떤 사람은 유용한 작업을 수행하는 데 불필요한 마찰이 추가됨을 의미하는 부정적인 단어로 본다. 그러나 거버넌스는 조직의 정책에 따라 일이 책임감 있게 수행되도록 하는 것을 의미한다.

1장에서는 품질(품질의 한 측면인 거버넌스)이 변경을 딜리버리하는 속도를 향상시키고 변경을 신속하게 딜리버리할 수 있는 능력이 품질을 향상시킨다고 설명했다. 규정 준수는 자동화와 함께 협력적인 작업 관행을 활용하여 이러한 긍정적인 순환이 작동하도록 한다.

---

12 프로비저닝 프로세스를 반복할 수 있도록 하기 위해 피닉스 서버(*https://oreil.ly/ngW7M*)는 자주 리빌드된다. 이는 인프라 스택을 포함한 다른 인프라 구성으로 수행된다.

20.5.1 책임 재편성

시스템을 코드로 정의하면 인프라 작업과 관련된 사람의 책임과 작업 방식을 재편할 수 있는 기회가 생긴다. 이러한 기회를 만드는 몇 가지 요소는 다음과 같다.

재사용

인프라 코드는 여러 환경과 시스템에서 설계되고, 검토되고, 재사용될 수 있다. 이러한 프로세스를 거친 코드를 사용하는 경우 신규 서버나 환경 각각에 대해 장황한 설계, 검토, 승인이 필요하지 않다.

작업 코드

코드는 빠르게 작성되기 때문에 사람들은 작업 코드와 예제 인프라를 기반으로 검토하고 결정을 내릴 수 있다. 이것은 설계와 사양에 대해 입씨름하는 것보다 더 빠르고 정확한 피드백 루프를 만든다.

일관성

코드는 체크리스트를 따르는 사람보다 훨씬 일관된 환경을 만든다. 따라서 초기 환경에서 인프라를 테스트하고 검토하는 것은 프로세스 후반부에서 수행하는 것보다 더 빠르고 더 나은 피드백을 제공한다.

자동화된 테스트

보안, 규정 준수와 같은 거버넌스 문제를 포함하여 자동화된 테스트는 인프라 코드 작업자에게 빠른 피드백을 제공한다. 일반적인 문제의 경우 전문가를 개입시키지 않고도 수정할 수 있다.

품질의 민주화

전문가가 아닌 사람도 네트워킹, 보안 정책과 같이 인프라에서 잠재적으로 민감한 영역의 코드를 변경할 수 있다. 전문가가 만든 도구와 테스트를 사용하여 변경이 제대로 되었는지 확인할 수 있다. 또한 전문가는 프로덕션 시스템에 적용하기 전 변경을 검토하고 승인한다. 전문가가 코드, 테스트 보고서, 작업 테스트 인스턴스를 직접 볼 수 있기 때문에 이러한 방식으로 검토하는 것이 더 효율적이다.

거버넌스 채널

프로덕션 인스턴스의 변경을 전달하는 데 사용되는 인프라 코드베이스와 파이프라인은 거버넌스 요구사항에 따라 구성된다. 따라서 보안 정책의 변경은 덜 민감한 영역의 변경에는 반드시 필요하지 않은 검토와 승인 단계를 거친다.

시스템 관리 방법을 바꾸는 여러 방식에는 프로세스에 남아 있는 책임을 이동하는 것이 포함된다.

왼쪽으로 이동하기

8장에서는 환경에 코드 변경을 딜리버리하기 위해 자동화된 테스트와 파이프라인을 구현하는 원칙과 사례를 설명했다. '왼쪽으로 이동한다'는 말은 이것이 워크플로와 딜리버리 방식에 미치는 영향을 설명한다.

코드는 구현하는 동안 대부분의 프로세스 다이어그램에 표시된 흐름의 '왼쪽' 끝에서 엄격하게 테스트된다. 따라서 조직은 코드를 프로덕션에 적용하기 직전인 '오른쪽' 끝에서 무거운 프로세스에 많은 시간을 할애하지 않아도 된다.

거버넌스와 테스트에 관련된 사람들은 구현 중에 발생하는 일, 팀과의 협력, 도구 제공, 조기에 자주 테스트할 수 있는 사례에 중점을 둔다.

20.6 거버넌스가 포함된 프로세스 예제

ShopSpinner 애플리케이션 서버에는 서비스 인스턴스를 호스팅하는 인프라가 있고 이런 인프라를 생성하는 데 사용할 수 있는 재사용 가능한 스택(6.2절)이 있다. 누군가가 이 스택의 코드를 변경하면 모든 고객에게 영향을 미칠 수 있다.

설계에 대한 결정을 담당하는 기술 리더십 그룹은 애플리케이션 서버 인프라가 지원해야 하는 CFR(8.1절 참고)을 정의한다. CFR에는 사용자가 고객 인스턴스에서 할 수 있는 주문 수와 빈도, 인터페이스 응답 시간, 서버 오류에 대한 복구 시간이 포함된다.

인프라팀과 애플리케이션팀은 사이트 신뢰성 엔지니어 site reliability engineering (SRE)와 QA를 결합시키고 이들은 CFR에 대한 애플리케이션 서버 스택의 성능을 확인하는 몇 가지 자동화된 테스트를 구현한다. 그리고 이러한 테스트를 파이프라인의 여러 단계에 구축하여 스택의 다양한 컴포넌트를 점진적으로 테스트한다(8.3절 참고).

일단 그룹에서 이러한 테스트를 수행하면 사람들은 기술 리더십 그룹, SRE 또는 다른 사람의 검토를 위해 인프라 변경사항을 제출할 필요가 없다. 예를 들어 엔지니어가 네트워킹 구성을 변경하면 파이프라인은 결과 인프라가 프로덕션 고객 인스턴스에 적용하기 전에 CFR을 충족하는지를 자동으로 확인한다. 엔지니어가 CFR을 위반하는 실수를 하면 파이프라인 단계가 빨간색으로 변하는 시점을 몇 분 이내에 찾아내어 즉시 수정할 수 있다.

경우에 따라 변경으로 인해 자동화된 테스트에서 포착하지 못한 고객 인스턴스에 문제가 발생할 수 있다. 그룹은 무슨 일이 일어났는지 검토하기 위해 비난 없는 포스트모템^{blameless} postmortem[13]을 수행할 수 있다. 아마도 문제는 어떤 CFR도 이 상황을 다루지 않았기 때문에 CFR을 변경하거나 목록에 추가해야 한다는 것이다. 아니면 테스트에 오류가 있을 수 있으며 이 경우 테스트 제품군을 개선해야 한다.

CAUTION **긴급 변경 프로세스를 일반적인 프로세스로 만들어야 한다**

많은 팀은 변경사항을 신속하게 딜리버리할 수 있도록 긴급 변경에 대한 별도의 프로세스를 가지고 있다. 더 빠른 변경을 위해 별도의 프로세스가 필요하다는 것은 정상적인 변경 프로세스가 개선될 수 있다는 신호다.

긴급 변경 프로세스가 작업 속도를 높이는 방법은 두 가지다. 하나는 불필요한 단계를 생략하는 것이고 다른 하나는 필요한 단계를 생략하는 것이다. 긴급 상황에서 안전하게 한 발짝 물러설 수 있다면 위험이 커졌을 때 정상적인 프로세스에서 벗어날 수 있을 것이다. 단계를 건너뛰는 것이 허용될 수 없을 정도로 위험한 경우에는 더 효율적으로 처리할 방법을 찾고 매번 그 방법을 수행해야 한다.

20.7 마치며

조직에서 인프라를 코드로 정의할 때 구성원은 검토자 역할을 하는 데 시간을 적게 들이고 시스템을 개선하는 능력을 키우는 데 더 많은 시간을 투자해야 한다. 이러한 노력은 소프트웨어 딜리버리와 운영 성과에 대한 네 가지 지표에 반영될 것이다.

---

13 *https://oreil.ly/fqPKj*

CHAPTER 21

안전한 인프라 변경

빈번하고 빠른 변경은 이 책의 주요 주제다. 1.3절에서 언급했듯이 시스템을 불안정하게 만드는 것과는 거리가 멀다. 속도는 안정성을 높이는 요소이며 그 반대의 경우도 마찬가지다. 만트라mantra는 '빨리 움직여서 망가트려라(move fast and break things)'가 아니라 '빨리 움직여서 개선하라(move fast and improve things)'다.

그러나 안정성과 품질은 순전히 속도에서 최적화되는 것이 아니다. 속도나 품질 중 하나를 최적화하려고 하면 어느 쪽도 달성할 수 없다. 핵심은 두 가지 모두를 최적화하는 것이다. 자주, 빠르고, 안전하게 변경하며 오류를 빠르게 감지하고 복구하는 데 중점을 둔다.

코드를 사용하여 인프라를 일관되게 구축하는 것부터 테스트를 지속적인 작업의 일부로 만드는 것, 시스템을 더 작은 조각으로 나누는 것까지 이 책에서 권장하는 모든 방법은 빈번하고, 빠르고, 안전한 변경을 가능하게 한다.

그러나 인프라를 자주 변경하면 중단 없는 서비스를 제공하기 어려워진다. 이 장에서는 이러한 문제와 해결 방법을 살펴본다. 문제 해결에 사용되는 기술을 뒷받침하는 사고 방식은 변경을 안정성과 연속성에 대한 위협으로 보는 것이 아니라 현대 인프라의 동적 특성을 활용하는 것으로 본다. 변경으로 인한 중단을 최소화하기 위해 앞에서 설명한 원칙, 실행 방법, 기술을 활용해보자.

21.1 변경 범위 축소하기

Agile, XP, Lean 등과 유사한 접근 방식은 변경을 조금씩 적용하여 전달 속도와 안정성을 최적화한다. 큰 변경보다 작은 변경을 계획, 구현, 테스트, 디버깅하는 것이 더 쉽기 때문에 배치 크기를 줄이는 것을 목표로 한다.[1] 물론 시스템을 크게 변경해야 하는 경우가 자주 있지만 한 번에 하나씩 전달할 수 있는 작은 변경 모음으로 작업 규모를 쪼개서 변경을 수행할 수 있다.

예를 들어 ShopSpinner팀은 처음에 단일 인프라 스택으로 인프라를 구축했다. 스택에는 웹 서버 클러스터와 애플리케이션 서버가 포함되었다. 시간이 지남에 따라 팀원은 더 많은 애플리케이션 서버를 추가하고 일부를 클러스터로 전환했다. 그들은 단일 VLAN에서 웹 서버 클러스터와 모든 애플리케이션 서버를 실행하는 것이 잘못된 설계임을 깨닫고 네트워크 설계를 개선한 후 이러한 요소를 다른 VLAN으로 옮겼다. 또한 이 책의 조언을 바탕으로 인프라를 여러 스택으로 분할하여 개별적인 변경을 더 쉽게 만들었다.

ShopSpinner의 원래 구현은 단일 VLAN이 있는 단일 스택이었다(그림 21-1).

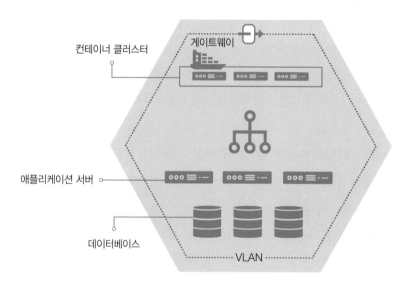

그림 21-1 하나의 스택과 하나의 VLAN 구성으로 구현을 시작하는 예제

---

1 도널드 라이너첸(Donald G. Reinertsen)은 저서 『Principles of Product Development Flow』(Celeritas, 2009)에서 배치 크기 감소의 개념을 설명한다.

팀은 스택을 여러 개로 나눌 계획이다. 여기에는 이전 장의 예제에서 본 shared-networking-stack와 application-infrastructure-stack이 포함된다. 또한 계획에는 프런트엔드 웹 서버용 컨테이너 클러스터를 관리하기 위한 web-cluster-stack과 각 애플리케이션의 데이터베이스 인스턴스를 관리하기 위한 application-database-stack이 포함된다(그림 21-2).

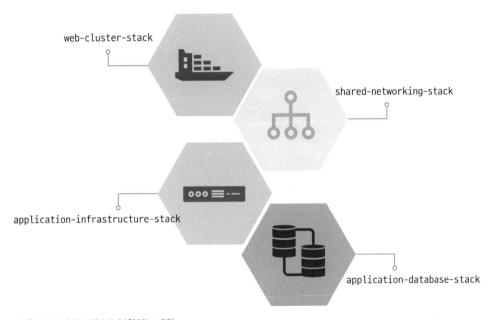

그림 21-2 여러 스택으로 분할하는 계획

팀은 단일 VLAN을 여러 VLAN으로 쪼갠다. 애플리케이션 서버는 고가용성을 위해 이러한 VLAN으로 분산된다(그림 21-3).

17장에서는 이러한 예제 스택을 나누기 위한 설계와 몇 가지 구현 패턴을 설명했다. 이제 프로덕션 시스템에서 하나의 구현이 다른 구현으로 이동하는 방법을 탐색해볼 것이다.

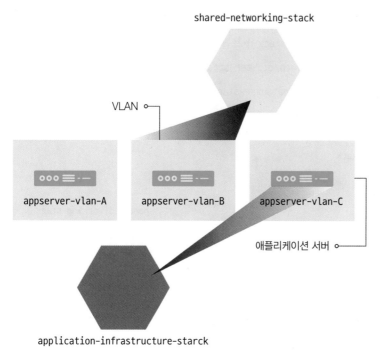

그림 21-3 멀티 VLAN 생성 계획

21.1.1 작은 변경

필자는 푸시하기 전에 로컬에서 너무 많은 작업을 빌드한 적이 있는데, 이는 필자가 코드로 만든 가장 큰 혼란이었다. 여러분은 염두에 두고 있는 전체 작업을 완료하는 데 집중하는 것이 좋다. 완전한 것에 조금 더 가까워지기 위한 작은 변화를 만드는 것은 더 어렵다. 큰 변화를 작은 변화의 연속으로 구현하려면 새로운 사고방식과 새로운 습관이 필요하다.

다행히도 소프트웨어 개발의 세계는 길을 보여주었다. 필자는 TDD, CI, CD를 포함하여 이 책 전체에 걸쳐 시스템 구축을 지원하는 많은 기술을 한 번에 하나씩 포함시켰다. 8장에서 설명하는 (책 전체에서 참조되는) 파이프라인을 사용하여 코드 변경을 점진적으로 테스트하고 딜리버리할 수 있다. 코드를 약간만 변경하고, 푸시하고, 제대로 작동하는지에 대한 피드백을 받고, 프로덕션에 넣을 수 있어야 한다.

이러한 기술을 사용하는 팀은 변경을 매우 빈번하게 푸시한다. 한 명의 엔지니어가 매시간마다 변경을 무시할 수 있으며, 각 변경은 기본 코드베이스에 통합되고 완전히 통합된 시스템에서 프로덕션 준비 상태에 대해 테스트된다.

사람들은 일련의 작은 변화로 중요한 변화를 만들기 위해 다양한 용어와 기술을 사용한다.

증분

증분 변경은 계획된 구현의 한 부분을 추가하는 변경이다. 한 번에 하나의 스택을 구현하여 예제 ShopSpinner 시스템을 점진적으로 구축한다. 먼저 공유 네트워킹 스택을 생성한다. 그런 다음 웹 클러스터 스택을 추가한다. 마지막으로 애플리케이션 인프라 스택을 구축한다.

반복

반복적인 변경은 시스템을 점진적으로 개선한다. 세 스택 모두의 기본 버전을 만들어 Shop-Spinner 시스템 구축을 시작한다. 그런 다음 스택이 수행할 수 있는 작업을 확장하면서 일련의 변경을 수행한다.

워킹 스켈레톤 walking skeleton

워킹 스켈레톤[2]은 신규 시스템의 주요 부분에 대한 기본 구현으로, 일반적인 설계와 구조를 검증하는 데 도움이 되도록 구현하는 것이다.[3] 사람들은 보통 인프라 프로젝트를 위한 워킹 스켈레톤과 함께 실행할 애플리케이션의 유사한 초기 구현을 생성한다. 따라서 팀은 전달, 배포, 운영이 어떻게 작동하는지 확인할 수 있다. 스켈레톤을 위한 도구와 서비스의 초기 구현과 선택은 흔히 장기적으로 계획된 것이 아니다. 예를 들어 모든 기능을 갖춘 모니터링 솔루션을 사용할 계획이지만 클라우드 벤더가 제공하는 더 기본적인 서비스를 사용하여 워킹 스켈레톤을 구축할 수 있다.

리팩터링

리팩터링[4]은 시스템의 작동을 변경하지 않고 시스템의 설계나 시스템 컴포넌트를 변경하는 것

---

2 *https://oreil.ly/1I7bC*

3 스티브 프리먼(Steve Freeman)과 냇 프라이스(Nat Pryce)의 『테스트 주도 개발로 배우는 객체 지향 설계와 실천』(인사이트, 2013)은 한 장에서 워킹 스켈레톤에 대해 설명한다.

4 *https://refactoring.com*

이다. 리팩터링은 종종 작동을 변경하기 위한 토대를 마련하고자 행해진다.[5] 리팩터링을 통해 변경하기 쉽도록 코드의 명확성을 향상시키거나 계획된 변경과 일치하도록 코드를 재구성할 수 있다.

21.1.2 리팩터링 예제

ShopSpinner팀은 현재 스택을 여러 스택과 스택 인스턴스로 분해하기로 결정한다. 구현 계획에는 웹 서버를 호스팅하는 컨테이너 클러스터용 스택 인스턴스와 공유 네트워킹 구조용 스택 인스턴스가 포함된다. 또한 팀은 각 서비스에 대해 한 쌍의 스택을 갖게 된다. 하나는 애플리케이션 서버 및 관련 네트워킹용이고 다른 하나는 해당 서비스를 위한 데이터베이스 인스턴스용이다(그림 21-4).

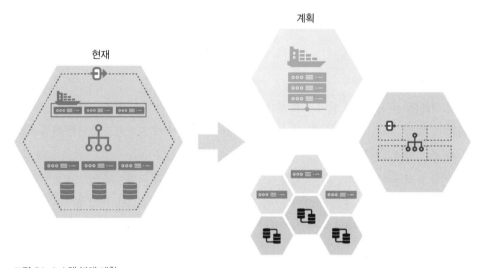

그림 21-4 스택 분해 계획

또한 팀원은 클라우드 벤더에서 제공하는 서비스형 컨테이너^{containers as a service}를 사용하기 위해 가상 머신에 배포하는 Kubernetes 클러스터를 컨테이너 클러스터 제품으로 교체하고 싶어 한다(14.1절 참고).

---

5 켄트 벡은 자신의 글 'SB Changes(*https://oreil.ly/NWj5T*)'에서 '작고 안전한 단계에서 큰 변경'을 수행하기 위한 워크플로에 대해 설명한다. 여기에는 일련의 변경 작업이 포함되며, 일부는 작동 변경을 준비하기 위해 코드를 정리하고 다른 일부는 작동 변경을 수행한다. 요점은 각각의 변경을 동시에 진행하는 것이 아니라 둘 중 하나를 수행한다는 것이다.

팀은 아키텍처를 점진적으로 분리하여 구현하기로 결정한다. 첫 번째 단계는 컨테이너 클러스터를 자체 스택으로 빼낸 다음 스택 내에서 컨테이너 제품을 교체하는 것이다(그림 21-5).

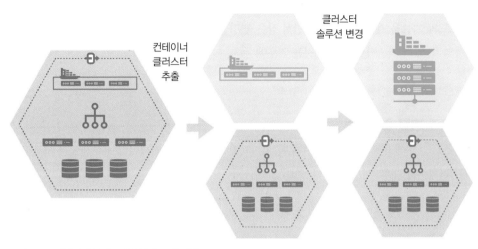

그림 21-5 컨테이너 클러스터 추출과 교체 계획

> **NOTE** **새로운 빌드**
>
> 기존 프로덕션 시스템을 점진적으로 변경하는 대신 시스템의 신규 버전을 별도로 빌드한 후 완료되면 사용자를 교체할 수 있다. 시스템 설계와 구현을 대폭 변경하는 경우 신규 버전을 빌드하는 것이 더 쉽다. 그렇지만 가능한 한 빨리 작업을 프로덕션으로 가져오는 것이 좋다. 한 번에 시스템의 한 부분을 떼어내 리빌드하는 것은 한 번에 모든 것을 리빌드하는 것보다 덜 위험하다. 또한 개선을 통해 사용자가 얻을 수 있는 가치를 더 빠르게 테스트하고 딜리버리한다. 따라서 대규모 리빌드도 점진적으로 수행할 수 있다.

21.2 불완전한 변경을 프로덕션에 푸시하기

서비스를 계속 작동시키면서 일련의 작고 점진적인 변경으로 프로덕션 시스템에 중요한 변경을 딜리버리할 수 있는 방법은 무엇일까? 작은 변경의 일부는 자체적으로 유용하지 않을 수 있으며, 기존 기능을 제거하는 것은 변경 전체가 완료될 때까지 실용적이지 않을 수 있다.

앞서 한 스택에서 컨테이너 클러스터를 자체 스택으로 떼어낸 다음 신규 스택 내에서 클러스터 솔루션을 교체하는 두 가지 증분 단계를 보았다. 각 단계는 규모가 크므로 더 작은 코드 푸시로 구현된다.

그러나 많은 수의 작은 변경으로 인해 클러스터 자체를 사용할 수 없게 될 수 있다. 따라서 기존 코드와 기능을 제자리에 유지하면서 작은 변경을 수행할 방법을 찾아야 한다. 상황에 따라 사용할 수 있는 기술이 다르다는 것을 염두에 두자.

21.2.1 병렬 인스턴스

클러스터 교체에 대한 예에서 두 번째 단계는 자체 스택의 원래 컨테이너 솔루션에서 시작하여 신규 컨테이너 솔루션으로 끝난다(그림 21-6).

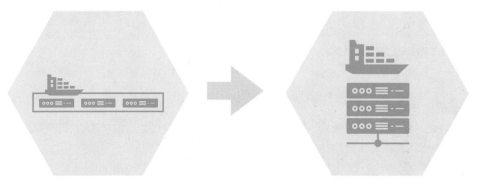

그림 21-6 클러스터 솔루션 교체

기존 솔루션은 KubeCan이라는 패키지형 Kubernetes 배포판이다.[6] 팀은 클라우드 플랫폼에서 제공하는 관리형 클러스터 서비스인 FKS Fictional Kubernetes Service 로 전환하고 있다. 서비스형 클러스터와 패키지형 클러스터 배포에 대한 자세한 내용은 14.1절을 참고하자.

작은 단계로 KubeCan 클러스터를 FKS 클러스터로 바꾸는 것은 실용적이지 않다. 그러나 팀은 두 클러스터를 병렬로 실행할 수 있다. 원래 스택의 단일 인스턴스와 함께 병렬로 두 개의 다른 컨테이너 스택을 실행하는 몇 가지 방법이 있다.

---

6 KubeCan은 가상 ShopSpinner팀이 선호하는 가상의 제품이다.

한 가지 방법은 메인 스택에 대한 파라미터를 사용하여 통합할 클러스터 스택을 선택하는 것이다(그림 21-7).

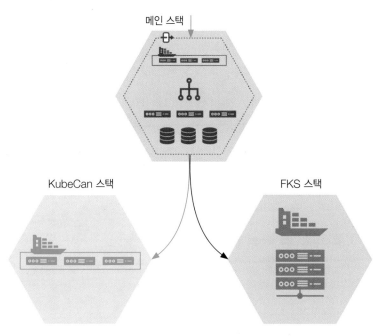

그림 21-7 하나의 스택은 활성화되고 다른 하나는 비활성화된다.

이 방법을 사용하면 한 스택이 활성화되고 실시간으로 워크로드를 처리한다. 두 번째 스택은 비활성화되어 있지만 여전히 존재한다. 팀은 완전히 작동 중인 환경에서 두 번째 스택을 테스트하고, 딜리버리 파이프라인과 테스트 제품군을 실행 및 개발한다. 그리고 각 환경에서 인프라의 다른 부분과 통합한다.

> **NOTE** **왜 이전 컨테이너 솔루션을 추출할까?**
>
> 새로운 컨테이너 솔루션으로 독립형 스택을 생성했다는 점을 고려하면 이전 솔루션을 자체 스택으로 추출하는 단계를 건너뛸 수 있었다. 처음부터 새로운 솔루션으로 새로운 스택을 생성할 수 있었던 것이다.
>
> 이전 솔루션을 추출하면 신규 솔루션이 이전 솔루션의 작동과 일치하는지를 확인하기가 더 쉽다. 추출된 스택은 클러스터가 다른 인프라와 통합되는 방식을 명확하게 정의한다. 프로덕션에서 추출된 스택을 사용하여 통합점이 정확함을 보장한다.

추출된 스택에 자동화된 테스트와 신규 파이프라인을 추가하면 어떤 변경에서 문제가 발생했는지 즉시 알아낼 수 있다.

기존 클러스터 솔루션을 원래 스택에 그대로 두고 신규 솔루션을 별도로 구축하면 스왑 아웃swap out이 중단된다. 호환되지 않는 설계 또는 구현 결정을 내렸는지 끝까지 알 수가 없는 것이다. 신규 스택을 인프라의 다른 부분과 통합하고 문제를 테스트, 디버깅, 수정하려면 시간이 걸린다.

또 다른 방법은 두 스택을 기본 스택과 통합하는 것이다(그림 21-8).

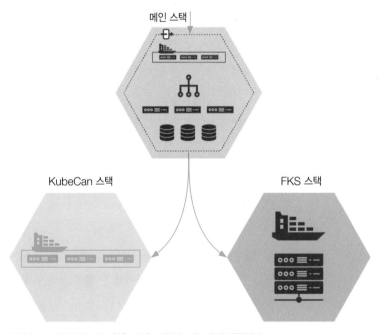

그림 21-8 각 클러스터 구현은 자체 스택 인스턴스에서 실행된다.

이 배치를 사용하면 워크로드의 일부를 각 클러스터 스택으로 보낼 수 있으며 다양한 방법으로 작업을 나눌 수 있다.

워크로드 비율

작업 요청의 일부를 각 스택으로 보낸다. 일반적으로 이전 스택이 처음에는 대부분의 요청를 처리하고 신규 스택이 얼마나 잘 작동하는지 평가하기 위해 작은 비율로 요청을 처리한다.

새로운 스택이 자리를 잡으면 시간이 지남에 따라 로드를 늘릴 수 있다. 신규 스택이 로드의 100%를 성공적으로 관리하고 모든 사용자가 준비되면 이전 스택을 해제할 수 있다. 이 옵션은 신규 스택에 이전 스택의 모든 기능이 있고 스택 간에 분할되는 데이터 또는 메시징에 문제가 없다고 가정한다.

서비스 마이그레이션

서비스를 하나씩 신규 클러스터로 마이그레이션한다. 네트워크 연결이나 메시지 같은 메인 스택의 작업 요청은 관련 서비스가 실행 중인 스택 인스턴스로 딜리버리된다. 이 옵션은 서비스 애플리케이션을 수정하여 신규 스택으로 이동해야 할 때 특히 유용하다. 이전 클러스터 스택과 신규 클러스터 스택 간에 더 복잡한 통합이 필요한 경우가 많다. 이러한 복잡성은 복잡한 서비스 포트폴리오를 마이그레이션하는 시나리오에서 정당화된다.[7]

사용자 파티셔닝 partitioning

어떤 경우에는 서로 다른 사용자 집합이 서로 다른 스택을 구현하게 된다. 테스터와 내부 사용자가 첫 번째 그룹인 경우가 많으며, 그들은 '실제' 고객을 위험에 빠뜨리기 전에 탐색적 테스트를 수행하고 새로운 시스템을 실행한다. 경우에 따라 알파 테스트나 미리보기 서비스에 지원한 고객에게 액세스 권한을 부여하여 테스트를 진행하기도 하는데, 특히 신규 스택에서 실행 중인 서비스에 사용자가 알아차릴 수 있는 변경이 있을 때 더 의미가 있다.

시스템의 새로운 부분과 이전 부분을 조건부 또는 병렬로 실행하는 것은 추상화에 의한 브랜치 branch by abstraction 유형이다. 워크로드의 일부를 시스템의 새로운 부분으로 점차 이동하는 것은 카나리 배포 canary release[8]로 정의된다. 다크 런칭 dark launching[9]은 새로운 시스템 기능을 프로덕션에 도입하지만 프로덕션 워크로드에 노출하지 않도록 하여 팀이 테스트할 수 있도록 하는 것을 말한다.

---

7 두 개의 호스팅 클러스터에 통합된 애플리케이션이 있는 복잡한 마이그레이션 시나리오는 데이터 센터에서 호스팅되는 대규모 서버 기반 애플리케이션을 클라우드 기반 호스팅 플랫폼으로 마이그레이션할 때 흔히 발생한다.

8 *https://oreil.ly/FTS0b*

9 *https://oreil.ly/PZmch*

21.2.2 이전 버전과 호환되는 변환

일부 변경은 완료될 때까지 이전 구성 요소와 병렬로 신규 컴포넌트를 빌드하고 실행해야 할 수도 있지만 사용자나 소비자에게 영향을 주지 않고 컴포넌트 내에서 많은 변경을 수행할 수 있다.

소비자용 컴포넌트에 제공하는 것을 추가하거나 변경할 때에도 기존 통합점을 변경하지 않고 유지하면서 신규 통합점을 추가할 수 있다. 소비자는 자신의 일정에 따라 새로운 통합점을 사용하도록 전환할 수 있다.

예를 들어 ShopSpinner팀은 단일 VLAN에서 3개의 VLAN으로 이동하도록 공유 네트워킹 스택을 변경할 계획이다(그림 21-9).

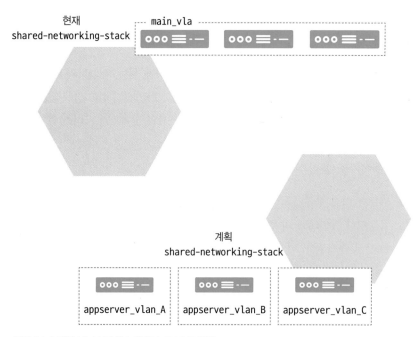

그림 21-9 단일 VLAN에서 3개의 VLAN으로 변경

Application-infrastructure-stack을 포함한 소비자 스택은 17.1절에서 설명한 검색 방법을 사용하여 네트워킹 스택에서 관리하는 단일 VLAN과 통합된다. shared-networking-stack 코드는 소비자 스택에 대한 VLAN 식별자를 내보낸다.

```
vlans:
  - main_vlan
    address_range: 10.2.0.0/8

export:
  - main_vlan: main_vlan.id
```

새 버전의 shared-networking-stack은 3개의 VLAN을 생성하고 해당 식별자를 신규 이름으로 내보낸다. 또한 이전 식별자를 사용하여 VLAN 식별자 중 하나를 내보낸다.

```
vlans:
  - appserver_vlan_A
    address_range: 10.1.0.0/16
  - appserver_vlan_B
    address_range: 10.2.0.0/16
  - appserver_vlan_C
    address_range: 10.3.0.0/16

export:
  - appserver_vlan_A: appserver_vlan_A.id
  - appserver_vlan_B: appserver_vlan_B.id
  - appserver_vlan_C: appserver_vlan_C.id
  # Deprecated
  - main_vlan: appserver_vlan_A.id
```

이전 식별자를 유지하면 수정된 네트워킹 스택이 소비자 인프라 코드에 대해 계속 작동한다. 소비자 코드는 신규 식별자를 사용하도록 수정되어야 하며, 이전 식별자에 대한 모든 의존성이 사라지면 네트워킹 스택 코드에서 제거할 수 있다.

21.2.3 피처 토글

컴포넌트를 변경할 때 변경이 완료할 때까지 기존 구현을 계속 사용해야 하는 경우가 많다. 어떤 사람은 소스 제어에서 코드를 브랜치하고 한 브랜치에서 새로운 변경 작업을 하면서 프로덕션에서는 이전 브랜치를 사용한다. 이 방법의 문제는 다음과 같다.

- 버그 수정과 같이 컴포넌트의 다른 영역에 대한 변경이 두 브랜치에 병합되도록 하려면 추가 작업이 필요하다.
- 두 지점을 지속적으로 테스트하고 배포하려면 노력과 리소스가 필요하다. 아니면 한 브랜치의 작업이 덜 엄격한 테스트와 함께 진행되어 이후 오류와 재작업 필요성이 높아진다.
- 일단 변경할 준비가 되면 프로덕션 인스턴스를 변경하는 것은 실패 위험이 더 높은 '빅뱅' 작업에 가깝다.

브랜치하지 않고 기본 코드베이스에서 변경 작업을 수행하는 것이 더 효과적이다. 피처 토글 feature toggle 을 사용하여 다양한 환경의 코드 구현을 전환할 수 있다. 일부 환경에서는 신규 코드로 전환하여 작업을 테스트하고 프로덕션 라인 환경에서는 기존 코드로 전환한다. 7장에서 설명한 대로 스택 구성 파라미터를 사용하여 주어진 인스턴스에 적용할 코드 부분을 지정한다.

ShopSpinner팀이 앞에서 설명한 대로 shared-networking-stack에 VLAN을 추가하면 팀은 신규 VLAN을 사용하도록 application-infrastructure-stack을 변경해야 한다. 팀원은 이것이 처음 생각했던 것처럼 단순한 변경이 아님을 알게 될 것이다.

애플리케이션 스택은 애플리케이션별 네트워킹 경로, 로드 밸런서 VIP, 방화벽 규칙을 정의한다. 애플리케이션 서버가 단일 VLAN이 아닌 여러 VLAN에서 호스팅되는 경우 문제가 더 복잡하다.

팀원이 이 변경에 대한 코드와 테스트 구현하려면 며칠이 걸릴 수 있다. 별도의 스택을 설정할 필요성을 느낄 만큼의 범위는 아니지만 팀원은 시스템 통합 테스트를 포함하여 테스트에서 지속적인 피드백을 얻을 수 있도록 작업하면서 증분 변경을 저장소에 부지런히 푸시해야 한다.

팀은 단일 또는 멀티 VLAN 사용 여부에 따라 스택 코드의 다른 부분을 선택하는 구성 파라미터를 application-infrastructure-stack에 추가하기로 결정한다.

스택 소스 코드의 이 부분은 세 가지 변수(appserver_A_vlan, appserver_B_vlan, appserver_C_vlan)를 사용하여 각 애플리케이션 서버에 할당할 VLAN을 지정한다. 각각의 값은 피처 토글 파라미터 toggle_use_multiple_vlans값에 따라 다르게 설정된다.

```
input_parameters:
  name: toggle_use_multiple_vlans
  default: false

variables:
```

```
    - name: appserver_A_vlan
      value:
        $IF(${toggle_use_multiple_vlans} appserver_vlan_A ELSE main_vlan)
    - name: appserver_B_vlan
      value:
        $IF(${toggle_use_multiple_vlans} appserver_vlan_B ELSE main_vlan)
    - name: appserver_C_vlan
      value:
        $IF(${toggle_use_multiple_vlans} appserver_vlan_C ELSE main_vlan)

  virtual_machine:
    name: appserver-${SERVICE}-A
    memory: 4GB
    address_block: ${appserver_A_vlan}

  virtual_machine:
    name: appserver-${SERVICE}-B
    memory: 4GB
    address_block: ${appserver_B_vlan}

  virtual_machine:
    name: appserver-${SERVICE}-C
    memory: 4GB
    address_block: ${appserver_C_vlan}
```

toggle_use_multiple_vlans 토글이 false로 설정된 경우 appserver_X_vlan 파라미터는 모두 이전 VLAN 식별자인 main_vlan을 사용하도록 설정된다. 토글이 true면 각 변수가 신규 VLAN 식별자로 설정된다.

동일한 토글 파라미터는 스택 코드의 다른 부분에서도 사용되며 여기서 팀은 라우팅 및 기타 까다로운 요소를 구성한다.

> **TIP** **피처 토글 사용에 대한 조언**
>
> 피처 토글을 사용하는 것에 대한 조언과 코드 예제는 피트 호지슨[Pete Hodgson]의 'Feature Toggles(Feature Flags)'[10]를 참고하자. 필자는 여기에 몇 가지 권장사항을 추가한다.

---

10 *https://oreil.ly/sIUNA*

첫째, 사용하는 피처 토글의 수를 최소화해야 한다. 피처 토글과 조건은 코드를 복잡하게 만들어 이해, 유지보수, 디버깅을 어렵게 한다. 가능한 한 빨리 이전 구현의 의존성을 제거하고 토글과 조건부 코드를 제거하여 피처 토글의 수명을 짧게 해야 한다. 몇 주 후에 남아 있는 모든 피처 토글은 아마도 구성 파라미터일 것이다.

이름 기능은 수행하는 작업에 따라 전환(토글)된다. new_networking_code와 같은 모호한 이름을 피해야 한다. 이전 예제 토글인 toggle_use_multiple_vlans는 구성 파라미터와 구별하기 위해 피처 토글임을 이름에서 명시한다. 여러 VLAN을 활성화하므로 그것이 무엇을 하는지 알 수 있다.

그리고 이러한 이름은 토글이 작동하는 방식을 명확히 한다. toggle_multiple_vlans 또는 더 나쁜 toggle_vlans와 같은 이름을 읽으면 여러 VLAN 코드를 활성화하는지 비활성화하는지에 대해 알 수 없다. 이로 인해 누군가가 코드에서 잘못된 방법으로 조건부 연산을 사용하여 오류가 발생할 수 있다.

21.3 실시간 인프라 변경

이러한 기술과 예제는 인프라 코드의 변경 방법을 설명한다. 실행 중인 인프라 인스턴스를 변경하는 것은 특히 다른 인프라에서 사용 중인 리소스를 변경할 때 더 까다롭다.

예를 들어 ShopSpinner팀이 단일 VLAN을 3개의 VLAN으로 교체하는 shared-networking-stack 코드에 변경을 적용하면 첫 번째 VLAN에 할당된 다른 스택의 리소스는 어떻게 될까?(그림 21-10)

네트워킹 코드를 적용하면 세 개의 서버 인스턴스가 포함된 main_vlan이 삭제된다. 실제 환경에서 해당 서버를 삭제하거나 네트워크에서 분리하면 제공 중인 모든 서비스가 중단된다.

대부분의 인프라 플랫폼은 연결된 서버 인스턴스가 있는 네트워킹 구조의 제거를 거부하므로 작업이 실패한다. 코드 변경이 다른 리소스를 제거하거나 변경하는 경우에 이러한 변경이 인스턴스에 구현되므로 환경은 스택 코드의 이전 버전과 신규 버전 사이의 중간 상태가 된다. 이것은 거의 항상 나쁜 일이다.

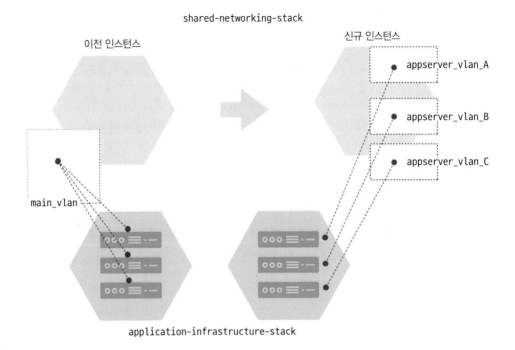

그림 21-10 사용 중인 네트워킹 구조 변경

이러한 종류의 실시간 인프라 변경을 처리하는 몇 가지 방법이 있다. 하나는 이전 VLAN인 main_vlan을 유지하고 두 개의 신규 VLAN인 appserver_vlan_B와 appserver_vlan_C를 추가하는 것이다.

이렇게 하면 의도한 대로 세 개의 VLAN이 남게 되지만 하나는 다른 것과 다르게 이름이 지정된다. 기존 VLAN을 유지하면 IP 주소 범위와 같은 다른 측면을 변경할 수 없다. 다시 말하지만, 원래 VLAN을 신규 VLAN보다 작게 유지하여 타협할 수 있다.

이러한 종류의 타협은 나쁜 습관이다. 일관성 없는 시스템을 만들고 코드의 유지보수와 디버깅을 어렵게 하기 때문이다.

다른 기술로 실시간 시스템을 변경하여 깨끗하고 일관성 있는 상태를 유지할 수 있다. 한 가지 방법은 인프라 수술을 사용하여 인프라 리소스를 편집하는 것이다. 다른 하나는 인프라 리소스를 확장하고 축소하는 것이다.

21.3.1 인프라 수술

Terraform과 같은 일부 스택 관리 도구를 사용하면 인프라 리소스를 코드에 매핑하는 데이터 구조에 접근할 수 있다. 이는 의존성 검색을 위한 스택 데이터 조회 패턴에 사용된 것과 동일한 데이터 구조다(17.1절 참고).

일부 스택 도구에는 데이터 구조를 편집할 수 있는 옵션이 있다. 이 기능을 활용하여 실시간 인프라를 변경할 수 있다.

ShopSpinner팀은 가상 스택 도구를 사용하여 스택 데이터 구조를 편집할 수 있다. 팀원은 이를 사용하여 3개의 새로운 VLAN을 사용하도록 프로덕션 환경을 변경한다. 그들은 먼저 새로운 버전의 코드로 shared-networking-stack의 두 번째 인스턴스를 생성한다(그림 21-11).

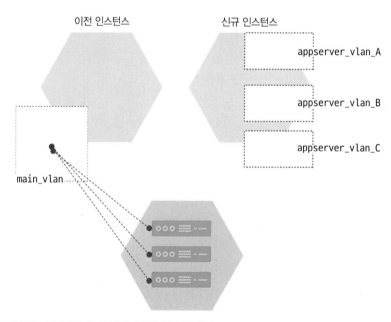

그림 21-11 프로덕션 네트워킹 스택의 병렬 인스턴스

세 스택의 각 인스턴스(application-infrastructure-stack 인스턴스, shared-networking-stack의 이전 인스턴스와 신규 인스턴스)에는 해당 스택에 속한 인프라 플랫폼의 리소스를 나타내는 데이터 구조가 있다(그림 21-12).

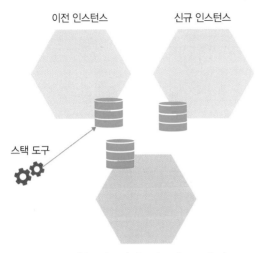

shared-networking-stack

이전 인스턴스   신규 인스턴스

스택 도구

application-infrastructure-stack

그림 21-12 각 스택 인스턴스에는 고유한 스택 데이터 구조가 있다.

ShopSpinner팀은 이전 스택 인스턴스의 데이터 구조에서 신규 스택 인스턴스의 데이터 구조로 main_vlan을 이동시킬 것이다. 그런 다음 이를 사용하여 appserver_vlan_A를 교체한다.

인프라 플랫폼의 VLAN은 어떤 식으로든 변경되지 않고 서버 인스턴스는 절대 손상되지 않는다. 이러한 변경은 스택 도구의 데이터 구조에 대한 장부 기입 bookkeeping 연습이다.

팀은 이전 스택에서 신규 스택 인스턴스로 main_vlan을 이동하기 위해 스택 도구 명령을 실행한다.

```
$ stack datafile move-resource \
    source-instance=shared-networking-stack-production-old \
    source-resource=main_vlan \
    destination-instance=shared-networking-stack-production-new
Success: Resource moved
```

다음 단계는 appserver_vlan_A를 제거하는 것이다. 이를 수행하는 방법은 실제 스택 관리 도구에 따라 다르다. 가상의 stack 명령은 이 작업을 매우 간단하게 만든다. 다음 명령을 실행하면 인프라 플랫폼에서 VLAN이 삭제되고 데이터 구조 파일에서 제거된다.

```
$ stack datafile destroy-resource \
    instance=shared-networking-stack-production-new \
    resource=appserver_vlan_A
Success: Resource destroyed and removed from the datafile
```

팀원이 스택 소스 코드에서 appserver_vlan_A를 제거하지 않았으므로 지금 코드를 인스턴스에 적용하면 다시 생성된다. 하지만 팀원은 그렇게 하지 않고 이전 스택 인스턴스에서 이동한 main_vlan 리소스의 이름을 변경하는 명령을 실행한다.

```
$ stack datafile rename-resource \
    instance=shared-networking-stack-production-new \
    from=main_vlan \
    to=appserver_vlan_A
Success: Resource renamed in the datafile
```

팀이 shared-networking-stack 코드를 신규 인스턴스에 적용할 때 아무것도 변경되지 않아야 한다. 여기서는 코드의 모든 것이 인스턴스에 존재한다.

스택 간에 리소스를 편집하고 이동하는 기능은 스택 관리 도구에 따라 다르다. 적어도 이 글을 쓰는 시점에서 클라우드 벤더가 제공하는 대부분의 도구는 스택 데이터 구조를 편집하는 기능을 노출하지 않았다.[11]

스택 데이터 구조를 손으로 편집하면 실수하기 쉽기 때문에 장애가 발생할 위험도 높아진다. 명령을 구현하고 업스트림 환경에서 테스트하는 스크립트를 작성할 수 있지만 이러한 편집은 멱등적이지 않다. 특정 시작 상태를 가정하고 스크립트를 실행하면 다른 경우를 예측하지 못할 수 있다.

스택 데이터 구조를 보는 것은 디버깅하는 데 유용할 수 있지만 스택 데이터 구조를 편집하는 것은 피해야 한다. 아마도 운영 중단과 같은 문제를 해결하기 위해 구조를 편집해야 할 수 있지만 압박 상황에 놓이면 실수가 생길 수 있다. 따라서 스택 데이터를 일상적으로 편집해서는 안 된다. 구조를 편집하는 것에 의존할 때마다 팀은 반복을 피하는 방법을 이해하기 위해 비난 없는 포스트모템을 수행해야 한다.

실시간 인프라를 변경하는 더 안전한 방법은 확장과 축소에 있다.

---

11 스택 데이터 구조 편집을 지원하는 도구의 예로 terraform mv 명령어와 pulumi state를 참조하자.

21.3.2 확장과 축소

인프라팀은 소비자를 중단하지 않고 인터페이스를 변경하기 위해 확장과 축소 패턴(병렬 변경 parallel change[12]이라고도 함)을 사용한다. 이 아이디어는 공급자 인터페이스를 변경하는 것이 두 가지 단계를 포함한다는 것이다. 첫 번째 단계는 공급자 변경과 소비자 변경이다. 확장과 축소 패턴은 이러한 단계를 분리한다.

이 패턴의 본질은 먼저 기존 리소스를 유지하면서 신규 리소스를 추가한 다음, 소비자를 신규 리소스로 변경하고, 마지막으로 사용하지 않는 오래된 리소스를 제거하는 것이다. 각 변경은 파이프라인을 사용하여 딜리버리되므로(8.4절 참고) 철저한 테스트를 거친다.

확장과 축소를 통해 변경하는 것은 '이전 버전과 호환되는 변환'과 유사하다(21.2절 참고). 이 기술은 이전 리소스를 대체하고 이전 인터페이스를 신규 리소스 중 하나로 다시 지정했다. 그러나 실행 중인 인스턴스에 신규 코드를 적용하면 이전 리소스를 제거하려고 시도하므로 연결된 소비자가 중단되거나 완료되지 않을 수 있다. 따라서 몇 가지 추가 단계가 필요하다.

ShopSpinner팀이 VLAN 변경을 위해 확장과 축소를 사용하는 첫 번째 단계는 신규 VLAN을 shared-networking-stack에 추가하고 이전 main_vlan은 그대로 두는 것이다.

```
vlans:
  - main_vlan
    address_range: 10.2.0.0/8
  - appserver_vlan_A
      address_range: 10.1.0.0/16
  - appserver_vlan_B
      address_range: 10.2.0.0/16
  - appserver_vlan_C
      address_range: 10.3.0.0/16

export:
  - main_vlan: main_vlan.id
  - appserver_vlan_A: appserver_vlan_A.id
  - appserver_vlan_B: appserver_vlan_B.id
  - appserver_vlan_C: appserver_vlan_C.id
```

---

12 *https://oreil.ly/InnHG*

병렬 인스턴스 기술(21.2절 참고), 인프라 수술과 달리 ShopSpinner팀은 스택의 두 번째 인스턴스를 추가하지 않고 기존 인스턴스만 변경한다.

이 코드를 적용한 후에도 기존 소비자 인스턴스는 영향을 받지 않으며 여전히 main_vlan에 연결되어 있다. 팀은 신규 VLAN에 신규 리소스를 추가할 수 있으며 소비자도 변경할 수 있다.

소비자 리소스를 전환하여 신규 리소스를 사용하는 방법은 특정 인프라와 플랫폼에 따라 다르다. 경우에 따라 리소스의 정의를 업데이트하여 신규 공급자 인터페이스에 연결할 수 있다. 다른 경우에는 리소스를 삭제하고 리빌드해야 할 수도 있다.

ShopSpinner팀은 기존 가상 서버 인스턴스를 신규 VLAN에 재할당할 수 없다. 그러나 팀은 확장과 축소 패턴을 사용하여 서버를 교체할 수 있다. application-infrastructure-stack 코드는 트래픽을 서버로 라우팅하는 고정 IP 주소로 각 서버를 정의한다.

```
virtual_machine:
  name: appserver-${SERVICE}-A
  memory: 4GB
  vlan: external_stack.shared_network_stack.main_vlan

static_ip:
  name: address-${SERVICE}-A
  attach: virtual_machine.appserver-${SERVICE}-A
```

팀의 첫 번째 단계는 신규 VLAN에 신규 서버 인스턴스를 추가하는 것이다.

```
virtual_machine:
  name: appserver-${SERVICE}-A2
  memory: 4GB
  vlan: external_stack.shared_network_stack.appserver_vlan_A

virtual_machine:
  name: appserver-${SERVICE}-A
  memory: 4GB
  vlan: external_stack.shared_network_stack.main_vlan

static_ip:
  name: address-${SERVICE}-A
  attach: virtual_machine.appserver-${SERVICE}-A
```

이 코드의 첫 번째 virtual_machine 선언은 appserver-${SERVICE}-A2라는 신규 서버 인스턴스를 만든다. 팀의 파이프라인은 이러한 변경을 각 환경에 전달한다. 신규 서버 인스턴스는 이 시점에서 사용되지 않지만 팀에서 몇 가지 자동화된 테스트를 추가하면 정상적으로 실행되고 있음을 증명할 수 있다.

다음 단계는 사용자 트래픽을 신규 서버 인스턴스로 전환하는 것이다. 팀은 static_ip 선언을 수정하여 코드를 다시 변경한다.

```
virtual_machine:
  name: appserver-${SERVICE}-A2
  memory: 4GB
  vlan: external_stack.shared_network_stack.appserver_vlan_A

virtual_machine:
  name: appserver-${SERVICE}-A
  memory: 4GB
  vlan: external_stack.shared_network_stack.main_vlan

static_ip:
  name: address-${SERVICE}-A
  attach: virtual_machine.appserver-${SERVICE}-A2
```

파이프라인을 통해 이 변경을 푸시하면 신규 서버가 활성화되고 이전 서버로 가는 트래픽이 중지된다. 팀은 모든 것이 제대로 작동하는지 확인하고 문제가 발생하면 변경을 쉽게 롤백하여 이전 서버를 복원할 수 있다.

신규 서버가 정상적으로 작동하면 스택 코드에서 이전 서버를 제거할 수 있다.

```
virtual_machine:
  name: appserver-${SERVICE}-A2
  memory: 4GB
  vlan: external_stack.shared_network_stack.appserver_vlan_A

static_ip:
  name: address-${SERVICE}-A
  attach: virtual_machine.appserver-${SERVICE}-A2
```

이 변경이 파이프라인을 통해 푸시되고 모든 환경에 적용되면 application-infrastructure-stack은 더 이상 shared-networking-stack의 main_vlan에 의존하지 않는다. 모든 소비자 인프라가 변경된 후 ShopSpinner팀은 공급자 스택 코드에서 main_vlan을 제거할 수 있다.

```
vlans:
  - appserver_vlan_A
      address_range: 10.1.0.0/16
  - appserver_vlan_B
      address_range: 10.2.0.0/16
  - appserver_vlan_C
      address_range: 10.3.0.0/16

export:
  - appserver_vlan_A: appserver_vlan_A.id
  - appserver_vlan_B: appserver_vlan_B.id
  - appserver_vlan_C: appserver_vlan_C.id
```

VLAN 변경이 완료되고 main_vlan의 마지막 남은 부분이 지워졌다.

21.3.3 제로 다운타임 변경

이 장에서 설명하는 기술은 변경을 점진적으로 구현하는 방법이다. 이상적으로는 제공 중인 서비스를 중단하지 않고 기존 인프라를 변경할 수 있어야 한다. 일부 변경에는 불가피하게 리소스 삭제가 포함될 수 있으며 서비스 중단을 최소화하는 방식으로 변경해야 한다. 이러한 상황을 처리하기 위한 몇 가지 일반적인 기술이 있다.

Blue-green 변경

Blue-green 변경에는 신규 인스턴스 생성, 신규 인스턴스로 사용량 전환, 이전 인스턴스 제거가 포함된다. 이는 스택과 같은 컴포넌트로, 인스턴스 내에서의 리소스 추가 및 제거는 확장과 축소 패턴과 개념적으로 유사하다. 이는 불변 인프라를 구현하기 위한 핵심 기술이다(20.4절 참고).

Blue-green 변경에는 네트워크 트래픽용 로드 밸런서와 같이 한 인스턴스에서 다른 인스턴스로 워크로드 전환을 처리하는 메커니즘이 필요하다. 정교한 구현을 통해 워크로드가 비워지고[drain] 새로운 작업을 신규 인스턴스에 할당한 다음, 이전 인스턴스의 모든 작업이 완료될 때까지 기다렸다가 제거한다. 일부 자동화된 서버 클러스터링과 애플리케이션 클러스터링 솔루션은 이러한 기능을 제공한다. 예를 들면 클러스터 인스턴스의 '롤링 업그레이드' 활성화 기능 등이 있다.

Blue-green은 두 가지 환경을 유지하는 정적 인프라로 구현된다. 한 환경은 실시간 서비스 상태이고 다른 환경은 다음 버전을 사용할 준비가 된 상태다. Blue-green이라는 이름은 기본-보조 환경이 아니라 실시간으로 전환될 수 있는 동일한 환경이다.

필자는 blue-green 데이터 센터를 구현한 조직에서 일했다. 릴리스에는 전체 시스템의 워크로드를 한 데이터 센터에서 다른 데이터 센터로 전환하는 작업이 포함되었다. 이 규모는 다루기 어려워서 조직이 더 작은 규모로 배포를 구현하도록 도왔다. 따라서 업그레이드 중인 특정 서비스에 대해서만 blue-green 배포를 수행했다.

21.4 연속성

1장에서는 인프라 관리에 대한 구시대 접근 방식과 클라우드 시대 접근 방식을 대조했다. 물리적 장치를 더 많이 사용하고 수동으로 관리할 때 변경 비용이 많이 들었다.

실수의 대가도 컸다. 메모리가 충분하지 않은 신규 서버를 프로비저닝했을 때 RAM을 추가로 주문하고 데이터 센터로 가져간 다음, 서버의 전원을 끄고 랙에서 서버를 꺼내 추가 RAM을 설치하는 데 일주일 이상이 걸렸다. 당연히 서버를 랙에 다시 넣고 서버를 재부팅하는 시간도 필요했다.

클라우드 시대의 방식으로 변경하는 비용은 실수를 수정하는 데 필요한 비용 및 시간보다 훨씬 저렴하다. 메모리가 부족한 서버를 프로비저닝하게 되더라도 파일을 편집하고 가상 서버에 적용하여 수정하기까지 몇 분 밖에 걸리지 않는다.

연속성에 대한 구시대 접근 방식은 예방을 강조한다. 속도와 변경 빈도를 희생하여 평균 무고장 시간 mean time between failure (MTBF)을 최적화한다. 클라우드 시대 접근 방식은 평균 복구 시간 mean time to recover (MTTR)을 최적화한다. 현대적인 방법을 지지하는 일부 사람들조차도 MTTR에 초점을 맞추는 것이 MTBF를 희생하는 것이라고 생각하는 함정에 빠지지만, 1.3절에서 설명한 것처럼 이는 사실이 아니다. 네 가지 주요 지표(1.4절)에 중점을 둔 팀은 결과적으로 강력한 MTBF를 달성한다. 요점은 '빨리 움직여서 망가트려라(move fast and break things)' 이 아니라 '빨리 움직여서 고쳐라(move fast and fix things)'다.

최신 인프라로 연속성을 달성하기 위한 몇 가지 요소가 있다. 클라우드 시대의 변경 관리 방법에서도 예방은 필수적으로 중요하지만 클라우드 인프라와 자동화를 통해 더 효과적인 애자일 엔지니어링 방법을 사용하여 오류를 줄일 수 있다. 또한 새로운 기술과 실행 방법으로 시스템을 복구하고 리빌드하여 이전에 상상할 수 있었던 것보다 더 높은 수준의 연속성을 달성할 수 있다. 또한 변경을 딜리버리하고 시스템을 복구하는 메커니즘을 지속적으로 실행하여 다양한 재해에 대한 안정성과 대비 상태를 보장할 수 있다.

21.4.1 오류 방지를 통한 연속성

이미 언급했듯이, 구시대의 변경 관리 방법은 주로 예방에 초점이 맞추어져 있었다. 실수를 수정하는 데 드는 비용이 높기 때문에 조직에서는 실수를 방지하기 위해 많은 투자를 했다. 변경은 주로 수동으로 이루어졌기 때문에 변경할 수 있는 사람을 제한하는 것이 한 가지 예방법이었다. 일부 사람들이 변경을 세부적으로 계획하고 설계하면 다른 사람들이 각 변경을 철저하게 검토하고 논의했다. 더 많은 사람이 변경을 검토하는 데 더 많은 시간을 들이면 실수를 포착할 수 있다는 아이디어였다.

이 방법의 문제는 설계 문서와 구현 간의 격차다. 다이어그램에서는 단순해보이는 것이 실제로는 복잡할 수 있다. 특히 중요하지 않은 업그레이드를 수행할 때 실수를 하게 된다. 빈도가 낮고 고도로 계획된 기존의 대규모 배치 변경 작업은 실패율이 높고 복구 시간이 오래 걸리는 경우가 많다.

이 책에서 설명하는 실행 방법과 패턴은 변화의 빈도와 속도를 포기하지 않으면서 오류를 방지하고자 한다. 코드로 정의된 변경은 다이어그램이나 설계 문서보다 구현을 더 잘 나타낸다. 작업하면서 변경을 지속적으로 통합, 적용, 테스트하면 프로덕션에 대한 준비가 완료된다. 파이프라인을 사용하여 변경을 테스트하고 딜리버리하면 단계를 건너뛰지 않고 전체 환경의 일관성을 유지할 수 있으며 프로덕션 환경에서 실패할 가능성이 줄어든다.

애자일 소프트웨어 개발과 코드형 인프라의 핵심은 변경에 대한 태도를 뒤집는 것이다. 변경을 두려워하거나 변경을 최소화하기보다는 자주 변경함으로써 오류를 예방할 수 있다. 변경을 더 잘 수행하는 유일한 방법은 자주 변경하여 시스템과 프로세스를 지속적으로 개선하는 것이다.

또 다른 핵심 인사이트는 시스템이 더 복잡해짐에 따라 프로덕션 환경에서 코드가 어떻게 작동하는지 정확하게 테스트할 수 있는 우리의 능력이 줄어든다는 것이다. 우리는 프로덕션 환경으로 배포하기 전에 테스트할 수 있는 것과 없는 것이 무엇인지 그리고 프로덕션 시스템의 가시성을 개선하여 위험을 완화하는 방법을 알고 있어야 한다(8.5절 참고).

21.4.2 빠른 복구를 통한 연속성

지금까지 이 장에서 설명한 방법을 사용하면 다운타임을 줄일 수 있다. 변경의 크기를 제한하고, 변경을 점진적으로 만들고, 프로덕션 적용 전에 변경을 테스트하면 변경 실패율을 낮출 수 있다. 그러나 오류를 완전히 예방할 수 있다고 가정하는 것은 현명하지 않으므로 빠르고 쉽게 복구할 수 있어야 한다.

이 책에서 권장하는 방법을 통해 시스템의 모든 부분을 쉽게 리빌드할 수 있다. 시스템은 느슨하게 결합된 컴포넌트로 구성되는데, 각 컴포넌트는 멱등성(여러 번 실행해도 같은 결과를 내는)을 가진 코드로 정의된다. 코드를 다시 적용하여 컴포넌트 인스턴스를 쉽게 복구하거나 삭제하고 리빌드할 수 있다. 컴포넌트를 리빌드하는 경우 컴포넌트에 호스팅된 데이터의 연속성을 보장해야 한다. 이에 대해서는 21.5절에서 설명한다.

경우에 따라 플랫폼이나 서비스가 실패한 인프라를 자동으로 리빌드할 수 있다. 인프라 플랫폼이나 애플리케이션 런타임은 상태 확인에 실패하면 개별 컴포넌트를 삭제하고 다시 빌드한다. 코드를 인스턴스에 지속적으로 적용하면(20.4절 참고) 자동으로 코드와 차이가 나는 모든 부분을 되돌린다. 파이프라인 단계(8.4절 참고)를 수동으로 트리거하여 손상된 컴포넌트에 코드를 다시 적용할 수 있다.

다른 실패 시나리오에서는 이러한 시스템이 문제를 자동으로 수정하지 않는다. 컴퓨팅 인스턴스는 상태 확인을 통과하는 방식으로 오작동할 수 있다. 인프라 요소는 코드 정의와 일치하는 것만으로는 올바르게 작동하지 않을 수 있으므로 코드를 다시 적용해도 도움이 되지 않는다.

이러한 시나리오에서는 실패한 컴포넌트를 교체하기 위해 추가 작업을 해야 한다. 자동화된 시스템은 실패한 컴포넌트를 고장난 것으로 간주하고 삭제한 후 교체하도록 컴포넌트에 플래그를 지정할 수 있다. 복구 기능이 코드를 재적용하는 시스템을 사용하는 경우에는 컴포넌트를 직접 삭제하고 시스템이 신규 인스턴스를 빌드하도록 허용해야 할 수도 있다.

누군가가 조치를 취해야 하는 실패 시나리오의 경우 실행하기 간단한 도구, 스크립트, 여러 메커니즘이 있어야 한다. 사람은 인스턴스를 삭제하기 전에 데이터를 백업하는 것과 같이 일련의 단계를 따를 필요가 없다. 대신 필요한 모든 단계를 수행하는 작업을 호출해야 한다. 목표는 비상 시 시스템을 올바르게 복구하는 방법에 대해 생각할 필요가 없게 만드는 것이다.

21.4.3 지속적인 재해 복구

구시대의 인프라 관리 방식은 재해 복구를 비정상적인 이벤트로 간주한다. 정적 하드웨어의 오류를 복구하려면 워크로드를 대기 상태로 유지해왔던 별도의 하드웨어 집합으로 전환해야 하는 경우가 많다.

많은 조직에서 복구 작업을 자주 테스트하지 않는다. 기껏해야 몇 달에 한 번, 어떤 경우에는 1년에 한 번 테스트한다. 필자는 장애 조치 프로세스를 거의 테스트하지 않는 조직을 많이 보았다. 팀은 필요한 경우에 며칠이 걸리더라도 백업 시스템을 실행하는 방법을 알아낼 것이라고 가정한다.

지속적인 재해 복구에는 인프라를 프로비저닝하고 변경하는 데 사용되는 것과 동일한 프로세스와 도구가 활용된다. 앞서 설명한 대로 인프라 코드를 적용하여 실패한 인프라를 리빌드할 수 있으며, 데이터 손실을 방지하기 위해 일부 자동화를 추가할 수도 있다.

클라우드 시대 인프라의 원칙은 시스템을 신뢰할 수 없다고 가정하는 것이다(2.1절 참고). 가상 머신에 소프트웨어를 설치할 수 없으며 원하는 기간 동안 시스템이 가상 머신에서 실행될 것이라고 확신할 수 없다. 클라우드 벤더는 유지보수, 보안 패치 또는 업그레이드를 위해 시스템이나 해당 호스트 시스템을 이동, 삭제, 교체할 수 있다. 따라서 필요한 경우에 서버를 교체할 준비가 되어 있어야 한다.[13]

재해 복구를 일반적인 작업의 확장으로 취급하면 예외로 취급하는 것보다 훨씬 더 안정성이 높

---

[13] 컴퓨팅 인스턴스는 클라우드 컴퓨팅의 초창기보다 더 안정적이다. 하지만 원래는 AWS EC2 인스턴스를 종료하고 나중에 부팅할 수 없었다. 인스턴스가 중지되면 영원히 사라졌다. 컴퓨팅의 수명이 짧은 특성으로 인해 클라우드 사용자는 신뢰할 수 없는 인프라에서 안정적인 서비스를 실행하기 위해 새로운 방식을 채택해야 했다. 이것이 코드형 인프라, 카오스 엔지니어링, 여러 클라우드 시대 인프라 사례의 기원이다.

다. 팀은 인프라 코드 변경과 시스템 업데이트 작업을 진행하면서 하루에도 여러 번 복구 프로세스와 도구를 사용한다. 누군가가 프로비저닝을 중단하거나 업데이트 시 데이터 손실을 유발하는 코드를 변경하면 보통 파이프라인 테스트 단계에서 실패하므로 신속하게 수정할 수 있다.

21.4.4 카오스 엔지니어링

Netflix는 지속적인 재해 복구와 클라우드 시대 인프라 관리의 선구자였다.[14] 카오스 멍키 Chaos Monkey와 유인원 부대 Simian Army는 지속적인 재해 복구 개념을 한 단계 더 발전시켰는데, 프로덕션 시스템에 오류를 주입하여 시스템의 연속성 메커니즘의 효율성을 입증한 것이다. 이것은 카오스 엔지니어링, 즉 '시스템의 능력에 대한 확신을 구축하기 위해 시스템을 실험하는 학문'으로 발전했다.[15]

카오스 엔지니어링은 무책임하게 프로덕션 서비스 중단을 유발하는 것이 아니다. 실무자는 시스템이 처리할 것으로 예상되는 특정 실패 시나리오를 실험한다. 이는 탐지와 복구 메커니즘이 올바르게 작동함을 입증하는 필수 프로덕션 테스트로 간주된다. 목적은 시스템의 일부 변경이 이러한 메커니즘을 방해할 때 빠른 피드백을 얻는 것이다.

21.4.5 실패에 대한 계획

실패는 불가피하다. 실패의 가능성을 낮추기 위한 조치를 취할 수 있고 취해야 한다. 하지만 피해가 적고 다루기 쉽게 조치를 취해야 한다.

팀은 발생할 수 있는 실패 유형을 논의하고 완화 mitigation 계획을 수립하기 위해 실패 시나리오와 연관된 워크숍을 개최한다.[16] 각 시나리오의 가능성과 영향에 대한 맵을 만들고 시나리오를 해결하기 위한 조치 목록을 작성한 다음 우선 순위를 정한다. 그리고 팀의 작업 백로그에 적절하게 반영한다.

주어진 실패 시나리오의 몇 가지 조건을 탐구해보자.

---

14 대규모 퍼블릭 클라우드에서 매우 안정적인 서비스를 구축하는 초기 교훈에 대한 인사이트는 2010년에 작성된 '5 Lessons We've Learned Using AWS'(*https://oreil.ly/_JjnV*)를 참조하자.

15 이 정의는 카오스 엔지니어링 웹사이트(*https://principlesofchaos.org*)의 원칙에서 나온 것이다.

16 'Failure mode and effects analysis'(*https://oreil.ly/RfIpS*)를 참고하자.

원인과 예방

어떤 상황이 실패로 이어질까?

실패를 줄이기 위해 무엇을 할 수 있을까?

예를 들어 사용량이 급증하면 서버의 디스크 공간이 부족해진다. 디스크 사용 패턴을 분석하고 디스크 크기를 확장하여 이 문제를 해결할 수 있으므로 사용 레벨을 높일 수 있다. 또한 사용 레벨을 지속적으로 분석하고 예측하는 자동화된 메커니즘을 구현하여 패턴이 변경될 경우 디스크 공간을 선제적으로 추가할 수 있다. 추가 단계는 사용량이 증가함에 따라 디스크 용량을 자동으로 조정하는 것이다.

실패 모드

장애가 발생하면 어떻게 될까?

사람의 개입 없이 실패 피해를 줄이기 위해 무엇을 할 수 있을까?

예를 들어 지정된 서버에 디스크 공간이 부족하면 해당 서버에서 실행되는 애플리케이션이 트랜잭션을 수락하지만 기록에는 실패할 수 있다. 이것은 상황을 악화시킬 수 있으므로 디스크에 기록할 수 없는 경우 트랜잭션 수락을 중지하도록 애플리케이션을 수정해야 한다. 많은 경우에 팀에서는 오류가 발생했을 때 실제로 어떤 일이 일어날지 알지 못한다. 이상적으로는 실패 모드가 시스템을 완전한 작동 상태로 유지한다. 예를 들어 애플리케이션이 응답을 중지하면 로드 밸런서가 애플리케이션에 대한 트래픽 전달을 중지할 수 있다.

탐지

실패가 발생하면 어떻게 감지할까?

더 빨리 또는 미리 감지하기 위해 무엇을 할 수 있을까?

애플리케이션이 충돌했을 때 CEO가 고객의 항의 전화를 받고 나서야 디스크 공간이 부족하다는 것을 알게 될 수 있다. 애플리케이션이 충돌할 때 알림을 받는 것이 좋다. 또한 실제로 디스크 공간이 가득 차기 전에 알림을 받는 것이 좋다.

수정

장애를 복구하기 위해 어떤 조치를 취해야 할까?

일부 시나리오에서는 앞서 설명한 것처럼 시스템이 응답하지 않는 애플리케이션 인스턴스를 삭제하고 다시 빌드하여 상황을 자동으로 수정할 수 있다. 여러 서비스를 복구하고 다시 시작하려면 여러 단계가 필요하다.

인스턴스가 처음에 응답하지 않는 이유는 무엇일까?

근본적인 문제를 어떻게 감지하고 수정할 것인가?

시스템이 응답하지 않는 컴퓨팅 인스턴스를 다시 시작하는 것과 같이 오류 시나리오를 자동으로 처리하는 경우 더 상세한 오류 시나리오를 고려해야 한다. 그리고 애플리케이션 인스턴스가 몇 분마다 재사용된다는 사실을 깨닫는 데 며칠이 걸리지 않아야 한다.

실패에 대한 계획은 지속적인 프로세스다. 개발 또는 테스트 환경을 포함하여 시스템에 문제가 발생할 때마다 팀은 정의하고 계획할 새로운 실패 시나리오가 있는지 고려해야 한다.

그리고 실패 시나리오를 증명하기 위해 검사를 구현해야 한다. 예를 들어 서버의 디스크 공간이 부족하다고 가정해보자. 이 경우 애플리케이션이 트랜잭션 수용을 중단하고 신규 서버 인스턴스를 자동으로 추가한 다음 팀에 경고해야 한다고 생각되면 이 시나리오를 실행할 수 있는 자동화된 테스트가 있어야 한다. 파이프라인 단계(8.1절 참고) 또는 카오스 실험을 사용하여 이를 테스트할 수 있다.

> **NOTE** **연속성을 증분적으로 향상시키기**
>
> 팀에서는 시스템이 서비스를 중단하지 않고 발생할 수 있는 모든 오류를 정상적으로 처리하는 야심찬 복구 수단을 쉽게 정의할 수 있다. 그러나 필자는 원하는 것의 절반이라도 만들 수 있는 시간과 리소스가 있는 팀을 본 적이 없다.
>
> 실패 시나리오와 실패 완화를 매핑할 때 구현할 수 있는 증분 측정 집합을 정의할 수 있다. 시나리오의 가능성, 잠재적 손상, 구현 비용을 기반으로 구현 스토리를 나누고 백로그에서 우선 순위를 지정한다. 예를 들어 애플리케이션의 디스크 공간이 부족할 때 자동으로 확장하는 것이 좋지만 부족해지기 전에 알림을 받는 것이 더 중요하다.

21.5 변화하는 시스템에서의 데이터 연속성

소프트웨어를 배포하고 인프라를 관리하기 위한 클라우드 시대의 여러 실행 방법과 기술은 리소스의 일상적인 삭제와 확장을 권장하지만 데이터 문제는 가볍게 생각한다. 데브옵스 지지자가 데이터에 대한 전체 아이디어를 구시대로의 회귀라고 생각하는 것은 용서할 수 있다. 왜냐면 적절한 12-factor[17] 애플리케이션은 결국 스테이트리스stateless로 구현된다. 그럼에도 현실 세계에 있는 대부분의 시스템에는 데이터가 포함되며 사람들은 데이터에 연결할 수 있다.

21.2절에서 설명한 것처럼 데이터는 시스템을 점진적으로 변경할 때 문제가 될 수 있다. 스토리지 인프라의 병렬 인스턴스를 실행하면 불일치가 발생하거나 데이터가 손상될 수 있다. 변경을 점진적으로 배포하는 대부분의 접근 방식은 롤백에 의존하며, 데이터 스키마 변경에서는 롤백이 불가능할 수 있다.

데이터를 호스팅하는 인프라 리소스를 동적으로 추가, 제거, 리빌드하는 것은 특히 어렵다. 그러나 상황에 따라 관리할 수 있는 방법이 있다. 일부 방법에는 잠금, 분리, 복제, 리로드reload가 포함된다.

21.5.1 잠금

일부 인프라 플랫폼과 스택 관리 도구를 사용하면 특정 리소스를 잠글 수 있다. 이렇게 하면 리소스를 삭제하는 명령어에 의해 삭제되지 않는다. 저장소 요소에 잠금을 설정하면 도구가 이 요소에 대한 변경을 적용하지 않으므로 팀원이 수동으로 변경해야 한다.

여기에는 몇 가지 문제가 있다. 경우에 따라 보호된 리소스에 변경을 적용하면 도구가 스택을 부분적으로 수정된 상태로 유지하여 서비스가 중단된다.

그러나 근본적인 문제는 자동화된 변경으로부터 일부 리소스를 보호하면 수동으로 변경해야만 하는 부분이 생긴다는 것이다. 수동 작업은 실수를 불러온다. 따라서 인프라를 안전하게 변경하는 프로세스와 이런 프로세스를 자동화하는 방법을 찾는 것이 훨씬 좋다.

---

17 https://12factor.net/

21.5.2 분리

데이터를 호스팅하는 리소스를 시스템의 다른 부분으로 분리하여 데이터를 떼어낼 수 있다. 예를 들어 별도의 스택을 만들 수 있다(5.2절 참고). 디스크 볼륨을 분리했다가 다시 연결하여 문제 없이 컴퓨팅 인스턴스를 삭제하고 리빌드할 수 있다.

데이터베이스에 데이터를 보관하면 시스템이 훨씬 더 유연해져서 여러 컴퓨팅 인스턴스를 추가할 수 있게 된다. 데이터를 호스팅하는 스택에 대한 데이터 연속성 전략이 여전히 필요하지만 이는 문제의 범위를 좁히는 것에 불과하다. DBaaS를 사용하여 데이터 연속성을 완전히 이전할 수 있다.

21.5.3 복제

데이터와 데이터 관리 방식에 따라 여러 인프라 인스턴스에서 데이터를 복제할 수 있다. 고전적인 예는 노드 간에 데이터를 복제하는 분산 데이터베이스 클러스터다.

올바른 복제 전략을 사용하면 클러스터의 다른 노드에서 리빌드된 노드로 데이터가 다시 로드된다. 이 전략은 대규모 호스팅 장애로 너무 많은 노드가 손실되는 경우 실패한다. 따라서 이 방법은 첫 번째 방어선으로 작동한다. 더 심각한 장애 시나리오에 대비하기 위해서는 또 다른 메커니즘과 함께 작동해야 한다.

21.5.4 리로드

가장 잘 알려진 데이터 연속성 솔루션은 더 안정적인 스토리지 인프라에 데이터를 백업하고 복원하는 것이다. 데이터를 호스팅하는 인프라를 리빌드할 때 먼저 데이터를 백업하고 데이터를 생성한 후 신규 인스턴스로 다시 로드한다. 백업과 복구 사이에 발생한 모든 데이터 변경은 손실되지만 복구 시나리오에서 다시 로드할 수 있는 정기적인 백업을 수행할 수도 있다. 이 손실 문제는 데이터베이스 트랜잭션 로그를 작성하는 것과 같이 백업에 대한 데이터 변경을 스트리밍하여 최소화하거나 제거할 수 있다.

클라우드 플랫폼은 3.3절에서 설명한 것처럼 서로 다른 안정성 수준으로 다양한 스토리지 서비스를 제공한다. 예를 들어 AWS S3와 같은 오브젝트 스토리지 서비스는 일반적으로 AWS

EBS와 같은 블록 스토리지 서비스보다 더 강력한 데이터 내구성을 보장한다. 따라서 데이터를 오브젝트 스토리지 볼륨에 복사하거나 스트리밍하여 백업을 구현할 수 있다.

데이터 백업뿐만 아니라 복구 프로세스도 자동화해야 한다. 인프라 플랫폼에서 복구 프로세스를 쉽게 수행할 수 있는 방법을 제공한다. 예를 들어 변경을 적용하기 전에 디스크 스토리지 볼륨의 스냅샷을 자동으로 생성할 수 있다.

디스크 볼륨 스냅샷을 사용하여 데이터베이스 클러스터와 같은 시스템에 노드를 추가하는 프로세스를 최적화할 수 있다. 빈 저장소 볼륨으로 신규 데이터베이스 노드를 만드는 대신 다른 노드 디스크의 복제본에 연결하면 노드를 더 빨리 동기화하고 온라인 상태로 만들 수 있다.

'테스트되지 않은 백업은 백업이 없는 것과 같다'가 업계의 일반적인 격언이다. 코드형 인프라 실행 방법을 따르고 있다는 점을 감안하면 이미 시스템의 다양한 측면에서 자동화된 테스트를 사용하고 있을 것이다. 따라서 백업과 동일한 작업을 수행할 수 있다. 프로덕션 여부에 관계없이 파이프라인에서 또는 카오스 실험으로 백업 복원 프로세스를 실행해야 한다.

21.5.5 최고의 솔루션

최고의 솔루션은 분리, 복제, 리로드를 조합하는 것이다. 데이터를 분리하면 시스템의 다른 부분을 더 유연하게 관리할 수 있다. 복제는 대부분의 시간 동안 데이터를 사용 가능한 상태로 유지한다. 그리고 데이터를 리로드하는 것은 더 극단적인 상황에 대한 또 다른 지원 방안이 된다.

21.6 마치며

클라우드 시대의 인프라 관리 방법을 지지하는 사람은 연속성을 간단한 것이라고 생각한다. 시스템을 안정적으로 운영하기 위한 가장 친숙한 접근 방식은 변경을 수행하는 데 비용이 많이 들고 위험하다는 구시대의 전제를 기반으로 한다. 이러한 접근 방식은 클라우드, 애자일, 빠른 변경 속도에 중점을 둔 여러 방법의 이점을 약화시킨다.

이 장에서 변경을 빠르게 적용하는 와중에도 클라우드 시대의 사고 방식을 활용하여 시스템을 더 안정적으로 만드는 방법이 잘 설명되었기를 바란다. 여러분은 이제 최신 인프라 플랫폼의 동적 특성을 활용하고 애자일 엔지니어링 실행 방법에서 비롯된 테스트와 일관성에 대한 핵심 내용을 구현할 수 있다. 그리고 그 결과로 시스템을 지속적으로 개선하고, 실패를 학습과 개선의 기회로 활용할 수 있다는 높은 수준의 확신을 갖게 될 것이다.

INDEX

INDEX

INDEX

INDEX

INDEX